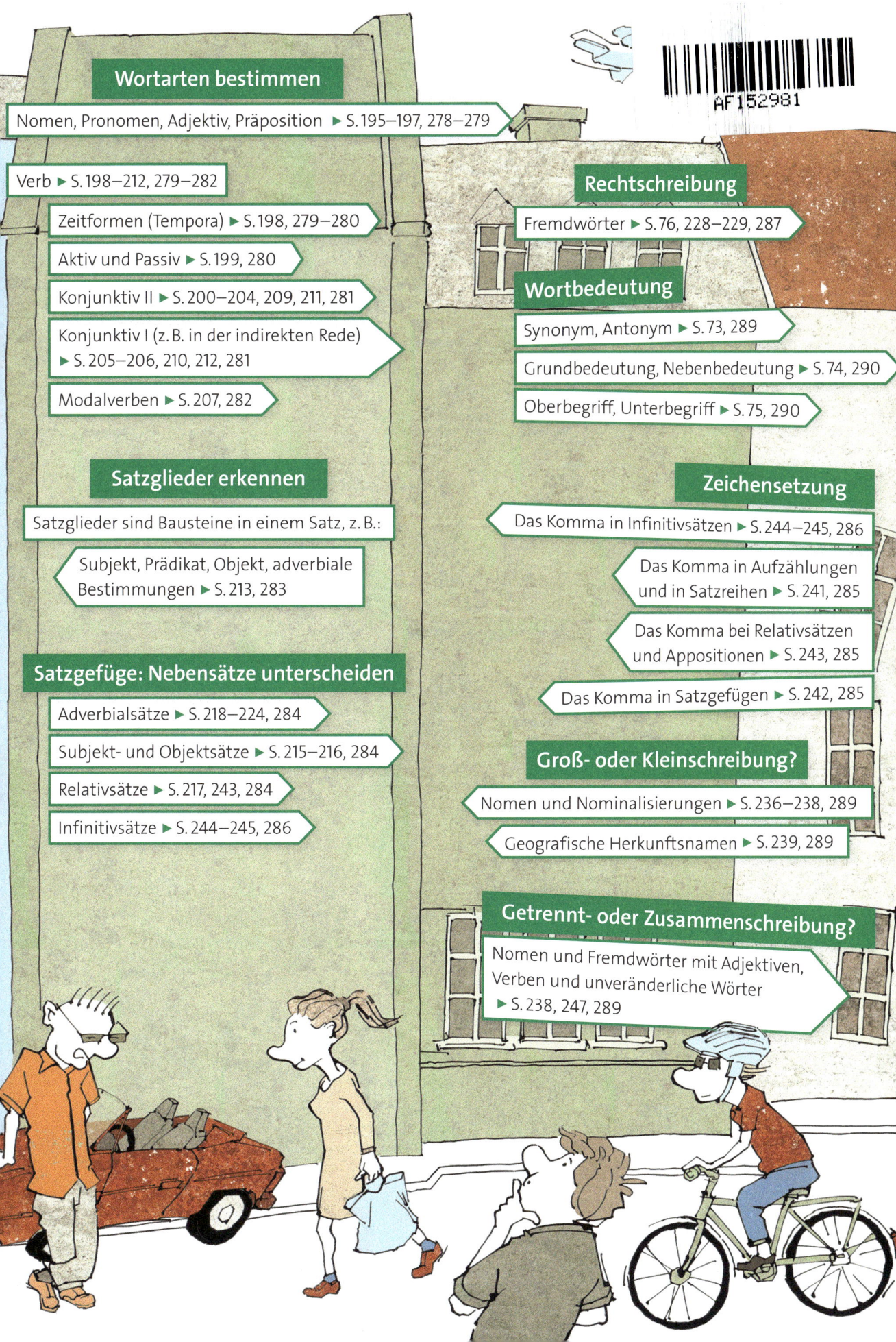

Wortarten bestimmen

Satzglieder erkennen

Satzgefüge: Nebensätze unterscheiden

Rechtschreibung

Wortbedeutung

Zeichensetzung

Groß- oder Kleinschreibung?

Getrennt- oder Zusammenschreibung?

AF152981

Hessen

Deutschbuch

Differenzierende Ausgabe

Sprach- und Lesebuch

8

Herausgegeben von
Markus Langner, Bernd Schurf und
Andrea Wagener

Erarbeitet von
Alexandra Biegler, Julie Chatzistamatiou,
Friedrich Dick, Agnes Fulde,
Hans-Joachim Gauggel, Frauke Hoffmann,
Marianna Lichtenstein, Deborah Mohr,
Frank Schneider, Anna Ulrike Schütte und
Mechthild Stüber

Cornelsen

Redaktion: Thorsten Feldbusch

Coverfoto: Thomas Schulz, Teupitz

Illustrationen:
Friederike Ablang, Berlin: S. 66, 68, 74, 78–80
Uta Bettzieche, Leipzig: S. 277
Thomas Binder, Magdeburg: S. 35, 36, 42, 71, 160
Michael Fleischmann, Wien: S. 99, 100, 103, 105, 108, 112, 115, 118
Susanne Kuhlendahl, Tönisvorst: S. 22, 25, 202, 214, 217
Peter Menne, Potsdam: Vorsätze
Christoph Mett, Münster: S. 51, 52, 58, 63
Sulu Trüstedt, Berlin: S. 128, 129, 249, 250, 256, 261

Gesamtgestaltung und technische Umsetzung: werkstatt für gebrauchsgrafik, Berlin

www.cornelsen.de

1. Auflage, 3. Druck 2020

Alle Drucke dieser Auflage sind inhaltlich unverändert
und können im Unterricht nebeneinander verwendet werden.

© 2015 Cornelsen Schulverlage GmbH, Berlin
© 2019 Cornelsen Verlag GmbH, Berlin

Druck und Bindung: Livonia Print, Riga

ISBN 978-3-06-062770-7

PEFC zertifiziert
Dieses Produkt stammt aus nachhaltig
bewirtschafteten Wäldern und kontrollierten
Quellen.

PEFC
PEFC/12-31-006

www.pefc.de

Euer Deutschbuch auf einen Blick

Das Buch ist in **vier Kompetenzbereiche** aufgeteilt.
Ihr erkennt sie an den Farben:

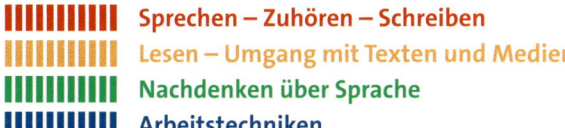 Sprechen – Zuhören – Schreiben
Lesen – Umgang mit Texten und Medien
Nachdenken über Sprache
Arbeitstechniken

Jedes **Kapitel** besteht aus **drei Teilen:**

1 Hauptkompetenzbereich

Hier wird das Thema des Kapitels erarbeitet, z. B.
in Kapitel 1 „Mündlich und schriftlich informieren".

 1.1 Helden des Alltags – Informationen recherchieren

2 Verknüpfung mit einem zweiten Kompetenzbereich

Das Kapitelthema wird mit einem anderen Kompetenzbereich verbunden und
vertiefend geübt, z. B.:

 1.2 Mut im Alltag – Literarische Texte lesen

3 Klassenarbeitstraining oder Projekt

Hier überprüft ihr das Gelernte anhand einer Beispielklassenarbeit und einer
Checkliste oder ihr erhaltet Anregungen für ein Projekt, z. B.:

 1.3 Fit in …! – Einen Informationstext verfassen

Das **Orientierungswissen** findet ihr in den blauen Kästen mit den
Bezeichnungen Information und Methode.

Auf den blauen Seiten am Ende des Buches (▶ S. 263–294) könnt ihr das
Orientierungswissen aller Kapitel noch einmal nachschlagen.

Folgende **Kennzeichnungen** werdet ihr im Buch entdecken:

👥 Partnerarbeit
👥👥 Gruppenarbeit
4 Zusatzaufgabe

Die **Punkte** sagen euch etwas über die Schwierigkeit der Aufgabe:

●○○ Diese Aufgaben geben euch Starthilfen oder schlagen euch verschiedene Lösungen vor.
●●○ Diese Aufgaben sind schwieriger zu lösen als die Aufgaben mit einem Punkt.
●●● Diese Aufgaben verlangen, dass ihr sie möglichst selbstständig bearbeitet.

Inhaltsverzeichnis

5

▶ **Lese-/Rezeptions-erwartungen klären**
gattungs- und textsorten-spezifische Kennzeichen von Texten (Novelle) beschreiben; Leseerwartungen ableiten

▶ **Texte rezipieren**
zentrale Aussagen eines Textes wiedergeben; sich mit anderen über Vorstellungen, Gedanken und Deutungen zu Texten verständigen; Empfindungen von Figuren beschreiben; Figuren charakterisieren; Beziehungen zwischen literarischen Figuren untersuchen; Verhalten und Handlungsmotive von Figuren beurteilen; Handlungszusammenhänge in Texten reflektieren; Konflikte und deren Ausgestaltung in literarischen Texten aufzeigen und in Bezug zur eigenen Lebenswelt setzen

▶ **Mit Texten produktiv umgehen**
Rollen einnehmen und gestalten; Texte in andere Darstellungsformen übertragen, fiktionales Erzählen (Dialoge erfinden, Perspektivwechsel)

▶ **Texte planen, schreiben, überarbeiten**
Schreibabsicht klären, die Schreibidee umsetzen; zu fiktiven Ereignissen schreiben und dabei Textsortenmerkmale beachten

6

▶ **Lese-/Rezeptions-erwartungen klären**
gattungs- und textsorten-spezifische Kennzeichen von Texten (Kurzgeschichten) beschreiben; Leseerwartungen ableiten

▶ **Texte rezipieren**
zentrale Aussagen eines Textes wiedergeben und mit Textstellen belegen; sich mit anderen über Vorstellungen, Gedanken und Deutungen zu Texten verständigen; Empfindungen von Figuren beschreiben; Figuren charakterisieren; Verhalten und Handlungsmotive beurteilen

7   Buntes Treiben in der Stadt –
Gedichte und Songs untersuchen, verändern, schreiben   121

▶ **Texte planen, schreiben, überarbeiten**
Texte lesbar und strukturiert schreiben (Inhaltsangabe); eigenen Schreibprozess mit Hilfe von Schreibstrategien organisieren

▶ **Lese-/Rezeptionserwartungen klären**
gattungs- und textsortenspezifische Kennzeichen von Texten (Gedichte, Songs) beschreiben

▶ **Texte rezipieren**
Texte involviert, flüssig und sinnverstehend lesen; Strategien zur Textaufnahme für die Erschließung zentraler Strukturelemente, Inhalte, Aussagen und Gedanken anwenden; Elemente der ästhetischen Textgestaltung beschreiben; individuelle Vorstellungen und Empfindungen zum Text ausdrücken; zentrale Aussagen eines Textes wiedergeben; sich mit anderen über Vorstellungen, Gedanken und Deutungen zu Texten verständigen; Unterschiede und Gemeinsamkeiten von Texten erklären (motivgleiche Gedichte vergleichen)

▶ **Mit Texten produktiv umgehen**
aus vorgegebenen Ideen Texte verfassen; Texte in andere Darstellungsformen übertragen

▶ **Sprachliche Mittel reflektieren und verwenden**
mit Wörtern, Sätzen und Texten spielerisch umgehen

▶ **Grundlegende sprachliche Strukturen reflektieren und verwenden**
grundlegende Fachbegriffe verwenden

▶ **Redebeiträge leisten**
Gedichte gestaltend vorlesen/vortragen

8

„Voll den Blues" – Ein Jugenddrama untersuchen und spielen   139

► **Lese-/Rezeptions-
erwartungen klären**
gattungs- und textsorten-
spezifische Kennzeichen von
Texten (Drama) beschreiben;
Leseerwartungen ableiten
► **Texte rezipieren**
Texte sinnverstehend lesen;
zentrale Aussagen eines
Textes wiedergeben und mit
Textstellen belegen;
Empfindungen von Figuren
beschreiben;
Figuren charakterisieren;
Verhalten und Handlungsmo-
tive von Figuren beurteilen;
Konflikte und deren Ausge-
staltung aufzeigen und in
Bezug zur eigenen Lebens-
welt setzen
► **Mit Texten produktiv um-
gehen**
Szenen verfassen;
Rollen einnehmen
► **Redebeiträge leisten**
Texte gestaltend (frei) vor-
tragen

9

Die Zeitung – Sachtexte verstehen und gestalten   157

▸ **Lese-/Rezeptions-
erwartungen klären**
gattungs- und textsorten-
spezifische Kennzeichen von
Texten (Zeitungen Print und
online) beschreiben;
Leseerwartungen ableiten
▸ **Texte/Medien rezipieren**
Strategien zur Textaufnahme für die Erschließung zentraler Strukturelemente, Inhalte, Aussagen anwenden;
Elemente der ästhetischen
Textgestaltung beschreiben;
zentrale Aussagen eines
Textes wiedergeben und mit
Textstellen belegen;
Unterschiede und Gemein-
samkeiten von Texten er-
klären
▸ **Sprachliche Mittel reflektieren und verwenden**
Funktion und Wirkung me-
dienspezifischen Sprachge-
brauchs reflektieren
▸ **Texte planen, schreiben,
überarbeiten**
Texte lesbar und strukturiert
schreiben (am Computer);
Schreibabsicht und Adressa-
ten klären, die Schreibidee
umsetzen;
zu realen und fiktiven
Ereignissen schreiben und
dabei Textsortenmerkmale
beachten;
eigenen Schreibprozess mit
Hilfe von Schreibstrategien
organisieren;
Schreibwerkzeuge und Text-
verarbeitungsprogramme
aufgabenbezogen einsetzen
▸ **Das Schreiben für Lern-
prozesse nutzen**
eigene Notizen zu (journalis-
tischen) Texten verarbeiten

10

Mehr als ein Spiel – Fußball im Roman und im Film   177

▸ **Lese-/Rezeptions-
erwartungen klären**
gattungs- und textsorten-
spezifische Kennzeichen von
Texten/Medien (Jugend-
roman, Film) beschreiben;
Leseerwartungen ableiten;
Medien anlassbezogen aus-
wählen
▸ **Texte/Medien rezipieren**
Strategien zur Textauf-
nahme für die Erschließung
zentraler Strukturelemente,
Inhalte, Aussagen und
Gedanken anwenden;

Elemente der ästhetischen Text-/Mediengestaltung beschreiben (Filmsprache: Kameraeinstellung, -perspektive, Montage); zentrale Aussagen eines Textes/Films wiedergeben und mit Textstellen belegen; sich mit anderen über Vorstellungen, Gedanken und Deutungen zu Texten/Medien verständigen; Figuren charakterisieren, Verhalten und Handlungsmotive von Figuren beurteilen; Konflikte und deren Ausgestaltung in Texten/Filmen aufzeigen und in Bezug zur eigenen Lebenswelt setzen; zu Aussagen eines Textes/ Medienangebots unter Berücksichtigung gesellschaftlicher, historischer und kultureller Kontexte Stellung beziehen

---

11

Grammatiktraining – Rund um Wörter und Sätze   195

► **Sprachliche Mittel reflektieren und verwenden** grammatische Gestaltungsmittel funktional einsetzen (Konjunktiv I, Konjunktiv II, Modalverben, Satzarten benennen und anwenden)
► **Grundlegende sprachliche Strukturen reflektieren und verwenden** grundlegende Fachbegriffe verwenden; die regelgerechte Anwendung grammatischer Strukturen im mündlichen und schriftlichen Sprachgebrauch überprüfen; Sprache mit Hilfe geeigneter Proben und Verfahren untersuchen (Satzglieder)
► **Texte schreiben und überarbeiten** Texte kriterienorientiert überprüfen und verändern; Satzzeichen in komplexen Sätzen begründet setzen

12

Nachdenken über Sprache   Kompetenzerwartungen und Inhaltsfelder

Rechtschreibstrategien trainieren – Rechtschreiben erforschen   227

▶ **Texte planen, schreiben, überarbeiten**
rechtschreibwichtige Wörter normgerecht schreiben; Rechtschreibstrategien reflektieren und nutzen; Rechtschreibhilfen nutzen; Satzzeichen in komplexen Sätzen begründet setzen; Texte kriterienorientiert überprüfen

▶ **Texte rezipieren**
zentrale Aussagen eines Textes wiedergeben

▶ **Sprachliche Mittel reflektieren und verwenden**
Fremdwörter erkennen und die Schreibung daran ausrichten

▶ **Grundlegende sprachliche Strukturen reflektieren und verwenden**
grundlegende Fachbegriffe verwenden; Grundregeln der Rechtschreibung: Groß- und Kleinschreibung (Nominalisierung von Verben und Adjektiven), Getrennt- und Zusammenschreibung (geografische Herkunftsbezeichnungen), Silbentrennung

▶ Lese-/Rezeptions-
erwartungen klären
Leseerwartungen ableiten
▶ Texte/Medien rezipieren
Strategien zur Text-/Medien-
aufnahme für die Erschließung zentraler Struktur-
elemente, Inhalte, Aussagen
und Gedanken anwenden;
Elemente der Text- und Me-
diengestaltung beschreiben;
zentrale Aussagen eines
Textes wiedergeben und mit
Textstellen belegen;
sich mit Hilfe verschiedener
Quellen informieren
▶ Texte planen, schreiben,
überarbeiten
Texte strukturiert zusam-
menfassen (Inhaltsangabe);
Informationen zusammen-
führen
▶ Zuhören
wesentliche Aussagen von
Gesprächsbeiträgen wiedergeben

Orientierungswissen   263

1 Helden und Vorbilder –
Mündlich und schriftlich informieren

1 Das Foto zeigt ein Mädchen und einen Jungen, die eine Prügelei verhindern wollen.
  a Überlegt, was diese beiden dabei fühlen, denken und sagen könnten.
  b Wie findet ihr das Verhalten des Mädchens und des Jungen? Tauscht euch aus.
  c Ist das Verhalten der beiden vorbildlich oder heldenhaft?
  Begründet eure Meinung.

2 Habt ihr selbst schon einmal eine ähnliche Situation erlebt? Berichtet darüber.

3 Diskutiert: Kann es auch mutig sein, sich aus manchen Situationen herauszuhalten?

In diesem Kapitel ...

– Sammelt ihr zu euren Helden und Vorbildern Informationen,
– erstellt ihr ein Portfolio und haltet ein Kurzreferat,
– lest ihr literarische Texte zum Thema „Mut im Alltag",
– verfasst ihr mit Hilfe von Materialien Informationstexte.

1.1 Helden des Alltags – Informationen recherchieren und im Portfolio ordnen

Einen Zeitungsbericht lesen

1 a Lest die Überschrift des folgenden Zeitungsartikels.
Stellt Vermutungen über seinen Inhalt an.
b Prüft eure Vermutungen. Lest den Artikel und benennt, worum es geht.

Mit Rosa-Parks-Preis für soziales Engagement geehrt

Mühlheim. Zum vierten Mal wurde an der Rosa-Parks-Gesamtschule der Ehrenpreis für besonderes Engagement vergeben – Engagement im Sinne der Namensgeberin der Schule.

Die schwarze US-Amerikanerin wurde 1955 in der Stadt Montgomery (USA) verhaftet, weil sie sich weigerte, ihren Sitzplatz in einem Bus für einen weißen Fahrgast zu räumen. In diesem Jahr ging die Rosa-Parks-Auszeichnung an Jannis Lehmann. Mit einem tollen Programm feierte die Rosa-Parks-Gesamtschule den Geburtstag der Namensgeberin, die für die afroamerikanische Bürgerrechtsbewegung steht, und bedankte sich mit dem Preis bei Jannis Lehmann für sein Engagement.

Der 16-jährige Jannis engagiert sich an der Schule und gibt Schülern auf ganz ungewöhnliche Weise Nachhilfeunterricht: Sie schreiben gemeinsam mit ihm Mathe-Raps. Außerhalb der Schule unterstützt Jannis Musikprojekte für Kinder und Jugendliche und gibt Rap-Kurse. Er steht auch selbst bei Schulveranstaltungen auf der Bühne und rappt in seinen Songs gegen Rassismus und Gewalt.

„Er ist ein Mensch, der einfach immer hilft. Er ist ein richtiger Alltagsheld", lobte die Klassenlehrerin Jannis, der ganz überrascht über die Auszeichnung war. „Mit dem Preis habe ich gar nicht gerechnet", bedankte er sich beim Publikum.

2 a Arbeitet zu zweit. Erklärt, warum Jannis der Preis verliehen wurde.
b Erläutert an Jannis' Beispiel den Begriff „soziales Engagement".
c Begründet: Wem würdet ihr einen Preis für soziales Engagement verleihen?

3 Jannis wird in dem Zeitungsartikel als „Alltagsheld" (Z. 32) bezeichnet. Erklärt, was einen Alltagshelden von einem Superhelden unterscheidet. Wählt Aufgabe a oder b.

●●● a Vervollständigt den Satz in eurem Heft: *Sie unterscheiden sich darin, dass ein Alltagsheld …, während ein Superheld in Sagen oder Comics … Beide sind …*

●○○ b Ordnet im Heft den Begriffen „Alltagsheld" und „Superheld" Adjektive aus dem Wortspeicher zu. Was fällt euch auf?
c Vergleicht eure Ergebnisse miteinander. Gibt es Unterschiede?

> furchtlos gewalttätig hilfsbereit ideenreich mutig normal selbstlos stark tapfer übermenschlich

Ein Portfolio zum Thema „Helden und Vorbilder" anlegen

1 Legt ein Portfolio (eine Sammelmappe) über eure Helden und Vorbilder an.
Wählt eine Person auf den Briefmarken aus oder entscheidet euch für einen eigenen Helden.
a Gestaltet ein Deckblatt, das zum Thema oder zu eurem Helden passt.
b Recherchiert für euer Portfolio nach Materialien zu eurem Vorbild und sammelt sie (▶ Aufgabe 3).
c Schreibt eigene Texte, z. B. Steckbrief, Informationstext, über besondere Taten, deren Folgen und Bedeutung für uns heute. Klebt passende Bilder dazu.
d Sammelt wichtige Internetadressen und notiert interessante Buchtitel.

2 Ein Inhaltsverzeichnis für euer Portfolio gibt euch und dem Leser Orientierung.
Wie wurden die Materialien im Beispiel geordnet? Nutzt Begriffe wie:
Hauptteil, Anhang, Bewertung, Erfahrung, …

> **Inhaltsverzeichnis**
> 1 Einleitung: Was ist ein Held?
> 2 Rosa Parks – Eine Heldin
>   2.1 Steckbrief
>   2.2 Wie Rosa Parks zur Heldin wurde
>   2.3 Ein Vergleich mit Martin Luther King
>   2.4 Rosa Parks' Leben nach dem Busstreik
> 3 Warum Rosa Parks ein Vorbild ist
> 4 Bücher und Filme
> 5 Anmerkungen zur Materialsuche

3 Recherchiert im Internet nach Materialien und Informationen zu eurem Vorbild.
a Gebt bei einer Suchmaschine wie *Frag Finn* oder *Google* nicht nur Namen wie *Rosa Parks* ein, sondern fügt auch Begriffe wie *Lebenswerk, Wirkung, Bücher* oder *Filme* hinzu.
Tipp: Druckt Funde mit der Internetadresse aus.
b Prüft, ob sich die gefundenen Informationen nicht widersprechen.

4 Beurteilt eure Materialsuche.
a Welche Schwierigkeiten sind aufgetreten? Wie habt ihr sie gelöst?
b Was habt ihr bei der Materialsuche für weitere Internetrecherchen gelernt?

Information   **Ein Portfolio erstellen**

Ein Portfolio ist eine **geordnete Sammelmappe** zu einem **Thema.** Es besteht aus:
- einem **Deckblatt** und einem **Inhaltsverzeichnis,**
- **selbst geschriebenen Texten** und anderen **Materialien** (Fotos, Bildern, Artikeln, …),
- einer persönlichen **Einschätzung der Materialsuche.**

Einen Informationstext zu Rosa Parks verfassen

Reporter: Mrs. Parks, warum sind Sie am 1. Dezember 1955 in einem Bus in der Stadt Montgomery nicht von Ihrem Sitzplatz aufgestanden?

Rosa Parks: Ich war an diesem Tag sehr müde von meiner Arbeit als Näherin in einer Fabrik. Es waren nur noch wenige Plätze im Bus frei und ich habe mich auf einen Platz direkt am Fenster gesetzt, auf dem nur Schwarze sitzen durften. Der Bus wurde von Haltestelle zu Haltestelle voller. An der dritten Haltestelle stiegen sehr viele Leute ein. Alle haben einen Platz gefunden, bis auf einen weißen Mann. Der musste stehen. Der Busfahrer hat mich deshalb aufgefordert, meinen Platz für den weißen Fahrgast zu räumen. Aber ich habe mich geweigert und bin einfach sitzen geblieben.

Reporter: Warum hat ihre Weigerung für so viel Aufsehen gesorgt?

Rosa Parks: Zu diesem Zeitpunkt gab es ein strenges Gesetz in den USA, das z. B. bestimmte, dass Schwarze und Weiße nicht im Bus nebeneinandersitzen durften. Die vorderen Sitzplätze waren für Weiße reserviert, Schwarze mussten hinten sitzen. Auch an der Bushaltestelle warteten sie getrennt voneinander. Wenn alle Plätze im Bus belegt waren, mussten die Schwarzen ihre Plätze für Weiße frei machen und selbst stehen. Diese Regeln galten auch für Restaurants oder im Kino. Außerdem durften Schwarze und Weiße nicht die gleichen Schulen besuchen.

Reporter: Welche Folgen hatte Ihr Verhalten für Sie?

Rosa Parks: Der Busfahrer hat den Bus gestoppt. Als ich weiter sitzen blieb, hat er die Polizei gerufen. Es kamen zwei Polizisten, die mich verhafteten. Ich bin für ein paar Tage ins Gefängnis gekommen und wurde schließlich zu einer Geldstrafe von 14 Dollar verurteilt, was für mich und meine Familie damals sehr viel Geld war. Außerdem habe ich meinen Job als Näherin verloren und ich musste mir eine neue Arbeit suchen.

Reporter: Was ist danach passiert?

Rosa Parks: Die Schwarzen von Montgomery waren über diese Ungerechtigkeit empört. Sie haben sich vorgenommen, nicht mehr mit dem Bus zur Arbeit oder zur Schule zu fahren, und wollten stattdessen zu Fuß gehen. Diese Aktion wurde übrigens von einem jungen Pfarrer angeführt. Er hieß Martin Luther King und er wurde bald darauf der Anführer der Bewegung für die Gleichberechtigung der schwarzen Bevölkerung in den USA.

Der Bürgermeister der Stadt Montgomery und die Busgesellschaft dachten, dass der Streik nicht lange anhalten würde. Aber da hatten sie sich getäuscht. Schwarze Taxifahrer senkten ihre Preise, Fahrgemeinschaften wurden gebildet. Meist aber gingen die Schwarzen zu Fuß zur Arbeit, oft kilometerweit. Auch ich bin damals oft sehr weite Strecken zu Fuß gegangen. Wir wollten so lange streiken, bis die Trennung von Weißen und Schwarzen in den Bussen aufgehoben würde. Nach 382 Tagen haben wir unser Ziel erreicht. Etwa ein Jahr später, am 21. Dezember 1956, hob ein hohes amerikanisches Gericht das Gesetz auf.

Reporter: Hätten Sie selbst damit gerechnet, dass Ihr Verhalten Sie berühmt machen wird?

Rosa Parks: Damit hätte ich nie gerechnet. Ich habe nicht geplant, dass ich an diesem 1. Dezember einfach sitzen bleiben würde. Ich hatte es einfach satt nachzugeben. Aber ich bin froh darüber, dass mein Verhalten dazu beigetragen hat, dass Schwarze in den USA endlich gerechter behandelt wurden.

Reporter: Ich danke Ihnen für dieses Interview.

1 a Worum geht es in dem Interview? Findet die richtige Aussage.

> **A** Es geht um Rosa Parks, die sich in den USA bei einem Busfahrer darüber beschwerte, dass sie immer im Bus stehen musste.

> **B** Es geht um Rosa Parks, die zusammen mit Martin Luther King in den USA für niedrigere Fahrpreise in Bussen gekämpft hat.

> **C** Es geht um Rosa Parks und die Folgen, die ihr Sitzenbleiben im Bus für sie und für alle Schwarzen in den USA hatte.

b Erklärt in Partnerarbeit, was diese Wörter im Textzusammenhang bedeuten:

> die Bewegung (Z. 51) die Gleichberechtigung (Z. 52) der Streik (Z. 55) ein Gesetz aufheben (Z. 66 f.)

c Wie wirkte das Gesetz der Trennung auf das Leben der Schwarzen? Belegt am Text.

d Überlegt: Warum machten alle Schwarzen der Stadt Montgomery beim Busstreik mit?

Planen

2 Plant, einen Informationstext darüber zu schreiben, wie Rosa Parks zur Heldin wurde.
Der Text muss für Schüler, die Rosa Parks nicht kennen, verständlich sein.
Was erwarten Schüler von einem solchen Informationstext? Begründet eure Wahl.

> **A** Sie erwarten einen zusammenhängenden Text, der ausführlich wiedergibt, was Rosa Parks im Interview geantwortet hat und wie es ihr jetzt geht.

> **B** Sie erwarten einen zusammenhängenden Text, der darstellt, wie Rosa Parks durch ihr Verhalten im Bus zur Heldin wurde, sowie Informationen über das „Trennungsgesetz".

> **C** Sie erwarten einen zusammenhängenden Text, der ausschließlich beschreibt und schildert, was damals im Bus genau passiert ist.

3 Ein informierender Text sollte eine klare gedankliche Gliederung haben, z. B.:
1. Problem (Rosa Parks' Verhaftung), 2. Lösung (Aktionen gegen die Verhaftung) und
3. Folgen (neue Gesetze). Wählt Aufgabe a oder b.

●●○ a Ergänzt die nebenstehenden W-Fragen und ordnet sie dieser Gliederung zu.
Formuliert weitere W-Fragen.

●○○ b Ergänzt die nebenstehenden W-Fragen und ordnet sie dieser Gliederung zu.

> **Wer** war Rosa Parks?
> **Warum** wurde Rosa Parks ...?
> **Welche** Gesetze ...?
> **Welche** Folgen ...?

4 a Vergleicht in Partnerarbeit eure Ergebnisse zu Aufgabe 3.

b Ordnet den W-Fragen die passenden Informationen aus dem Interview auf Seite 16 zu.

5 In dem Schaubild findet ihr weitere Informationen zum Thema.

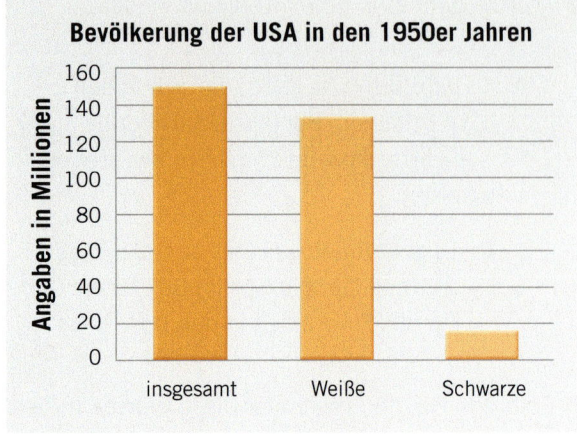

a Lest die Überschrift und betrachtet die Säulen des Diagramms.
Wofür stehen die Säulen jeweils?

b Vervollständigt in eurem Heft, worum es in dem Schaubild geht:
Das Schaubild zeigt, wie hoch der Anteil der ...

c Vergleicht die Zahlenangaben der Säulen genauer.
Notiert euer Fazit:
Von ca. 150 Millionen ... Minderheit ...

6 Überlegt, welcher Teil eures Textes (1. Problem, 2. Lösung, 3. Folgen) über Rosa Parks durch die Informationen aus dem Schaubild ergänzt werden kann.

Schreiben

7 Schreibt eine Einleitung, die das Interesse eurer Leser weckt, z. B.:
Kennt ihr Rosa Parks und ihre Geschichte? Rosa Parks war ...

8 Verfasst den Hauptteil. Nutzt die Gliederung (1. Problem, 2. Lösung, 3. Folgen) mit den dazu passenden Antworten auf die W-Fragen und den Schaubildinformationen.
Tipp: Beachtet die folgenden Schreibhinweise:

> – Stellt erklärende Zusammenhänge zwischen den Informationen her, z. B.:
>   *Sie sollte ihren Sitzplatz für einen weißen Mann räumen, <u>weil</u> ...*
> – Stellt Überleitungen zwischen den einzelnen Gliederungspunkten her. Nutzt folgende
>   Wörter: *allerdings, deshalb, außerdem, ebenso, letztlich, schließlich, besonders, danach.*
> – Schreibt im Präteritum, da ihr über etwas informiert, was in der Vergangenheit liegt.

Überarbeiten

9 Überarbeitet eure Informationstexte in Partnerarbeit. Nutzt die folgende Information:

Information	**Einen Informationstext verfassen**

Ein informierender Text fasst in **knapper** und für die Leser **gut verständlicher Weise** das **Wichtigste** über **Personen, Sachverhalte oder Gegenstände** zusammen.
- Er hat eine **klare gedankliche Gliederung,** z. B.: *1. Problem, 2. Lösung, 3. Folgen.*
- Im Verlauf des Textes werden in **sachlicher Sprache** die wichtigsten **W-Fragen** zusammenhängend beantwortet: Wer? Was? Wann? Wo? Wie? Warum? Welche Folgen?
- Informiert ein Informationstext über etwas, was in der Vergangenheit geschah, dann steht er im **Präteritum,** z. B.: *Rosa Parks **musste** 14 Dollar Strafe zahlen und sie **verlor** ihre Arbeit.*

Einen Kurzvortrag zum Thema „Mein Vorbild" halten

*1919 ruft die Inder
zum gewaltlosen Widerstand auf*

indischer Rechtsanwalt

*1930 „Salzmarsch" gemeinsam
mit Hunderttausenden Anhängern*

Gandhi

1948 ermordet

gewaltloser Widerstandskämpfer

1 Bereitet einen Kurzvortrag über euer persönliches Vorbild vor.
  a Legt zur Vorbereitung eures Kurzvortrags eine Mind-Map wie oben an.
  b Recherchiert weitere Informationen (▶ S.15, Aufgabe 3) zu eurem Vorbild.
    Tipp: Orientiert euch bei eurer Recherche an den W-Fragen (▶ S.17).
  c Ergänzt eure Mind-Map mit interessanten Informationen, die ihr recherchiert habt.

2 Prüft in Partnerarbeit die Informationen, die ihr gesammelt und notiert habt.
   Interviewt euren Lernpartner zu seinem Vorbild. Welche Informationen vermisst ihr noch?

3 Erstellt für euren Kurzvortrag eine Gliederung und legt sie in euer Portfolio. Geht so vor:
  a Plant die **Einleitung.** Nennt euer Vorbild und hebt seine oder ihre besondere Leistung hervor.
    Tipp: Ihr könnt auch mit einem Zitat beginnen, um das Zuhörerinteresse zu wecken.
    – *Mahatma Gandhi*
    – *wurde weltberühmt, weil er ohne Gewalt für die Freiheit Indiens kämpfte*
    – *Er sagte: „Wahrheit schließt die Anwendung von Gewalt aus, da der Mensch nicht fähig ist, die absolute Wahrheit zu erkennen [...]."*
  b Berichtet im **Hauptteil** in zeitlich geordneter Reihenfolge über das Leben eures Vorbilds und seine besonderen Leistungen. Beschränkt euch auf ca. zehn Punkte, z. B.:
    – *war Rechtsanwalt*
    – *rief im Dezember 1919 alle Inder zum Widerstand gegen die Engländer auf*
    – *Indien gehörte zu dieser Zeit zu England.*
    – *Höhepunkt: „Salzmarsch" 1930, an dem Hunderttausende von Menschen mit Gandhi 400 km gemeinsam zum Meer wanderten*
    – *...*
  c Fasst am **Schluss** das Wichtigste kurz zusammen.
    Erklärt, warum sie oder er ein Vorbild für euch ist, z. B.:
    – *Gandhi wurde insgesamt zwölf Mal für den Friedensnobelpreis vorgeschlagen.*
    – *Er hat andere Berühmtheiten, wie z. B. Martin Luther King, stark beeinflusst.*
    – *Er ist ein Vorbild für mich, weil ...*

4 Nutzt eure Gliederung als Gedächtnisstütze. Übertragt sie auf Stichwortkarten.
   Diese könnt ihr dann während des Vortrags in der Hand halten.

5 Übt euren Kurzvortrag, bevor ihr ihn anschließend vor der Klasse haltet.

a Nutzt die folgenden Formulierungen.
So wissen die Zuhörer, an welcher Stelle des Vortrags ihr gerade seid.

Einleitung:	*Ich möchte euch mein Vorbild ... vorstellen. / In meinem Vortrag geht es um ...*
Hauptteil:	*Das Besondere an meinem Vorbild ist, dass ...*
Schluss:	*Zusammenfassend/Abschließend möchte ich betonen, dass ...*

b Trainiert in Partnerarbeit, beim Vortrag möglichst frei, deutlich und nicht zu schnell zu sprechen.
Tipp: Übt euren Kurzvortrag auch zu Hause, z. B. vor einem Spiegel.

c Probiert auch, Blickkontakt zu euren Zuhörern zu halten.
So erfahrt ihr, ob sie noch aufmerksam sind oder etwas gerade nicht verstehen.

6 Unterstützt euren Vortrag durch passende Bilder auf Folie oder auf einem Plakat.
Ihr könnt auch eine Präsentation mit dem Computer erstellen.
Tipp: Achtet darauf, dass Bilder und Texte gut erkennbar sind.

7 Bereitet als Zuhörer euer Feedback zum Vortrag vor.

a Legt im Heft eine Stichpunktliste zu folgenden Fragen an:
 – Welche Informationen findet ihr am interessantesten?
 – Was habt ihr noch nicht richtig verstanden?
 – Worüber würdet ihr gerne noch mehr erfahren?

b Nennt nach dem Vortrag zuerst die Dinge, die besonders gut waren, z. B.:

– Die Aussprache war deutlich und nicht zu schnell.	✔
– Der Vortrag wurde frei gehalten.	✔
– Der Vortragende hat mit den Zuhörern Blickkontakt gehalten.	✔
– Die gezeigten Bilder waren passend und gut zu erkennen.	✔

c Gebt Tipps, was beim nächsten Mal verbessert werden kann, z. B.:
Du könntest beim nächsten Vortrag langsamer sprechen, weil ...

Information   **Einen Kurzvortrag halten**

Ein **Kurzvortrag** informiert **knapp und genau über ein Thema.**
Er sollte nicht länger als **5 bis 10 Minuten** dauern und nach Möglichkeit durch Bilder, Plakate oder Computerpräsentationen unterstützt werden. Er besteht aus **drei Teilen:**
- In der **Einleitung** wird das **Thema** genannt. Außerdem sollte das **Interesse der Zuhörer** geweckt werden, z. B. durch eine Frage, eine besondere Einzelheit oder ein erstes Zitat.
- Im **Hauptteil** werden die **Informationen** gut **verständlich** und in einer **sinnvollen** (z. B. zeitlichen) **Reihenfolge** wiedergegeben. Fachbegriffe müssen erklärt werden.
- Am **Schluss** fasst ihr die **allerwichtigsten Informationen** noch einmal kurz **zusammen** und nehmt persönlich zum Thema **Stellung.**

Teste dich!

Ziel eines Informationstextes ist es, den Leser *zu unterhalten* **(K)** / *zu überzeugen* **(L)** / *zu informieren* **(O)**.

In einem Informationstext werden *nur schwierige Fragen* **(A)** / *die wichtigsten W-Fragen* **(V)** / *einige unbeantwortete Fragen* **(E)** beantwortet.

Ein Informationstext sollte *einer klaren gedanklichen Gliederung folgen* **(B)** / *lustig beginnen und enden* **(M)** / *eine Spannungskurve haben* **(T)**, z.B. so: *Problem, Lösung, Folgen* **(R)** / *Fragen und Antworten* **(W)** / *Ausgangslage, Nebengeschichten, tragischer Schluss* **(U)**.

Einen Informationstext erkennt man daran, dass er *sachlich und ohne Wertung* **(L)** / *spannend und ausführlich* **(O)** / *humorvoll und wertend* **(B)** geschrieben ist.

Er sollte für den Leser *immer lehrreich* **(G)** / *fesselnd* **(E)** / *gut verständlich* **(D)** sein.

Wenn über etwas informiert wird, das in der Vergangenheit liegt, steht der Text *im Präsens* **(A)** / *im Futur* **(H)** / *im Präteritum* **(I)**.

1
a Wähle die jeweils passende Möglichkeit aus. Übertrage den ganzen Satz ins Heft.
b Ordne die Buchstaben hinter den von dir gewählten Wörtern zu einem Lösungswort, das zum Thema gehört.
c Vergleiche dein Ergebnis mit einem Lernpartner.

VORSICHT FEHLER!

Es sollte ein Freundschaftsspiel werden und endete mit Krach: Angeführt von Kevin-Prince Boateng verließ das gesamte Fußballteam des *AC Mailand* den Platz, weil gegnerische Fans den dunkelhäutigen Milan-Fußballer rassistisch beleidigen.
5 Die Fans des Viertligisten *Pro Patria* hatten den ghanaischen Fußballspieler, der gebürtig aus Berlin kommt, von Anfang an provoziert, obwohl das ein richtig unfaires Verhalten ist. In der 26. Minute wurde es dem Mittelfeldspieler dann
10 zu viel. Boateng schoss den Ball hoch auf die Zuschauerränge, zog sein Trikot aus und verließ das Fußballfeld. Seine Mitspieler folgten ihm. Auch in deutschen Fußballstadien und in anderen europäischen Ländern werden Spieler
15 manchmal wegen ihrer Hautfarbe oder Herkunft rassistisch beschimpft. Trotzdem wurde das Netzwerk „Fußball gegen Rassismus in Europa", abgekürzt FARE, gegründet. Es besteht aus verschiedenen Gruppen und Institutionen,
20 die europaweit gegen Intoleranz und Diskriminierung arbeiten.

2
a Worum geht es in diesem Informationstext? Notiere im Heft eine passende Überschrift.
b Die im Text rot markierten Stellen zeigen Fehler an. Benenne den Fehler und korrigiere ihn im Heft.
c Vergleiche deine Korrekturen mit deinem Lernpartner.

1.2 Mut im Alltag – Literarische Texte lesen

Jörg Hagemann

Mut im Bauch

Tom wird in einer U-Bahn von betrunkenen Ju-
gendlichen belästigt und gezwungen, Bier zu trin-
ken. Er will aussteigen. Doch als die Gruppe einen
anderen Jungen angreift, handelt er.

Als der Zug sich wieder in Bewegung setzte und im nächsten Schacht verschwand, als
sich das Abteil wieder vor dem dunklen Hintergrund im Fenster spiegelte, sah er, dass ein an-
5 derer Junge eingestiegen war.
Der Junge mochte jünger sein als Tom, war
ebenfalls von kleinem Wuchs und sah in seiner
etwas zu weiten Hose und seiner viel zu großen Jacke fast verloren aus. Auch musste er die
10 lärmende Horde gleich bemerkt haben. Denn
er blieb kurz stehen und überlegte. Dann suchte er sich einen Platz im hintersten Eck des Ab-
teils – möglichst weit weg von der Bande. Und
so kam es, dass der andere Junge – ebenfalls in
15 der hintersten Reihe – Tom auf der anderen
Seite des Ganges genau gegenüber zu sitzen
kam.
Tom beobachtete sein Gegenüber im Fenster. Die Spiegelbildblicke der Jungen kreuzten
20 sich. Tom atmete tief durch. Aber die Bande
hatte sie nicht vergessen. Der neue Gast war
ihnen ebenfalls nicht entgangen. Und warum
sollte man nicht versuchen herauszufinden, ob
der Neuankömmling mutiger war als dieser
25 Junge, dieses Weichei, das sich vorhin fast in
die Hose gemacht hätte, als er einen Schluck
Bier trinken sollte. Wieder löste sich eine Gestalt aus dem Pulk der Saufköpfe. Wieder hörte
Tom diese langsamen, behäbig über den Bo-
30 den schlurfenden Schritte. Wieder hörte er die
Stimme des Langen: „Tach, Kleiner!“
Der Junge schaute aus dem Fenster. Der Lange
trank und rülpste laut. Für einen Moment
kreuzten sich noch einmal seine und Toms Bli-

cke im Spiegelbild. Dann johlte der Lange: 35
„Schau mich gefälligst an, wenn ich mit dir
rede!“
Langsam, ganz langsam drehte sich der Junge
um. Mit großen Augen sah er zu dem Stören-
fried auf und blickte ihn fragend an. „Na also!“, 40
nuschelte der Lange und nahm einen kräftigen Schluck aus der Bierdose. Dann betrachtete er den Jungen von oben bis unten. Der Junge
blickte ihn nur ruhig und freundlich an. Und
wenn es etwas gab, was den Langen verunsi- 45
cherte, dann war es, wenn jemand nett zu ihm
war. Er nahm noch einen kräftigen Schluck aus
der Dose und rülpste dem Jungen mitten ins
Gesicht und tönte: „Nun sag schon was. Oder
bist du taub? Na gut! Wenn du nicht mit uns 50
reden willst, dann reden wir auch nicht mit
dir!“ Und dann nahm er einen langen Schluck
aus der Dose und spuckte das Bier dem Jungen
mitten ins Gesicht.
Die Bande lachte und trampelte mit den Fü- 55
ßen. Tom schaute wie gebannt zu. Oh, wenn er
doch nur mutig wäre! Dann wäre er jetzt aufgestanden, hätte sich zu dem Jungen gesetzt und

zu ihm gehalten. Aber er war nicht mutig und traute sich nicht einmal, wirklich hinüberzuschauen. Und dann hörte Tom einen Schrei. Mit einem Schlag war Tom sich darüber im Klaren. Und während die saufenden Kerle anfingen zu lachen, während der Junge sich wand, kämpfte und weinte, während der Zug in einen weiteren Bahnhof einfuhr – während alledem wurde Tom sich darüber klar, dass er der Einzige war, der helfen konnte – der helfen musste. Ein lauter, durch Mark und Bein dringender Schrei schallte durchs Abteil. War das etwa seine Stimme? Mit aller Kraft schrie Tom sich die Verzweiflung, die ganze Angst, den verloren geglaubten Mut aus dem Leib. Er wusste nicht, was er da brüllte. Entgeistert drehten sich die anderen um. Tom aber schrie immer weiter, immer lauter, und während er schrie, zwängte er sich zwischen den großen kräftigen Gestalten hindurch und ergriff den Jungen am Arm und riss ihn von seinem Sitz hoch. Schon hatte er die Tür nach außen aufgerissen. Schon war er, den anderen hinter sich herziehend, hinaus auf den Bahnsteig gestürzt. Und schon hörte er, wie die Tür hinter ihm wieder zufiel. Die Bande war noch im Abteil. Keiner von ihnen hatte es geschafft, hinter ihm auszusteigen.

1　a　Tauscht euch aus: Wie gefällt euch Toms Verhalten in dieser Situation?
　　b　Habt ihr auch schon einmal eine ähnliche Situation erlebt? Berichtet darüber.

2　Prüft, ob ihr den Text aufmerksam gelesen habt.
　　a　Entscheidet, ob die folgenden Aussagen A bis E zutreffen.
　　b　Korrigiert die falschen Aussagen in eurem Heft.

A	Tom hat Angst, weil er auch von der Gruppe angepöbelt wurde.
B	Die anderen Leute im Abteil helfen nicht. Sie schauen stattdessen aus dem Fenster.
C	Als die Gruppe den anderen Jungen angreift, bittet er Tom weinend um Hilfe.
D	Tom merkt zuerst gar nicht, dass er einen Schrei ausgestoßen hat, sondern er denkt, dass der Junge geschrien hat.
E	Die Jugendlichen versuchen zu verhindern, dass Tom und der Junge die Bahn verlassen.

3　Erklärt Sätze oder Wörter, die ihr nicht versteht, aus dem Textzusammenhang.

4　Die Gruppe der Jugendlichen geht einfach so auf den Jungen los.
　　Stellt Vermutungen darüber an, weshalb sie sich derart schlecht verhalten.

5　Das Wort „Zivilcourage" kommt aus dem Französischen. Es wird „ziwielkurahsche" gesprochen. Unter Zivilcourage wird ein mutiges Verhalten verstanden, mit dem sich jemand für andere einsetzt. Wählt Aufgabe a oder b.
●○○　a　Erklärt: Hat Tom eurer Meinung nach Zivilcourage gezeigt?
　　　　Meiner Meinung nach hat er (keine) Zivilcourage bewiesen, da er ...
●●●　b　Schreibt auf: Was könnte der Junge über Tom und sein Verhalten denken?
　　　c　Tauscht euch über eure Ergebnisse zu a und b aus.

6　Ist Tom für euch ein Held? Begründet eure Meinung.

7　Wie könnte die Geschichte weitergehen? Verfasst in eurem Heft eine Fortsetzung.

Kristina Dunker

Helden der City

Vivi und ihre Freunde Mone, Metan, Hendrik und Olli sind mit der S-Bahn zu einem Discoabend unterwegs. Mit ihnen in der Bahn sitzt ein ihnen unbekanntes Mädchen.

Das Mädchen ist am Ende des Wagens einge-stiegen, sitzt mit dem Rücken zu uns, sonst ist die Bahn leer, wie immer um diese Zeit. „Hof-fentlich ist der nette DJ wieder da", freut sich
5 Mone. „Wisst ihr noch, der von letzter Woche, der war klasse, wie hieß der noch?"
„Ja, der war gut", stimme ich ihr zu und rätsle mit ihr über den Namen, als die Bahn an der nächsten Station hält und drei Typen einstei-
10 gen. Ich sehe, dass Metan, der mir gegenüber-sitzt, sich umdreht und aus den Augenwinkeln hinter ihnen herlinst. Die drei Typen setzen sich zu dem Mädchen, das fällt mir sofort auf, weil ich das kenne und es mir auch immer auf
15 die Nerven geht. Unauffällig versuche ich mir die drei Kerle genauer anzusehen. Große Män-ner in Lederjacken und Stiefeln, offensicht-lich älter als wir. Jetzt höre ich sie laut „Hallo?" und „Ist hier noch frei?" fragen und lasse mir
20 gleichzeitig von Mone einen Kaugummi in den Mund stecken. „Echt gut, dass wir uns nicht vor der Disco verabredet haben", raunt sie mir zu, „stell dir mal vor, Vivi, wir säßen hier allei-ne."
25 Ich verdrehe die Augen, Olli sagt nichts, Hen-drik zuckt mit den Schultern, aber Metan flüs-tert: „Die sind schon knallvoll. Habt ihr das gerade gerochen? Die haben jeder schon einen Kasten Bier intus." Die drei Typen sehen wirk-
30 lich unangenehm aus. Bullige Gesichter, brei-te Rücken, kurze Haare. Jetzt lachen sie häss-lich laut und aggressiv, das Mädchen ist auch manchmal zu hören, mit Panik in der Stimme: „Ich hab gesagt, ihr sollt mich in Ruhe lassen!"
35 „Glotzt da nicht so hin, Leute. Vivi, Metan, glotzt nicht so!", zischt Hendrik. „Glaubt ihr, ich will die hier haben? Da haben wir nichts mit zu tun, das geht uns nichts an!"

„Die betatschen die", höre ich Mone sagen.
40 Drüben ist jetzt Gerangel, das Mädchen will aufstehen, aber einer der Typen zieht sie zu-rück auf seinen Schoß und dann stellt sich ein anderer davor, sodass ich nichts mehr sehen kann.
45 „Packt mich nicht an!", schreit sie. Ein Hilfe-schrei.
Ah, endlich kommt die Haltestelle. Die Türen gehen auf, die Türen gehen zu, keiner steigt ein oder aus, ob's das Mädchen vielleicht ver-
50 sucht und nicht kann, keine Ahnung, jeden-falls geht das üble Spielchen da vorne weiter. Ein Poltern und Lachen und manchmal unter-drücktes Schreien. Mone konzentriert sich da-rauf, ihr Kaugummipapierchen zu zerreißen, Olli knibbelt an seinen Fingernägeln und Hen-
55 drik hält Metan fest.
„Wir sind fünf gegen drei", flüstere ich. „Wir sind nur Vierzehnjährige, ja, aber wir sind trotzdem in der Überzahl."
„Eben, ich mach jetzt was." Metan reißt sich
60 los, steht auf. Ich bewundere ihn dafür, könnte ihn küssen, so froh bin ich.
„Nicht, ich kenne die!", bittet Hendrik, er hat Angst, große Angst. Sie sitzt in seinen Augen und springt sofort auf mich über. Warum hab
65 ich das nur gesagt? Metan, setz dich doch wie-der hin! Nicht, dass die dich sehen! Du bist toll, Metan, so mutig, aber ich kann nur, wenn wir alle gehen, alle fünf, fünf gegen drei …
„Ja, gerade weil du sie kennst! Dann hast du
70 doch was gegen die in der Hand. Außerdem sind es nur zwei Haltestellen bis zum Bahn-hof. Da steigen bestimmt Leute ein. Los! Wir können hier doch nicht sitzen und zugucken! Was ist jetzt, ich dachte ihr seid tolle Cracks, so
75 Extremis!"
Metan wendet sich ab, geht auf die Typen zu, langsam natürlich, abwartend, wann wir denn endlich kommen, und ich muss hoch und ihm nachlaufen, aber meine Beine sind schwer wie
80 Blei, wie in den Albträumen krieg ich sie kaum

vom Boden los, doch dann stehe ich, bin hinter ihm, und bevor die Typen Metan mit einem „Verpiss dich, Kanacke!" abspeisen können, bin ich bei ihm und mein Mund sagt: „Meine Freunde kennen euch. Die Namen und so. Lasst die Frau in Ruhe, sonst gehen wir zur Polizei!"

Einen Moment glotzen sie uns fassungslos an. Die anderen, das merke ich jetzt erst, sind auch endlich aufgestanden. Hendrik, Olli und Mone stehen hinter uns im Gang und Hendrik sagt mit zitternder Stimme: „Entweder ihr lasst sie los oder wir holen echt die Polizei."

Einen Moment ist die Spannung unerträglich, aber da ertönt schon wieder das helle Fiepen der Türen, es ist die Station vorm Hauptbahnhof und der eine, offenbar der Anführer, der direkt vor mir steht, gibt den anderen mit dem Kopf ein kurzes Zeichen und sie lassen das Mädchen los und huschen aus der Bahn.

1 Die Bilder zeigen den Ablauf des Geschehens. Bringt sie in die richtige Reihenfolge.

2 Was denken und fühlen die fünf Freunde und wie verhalten sie sich?
Wählt Aufgabe a/b oder c/d.

●●● **a** Beantwortet im Heft zu jedem der fünf Freunde die obige Frage. Belegt am Text.
●●● **b** Wie findet ihr das Verhalten der einzelnen Freunde? Begründet jeweils.
●○○ **c** Beantwortet im Heft die obige Frage zu den Figuren Vivi und Hendrik.
●○○ **d** Wie findet ihr das Verhalten von Vivi und Hendrik? Begründet eure Meinung.

3 Lest noch einmal die Begriffsbestimmung des Wortes „Zivilcourage" (▶ S. 23, Aufgabe 5).
a Erklärt: Haben Vivi und ihre Freunde Zivilcourage gezeigt?
b Nennt Gründe dafür, warum sie zuerst gezögert haben. Lest Textstellen vor.

4 In den Romanauszügen „Mut im Bauch" (▶ S. 22 f.) und „Helden der City" (▶ S. 24 f.) werden jeweils ähnliche Situationen beschrieben.
a Nennt die Gemeinsamkeiten und die Unterschiede zwischen beiden Situationen.
b Würdet ihr eher Tom oder Vivi und ihre Freunde als Helden bezeichnen?
Begründet eure Meinung.

5 Sammelt Tipps, wie man sich am besten in einer solchen Situation verhält.
Informiert euch auch im Internet, z. B. auf entsprechenden Seiten der Polizei.

Einen Informationstext zum Thema „Zivilcourage in der U-Bahn" schreiben

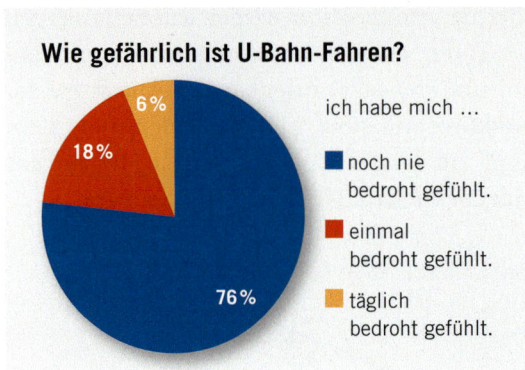

Wie gefährlich ist U-Bahn-Fahren?

ich habe mich …

■ noch nie bedroht gefühlt.
■ einmal bedroht gefühlt.
■ täglich bedroht gefühlt.

6 %
18 %
76 %

Verhaltensregeln für den Notfall

▸ Beobachten Sie den oder die Täter und prägen Sie sich auffällige Merkmale ein (kann eine spätere Fahndung erleichtern).
▸ Helfen Sie, ohne sich dabei selbst in Gefahr zu bringen. Vor allem bei Bewaffneten ist Zurückhaltung geboten.
▸ Sprechen oder fassen Sie den Täter nicht an. Konzentrieren Sie sich auf das Opfer.
▸ Treten Sie nicht aggressiv auf, sondern sachlich und beschwichtigend.
▸ Sprechen Sie weitere Anwesende direkt an und bitten Sie um Hilfe. Fordern Sie z. B. auf, die Polizei unter 110 anzurufen.
▸ Laufen Sie nicht weg, um Hilfe zu holen. Das Opfer hat in diesem Fall das Gefühl, Sie lassen es allein. Beruhigen oder trösten Sie das Opfer und leisten Sie gegebenenfalls Erste Hilfe.
▸ Stellen Sie sich als Zeuge zur Verfügung.

Planen

1 Plant, für andere Schüler einen Informationstext zum Thema „Zivilcourage in der U-Bahn" zu verfassen.

a Überlegt mit Hilfe des Schaubildes und der „Verhaltensregeln", was andere Schüler zum Thema fragen könnten. Notiert z. B.:
   – *Wie viele Menschen haben sich schon einmal in der U-Bahn …?*
   – *Was bedeutet der Begriff „Zivilcourage"?*
   – *Was sollte …?*
   – *…*

••• b Ordnet euren Fragen die entsprechenden Informationen aus den Materialien zu.
c Beantwortet die folgenden Fragen für eine Gliederung eures Textes:
   1. Was ist das Problem? 2. Was ist die Lösung? 3. Welche Folgen hat die Lösung?
d Ordnet die Fragen und Antworten aus Aufgabe a und b den Gliederungspunkten zu:
   1. Problem, 2. Lösung, 3. Folgen.

▷ Eine Hilfe zu Aufgabe 1b–d findet ihr auf Seite 27.

Schreiben

2 a Schreibt mit Hilfe eurer Planung einen zusammenhängenden Text.
••• b Gebt eurem Informationstext eine passende Überschrift.
   Tipp: Denkt daran, dass ihr den Text für Schüler schreibt und nicht für Erwachsene.

▷ Hilfe zu 2 a, Seite 27

Überarbeiten

 **3** Überarbeitet in Partnerarbeit eure Informationstexte.   ▷ Hilfe zu 3, Seite 27
•••

●○○ **Aufgabe 1 b–d mit Hilfe: Planen**

b Ordnet euren Fragen die entsprechenden Informationen aus den Materialien zu.

c Beantwortet die folgenden Fragen für eine Gliederung eures Textes:
1. Was ist das Problem? 2. Was ist die Lösung? 3. Welche Folgen hat die Lösung?

d Ordnet die Fragen und Antworten aus Aufgabe a und b (▶ S. 26) den Gliederungspunkten zu, z. B.:

1. Problem: Menschen werden in der U-Bahn bedroht und angegriffen:

Wie viele Menschen haben sich schon einmal in der U-Bahn ...

Zwar haben sich die meisten Menschen ... noch nie ..., doch 6 von 100 Menschen ...

2. Lösung: Zivilcourage zeigen: Was ist „Zivilcourage"?

Das Wort Zivilcourage kommt aus dem ... Darunter versteht man ... (▶ S. 23)

Wann ist Zivilcourage in der U-Bahn nötig? ...

3. Folgen: durch richtiges Verhalten helfen: Was sollte ich genau tun? ...

Tipp: Vergleicht in Partnerarbeit. Streicht Informationen, die nicht unbedingt in den Text müssen.

●○○ **Aufgabe 2 mit Hilfe: Schreiben**

a Schreibt mit Hilfe eurer Planung einen zusammenhängenden Text.

– Beginnt mit einer **Einleitung,** die das Interesse eurer Leser wecken kann, z. B.:
Wegschauen oder helfen? Oft genug erlebt man in ...

– Vervollständigt für den **Hauptteil** im Heft die folgenden Sätze sinnvoll mit den Informationen aus dem Schaubild und den „Verhaltensregeln".

Unter Zivilcourage versteht man, dass man sich ...

Denn es reicht schon aus, dass ...

So kommt es z. B. in der U-Bahn immer wieder zu Situationen, ...

Statt einfach wegzuschauen oder vorbeizugehen, sollte ...

Laut einer Untersuchung haben sich ...

Doch es ist manchmal gar nicht so einfach, mutig zu sein, weil ...

●○○ **Aufgabe 3 mit Hilfe: Überarbeiten**

Überarbeitet in Partnerarbeit eure Informationstexte. Nutzt die Checkliste.

Checkliste ✔

Einen Informationstext verfassen

Aufbau
- Folgt der Text einer **klaren Gliederung,** z. B.: 1. Problem, 2. Lösung, 3. Folgen?
- Werden wichtige Informationen oder **Fremd- und Fachwörter** genauer **erklärt?**

Sprache
- Ist der Text **sachlich,** also ohne persönliche Wertungen und Gefühle geschrieben?
- Werden **Informationen** zu einzelnen Fragen miteinander **verknüpft?**
- Gibt es **Überleitungen** zwischen den einzelnen Gliederungspunkten?
- Ist ein **zusammenhängender, verständlicher Text** entstanden?

1.3 Fit in …! – Einen Informationstext verfassen

Stellt euch vor, ihr bekommt in der nächsten Klassenarbeit die folgende Aufgabe gestellt:

Aufgabe

Deine Schule ist am Projekt „Schule ohne Rassismus – Schule ohne Gewalt" beteiligt.
Verfasse für Schüler, die neu auf deiner Schule sind, einen Informationstext über das Projekt.
Gehe so vor:

a Suche aus dem Notizzettel, dem Schaubild und den drei Aussagen die wichtigsten
  Informationen heraus.
b Erstelle eine Gliederung nach den Gliederungspunkten 1. Problem, 2. Lösung, 3. Folgen und
  ordne ihnen die wichtigen W-Fragen zu.
c Ordne deiner Gliederung bzw. den W-Fragen die passenden Informationen aus Aufgabe a zu.

– Ziel: gewaltfreie Schule; kein Rassismus
  und keine Diskriminierung
– jeder an der Schule verpflichtet sich dazu
– seit 2004 trägt die Schule den Titel
– Verantwortung für ein gutes Miteinander an der Schule übernehmen
– über 1000 Schulen in Deutschland
– aufmerksam sein und gegen Gewalt
  und Diskriminierung vorgehen
– Voraussetzung für Teilnahme: mehr als
  zwei Drittel der Schüler und Lehrer haben
  unterschrieben, sich für Ziel einzusetzen
– Ergebnis: bessere Gemeinschaft, weniger Gewalt, Streitereien werden fried-
  lich gelöst

Karim: Am besten hat mir im letzten Jahr das Theaterstück „Alle für einen" gefallen, in dem es um Mobbing ging. Die Bilderausstellung „Wie unsere Schule sein soll" fand ich auch gut.

Bela: Wir haben an unserer Schule Streitschlichter und bilden in Anti-Mobbing-Kursen Vertrauensschüler aus.

Janine: Schule ohne Rassismus? Das heißt für mich: Alle sollten sich gegenseitig respektieren. Und niemand sollte wegen irgendetwas gehänselt werden.

Schule ohne Rassismus – Anzahl der teilnehmenden Schulen in Deutschland von 2001 bis 2012

Die Aufgabe richtig verstehen

1 Was verlangt die Aufgabe (▶ S. 28) von euch?
Bringt die folgenden Tätigkeiten in eine sinnvolle Reihenfolge. Notiert die Buchstaben.
Tipp: Richtig sortiert, ergeben die Buchstaben vor den Aussagen ein Lösungswort.

> **E** Ich denke daran, dass ich für Schüler schreibe, die in der Regel das Projekt nicht kennen.

> **T** Ich formuliere am Ende eine passende Überschrift für den Informationstext.

> **J** Ich ordne die W-Fragen den Gliederungspunkten zu und beantworte sie im Text.

> **O** Ich notiere die W-Fragen und ordne ihnen die passenden Informationen aus dem Schaubild, dem Notizzettel und den Aussagen zu.

> **K** Ich schreibe mit Hilfe der Gliederungspunkte und der zugehörigen Informationen einen zusammenhängenden Text.

> **P** Ich soll einen Informationstext über ein Projekt für andere Schüler schreiben.

> **R** Ich suche und schreibe für den Informationstext die wichtigsten Informationen aus dem Schaubild, dem Notizzettel und den drei Aussagen heraus.

Planen

2 **a** Listet im Heft die Informationen aus dem Notizzettel (▶ S. 28) zu diesen beiden Begriffen auf: Projekt allgemein, Projekt an unserer Schule.
b Ordnet die Informationen aus den drei Aussagen (▶ S. 28) den Begriffen aus Aufgabe 2a zu.
c Notiert, worum es in dem Schaubild geht.
d Vergleicht die Zahlen miteinander. Welche Entwicklung ist erkennbar?

3 Plant den Aufbau eures Informationstextes.
a Überlegt, was das Problem ist, welche Lösung es gibt und welche Folgen diese Lösung hat, z. B.:
 1. Problem: Gewalt und Rassismus in der Schule
 2. Lösung: Teilnahme …
b Ordnet den Gliederungspunkten aus Aufgabe 3a die wichtigsten W-Fragen zu.
c Ordnet wichtigen W-Fragen die passenden Informationen aus den Materialien zu, z. B.:

> *– Was für ein Projekt ist „Schule ohne Rassismus – Schule ohne Gewalt"? …*
> *– Wer nimmt daran teil? An unserer Schule … Seit dem Jahr 2001 haben …*
> *– Welche … gab und gibt es an unserer Schule? …*

Schreiben

4 Schreibt mit Hilfe eurer Planung einen zusammenhängenden Informationstext.

a Formuliert eine Einleitung, die das Interesse der Leser für euren Text weckt, z. B.:

Wie können wir gemeinsam Gewalt und Rassismus an unserer Schule die Rote Karte zeigen? Mit dem Projekt …

b Beachtet für den Hauptteil die beiden folgenden Schreibtipps:

– Stellt sinnvolle Zusammenhänge zwischen den Informationen her, z. B. durch die folgenden Verknüpfungswörter:

> während   dadurch   denn   wenn   weil   damit   um   da   dass   sondern   sowie
> oder   zum Beispiel   auch   hingegen   allerdings   deshalb   außerdem   ebenso
> letztlich   schließlich   besonders   zusammengefasst   abschließend

Damit sich alle bei uns wohl fühlen, nehmen wir am Projekt …
Um den Titel „Schule ohne Rassismus – Schule ohne Gewalt" tragen zu dürfen, …
Allerdings ist die Voraussetzung für die Teilnahme …

– Erläutert einzelne Informationen näher, damit sie verständlicher werden, z. B.:

Was aber heißt Rassismus? Das kann man mit den Worten einer Schülerin z. B. so beantworten: „…"

5 Gebt eurem Informationstext eine passende Überschrift, z. B.:

– Gewalt und Diskriminierung – Nein danke!   – Schule zum Wohl…   – …

Überarbeiten

6 **a** Prüft euren Informationstext zuerst allein. Nutzt die Checkliste.
b Tauscht eure Informationstexte aus. Prüft sie mit Hilfe der Checkliste.
c Überarbeitet gegebenenfalls eure Informationstexte.

Checkliste

Einen Informationstext verfassen
- Habe ich die **wichtigsten Informationen** in meinem Text untergebracht?
- Habe ich meinen Text nach einer klaren **gedanklichen Gliederung** verfasst?
- Habe ich **Verknüpfungswörter** genutzt, um Informationen sinnvoll miteinander zu verbinden?
- Habe ich **einzelne Informationen näher erläutert**, damit sie verständlicher werden?
- Ist ein **zusammenhängender**, verständlicher **Text** entstanden?
- Habe ich meinen Text **sachlich** genug geschrieben?
- Habe ich alle Sätze, in denen es um **Vergangenes** geht, im **Präteritum** verfasst?
- Passt meine **Überschrift** zu meinem Text?

Schreibwörter		► S. 294
das Vorbild	die Zivilcourage	recherchieren
die Situation	die Diskriminierung	auswerten
die Gleichberechtigung	der Rassismus	interviewen

2

Vorsicht, Bildschirm?! –
Standpunkte vertreten

1   **a**   Welche verschiedenen Medien entdeckt ihr auf dem Foto?
      b   Erläutert, welche dieser Medien für euer eigenes Leben besonders wichtig sind.

2   Vor 30 Jahren gab es noch kein Handy, kein Smartphone, keinen Heimcomputer,
kein Tablet, jedoch schon Fernseher, Radio, Telefon, Zeitung. Stellt Vermutungen an, wie
sich dadurch die Mediengewohnheiten
von Jugendlichen verändert haben.
Inwiefern sah der Alltag der Jugendlichen gestern und heute anders aus?

3   Diskutiert, wie ihr die Veränderungen
der Mediengewohnheiten beurteilt.
Welche Veränderungen findet ihr
positiv? Welche Nachteile bringen sie
mit sich?

In diesem Kapitel ...

– beschäftigt ihr euch mit der Frage,
welche Vorzüge und welche Gefahren
neue Medien mit sich bringen,
– übt ihr, euch auf die Meinung anderer
zu beziehen und Gegenargumente zu
entkräften,
– trainiert ihr, einen vorgegebenen
Standpunkt zu vertreten und schriftlich zu begründen.

2.1 Neue Intelligenz oder Verdummung? – Meinungen begründen

Thema „Schaden Computer?" – Argumente verstehen und diskutieren

Manfred Spitzer ist Hirnforscher an der Uniklinik Ulm

Machen Computer dumm?

Hanife: In einem Interview mit einem Hirnforscher steht, dass es unserem Gehirn schadet, wenn wir häufig den Computer oder andere digitale Medien nutzen. Das überzeugt mich.

5 **Jan:** Wieso soll das dem Gehirn schaden?
Hanife: Der Hirnforscher sagt, wer alles, was er wissen muss, bei Google, Bing, Ask oder Yahoo nachschlägt, benutzt sein Gehirn nicht mehr. Und wenn man sein Gehirn nicht be-
10 nutzt, dann verkümmert es.
Jan: Behauptet er das nur oder hat er Beispiele?
Hanife: Er spricht von Südkorea, wo sehr viele digitale Medien genutzt werden. Dort gibt es wohl schon Menschen, die sich mit Mitte 30 nichts mehr merken können. 15
Jan: Wie kann das denn verhindert werden?
Hanife: Der Hirnforscher sagt, Kinder unter 10 Jahren sollten nur sehr wenig Kontakt zu digitalen Medien haben – und nur unter Aufsicht.
Jan: Das leuchtet mir nicht ein. 20

---

1 Lest das Gespräch zwischen Hanife und Jan mit verteilten Rollen.
  a Welche der folgenden Standpunkte vertritt der Hirnforscher, von dem Hanife berichtet?

> **A** Computer schaden dem Gehirn, weil das Gehirn durch den PC zu wenig genutzt wird.
> **B** Computer machen dumm, weil viele Menschen zu viel am PC spielen.

  b Äußerst euren spontanen Eindruck: Leuchtet euch der Standpunkt des Hirnforschers ein?

2 Die im Gespräch markierten Stellen enthalten eine Behauptung, ein Argument und ein Beispiel (▶ Information, S. 33). Ergänzt im Heft:

Behauptung:	*Es schadet ... (vgl. Z. 2–4)*
Argument:	*Denn ... (vgl. Z. 6–9)*
Beispiel:	*Beispielsweise ... (vgl. Z. 12–15)*

3 Der von Hanife erwähnte Hirnforscher heißt Manfred Spitzer. Erläutert schriftlich anhand der folgenden Aussagen Spitzers, welche Gefahr er bei der Nutzung des Computers sieht.
Tipp: Ihr könnt so beginnen: *Wer häufig den Computer nutzt ...*

> „Das Gehirn ist wie ein Muskel, den man durch Training stärkt."
> „Ich fahre ja auch nicht nur Auto, sondern laufe, damit meine Beinmuskeln nicht verkümmern. Genauso ist es mit dem Gehirn. Benutzt man es nicht, schrumpft es."

4 Prüft in Partnerarbeit, inwieweit ihr dem Wissenschaftler Spitzer zustimmt. Überlegt, wo euch der Computer das Denken abnimmt und wann ihr am Computer sitzt und sehr wohl nachdenkt. Übertragt das Schaubild ins Heft und ergänzt:

Ich nutze ein Übersetzungsprogramm aus dem Internet.

Hier nimmt mir der Computer das Denken ab.

Hier muss ich nachdenken, wenn ich am Computer sitze.

Ich recherchiere auf englischen Internetseiten über das englische Schulsystem.

5 Jan ist am Ende des Gesprächs nicht von Spitzers Standpunkt überzeugt.
Überlegt, welche Argumente Jan oder Hanife noch gegen oder für Spitzer nennen könnten.
Bearbeitet Aufgabe a/b (Jan) oder c (Hanife) oder d (Jan und Hanife).

● ○ ○ **a** Wählt eine Tätigkeit am Computer aus, bei der man intensiv nachdenken muss.
Ergänzt Jans Satz im Heft, z. B.:
Das leuchtet mir nicht ein: Wenn ich mit dem Computer ..., muss ich sehr oft nachdenken. Daher ...

● ○ ○ **b** Wählt von den beiden Aussagen in der Sprechblase eine aus, die Jan als weiteres Argument gegen Spitzer nutzen könnte. Formuliert das Argument mit eigenen Worten.

● ● ○ **c** Sucht weitere Argumente, mit denen Hanife den Standpunkt Spitzers verteidigen könnte. Schreibt sie mit Beispielen ins Heft.

– Erwachsene suchen jeden Tag im Internet Informationen. Warum soll etwas, was Erwachsene täglich machen, für Jugendliche schlecht sein?
– Jugendliche müssen langsam an die Medien herangeführt werden. Das ist wichtiger als ein striktes Verbot.

● ● ● **d** Überlegt, welche Argumente Jan gegen Spitzer vorbringen könnte. Beachtet auch die Aussagen Ulrike Kargs. Wie könnte Hanife die Behauptung Spitzers verteidigen? Notiert Argumente.

6 a Bildet Gruppen: Darin übernehmen einige Mitglieder Jans Gegenposition, die anderen vertreten Hanifes Ansichten für Spitzer.
b Diskutiert in der Gruppe die Frage, ob Computernutzung schädlich ist.
c Sprecht am Ende darüber, wie euer persönlicher Standpunkt zu der Frage ist.

Medienwissenschaftlerin Ulrike Karg

Information	**Eine überzeugende Argumentation aufbauen**

Beim **Argumentieren** versucht man, **Meinungen, Bitten, Wünsche, Forderungen** oder **Behauptungen** überzeugend zu **begründen.** Eine Argumentation baut man am besten so auf:

1 Standpunkt/Behauptung	*Computer können dem Gehirn nutzen, ...*
2 Argument (Begründung)	*... denn in Versuchen wurde gezeigt, dass ...*
3 Beispiel zur Veranschaulichung	*Wer zum Beispiel häufig Strategiespiele ...*

Argumente können z. B. sein:
wissenschaftliche Erkenntnisse, Aussagen von Experten oder eigene Erfahrungen.

Thema „Fernsehen statt Lehrer?" – Argumente entkräften

Unterricht mit Werbepausen

Jede Viertelstunde wird die Mathestunde unterbrochen: Eine Erkennungsmelodie kündigt die sehnlichst erwartete Werbeunterbrechung an. Für die Kinder, die in einem kleinen Dorf
5 zwei Stunden südlich von Mexiko-Stadt leben, hat soeben ein neuer Schultag begonnen. Ihr Unterricht besteht, wie in vielen anderen mexikanischen Dörfern, zu einem großen Teil daraus, dass sie Satellitenfernsehen schauen.
10 Zwar sitzen Lehrer mit im Raum, der eigentliche Unterricht wird aber über einen Fernseher in den Schulraum übertragen.

Im „Telecolegio", d. h. in der Teleschule, dauert jede Unterrichtseinheit nur eine Viertelstunde,
15 dann folgt eine Werbepause. Die Stunden selbst werden von einer jungen Moderatorin angekündigt, die die „lang erwartete" Mathematikstunde ansagt. Nach drei Minuten ist der Unterricht allerdings schon wieder unterbro-
20 chen, da der Empfang gestört ist. Der Lehrer schickt alle in die Pause, denn er will den Un-terricht nicht ohne Fernsehen fortsetzen: „Die Stunde wird nächste Woche wiederholt. Und es ist doch viel besser, wenn die Schüler die Stunde im Fernsehen sehen."
25 Seit 1968 gibt es das Telecolegio in Mexiko. Ursprünglich sollte es eine Übergangslösung sein, um die Zeit zu überbrücken, bis es genügend Schulen gibt. Schon sehr bald wurden Telecolegios flächendeckend eingesetzt. Heute
30 besucht jeder fünfte mexikanische Schüler ein Telecolegio.

1 Arbeitet im Heft. Macht euch mit Hilfe der folgenden Gegenüberstellung klar:
– Worin ähnelt der Unterricht im Telecolegio (Teleschule) euren Schulstunden?
– Worin unterscheidet er sich?

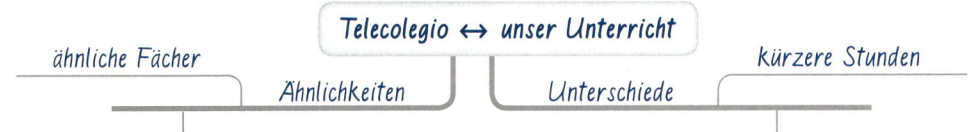

2 In Leistungsvergleichen mit anderen Schulen schneiden die Schüler der Telecolegios oft sehr schlecht ab. Sie lernen offenbar viel weniger als Schüler in normalen Schulen.
a Begründet: Welche der folgenden Gründe könnte die Ursache dafür sein?

> **A** Die Lehrer im Fernsehen sind schlechter als normale Lehrer.
> **B** Man kann die Lehrer im Fernsehen nichts fragen.
> **C** Die Schüler hören nur zu, ohne wirklich selbst etwas zu machen.
> **D** Der Fernsehlehrer weiß nicht, was seine Schüler schon können und was nicht.

b Besprecht zu zweit weitere mögliche Gründe für die geringen Telecolegio-Erfolge.

Ich finde die Idee, den Unterricht per Fernsehen durchzuführen, gut. Dafür sprechen folgende Gründe:

1 Jugendliche interessieren sich mehr für das Fernsehen als für die Schule. Also lernen sie mehr.
2 Man könnte die besten Lehrer für die Sendungen nehmen.
3 Mit der Werbung in den Sendungen kann man Geld verdienen.
4 Alle Schüler im Land lernen immer genau das Gleiche.
5 Man spart Lehrergehälter.
6 Der Unterricht wäre weniger anstrengend, weil wir nur zuhören müssen.

3 Eine Schülerin nennt Gründe für den Unterricht per Fernsehen. Sucht Gegenargumente.
Dabei spielt es keine Rolle, welche Meinung ihr wirklich habt.
Bearbeitet Aufgabe a oder b oder c.

● ● ● a Wählt drei Gründe aus, denen ihr widersprechen möchtet (▶ Information).
Schreibt zunächst auf, was euch an dem jeweiligen Argument der Schülerin überzeugt.
Widersprecht anschließend, z. B.: *Natürlich stimmt es, dass … Aber …*

● ● ○ b Widersprecht schriftlich Argument 4 der
Schülerin, z. B.:
Natürlich lernen dann alle das Gleiche, aber ver-
schiedene Schüler brauchen doch …

● ○ ○ c Widersprecht mit Hilfe der Gegenargument-
kiste Begründung 1 und 6 der Schülerin.
Ergänzt im Heft:
– *zu Begründung 1: Selbstverständlich interessie-*
ren sich Schüler für … Aber …
– *zu Begründung 6: Natürlich hat sie Recht, dass*
der Unterricht dann … Aber …

d Tragt eure Ergebnisse zusammen.
Ein Schüler trägt die Argumente der Schülerin
vor. Immer zwei Schüler widersprechen.

> **Gegenargumentkiste**
>
> ■ Wir wollen auch mit unseren Mitschülern
> zusammenarbeiten und nicht nur zuhören.
> ■ Unterricht, in dem man nicht sprechen darf,
> sondern nur auf den Bildschirm schaut, ist
> langweilig.
> ■ Wenn wir nur untätig zuhören, lernen wir
> natürlich auch weniger.
> ■ Auch Fernsehen kann anstrengend sein, wenn
> man lernen muss, was dort gezeigt wird.

4 Diskutiert, ob eurer Meinung nach ein Schüler mit der folgenden Aussage Recht hat:

> Letztens haben wir in Politik einen Film über Kinderarbeit in Asien gesehen.
> Wenn die Schüler aus den Telecolegios so schlecht in der Schule abschneiden, dann war
> es doch eine blöde Idee unseres Politiklehrers, mit uns den Film zu sehen.

Methode	Gegenargumente entkräften

Wenn du **überzeugen** willst, musst du **genau hinhören,** welche Argumente andere vortragen.
Auf Argumente, die deiner Meinung widersprechen, solltest du **eingehen und** sie **entkräften:**
■ **Auf ein Gegenargument eingehen:** Sage zunächst, was dich an dem Gegenargument über-
zeugt, z. B.: *Du hast natürlich Recht, wenn du sagst, dass …*
■ **Ein Gegenargument entkräften:** Erläutere dann, wieso das Gegenargument nicht vollständig
überzeugt, z. B.: *Aber man muss auch bedenken, dass … / Viel entscheidender ist …*

Thema „WLAN oder Sportgeräte?" –
Eine Pro-und-Kontra-Diskussion führen

Schüler entscheiden, wofür ihre Schule Geld ausgibt

Im westfälischen Rietberg hat die Stiftung des Medienkonzerns Bertelsmann einer Schule 7 000 Euro zur Verfügung gestellt.
Über deren Verwendung dürfen die Schülerinnen und Schüler entscheiden. Die Lehrerinnen und Lehrer mischen sich nicht ein. Alle Jugendlichen konnten auf einer Pinnwand Vorschläge für die Verwendung des Geldes machen.

5

Am Ende gab es zwei Vorschläge:
– Gratis-WLAN – freie Internetverbindung im gesamten Schulgebäude,
– Boxsäcke in der Pausenhalle und Basketballkörbe auf dem Hof.
Die Schülervertretung organisiert nun eine Abstimmung für die gesamte Schülerschaft.

10

15

1 Lest den Text.
a Diskutiert: Wie findet ihr die Idee, Schüler über die Verwendung von Geld in der Schule entscheiden zu lassen?
b Vermutet, was sich wohl die Stiftung davon verspricht, Schüler entscheiden zu lassen.
c Manche Lehrer der Schule hatten Angst, dass die 7 000 Euro für eine Party ausgegeben werden. Weshalb brachte eurer Meinung kein Schüler diesen Vorschlag vor?

1 „WLAN in der Schule?" von Extrapaul, 9. Juni, 18:43 Uhr

Den Vorschlag, freies WLAN in der Schule zu installieren, finde ich sehr gut. In den Freistunden könnte jeder seine Mails beantworten oder auch etwas für die Hausaufgaben recherchieren.

2 Re: „WLAN in der Schule?" von Skywalker, 9. Juni, 20:21 Uhr

Natürlich hast du Recht, Extrapaul. Manchmal wäre es gut, ein freies WLAN zu haben. Aber alles, was du sagst, gilt ja nur für Leute mit Laptop oder Smartphone. Es gäbe also eine Zwei-Klassen-Gesellschaft in der Schule.

2 Auf einer Website wird der Vorschlag, freies Schul-WLAN zu installieren, diskutiert.
a Sucht aus den abgebildeten Internetbeiträgen (Threads) Argumente für und gegen ein freies Schul-WLAN heraus. Listet die Pro- und Kontra-Argumente im Heft so auf:

PRO: Argumente für freies Schul-WLAN	KONTRA: Argumente gegen freies WLAN
– ...	– ...

b Ergänzt weitere Pro- und Kontra-Argumente. Was könnte es für Folgen haben, wenn eine Schule ein freies WLAN für alle Schüler hat?
c Entwickelt einen eigenen Standpunkt: Seid ihr dafür oder dagegen, das Geld der Schule für ein freies WLAN auszugeben? Notiert eure Meinung und euer wichtigstes Argument.

A Mit den Sportgeräten wird die Gemeinschaft der Schülerinnen und Schüler gefördert.

B Wer kämpferisch auf einen Boxsack einschlägt, der schlägt vielleicht auch gern auf Mitschüler ein.

C Wer sich in den Pausen bewegt, kann sich nachher wieder besser konzentrieren. Dabei helfen die Sportgeräte.

D Basketball können in der Pause nur wenige Schüler spielen. Auch die Boxsäcke können nur von wenigen genutzt werden.

3 Setzt euch mit Vorschlag 2 (▶ S. 36) auseinander: Boxsäcke und Basketballkörbe.
Was spricht dafür, was dagegen? Wählt Aufgabe a oder b.

a Sortiert im Heft die obigen Argumente A bis D.
Notiert, ob sie für oder gegen die Anschaffung von Sportgeräten sprechen, z. B.: *A = ..., B = ...*
Markiert auch, ob euch das Argument einleuchtet (umrahmen) oder nicht (durchstreichen).

b Widersprecht mindestens zwei Argumenten.
Schreibt die Gegenargumente ins Heft: *Natürlich könnte es sein ..., allerdings ...*

c Bildet Gruppen aus Schülern, die Aufgabe a und die Aufgabe b bearbeitet haben.
Einigt euch in der Gruppe, was ihr von der Anschaffung von Sportgeräten haltet.

4 Wofür würdet ihr die 7000 Euro ausgeben?
Bereitet euch auf eine Klassendiskussion vor.

a Notiert auf einer Diskussionskarte: Wollt ihr entweder für ein freies WLAN oder für die Anschaffung von Sportgeräten argumentieren?

b Bildet Kleingruppen zum jeweils gleichen Standpunkt WLAN oder Sportgeräte:
– Einigt euch auf zwei wichtige Pro-Argumente. Tragt sie auf der Karte ein.
– Überlegt euch ein Argument für die andere Anschaffung und entkräftet es (▶ Methode).

c Führt eine Diskussion mit Vertretern aus den verschiedenen Gruppen durch.

Diskussionskarte	
Mein Standpunkt:	*Ich bin für ...*
Mein wichtigstes Argument:	...
Mein zweitwichtigstes Argument:	...
Mögliches Gegenargument:	...
Entkräftung:	...

Methode   **Eine Pro-und-Kontra-Diskussion durchführen und beobachten**

1 Ein gewählter Diskussionsleiter nennt die Diskussionsfrage.

2 Ein Teilnehmer der Pro-Gruppe nennt seinen Standpunkt und erläutert ihn mit mindestens einem Argument.

3 Ein Teilnehmer der Kontra-Gruppe nennt seinen Standpunkt und erläutert ihn ebenfalls mit mindestens einem Argument.

4 Die Diskussionsleiter nehmen abwechselnd Teilnehmer beider Seiten dran. Wichtig: Alle sollten nicht nur eigene Argumente nennen, sondern auch die Argumente der Gegenseite entkräften.

5 Die Diskussionsleiter beenden nach einer zuvor vereinbarten Zeit die Diskussion.

Die Beobachter machen sich Notizen, um ein Ergebnisprotokoll (▶ S. 38) anzufertigen.

Argumente der Pro-Gruppe	Argumente der Kontra-Gruppe
– ...	– ...

Diskussionen protokollieren

Methode	Ein Ergebnisprotokoll anfertigen

Protokolle sind knappe Berichte über Versammlungen oder Diskussionen.
Sie stehen im **Präsens**.
In einem **Ergebnisprotokoll** wird nicht der ganze Verlauf einer Diskussion dargestellt, sondern es werden **nur die wichtigsten Ergebnisse** festgehalten (meist ohne Namensnennung), z. B.:

Ergebnisprotokoll der Deutschstunde vom 09. 02. 20...

Thema: „Wollen wir eine Homepage für unsere Klasse?"
Teilnehmer: Klasse 8 b, Frau Lehmann (Deutschlehrerin)
Leitung: Kenan Saglam
Zeit: 09:35 – 10:20 Uhr
Protokoll: Sibel Sezer

TOP 1: Begrüßung und Vorstellung des Themas
TOP 2: Pro-und-Kontra-Diskussion
TOP 3: Abstimmung in der Klasse

Zu TOP 1:
Es besteht die Möglichkeit, kostenlos eine Homepage für die Klasse einzurichten.

Zu TOP 2:
- Argumente für eine Homepage sind:
  - Wichtige Informationen könnten dort gesammelt werden.
  - Unterrichtsergebnisse könnten auf der Homepage stehen.
  - Die Klasse könnte lernen, wie eine Homepage gemacht wird.

- Argumente gegen eine Homepage sind:
  - Die Informationen wären alle öffentlich.
  - Nicht alle Schülerinnen und Schüler können täglich ins Internet.
  - Es würde viel Zeit kosten, die Homepage zu pflegen.

Zu TOP 3:
Entscheidung: 22 sind gegen eine eigene Homepage, 9 dafür.
Die Klasse wird keine Homepage einrichten.

Köln, 10. 02. 20...

---

1 In der Regel können die meisten Diskussionen und Schulstunden protokolliert werden. Wie müsste der Kopf des Protokolls für eure heutige Deutschstunde aussehen? Benennt die Einträge.

2 Erstellt ein Ergebnisprotokoll für eine Deutschstunde eurer Wahl.
Tipp: Ihr müsst nicht die ganze Stunde darstellen, sondern nur die wichtigsten Ergebnisse.

Teste dich!

Hausaufgaben 2.0 – Mit oder ohne Internet?

1 Es ist ungerecht, Hausaufgaben aus dem Netz vorzulegen. Dann stehen diejenigen, die ihre Aufgaben vielleicht schlechter, aber selbst gemacht haben, nicht so gut da.

2 Wenn ich lese, wie ein anderer dieses Gedicht verstanden hat, werde ich selbst auch besser darüber schreiben können.

3 Hausaufgaben aus dem Netz zu holen führt zur Verdummung der Schüler.

4 Wenn einer im Netz eine Stunde lang nach einer Hausaufgabe sucht, hat er mehr gelernt, als wenn er die Hausaufgabe anfertigt.

5 Es muss heutzutage doch erlaubt sein, das Internet zu nutzen, um seine Hausaufgaben zu machen. Niemand beschwert sich. wenn ich in einem Buch nachschlage.

6 Man sollte das Internet bei den Hausaufgaben nicht verbieten, sondern eine intelligente Nutzung trainieren.

1 In einer Schule findet eine Diskussion zwischen Schülern und Lehrern statt, ob es sinnvoll ist, bei Hausaufgaben das Internet zu nutzen.
Notiere im Heft den Buchstaben der richtigen Antworten.

	Antwortmöglichkeiten		
1 Gegen die Internetnutzung bei Hausaufgaben ist/sind ...	**a** nur Nr. 1.	**b** Nr. 1 und 3.	**c** Nr. 1, 3 und 6.
2 Für eine Internetnutzung bei Hausaufgaben sind ...	**a** Nr. 2 und 4.	**b** Nr. 2, 4, 5 und 6.	**c** Nr. 4 und 5.
3 Nr. 4 antwortet auf Nr. 3. Die Äußerung von Nr. 4 ...	**a** bekräftigt Nr. 3.	**b** entkräftet Nr. 3.	**c** ergänzt Nr. 3.
4 Ein Beispiel für die Internetnutzung bei Hausaufgaben nennt ...	**a** Nr. 2.	**b** Nr. 3.	**c** Nr. 6.
5 Die Äußerung von Nr. 6 ...	**a** entkräftet Nr. 5.	**b** verschärft die Diskussion.	**c** ist ein Kompromiss.

2 Kontrolliere deine Lösungen mit Hilfe der nebenstehenden Tabelle. Die Großbuchstaben hinter den richtigen Antworten ergeben sortiert ein Lösungswort.

1a = T	2a = F	3a = C	4a = D	5a = X
1b = A	2b = H	3b = N	4b = M	5b = J
1c = S	2c = H	3c = Z	4c = T	5c = Y

Tipp: Falls du kein sinnvolles Lösungswort findest: Wende dich an einen Mitschüler, der die Lösung hat. Suche deine Fehler und lass dir die richtige Lösung erläutern.

2.2 Digitale Diät? – Schriftlich argumentieren

Sprachliche Mittel des Argumentierens erkennen und nutzen

Sind Sie handysüchtig? – Machen Sie den Test		
1 Wie viele SMS versenden Sie ? **A** Mehr als 20 am Tag **B** Unter 20 am Tag **C** Ich weiß gar nicht, wie das geht.	**2 Wie oft prüfen Sie Ihr Handy?** **A** Ich habe mein Handy immer im Auge. **B** Nur wenn ich eine Nachricht erwarte, schaue ich öfter nach. **C** Ich schaue selten nach.	**3 Sind Sie panisch, wenn Sie Ihr Handy nicht dabeihaben?** **A** Das macht mich sehr nervös. **B** Ich bin etwas beunruhigt. **C** Nein, früher ging es auch ohne Handy.

1 Solche Tests finden sich in vielen Zeitschriften. Führt ihn durch. Schreibt ins Heft.

a Tauscht euch in Partnerarbeit über eure Ergebnisse aus.

b Diskutiert mit einem Lernpartner, ob ihr die folgende Einschätzung teilt: *„Überwiegend Antwort A: Das Handy spielt für dich eine zu große Rolle. Du bist an der Schwelle zur Sucht."*

c Den Begriff „Sucht" kennt man von Drogen oder vom Alkohol.
Formuliert, ob ihr es für richtig haltet, auch von einer „Handysucht" zu sprechen, z. B.:
Der Begriff „Sucht" passt (nicht) zu Leuten, die ihr Handy immer brauchen, weil ...

Ja, viele Jugendliche sind handyabhängig	**Nein, das hat mit Sucht nichts zu tun**
Viele Jugendliche haben Zeichen einer Abhängigkeit, denn sie pflegen alle ihre Kontakte nur über das Handy und schreiben bis zu 100 SMS am Tag. Dafür spricht auch, dass sie nicht einmal in Gesellschaft von anderen Menschen aufhören können, das Handy zu benutzen.	Natürlich lieben viele Jugendliche ihr Handy. Man muss aber bedenken, dass dies für sie die heute selbstverständliche Technik ist. Früher haben die Jugendlichen telefoniert, heute kommunizieren sie über Facebook oder SMS. Das ist keine Abhängigkeit, sondern nur ein Zeichen einer technischen Welt.

2 In einer Jugendzeitschrift finden sich auf einer
Diskussionsseite zwei Standpunkte. Bearbeitet Aufgabe a/b oder c/d.

a Welcher Position stimmt ihr zu? Begründet: *Ich stimme ... zu, denn ...*

b Sucht die beiden Verknüpfungswörter, die im Text links auftauchen.

c Welcher Position stimmt ihr zu? Entkräftet ein Argument, das gegen eure Position spricht:
Ich bin der Meinung, dass ... Obwohl natürlich ...

d Sucht in den Texten das Verknüpfungswort, das ein Gegenargument einleitet.

Information	**Verknüpfungswörter: Argumente einleiten, auf Gegenargumente eingehen**

- Argumente beginnen oft mit **Verknüpfungswörtern (Konjunktionen, Adverbien)**, z. B.:
  denn, weil, da ... oder zu Beginn neuer Sätze: *Dafür spricht (auch)* ... *Denn* ... *Außerdem* ...
- Um auf **Gegenargumente** einzugehen, nutzt man **spezielle Verknüpfungswörter,** z. B.:
  Natürlich hat das Projekt auch Nachteile, ***zum Beispiel*** ... ***Viel wichtiger aber*** ist ...
  Obwohl natürlich richtig ist, dass ..., muss man ***doch auch*** bedenken, wie gut es wäre, wenn ...

Argumentationen untersuchen

1 Betrachtet das Titelbild einer Ausgabe der Zeitschrift „Der Spiegel".

a Notiert, was euch bei der Titelseite durch den Kopf geht.

b Überlegt, was das Bild mit „digitaler Diät" zu tun hat.

> **Diät:** besondere Ernährungsweise: Schonkost; oft weniger Nahrungsaufnahme, um Gewicht zu vermindern

c Formuliert, ob nach eurer Auffassung der Begriff „Diät" sinnvoll ist, wenn man sein Handy weniger benutzt: *Der Begriff ist sinnvoll, weil er deutlich macht, dass … / Er ist nicht sinnvoll, weil …*

Machen Smartphones einsam?

I n t e r v i e w   m i t   d e r   a m e r i k a n i s c h e n   P r o f e s s o r i n   S h e r r y   T u r k l e

SZ-Magazin: Mrs. Turkle, Sie galten lange als Freundin jeder neuen Technologie – mittlerweile kritisieren Sie die Vereinsamung, die ständiges Starren auf das Smartphone mit sich bringt. [...]

Turkle: Technologie begeistert mich immer noch. Aber ich glaube, dass sie uns zu etwas führt, wo wir nicht hinwollen. [...] Man zeigt einander seine Fotos, gut. Das ist gesellig. [...] Man vergisst aber, dass es sehr viel wichtigere und wertvollere Aspekte von Geselligkeit gibt. Etwa die Fähigkeit, ruhig dazusitzen und jemandem geduldig zuzuhören. [...] Wir gewöhnen uns daran, zusammen allein zu sein.

SZ-Magazin: Was heißt das?

Turkle: Man will miteinander sein, aber gleichzeitig auch woanders, an Orten, die man nach Belieben besuchen und verlassen kann. [...] Wollen wir uns wirklich noch einander ins Gesicht sehen, uns unterhalten und uns in einer Gruppe wohl fühlen? Wenn ja, dann müssten wir weniger Zeit im Internet verbringen. [...] Smartphones befriedigen drei Fantasien: dass wir uns immer sofort an jemanden wenden können, dass wir immer angehört werden und dass wir nie allein sind.

---

2 Lest das Interview. Bearbeitet Aufgabe a oder b.

a Prüft, welche der folgenden Aussagen (A oder B) richtig ist. Lest die Interviewstelle vor, die beweist, dass die jeweilige Aussage richtig oder falsch ist.

> **A** Sherry Turkle glaubt, dass wir durch Smartphones auch in Gesellschaft oft einsam sind.
> **B** Laut Interview führen Smartphones dazu, dass wir anderen besser zuhören können.

b Nennt drei Gründe, die laut Sherry Turkle dazu führen können, dass uns Smartphones einsam machen.

c Einigt euch mit einem Partner auf: ein Argument, das euch einleuchtet, einen Punkt, dem ihr widersprechen wollt.

3 Wie ist eure Meinung zu Turkles Standpunkt? Begründet im Heft, z. B.: *Meiner Meinung nach machen Smartphones einsam/nicht einsam, denn …*

Ja zu Smartphone und Internet für Jugendliche

A Von manchen Eltern oder Lehrern wird oft die Forderung gestellt, man sollte Jugendlichen die Nutzung des Internets oder des Smartphones verbieten.

B Diese Forderung ist unsinnig: Jugendliche müssen diese Medien nutzen.

C Aus der Bitkom-Studie zum Medienverhalten von Jugendlichen weiß man, dass die Jugendlichen das Internet vor allem zur Informationsbeschaffung verwenden.

D Zwar besteht die Gefahr, dass Jugendliche das Smartphone so sehr nutzen, dass sie kaum noch echte Kontakte mit anderen haben. Aber dies kann doch nicht durch ein Verbot geregelt werden. Wer wenige Kontakte hat, wird nicht plötzlich gesellig, weil er kein Smartphone mehr besitzt.

E Das Internet und die Smartphones sind die Mittel, mit denen die Jugendlichen heute miteinander in Kontakt treten. Sie sind also Medien, die die Geselligkeit stärken.

F Daher sollte man Jugendlichen nicht das Internet oder das Smartphone verbieten, sondern ihnen einen sinnvolle Nutzung nahebringen.

1 Dieser Artikel ist in einer Schülerzeitung erschienen. Bearbeitet Aufgabe a oder b.

a Ordnet im Heft den farbig markierten Abschnitten A bis F die Begriffe aus dem Wortspeicher zu. Nutzt die Information:

A Z.1–2 =	**B** Z.3 =	**C** Z.4–5 =	**D** Z.6–8 =	**E** Z.9–10 =	**F** Z.11–12 =
…	…	…	…	…	…

Einleitung   Standpunkt   Schluss = der Standpunkt wird bekräftigt
1. gutes Argument   2. gutes Argument   Gegenargument + Entkräftung

b Übertragt die folgenden Sätze ins Heft und ergänzt sie. Nutzt die Information.
– Die Einleitung findet sich in Z. … – …
– Der Schluss findet sich in Z. … – … Im Schluss wird …
– Die beiden guten Argumente finden sich in Z. … – … sowie in Z. … – …
– Das Gegenargument wird genannt in Z. … – … und entkräftet in Z. … – …

Methode	**Schriftlich auf Gegenargumente eingehen – Die Sandwichmethode**

In einer schriftlichen Argumentation achten die Leser meist auf den Anfang und das Ende.
■ Daher sollten am Anfang und am Ende besonders gute Argumente stehen.
■ Auf Gegenargumente kann man in der Mitte eingehen.

Aufbau nach der Sandwichmethode

Einleitung
Standpunkt
1. gutes Argument
Gegenargument nennen und entkräften
2. gutes Argument
Schluss: den Standpunkt bekräftigen

Eine Meinung schriftlich begründen

„Digitale Diät" als Projektwoche?

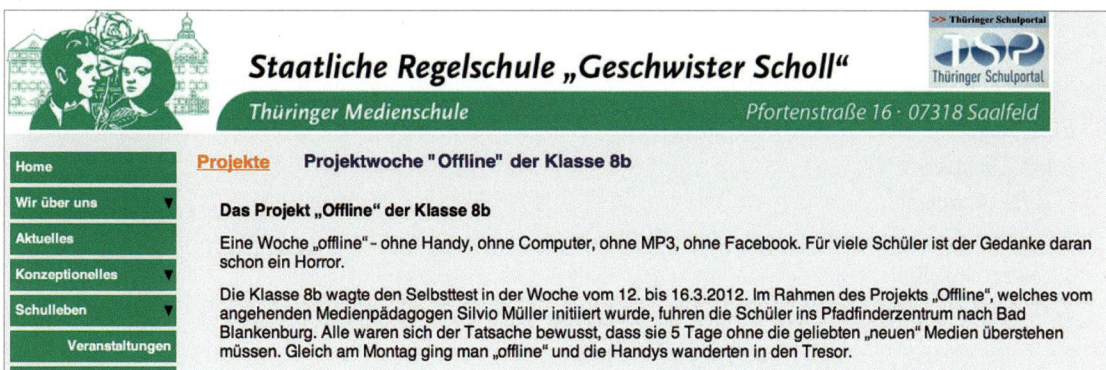

1 Planen

●●● Eine 8. Klasse aus Thüringen hat in einer Projektwoche auf alle digitalen Medien verzichtet. Würdet ihr ein solches Projekt auch durchführen wollen? Plant, euren Standpunkt zur Frage als Forumsbeitrag für eure Schulwebsite darzustellen. Übertragt den folgenden Schreibplan ins Heft. Ergänzt Stichworte. ▷ Eine Hilfe zu Aufgabe 1 findet ihr auf Seite 44.

	Meine Stichworte
Einleitung	...
Mein Standpunkt	...
1. gutes Argument	...
Mögliches Gegenargument nennen und entkräften	...
2. gutes Argument	...
Schluss	...

2 Schreiben

●●● Schreibt eine erste Fassung. Nutzt Verknüpfungswörter (▶ S. 40). ▷ Hilfe zu 2, Seite 44

3 Überarbeiten

●●● Formuliert in Partnerarbeit mögliche Verbesserungsvorschläge. ▷ Hilfe zu 3, Seite 44

Checkliste ✔

Eine Meinung zu einer Fragestellung begründen

1 **Einleitung** Du beziehst dich in der Einleitung auf die Fragestellung.
2 **Standpunkt** Du formulierst deine Meinung deutlich und frühzeitig in deinem Text.
3 **Begründung** Du nennst zwei überzeugende Argumente für deine Meinung.
4 **Gegenargument** Du nennst ein Gegenargument und entkräftest es.
5 **Schluss** Am Ende bekräftigst du deinen Standpunkt noch einmal.

● ○ ○   Aufgabe 1 mit Hilfe: Planen

Würdet ihr in einer Projektwoche auf alle digitalen Medien verzichten wollen? Plant, euren Standpunkt zur Frage als Forumsbeitrag für eure Schulwebsite darzustellen. Übertragt dafür den folgenden Schreibplan ins Heft. Ergänzt Stichworte.

> Weist auf das Projekt in Thüringen hin (▸ S. 43).

> Überlegt: Wem könnte das Projekt nützen oder schaden?

> Nennt das wichtigste Argument, das gegen euren Standpunkt spricht.

	Meine Stichworte
Einleitung	...
Mein Standpunkt	...
1. gutes Argument	...
Mögliches Gegenargument nennen und entkräften	...
2. gutes Argument	...
Schluss	...

● ○ ○   Aufgabe 2 mit Hilfe: Schreiben

Schreibt eine erste Fassung. Nutzt Verknüpfungswörter (▸ S. 40), z. B.:

Einleitung	An unserer Schule wird überlegt, ein Projekt wie in ...
Standpunkt	Ich bin dafür/dagegen, dass ...
Argument 1	Hierfür/Hiergegen spricht vor allem ...
Gegenargument nennen und entkräften	Zwar hätte das Projekt den Vorteil/den Nachteil, dass ... Allerdings ...
Argument 2	Außerdem könnten wir in dem Projekt ...
Schluss	Aus diesen Gründen bin ich für/gegen ...

● ○ ○   Aufgabe 3 mit Hilfe: Überarbeiten

Formuliert in Partnerarbeit Verbesserungsvorschläge, z. B.:

Problem	Mögliche Verbesserung
Argument unklar	Pro: Hierfür spricht, dass wir in der Woche selbst erleben könnten, wie sehr wir schon ... abhängig sind. Kontra: Dagegen spricht, dass wir in der Projektwoche den Computer auch nicht für wichtige Dinge wie ... nutzen könnten.
Gegenargument fehlt/ nicht gut entkräftet	Pro: Der Nachteil ist, dass wir den Computer gar nicht nutzen könnten. Uns würde aber bewusst werden, dass solche Dinge ... Kontra: Der Vorteil ist, dass wir merken würden, wie wichtig uns diese Medien schon sind. Allerdings wäre danach alles ...
Nur eine **Begründung**	Pro: Außerdem könnten wir uns miteinander bewusst machen, wie sehr unsere Freundschaften schon durch die Computer ... Kontra: Zudem könnten wir nichts Wichtiges erledigen, wofür ...

2.3 Fit in ...! – Eine Argumentation verfassen

Stellt euch vor, ihr bekommt in der nächsten Klassenarbeit die folgende Aufgabe gestellt:

Aufgabe

Begründe in einer schriftlichen Argumentation für eine Zeitung die folgende Pro-Position:
„Ja, wir brauchen soziale Netzwerke."
Dabei sollst du auf mindestens ein Argument der bereits veröffentlichten Kontra-Position
eingehen und es entkräften. Geht so vor:

a Schreibe wie im nachstehenden Zeitungsbeispiel einen kleinen Vortext, in dem du dein
  wichtigstes Argument nennst. Beginne mit: *Ja, denn ...*
b Verfasse eine Argumentation zur Pro-Position.

Tipps:
– Denke an Beispiele und konzentriere dich auf deine wichtigsten Argumente.
– Vergiss nicht, auf ein Argument der Kontra-Position näher einzugehen.

Brauchen wir soziale Netzwerke?		
PRO	Ja, denn ...	**Nein, denn die Nutzer versinken in einen Rausch und vergessen, ihre Hobbys zu pflegen oder Freunde zu treffen. Auch die Schule leidet darunter.** **KONTRA**

Von Carlotta Meyer u. a.: Facebook hat mehr als eine Milliarde Nutzerkonten – und das ist alles andere als gut. Die meisten Menschen merken es gar nicht, aber es entsteht geradezu eine Sucht nach Facebook. Jeder will es. Jeder will die Klicks seiner Freunde auf den „Gefällt mir"-Buttons unter den Fotos und Nachrichten. Jeder will neue Facebook-Freunde haben – obwohl er sie gar nicht kennt. 5

Nutzer sozialer Netzwerke haben kaum noch Zeit, weil sie in ihrer Computerwelt gefangen sind. Hobbys? Fehlanzeige.

Sie alle versinken im Facebook-Rausch und vergessen, sich mit wirklichen Menschen zu treffen. 10

Dazu kommt, dass viele Nutzer sozialer Netzwerke kaum noch für die Schule lernen. Sie werden in der Schule schlechter und riskieren ihre Zukunft.

Ein weiterer großer Nachteil ist: Die Nutzer sozialer Netzwerke haben keine Privatsphäre mehr. Jeder Schritt und jede Aktion wird ins Netz gestellt. Bilder, Videos und Nachrichten werden der ganzen Welt preisgegeben. 15

Ist es das, was wir wollen?

Die Aufgabe richtig verstehen

1 Was verlangt die Aufgabe von euch? Ergänzt mit eigenen Worten:
Meine Aufgaben in der Klassenarbeit sind: ...

Planen

2
a Notiert zwei starke Argumente, die für die Nutzung sozialer Netzwerke sprechen.
b Wählt ein Argument aus der Kontra-Position, das ihr entkräften wollt.
c Füllt die folgende Tabelle im Heft aus:

	Meine Stichworte
Einleitung	…
Mein Standpunkt	…
1. gutes Argument	…
Gegenargument nennen und entkräften	…
2. gutes Argument	…
Schluss	…

Schreiben und Überarbeiten

3 Verfasst euren Text.
Tipp: Lasst nach jeder Zeile eine Zeile frei. So könnt ihr euren Text später leichter verbessern.

4
a Prüft euren Text zunächst allein mit Hilfe der Checkliste.
b Setzt euch zu zweit zusammen. Prüft eure Texte gegenseitig mit der Checkliste.
c Überarbeitet anhand der Verbesserungsvorschläge euren Text. Nutzt die freien Zeilen.

Checkliste

Schriftlich zu einer öffentlichen Fragestellung argumentieren

- **Einleitung:** Du beziehst dich in der Einleitung auf die Fragestellung.
- **Standpunkt:** Du formulierst deine Meinung deutlich (nicht nur im Vortext).
- **Eigene Argumente:** Du nennst zwei überzeugende Argumente für deine Meinung.
- **Gegenargument nennen und entkräften:** Du nennst ein Argument der Kontra-Position und entkräftest es.
- **Schluss:** Du bekräftigst deinen Standpunkt noch einmal.
- **Sprache: Rechtschreibung, Satzzeichen, Verknüpfungswörter**
  - Du schreibst fehlerfrei.
  - Du leitest deine Argumente und das Gegenargument mit passenden Verknüpfungswörtern ein.

Schreibwörter				▶ S. 294
die Intelligenz	die Diät	die Diskussion	entkräften	obwohl
die Medien	sozial	das Protokoll	überzeugen	allerdings

3 Meine Zukunft –
Lebensentwürfe beschreiben

1
a Betrachtet die beiden Bilder und beschreibt die Unterschiede.
b Wo würdet ihr in der Zukunft lieber leben? Begründet.

2
a Wahrscheinlich stellt ihr euch eure zukünftige Traumwohnung oder euer Traumhaus noch etwas anders vor.
Beschreibt in Partnerarbeit möglichst genau, wo und in welcher Umgebung eure Traumunterkunft stehen und wie sie aussehen soll. Beginnt z. B. so:
„Mein künftiges Traumhaus liegt mitten in …
Es soll … sein und …"
b Gebt euch gegenseitig Rückmeldung, ob eure Beschreibungen genau genug waren.
Konntet ihr euch alles gut vorstellen? Sind noch Fragen offengeblieben?

3 Besprecht gemeinsam, was eine gute Beschreibung ausmacht.

In diesem Kapitel …

– tauscht ihr euch über eure Zukunftsvorstellungen aus,
– beschreibt ihr Personen, Arbeitsabläufe und Orte,
– verfasst ihr Praktikumsberichte, Bewerbungsschreiben und Lebensläufe,
– führt ihr Bewerbungsgespräche.

3.1 Ich in fünfzehn Jahren – Personen, Arbeitsabläufe und Orte beschreiben

Personen und ihre Traumberufe darstellen

1 Habt ihr einen Traumberuf?
Tauscht euch darüber in der Klasse aus.

2 Die nebenstehenden Fotos zeigen die
15-jährige Franziska als Schülerin und etwa 15
Jahre später in ihrem Traumberuf als Pilotin.
Findet ihr, dass Pilot/Pilotin ein Traumberuf
ist? Begründet.

3 Wie sah Franziska mit 15 genau aus?
Beschreibt sie mit treffenden Begriffen.
Übertragt die folgende Tabelle in euer Heft
und wählt Aufgabe a oder b.

A Allgemeine Angaben	B Körpermerkmale	C Kleidung	D Wirkung
Name: …	Kopf/Gesicht: *rundlich*	Kleidungsstil: …	*sympathisch*
Alter: *15 Jahre*	Haare/Frisur: …	Kleidung: …	…
Geschlecht: …	Augen/Augenbrauen: …		
Beruf: *Schülerin*	Nase: …		
Größe: …	Mund/Lippen: …	E Besondere Kennzeichen	
Hautfarbe: …	Kinn: …	…	
	Figur: …		
	Arme/Hände: *kräftig*		

●●● **a** Vervollständigt im Heft die fünf Zeilen Tabelle mit Begriffen, die zum linken Foto passen.
●○○ **b** Ergänzt die Tabelle mit Begriffen aus dem Wortspeicher, die zu ihrem linken Foto passen.

A männlich, weiblich • groß, klein • hell, leicht gebräunt
B rund, oval, kantig • dunkelblond, schulterlang, glatt, gelockt, Pony, Scheitel •
grünblau, eng stehend, strahlend, streng, buschig, kräftig, geschwungen, gezupft •
schmal, lang, krumm • breit, rot, lächelnd • Grübchen, spitz, vorgeschoben •
kräftig, stämmig
C lässig, ordentlich, altmodisch • weißer Schal mit Fransen, enge Jeans, Uniform, Flieger-Overall
D modern, interessant, glücklich

4 Fertigt eine zusammenhängende Beschreibung von Franziska an. Wählt Aufgabe a oder b.

a Beschreibt Franziska auf dem Foto links mit Hilfe eurer Tabelle (▶ Aufgabe 3, S. 48). Geht so vor:

> **Einleitung:** *Das Mädchen, das man auf dem Foto* ? *, heißt* ? *und ist* ? *Jahre alt. Die Ju-*
> *gendliche geht noch zur* ? *. Sie dürfte etwa* ? *sein und besitzt eine* ? *Hautfarbe.*
>
> **Hauptteil:** *Sie hat ein* ? *Gesicht. Nachdenklich blickt sie mit ihren* ? *Augen. Ihre* ? *Haare*
> *sind* ? *geschnitten. Die Nase ist* ? *und unter ihren* ? *Lippen erkennt man auf*
> *ihrem Kinn ein kleines* ? *. Ihre Hände wirken* ? *.*
> *Ihren Kleidungsstil kann man als* ? *beschreiben, denn sie trägt* ? *.*
>
> **Schluss:** *Auf mich wirkt die Fünfzehnjährige insgesamt* ? *.*

b Seht euch das Foto rechts auf Seite 48 genau an. Sammelt zuerst in einer Tabelle treffende Begriffe. Verfasst danach eure Beschreibung.
Tipp: Beachtet die unten stehende Methode zur Personenbeschreibung.

5 **a** Sucht euch einen Partner, der das gleiche Foto beschrieben hat.
b Lest euch eure Beschreibungen vor. Notiert mögliche Verbesserungsvorschläge.
c Überarbeitet eure Texte Satz für Satz. Einigt euch jeweils auf die beste Formulierung, sodass eine neue gemeinsame Beschreibung entsteht.

6 **a** Geht als Zweierteam mit einem anderen Zweierteam zusammen.
Dieses Team sollte das andere Foto bearbeitet haben.
b Vergleicht eure Beschreibungen: Was hat sich bei Franziska im Laufe der Zeit stark verändert?
Was hat sich nicht oder kaum verändert?

7 Wie seht ihr euch in 15 Jahren? Welchen Beruf übt ihr aus? Spielt das folgende Spiel:
a Sammelt in einer Mind-Map Ideen für Aussehen und Traumberuf oder malt ein Bild.
b Beschreibt euch selbst ohne Angabe des Namens. Arbeitet auf einem einzelnen Blatt.
Tipp: Am Schluss könnt ihr formulieren, warum euch dieser Beruf interessiert.
c Sammelt die Blätter ein, mischt sie und lest sie nacheinander vor.
Die Zuhörer raten, wer jeweils die Personenbeschreibung verfasst haben könnte.

Methode — Eine Person beschreiben

- **Einleitung:** Macht **allgemeine Angaben** zur Person:
  Name, Alter, Geschlecht, Beruf, Größe, Hautfarbe.
- **Hauptteil:** Beschreibt das **nähere Aussehen** der Person in einer **geordneten Reihenfolge,**
  z. B. von oben nach unten bzw. von Kopf bis Fuß.
- **Schluss:** Formuliert, wie die Person auf euch wirkt.
- Nutzt **aussagekräftige Adjektive/Partizipien,** z. B.: *hellgrün, figurbetont, …*
- **Verwendet** nicht nur die Wörter *ist, sind, hat* und *haben,* sondern auch **Verben** wie:
  tragen, aussehen, besitzen, aufweisen, wirken, umgeben, …
- **Vermeidet persönliche Wertungen** wie *schön, süß, lieb* oder *hässlich.*
- Verfasst eure Beschreibung im **Präsens.**

Arbeitsabläufe rund ums Fliegen beschreiben

Der Flugbegleiter Sönke ist Purser, d. h. Chefsteward. Er stellt sich mit seinem typischen Arbeitsablauf während eines Kurzstreckenflugs von Frankfurt a. M. nach Spanien vor:

Der Tag beginnt um fünf Uhr morgens am Frankfurter Flughafen. Während die Urlauber vor dem Check-in-Schalter nach Barcelona stehen, treffe ich mich als Erstes mit meinen drei Kolleginnen, dem Kapitän und dem Kopiloten zur kurzen Flugvorbesprechung (z. B. Besprechung, wer, wo, was, wann serviert, Hinweise zu Sicherheit, Flugzeit). Daraufhin *gehe* ich zum Flugzeug, wo von uns die
5 Sicherheit und die Sauberkeit **kontrolliert werden,** die Notausrüstung **gecheckt wird,** die Zeitungen **bereitgelegt** und die Mahlzeiten **überprüft werden.** Anschließend, um 05:35 Uhr, kommen die ersten Gäste an Bord, bis ich ca. 20 Minuten später das „Boarding completed" verkünde, das heißt, dass alle an Bord sind. Danach begrüße ich die Passagiere und es wird die Sicherheitseinweisung vorgeführt. Kurz bevor der Flieger abhebt, setze auch ich mich. Bis in einer Höhe von ca. 11 000
10 Metern kann ich mich kurz ausruhen. Dann geht die Arbeit weiter!
Wir bereiten die Getränkewagen vor und verteilen Spielzeug für die Kleinsten. Ist alles hergerichtet, werden Speisen und Getränke serviert. Während des Fluges wird auch ständig das WC gecheckt. Nach dem Serviceende wird alles wieder abgeräumt. Es folgt noch der Bordverkauf durch meine Kolleginnen, während ich bereits die Landevorbereitungen treffe, Berichte schreibe, Formulare
15 ausfülle und Nachbestellungen veranlasse. Sobald um 07:45 Uhr der Landeanflug beginnt, wird geschaut, ob alle angeschnallt und die Rückenlehnen hochgestellt sind. Schließlich setze auch ich mich wieder, schnalle mich an und lösche das Licht. Nach der Landung um 08:05 Uhr mache ich eine Durchsage. Und wenn das Flugzeug seine endgültige Position erreicht hat, werden die Türen geöffnet und die Passagiere verabschiedet. Sobald alle draußen sind, betreten Reinigungskräfte
20 den Flieger. Ich kontrolliere sie und ihre Arbeit. Danach geht alles wieder von vorne los. Denn bereits 30 bis 45 Minuten nach der Landung steht der Rückflug nach Frankfurt an.

1 a Lest den Arbeitsablauf eines Flugbegleiters. Was kennt ihr, was hat euch überrascht?
    b Könnt ihr euch vorstellen, später selbst diesen Beruf auszuüben? Begründet eure Meinung.

Flugvorbesprechung		Abflug, kurze Pause	Speisen, Getränke servieren					
05:00	05:20 05:35	06:10 06:20	06:40	07:00	07:20 07:25	07:45 07:55 08:05 08:15 08:25

2 a Wann muss ein Flugbegleiter was erledigen? Zeichnet einen langen Zeitstrahl ins Heft.
    b Ergänzt an der richtigen Stelle knapp die einzelnen Arbeitsschritte des Chefstewards.

3 Untersucht, wie durch die Satzanfänge und durch bestimmte Wörter die einzelnen Arbeitsschritte des Flugbegleiters kenntlich gemacht werden. Schreibt diese Wörter heraus, z. B.: *als Erstes, zunächst, …*

4 Damit die Beschreibung abwechslungsreicher wird, wechseln im Text *Aktiv- (gehe)* und **Passiv**formulierungen **(kontrolliert … werden)** ab. Findet weitere. Wählt Aufgabe a oder b.
●●● a Schreibt alle Passivformulierungen in euer Heft. Markiert wie im Beispiel die Prädikate.
●○○ b Schreibt mindestens 3 Passivformulierungen ins Heft. Prüft Z. 8–9, 11–12, 13, 15–16, 18–19.
      Unterstreicht die Prädikate, z. B.: *Zeile 12: werden Speisen und Getränke serviert.*

Förderband

Scanbildschirm

Metalldetektor

Handsonde

5 Beschreibt die einzelnen Bilder und erklärt, was dargestellt wird.

Mögliche Nachkontrolle

6 Verfasst eine Beschreibung zum Ablauf einer Sicherheitskontrolle am Flughafen. Geht so vor:

a Ergänzt im Heft die folgende Einleitung durch passende Begriffe aus dem Wortspeicher. Ein wichtiger Begriff fehlt darin.

Bei einer ? am ? achtet der Sicherheitsdienst darauf, dass sich im ? der Fluggäste keine ? befinden und dass ? in ? abgefüllt sind.

1-Liter-Beuteln   Flüssigkeiten   Flughafen   gefährlichen Gegenstände   Handgepäck

b Bereitet den Hauptteil eurer Beschreibung vor. Wählt Aufgabe b 1 oder b 2.

1 Notiert anhand der Fotos 1 bis 5 die einzelnen Arbeitsschritte.

2 Ordnet den Abbildungen 1 bis 5 die folgenden Arbeitsschritte zu. Notiert sie im Heft.

manchmal Nachkontrolle des Handgepäcks   Fluggäste gehen durch Metalldetektor hindurch Fluggäste werden aufgefordert, alles in Wannen zu legen möglicher Körperscan mit Handsonde   Kontrolle des Gepäcks durch Bildschirmscan

c Verfasst mit Hilfe eurer Notizen den Hauptteil. Kennzeichnet die Abfolge der Arbeitsschritte durch passende Satzanfänge, z. B.: *zunächst, anschließend, danach, gleichzeitig, daraufhin.*
Tipp: Wechselt zwischen Aktiv- und Passivformulierungen ab.
Zuerst fordert ...   Daraufhin werden die Wannen ...
Gleichzeitig gehen ..., während die Sicherheitskraft am Bildschirm ...   Manchmal muss ...

d Formuliert zum Schluss, wozu die Kontrolle dient. Führt im Heft den folgenden Satz zu Ende:
Diese gründliche Sicherheitskontrolle ist sehr wichtig, damit ...

7 Recherchiert im Internet zu einem anderen interessanten Beruf. Beschreibt ihn.

Methode   **Einen Arbeitsablauf beschreiben**

- **Einleitung:** Benennt den Arbeitsablauf und seinen wesentlichen Zweck.
- **Hauptteil:** Beschreibt den genauen Arbeitsablauf Schritt für Schritt.
- **Schluss:** Formuliert z. B., wozu der Arbeitsablauf insgesamt dient.
- **Verdeutlicht** durch Wörter wie *zuerst, danach* die **Reihenfolge** der Arbeitsschritte.
- Verwendet **Aktiv- und Passivformulierungen,** um abwechslungsreicher zu schreiben.
- Verfasst eure Beschreibung im **Präsens.**

Einen Praktikumsplatz in einer Kfz-Werkstatt beschreiben

1 Ein Schüler verbringt sein Praktikum in einer Kfz-Werkstatt.
In seinem Praktikumsbericht soll er auch seinen Praktikumsort beschreiben.

a Beschreibt die Werkstatt auf dem Foto. Benennt die Dinge, die ihr kennt.

b Erklärt, ob ihr euch vorstellen könnt, dort einmal zu arbeiten.

2 Um einen Ort genau zu beschreiben, ist ein möglichst vollständiger Überblick nötig.

a Fertigt nach dem Beispiel oben eine Skizze des Raumes und seiner Gegenstände an.

b Beschriftet die einzelnen Gegenstände mit den entsprechenden Fachbegriffen.
Tipp: Ihr könnt den Wortspeicher nutzen.

> Hebebühne   Kleintransporter   Werkzeugwagen   elektrische Rolltore   Ersatzreifen
> Schmutzwannen   Leuchtstoffröhren   Kundenparkplatz   Hebebühnenschalter
> Wellblechdach   Bodenfliesen   Druckluftschrauber   Druckluftschlauch

3 **a** Erklärt, was einem Schüler in einem Teil seiner Ortsbeschreibung gut und was
weniger gut gelungen ist. Überarbeitet danach den Text im Heft.
Wählt Aufgabe b oder c.

VORSICHT FEHLER!

> *In der megagroßen Halle ist etwa in der hinteren Mitte eine superkurze Werkbank,*
> *auf der wohl einige Geräte sind. Der Hallenboden ist total aus dunkel- und hellgrauen Bodenfliesen.*
> *Auf der hinteren der beiden nebeneinanderstehenden Hebebühnen hat ein fetter weißer Kleintranspor-*
> *ter Platz. Unter der Bühne daneben sind zwei Schmutzwannen. Die Bühnen sind hoch in der Luft,*
> *sodass man saubequem daran arbeiten kann.*

b Verbessert den Text im Heft. Formuliert Jugendsprachliches und Unsachliches um.
Verwendet zudem nicht nur *sein* und *haben,* sondern auch andere treffende Verben.

c Ersetzt im Heft die Wörter *megagroßen, superkurze, total, fetter, saubequem* durch angemessene
sachliche Adjektive.
Ersetzt zudem die markierten Wörter sinnvoll durch die folgenden:
bestehen aus, stehen, sich befinden, schweben, liegen, befestigt sein.

4 Für eine Ortsbeschreibung sind Positionsbezeichnungen besonders wichtig.
Ergänzt mit Hilfe des Wortspeichers sinnvoll die folgenden Sätze durch Wörter, die Position und
Lage der Gegenstände im Bild auf Seite 52 genauer bezeichnen. Schreibt ins Heft.

*Im ❓ Bereich der Werkstatt und ❓ der Wand
stehen rollbare Werkzeugwagen.*
*❓ den beiden Hebebühnen und ❓ der Hallenwand
lagern Ersatzreifen.*
❓ der ❓ Hebebühne befinden sich zwei Schmutzwannen.
*❓ den Arbeitsplätzen hängen in ausreichender Höhe
Leuchtstoffröhren für genügend Licht.*

> vor hinter unterhalb oberhalb
> über unter an auf oben vorderen
> unten neben zwischen worauf
> gegenüber davor darunter dahinter
> links rechts daneben in der Mitte

5 **a** Erklärt, worin sich Lucas und Imrans Einleitungen unterscheiden.
b Begründet, welche Einleitung besser gelungen ist. Beachtet die Methode unten.

> **Luca:** *Als ich mich zum ersten Mal der
> Kfz-Klinik näherte, stieg mir, zehn Meter
> bevor ich das riesige Eingangstor erreicht
> hatte, dieser typische Geruch, eine Mischung
> aus Öl, Lösungsmitteln und Abgasen, entge-
> gen. Ich schloss kurz die Augen und atmete
> tief ein, bevor ich die riesige Halle betrat.*

> **Imran:** *Mein diesjähriger Praktikumsplatz
> besteht aus einer sehr großen, hohen Halle, in
> der sich eine Vielzahl an Maschinen, Geräten
> und Werkzeugen sowie natürlich auch
> Kraftfahrzeuge befinden. Bei meiner Be-
> schreibung will ich mich auf die wesentlichen
> Gegenstände beschränken.*

6 Führt im Heft den folgenden Schlusssatz zu Ende. Beschreibt, welchen Eindruck der Ort auf euch
macht, z.B.: *aufgeräumt, hell, chaotisch, einladend, organisiert, strukturiert, ...*
Diese Kfz-Werkstatt wirkt auf mich ...

7 Verfasst eine vollständige Beschreibung der Kfz-Werkstatt. Beachtet die Aufgaben 2 bis 6.

8 **a** Spielt zu zweit das Ortsspiel: Seht euch euren Klassenraum eine Minute lang an.
b Während der eine die Augen schließt, beschreibt der andere möglichst genau die Position eines
Gegenstands im Raum. Errät der Partner, um welchen Gegenstand es sich handelt?
c Tauscht die Rollen.

Methode	**Einen Ort beschreiben**

- **Einleitung:** Benennt den Ort und macht **allgemeine Angaben,** z.B. *zur Größe des Raumes.*
- **Hauptteil:** Beschreibt den Ort in einer **geordneten Reihenfolge,** z.B.
  von links nach rechts oder *von vorne nach hinten* oder *im Uhrzeigersinn.*
- **Schluss:** Fasst zusammen, wie der Ort insgesamt auf euch **wirkt.**
- Verwendet eine **sachliche Sprache** und vermeidet Wertungen und Gefühlsäußerungen.
  Nutzt möglichst **treffende Nomen,** z.B. *Kraftfahrzeug,* und **Adjektive,** z.B. *metallisch.*
- Verwendet für die **Lage der einzelnen Gegenstände** passende **Verben,** z.B. *sich befinden,*
  hängen, **Präpositionen,** z.B. *in, über,* und **Adverbien,** z.B. *links, oben, davor.*
- Verfasst eure Beschreibung im **Präsens.**

Teste dich!

A Beschreibungen ...

... stehen überwiegend in der Zeitform (F) Präsens/(R) Präteritum.

... informieren in einer (A) anschaulichen und lebendigen/(U) sachlich-nüchternen Sprache.

... gliedern sich (Z) manchmal/(R) immer in Einleitung, Hauptteil und Schluss.

... (E) vermeiden/(I) verwenden persönliche Wertungen.

... stehen (T) ohne Einhaltung einer Reihenfolge/(B) in einer sinnvollen Reihenfolge.

... (E) verzichten auf Adjektive und enthalten meist dieselben Verben/(M) verwenden abwechslungsreiche Verben und enthalten treffende Adjektive.

B Personenbeschreibungen ...

... (I) gehen nur auf das Aussehen einer Person ein/(U) beschreiben neben dem Aussehen einer Person auch Geschlecht, Alter, Größe, Figur, Hautfarbe und Kleidung.

C Bei der Beschreibung von Arbeitsabläufen ...

... geht man (F) grob/(A) genau und Schritt für Schritt auf den Arbeitsablauf ein.

... (F) sollte man nur Passivkonstruktionen verwenden/(R) sollte man Passiv- und Aktivkonstruktionen verwenden.

D Um die genaue Lage eines Gegenstands an einem Ort zu beschreiben, ...

... verwendet man am besten (E) nur Fachbegriffe/(T) Präpositionen und Adverbien.

---

1 Schreibe die Sätze A bis D mit den jeweils richtigen Aussagen in dein Heft.
Tipp: Die richtigen Aussagen ergeben rückwärts gelesen ein Lösungswort.

VORSICHT
FEHLER!

> Der Friseursalon ist rechteckig. Praktisch alles ist weiß, nur der Boden ist aus dunkelbraunem Holz. Der Eingang ist eine Fensterfront, vor der so ein Dings steht, auf das man sich hinhauen kann. An beiden Längswänden sind drehbare Friseurstühle. Die sehen echt bequem aus. Die Spiegel bei den einzelnen Plätzen sind total schmal und lang. Sie reichen fast bis zur Decke. Hinter den Spiegeln leuchtet es grell. Darunter sind jeweils ein Föhn und ein Schränkchen. Von der Decke strahlt eine total schräge Lampe. Insgesamt wirkt der Raum auf mich typisch und schrill zugleich.

2 Die Ortsbeschreibung zum Friseursalon ist noch nicht gelungen.

a Überarbeite sie: Schreibe eine verbesserte Fassung in dein Heft.

b Besprich deine Überarbeitung mit anderen in einer Schreibkonferenz.

3.2 Werbung für mich! – Bewerbungsschreiben und Lebenslauf verfassen

Das Bewerbungsschreiben aufbauen

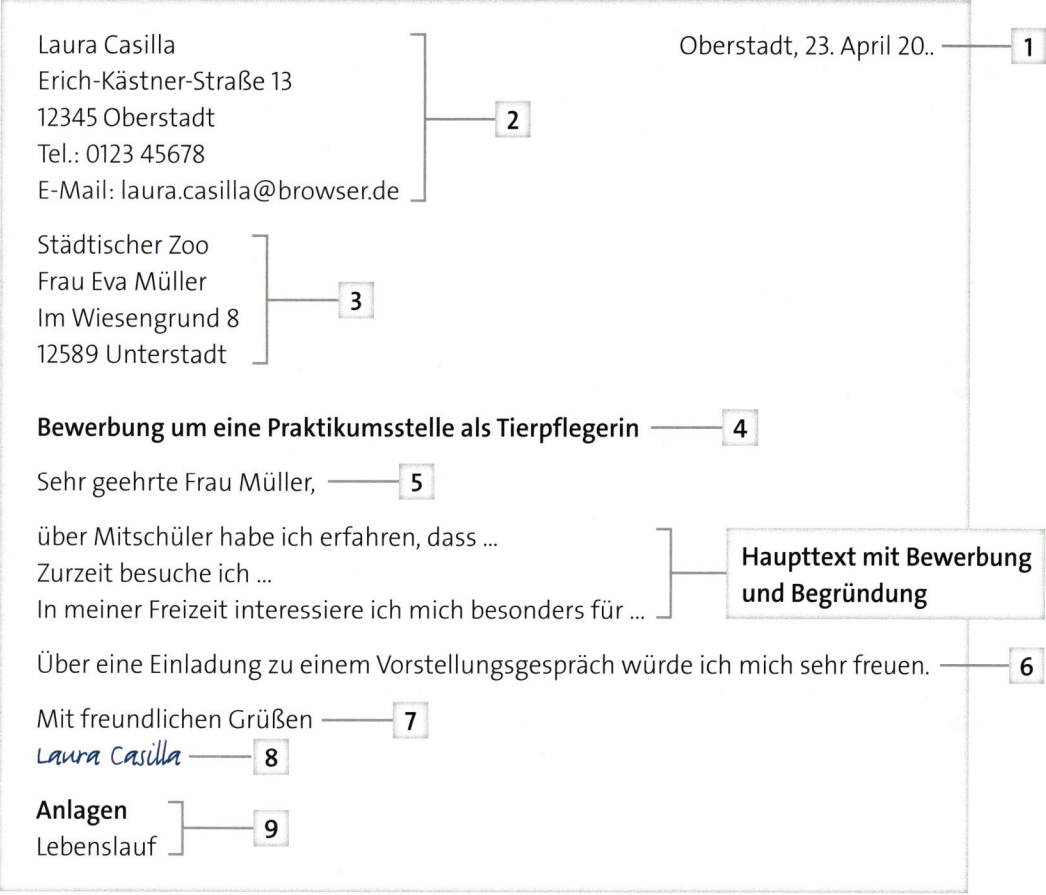

Laura Casilla
Erich-Kästner-Straße 13
12345 Oberstadt
Tel.: 0123 45678
E-Mail: laura.casilla@browser.de
— 2

Oberstadt, 23. April 20.. — 1

Städtischer Zoo
Frau Eva Müller
Im Wiesengrund 8
12589 Unterstadt
— 3

Bewerbung um eine Praktikumsstelle als Tierpflegerin — 4

Sehr geehrte Frau Müller, — 5

über Mitschüler habe ich erfahren, dass ...
Zurzeit besuche ich ...
In meiner Freizeit interessiere ich mich besonders für ...

Haupttext mit Bewerbung und Begründung

Über eine Einladung zu einem Vorstellungsgespräch würde ich mich sehr freuen. — 6

Mit freundlichen Grüßen — 7
Laura Casilla — 8

Anlagen
Lebenslauf — 9

1 Aus welchen Bestandteilen besteht dieses Bewerbungsschreiben um einen Praktikumsplatz?
a Ordnet im Heft den Zahlen 1 bis 9 den Buchstaben des jeweiligen Bestandteils W bis G zu.
b Wie lautet das Lösungswort?

  W Empfänger; ist eine bestimmte Person für das Praktikum zuständig, sollte der Name hier genannt werden
  B aktuelles Datum; muss immer angegeben werden
  U übliche Grußformel zum Schluss des Briefs
  N leserliche Unterschrift mit Vor- und Zunamen; immer eigenhändig und niemals kopiert
  E im Betreff, der fett gedruckt wird, sagt man kurz, worum es geht
  B darf zum Schluss des Brieftextes nicht vergessen werden
  E für den Empfänger nötige Angaben, um per Brief, E-Mail oder telefonisch zu antworten
  R übliche Anrede, wenn der Name bekannt ist; sonst: *Sehr geehrte Damen und Herren, ...*
  G fett gedruckte Überschrift für eine genaue Auflistung dessen, was dem Brief beigefügt ist

Eine Onlinebewerbung formulieren

Von: holger2001@coolmail.de

Hallo zusammen!

Ich maile, weil ich vom 1. bis 20. April ein Praktikum machen muss und weil mein Kumpel Ihren Laden kennt und sagt, es wäre da cool.

Ich bin zum zweiten Mal in der 8. Klasse, aber in einer anderen Schule, der Gesamtschule Mainz-Kastel, weil ich kleben geblieben bin.

Also, laden Sie mich einfach ein, dann bequatschen wir den Rest.

Holger Backhaus

Von: shermin@wau.de   Winterhausen, 08.02.20..
Shermin Schulz
Sigmaringer Straße 33
77999 Winterhausen

Frau Lina Meier
Werbeagentur Meier & Co.

Sehr geehrte Frau Meier,

über die Plattform „Schulpraktikum" wurde ich auf Sie aufmerksam und möchte mich hiermit in Ihrer Agentur um einen Praktikumsplatz für die Zeit vom 03.04. bis 20.04.20.. bewerben.
Meine Lieblingsfächer sind Deutsch und Englisch. Außerdem nehme ich an der Informatik-AG teil und kann mit dem Computer ziemlich gut umgehen.

Shermin

---

1 Holger und Shermin bewerben sich per E-Mail um einen Praktikumsplatz in der Werbebranche.
   a Begründet, welche von beiden sprachlich besser gelungen ist.
   b Nennt jugendsprachliche Ausdrücke und formuliert sie in Standardsprache um.
   c Erklärt, welche Hinweise für ein gelungenes Bewerbungsschreiben die beiden beachtet und welche sie vergessen haben. Berücksichtigt die nachstehende ANDA-Methode.
   d Auch eine Onlinebewerbung umfasst alle Bestandteile eines Bewerbungsschreibens (▶ S. 55). Notiert im Heft, welche Bestandteile bei Shermin fehlen.

2 Überarbeitet im Heft oder am Computer eine der beiden Onlinebewerbungen.
   Tipp: Nutzt die Formulierungshilfen in der folgenden Methode.

Methode	**Ein Bewerbungsschreiben aufbauen und formulieren**

Achtet in einer Bewerbung per **Brief** oder per **E-Mail** auf die **äußere Form** und eine **angemessene Sprache.** Stellt euch selbst überzeugend dar, ohne zu übertreiben oder wichtige Informationen wegzulassen. Nutzt die **ANDA-Methode** (span. *anda* = Auf geht's! Mach schon!).

A Anknüpfung finden: Schreibt zunächst, von wem ihr von der Praktikumsstelle gehört oder wo ihr sie gelesen habt, z. B.: *Ihre Anzeige in der WAZ … hat mich sehr angesprochen.*

N Neugierde wecken: Macht den Empfänger neugierig auf euch. Gebt an, welche Klasse und Schule ihr gerade besucht, z. B.: *Derzeit besuche ich die … Klasse …*

D Du und deine Fähigkeiten: Stellt dar, warum ihr euch für dieses Praktikum interessiert und dafür geeignet seid, z. B.: *Große Freude bereitet mir …   Meine Stärken liegen vor allem im Bereich …   Da ich in meiner Freizeit gern …   Bei … erhielt ich erste Einblicke in …*

A Aufforderung zum Handeln: Bittet zum Schluss um eine Einladung zu einem Vorstellungsgespräch, z. B.: *Über ein persönliches Gespräch mit Ihnen würde ich mich sehr freuen.*

Den Lebenslauf gestalten

1 Ordnet im Heft die folgenden Bezeichnungen den richtigen Ziffern im Muster eines tabellarischen Lebenslaufs zu.
E-Mail: Adresse: Name:
Schulen: Telefon: PC-Kenntnisse:
Geburtsdatum: Geburtsort:
Hobbys: Nationalität:
Sprachkenntnisse:
Ort, Datum und Unterschrift

2 **a** Warum sind die Angaben im Lebenslauf für den Betrieb wichtig?
b Erläutert: Welchen Vorteil hat die Tabellenform des Lebenslaufs für den Empfänger einer Bewerbung?

3 **a** Verfasst ein Bewerbungsschreiben und einen tabellarischen Lebenslauf für einen Praktikumsplatz eurer Wahl.
Tipp: Beachtet die Information.
b Versetzt euch in die Situation eines Arbeitgebers. Besprecht zu zweit eure Bewerbungsschreiben und Lebensläufe.

Lebenslauf

Persönliche Daten

1 _____   Hatice Heinemann
2 _____   Schillerstraße 34
               08007 Unterstadt
3 _____   09876 54321
4 _____   heihatty@xyz.de
5 _____   8. Februar 2001
6 _____   Oberstadt
7 _____   deutsch

Schulbildung

8 _____   2007–11 Grundschule Unterstadt
               seit 2012 Helene-Lange-Gesamt-
               schule Oberstadt

Besondere Kenntnisse und Interessen

9 _____   Türkisch (zweite Muttersprache)
               Englisch (gute Kenntnisse in Wort
               und Schrift)
10 _____   gute Kenntnisse in Word
11 _____   Ballett, Leichtathletik, Kino

Unterstadt, den 30. März 20..   **12** _____

Hatice Heinemann

| **Information** | **Bewerbungsschreiben, Lebenslauf, Onlinebewerbung** |

Mit einer **Bewerbung werbt ihr für euch selbst.** Gestaltet sie deshalb am Computer optisch und inhaltlich überzeugend. Beachtet Aufbau, Bestandteile und Sprache (▶ S. 55–57).

- Die Bewerbung **besteht aus** einem sachlichen **Bewerbungsschreiben** mit folgenden Bestandteilen: **Briefkopf** (Absender, Datum, Adressat mit vollständiger Anschrift), **Betreffzeile** (stichwortartig, worum es geht), **Anrede, Text** (▶ ANDA-Methode, S. 56), **Grußformel, Unterschrift** und Hinweise auf die **Anlagen** (z. B. Zeugnis).
- Zur Bewerbung gehört auch ein **tabellarischer Lebenslauf.** Dieser sollte in Form von **Zwischenüberschriften** übersichtlich gegliedert sein.
  Er enthält in der Regel ein **Porträtfoto** und schließt mit **Ort, Datum** und **Unterschrift.**
- Die **Onlinebewerbung gleicht** inhaltlich und formal dem **Bewerbungsbrief.**
  Tipp: Achtet unbedingt darauf, dass eure Anlagen im Anhang **nicht zu große Datenmengen** aufweisen (höchstens 2 MB).
  Erkundigt euch, ob die Firma eine Plattform für Onlinebewerbungen eingerichtet hat.

Üben: Bewerbungsschreiben und Lebenslauf verfassen

1 Die Schülerin Denise Stadel bewirbt sich um einen Praktikumsplatz als Gärtnerin.
●●● Gestaltet anhand der folgenden Angaben auf einem Blatt den Briefkopf bis zur Anrede:

> Denise Stadel, wohnhaft in der Blumenstraße 19 in 65185 Wiesbaden, bewirbt sich am heutigen Tag bei Frau Fischer vom Städtischen Grünflächenamt in der Kurhausstraße 33–35, 55123 Mainz, um eine Praktikumsstelle als Gärtnerin.

▷ Eine Hilfe zu Aufgabe 1 findet ihr auf Seite 59.

2 **a** Nebensätze helfen, sich genauer auszudrücken.
●●● Ergänzt Denises folgenden Bewerbungstext. Schreibt zunächst auf ein Schmierblatt.
Tipp: Nebensatz und Hauptsatz werden durch Komma voneinander getrennt.
b Übertragt auf euer Blatt mit dem Briefkopf den ganzen Bewerbungstext in Schönschrift.

> *über Mitschüler habe ich erfahren, dass Sie ...   Da ich gern draußen an der frischen Luft bin, ...*
> *..., die ich voraussichtlich im Juni 20.. verlassen werde.*
> *Am Wochenende fahre ich manchmal zu meinen Großeltern aufs Land und helfe ihnen im Garten, sodass ...*
> *Obwohl die Arbeit als Gärtnerin sicherlich körperlich anstrengend ist, ...*
> *Ich würde mich freuen, wenn ...*

▷ Hilfe zu 2, Seite 59

3 **a** Schreibt in euer Heft, welche Angaben in einem Lebenslauf stehen müssen.
●●● **b** Ordnet sie in der für Lebensläufe gewünschten Reihenfolge.   ▷ Hilfe zu 3, Seite 59

4 Gern würde man manchmal an außergewöhnlichen Orten ein Praktikum machen.
Formuliert ein interessantes Bewerbungsschreiben für euer Traumpraktikum, z. B. bei einem Profisportverein, im Bundeskanzleramt, bei einer Raumfahrtbehörde oder ...

PRAKTIKUM FÜR BLUTSAUGER

●○○ **Aufgabe 1 mit Hilfe**

Die Schülerin Denise Stadel bewirbt sich um einen Praktikumsplatz als Gärtnerin.
Übertragt den folgenden Briefkopf auf ein Blatt und ergänzt ihn bis zur Anrede.
Ergänzt mit Hilfe des Wortspeichers die fehlenden Angaben.

Denise    Wiesbaden, ?

? 19

? Wiesbaden

Tel.: 0123 45678

E-Mail: D.Stadel99@browser.de

?

Kurhausstraße ?

55123 ?

Bewerbung ?

?

> um eine Praktikumsstelle als Gärtnerin • 28. Oktober 20.. •
> Stadel • 65185 • Sehr geehrte Frau Fischer, •
> Städt. Grünflächenamt • 33–35 • Mainz • Blumenstraße

●●○ **Aufgabe 2 mit Hilfe**

a Nebensätze helfen, sich genauer auszudrücken.
  Bildet im Heft aus den folgenden Teilsätzen vollständige und sinnvolle Satzgefüge.
  Tipp: Nebensatz und Hauptsatz werden durch Komma voneinander getrennt.

b Ergänzt den Briefkopf durch den Text in Schönschrift. Setzt Absätze, denkt an die Grußformel, die
  Unterschrift und den Hinweis auf die Anlagen am Schluss.

> über Mitschüler habe ich erfahren, ... •
> Da ich gerne draußen an der frischen
> Luft bin, ... • Derzeit besuche ich die
> 8. Klasse der Elly-Heuss-Schule, ... •
> Am Wochenende fahre ich oft zu
> meinen Großeltern aufs Land und
> helfe ihnen im Garten, ... • Obwohl die
> Arbeit als Gärtnerin sicherlich körperlich
> anstrengend ist, ... • Ich würde mich
> freuen, ...

> ... die ich voraussichtlich im Juni 20.. ver-
> lassen werde. • ... wenn Sie mich zu einem
> Vorstellungsgespräch einladen würden. •
> ... dass Sie ein Praktikum für eine Gärtnerin
> anbieten. • ... sodass ich Vorstellungen von
> diesem Beruf habe. • ... möchte ich mich
> deshalb bei Ihnen um einen Praktikums-
> platz in der Zeit vom 04. bis 17.05.20..
> bewerben. • ... interessiere ich mich für
> diesen Beruf.

●○○ **Aufgabe 3 mit Hilfe**

Schreibt heraus, welche Angaben in einem Lebenslauf stehen müssen (▶ S. 57).

> eigener Name • Name von Freunden • Anschrift • Telefonnummer • E-Mail-Adresse •
> Facebook-Adresse • besuchte Schulen mit Zeitangaben und voraussichtlichem Abschluss •
> Tag und Ort der Geburt • Religion • Lieblingsfächer • Lieblingslehrer • Klasse • Hobbys •
> besondere Kenntnisse • Kinderkrankheiten • Ort und Datum • eigenhändige Unterschrift •
> Passfoto • gezeichnete Verzierung, z. B. Blumen • Lieblingshandymarke

Sich telefonisch bewerben

Hallo? Ist da das Hotel? Ich will ein Praktikum machen. Rufen Sie mich auf diesem Handy zurück, ja!

Roy Schwarz. Guten Tag. Ich würde gern ein Praktikum in Ihrem Hotel machen. Könnten Sie mir bitte sagen, wer dafür zuständig ist, oder mich direkt weiter-leiten?

1 Begründet, welcher der beiden Anrufer wohl eher eine Chance hat, sein Ziel zu erreichen.

2 Setzt euch zu zweit zusammen und entwickelt Tipps für ein telefonisches Bewerbungsgespräch. Wählt Aufgabe a oder b.

●●● **a** Ergänzt im Heft die folgenden Tipps:

    1 Nenne zunächst ... und ...

    2 ... „bitte" ...

    3 Sag möglichst genau, ...

    4 ... mit dem richtigen Ansprechpartner ...

    5 Frage nach, ob ...

    6 Antworte dem Gesprächspartner ...

    7 Zeige dein Interesse ...

●○○ **b** Die folgenden Tipps stimmen so nicht. Berichtigt sie im Heft.

    1 Vermeide Begrüßungsfloskeln und verrate niemandem, wer du bist.

    2 Sei cool und nicht zu höflich.

    3 Nenne ja nicht den Grund deines Anrufs.

    4 Mit wem du sprichst, ist völlig egal. Jeder muss dir antworten können.

    5 Stell bloß keine Fragen, sondern tu so, als ob ohnehin alles klar sei.

    6 Gib bei persönlichen Fragen des Gegenübers möglichst wenig von dir preis.

    7 Zeige nicht zu viel Interesse an der Stelle.

3 **a** Bildet 4er-Gruppen. Führt im Rollenspiel zwei Bewerbungstelefonate durch.

    b Sprecht anschließend darüber, wie ihr euch gefühlt habt.

Methode	Sich telefonisch bewerben

Oft findet eine erste Kontaktaufnahme mit einem Unternehmen telefonisch statt. Man erkundigt sich z. B., ob der Betrieb in diesem Jahr eine Praktikumsstelle anbietet.
Bereits bei einem solchen Telefonat hinterlässt man **einen ersten Eindruck.** Beachtet:

- Seid höflich: **Begrüßt den Gesprächspartner** und meldet euch mit **vollem Namen.**
- Nennt Anlass und **Zweck eures Anrufs.**
- Fragt nach, ob ihr mit dem **richtigen Gesprächspartner** sprecht.
- Überlegt euch **wichtige Fragen vorher.** Notiert sie stichwortartig als Merkhilfe.
- Macht euch **Notizen zu Informationen,** die ihr bekommt, z. B.: Name des Ansprechpartners.
- **Klärt** mit dem Gegenüber, **wie ihr weiter vorgehen müsst,** um euch zu bewerben.
- **Bedankt und verabschiedet euch** zum Schluss.

Persönliche Vorstellungsgespräche führen

1 Betrachtet das Foto des Schülers beim Vorstellungsgespräch. Beurteilt Kleidung und Haltung. Wie wirkt er wohl auf einen Chef?

2 Aida und Sammy haben nacheinander ein Vorstellungsgespräch für dieselbe Praktikumsstelle. Beiden stellt die Personalchefin, Frau Kargün, die gleichen Fragen.

a Lest die folgenden Fragen und Antworten mit verteilten Rollen.

b Beurteilt jeweils die Antworten von Aida und Sammy.

c Wem würdet ihr die Stelle geben? Begründet eure Meinung.

Frau Kargün: Wie bist du auf unseren Betrieb gekommen?

Aida: Über Facebook. Einer meiner Freunde machte letztes Jahr bei Ihnen ein Praktikum. Was er geschrieben hat, hörte sich interessant an.

Sammy: Ehrlich gesagt, geschah dies eher zufällig beim Stöbern im Internet.

Frau Kargün: In welchem Schulfach siehst du deine Stärken und wo liegen deine Schwächen?

Aida: Ich kann alles ziemlich gut. Dass ich in Deutsch eine 4 und in Biologie eine 5 habe, liegt an meiner Lehrerin.

Sammy: Meine Schwächen liegen eindeutig in Mathe, deshalb habe ich dort auch nur eine 4. Meine Stärken sind die sprachlichen Fächer. Das Kommunizieren, auch in der Fremdsprache, sowie Grammatik und Rechtschreibung fallen mir leicht.

Frau Kargün: Hast du selbst vielleicht noch eine Frage?

Aida: Stimmt es, dass die Arbeit schon um 7 Uhr morgens beginnt? Gilt das auch für mich?

Sammy: Ich habe mich ja schon ein bisschen über Ihre Firma informiert. Dennoch würde mich interessieren, wie meine Tätigkeit genau aussieht und abläuft.

3 **a** Bildet 4er-Gruppen.

b Überlegt euch eine Firma für ein Praktikum und entwickelt Fragen und Antworten für ein Vorstellungsgespräch.

c Spielt zu zweit das Vorstellungsgespräch. Die anderen beiden beobachten je einen Spieler.

Tipp: Nutzt im Heft den Beobachtungsbogen.

d Die Beobachter sagen, was ihnen auffiel.

Beobachtungsbogen	**Note + Notizen** (1 = sehr, 6 = gar nicht)
Wie wirkt der/die …	
Bewerber/-in?	**Chef/-in?**
überzeugend: …	überzeugend: …
interessiert: …	interessiert: …
offen: …	offen: …
höflich: …	höflich: …
sicher: …	fair: …

Methode	**Ein Vorstellungsgespräch führen**

- Erscheint pünktlich und angemessen gekleidet. Schaltet Handy oder Smartphone aus.
- Seid freundlich, höflich, aufmerksam und blickt euer Gegenüber an.
- Hört genau zu, sprecht laut und deutlich und zeigt durch Fragen euer Interesse.
- Antwortet ehrlich, ohne zu übertreiben und in ganzen Sätzen.

Die Praktikumsmappe anlegen

Tanja absolviert ein dreiwöchiges Praktikum im Spielwarengeschäft „Spieleland".
Ihre Erfahrungen hält sie in einer Praktikumsmappe fest.

1 Für ihre Mappe hat Tanja ein Inhaltsverzeichnis erstellt. Erklärt, wie Tanja die Mappe geordnet hat. Welche Gliederungspunkte unterscheidet sie?

2 a Ordnet die folgenden Textauszüge A bis E den Gliederungspunkten der Praktikumsmappe zu.
b Überlegt, wie Tanjas erster Tag wohl weiterging. Setzt Text E im Heft fort.

> **A** Das „Spieleland" wurde 1952 von Thomas Finger gegründet. Seit 1986 führt es seine Tochter Ksenia Richter weiter. Der Familienbetrieb umfasst heute sieben Angestellte und einen Auszubildenden.
>
> **B** § 8 Dauer der Arbeitszeit
> (1) Jugendliche dürfen nicht mehr als 8 Stunden täglich und nicht mehr als 40 Stunden wöchentlich beschäftigt werden.

C Die Öffnungszeiten sind 10 bis 19 Uhr. Mein Arbeitsbeginn ist aber ab dem zweiten Tag bereits um 9 Uhr. Ich mache mittags eine Stunde Pause und gehe um 16:30 Uhr nach Hause.

D Ein Arbeitstag beginnt mit einer kurzen Besprechung, an der auch die Inhaberin, Frau Richter, teilnimmt. Danach geht Frau Kolb mit einem Kollegen und mir die Liste der am Vortag verkauften Waren durch. Ware, die sich vorrätig am Lager befindet, wird von Herrn Holschbach gleich aufgefüllt. Dafür hatte Frau Richter für alle ein kleines Frühstück vorbereitet …

E Voller Erwartungen betrat ich an meinem ersten Arbeitstag um 10:30 Uhr das Geschäft. Man hatte mir gesagt, es wäre einfacher für den Betrieb, wenn ich erst später käme. Man begrüßte mich herzlich …

Inhaltsverzeichnis

3 Ein Schüler bringt seinen Unmut über sein Praktikum in dem nachstehenden Abschlussbericht zum Ausdruck. Nennt Beispiele, wie es ihm gelingt, seinen Unmut darzustellen und trotzdem sachlich und sprachlich angemessen zu bleiben, z.B.: *Mit der Aussage, dass man ihm „kaum Einblicke in den üblichen Arbeitsablauf" gewährte, drückt der Schüler aus, dass er gern richtig mitgearbeitet hätte.*

> Für mein nächstes Praktikum werde ich wohl ein anderes Arbeitsgebiet ausprobieren oder zumindest den Betrieb wechseln. Im Reisebüro „Sonnenschein" gewährte man mir kaum Einblicke in den üblichen Arbeitsablauf. Auch die Tätigkeiten waren wenig abwechslungsreich. Während der ersten zwei Wochen war ich hauptsächlich mit dem Ein- und Aussortieren von Reiseprospekten beschäftigt.

3.3 Fit in ...! – Einen Arbeitsablauf beschreiben

Stellt euch vor, ihr bekommt in der nächsten Klassenarbeit die folgende Aufgabe gestellt:

Aufgabe
Bei einem Praktikum in der Bäckerei habt ihr geholfen, Brötchen fertig zu backen.
Beschreibt mit Hilfe der Bilder den Arbeitsablauf beim Brötchenaufbacken Schritt für Schritt.

Ofen auf 220 °C vorheizen

Tiefgefrorene Brötchen auf Backbleche legen

Backbleche in den Ofen schieben

Backzeit von 20 Minuten einstellen

Abgekühlte Brötchen herausholen

Brötchen in eine Verkaufstheke legen

Die Aufgabe richtig verstehen

1 Wie geht ihr vor, um für diese Klassenarbeit den Arbeitsablauf genau zu beschreiben?
Bringt die folgenden sechs Aussagen in eine sinnvolle Reihenfolge.
Tipp: Richtig geordnet, ergeben die Buchstaben untereinander vor den Aussagen drei Lösungswörter.

M C C	In der Einleitung benenne ich den Inhalt des Ablaufs sowie Zutaten und Hilfsmittel.
L N N	Ich lese alles erneut genau durch und überprüfe Rechtschreibung und Zeichensetzung.
E E A	Ich notiere mir knapp den Arbeitsablauf mit den entsprechenden Fachbegriffen.
S W B	Zunächst sehe ich mir die Aufgabenstellung, die Bilder und Bildunterschriften genau an.
E E E	Im Schlussteil gebe ich einen weiterführenden Hinweis oder einen Kommentar.
M K K	Im Hauptteil beschreibe ich Schritt für Schritt den Arbeitsablauf. Dabei variiere ich die Satzanfänge und wechsle Aktiv- und Passivkonstruktionen ab.

Planen

2 Erstellt einen Schreibplan. Notiert knapp den Arbeitsablauf mit den entsprechenden Fachbegriffen.
Tipp: Orientiert euch an den Fotos und den Bildunterschriften auf Seite 63.
1. *Ofen auf 220 °C vorheizen*
2. *Tiefgefrorene Brötchen aus Tüte nehmen; auf ...*
3. *...*

Schreiben

3 Ergänzt im Heft die nachstehende Einleitung für die verlangte Vorgangsbeschreibung:
Bei der folgenden Tätigkeit geht es darum, wie vorbereitete Brötchen für den Kunden frisch fertig gebacken werden. Man benötigt einen speziellen Backofen und ...

4 **a** Vervollständigt im Heft den folgenden Arbeitsablauf.
Wählt aus dem Wortspeicher passende Wörter, die die Reihenfolge der Arbeitsschritte verdeutlichen.
... nimmt man die tiefgefrorenen Brötchen aus der Tüte.
... legt man sie auf das Backblech.
... man die Schutzhandschuhe angezogen hat, holt man das
  Backblech aus dem Ofen.

> zunächst   danach   nun
> sobald   wenn   anschließend

b Formt den folgenden Aktivsatz ins Passiv um.
Zum Schluss legst du die Brötchen in das Verkaufsregal.

5 Verfasst mit Hilfe eurer Vorarbeiten und Übungen eine vollständige Ablaufbeschreibung.

Überarbeiten

6 Überarbeitet in Partnerarbeit eure Texte. Nutzt die Checkliste.

Checkliste

Einen Arbeitsablauf beschreiben
- Werden in **Einleitung** und **Schluss Inhalt** und **Zweck** des Vorgangs benannt?
- Ist der **Ablauf** im **Hauptteil Schritt für Schritt** in der richtigen **Reihenfolge** beschrieben? Wird dies durch **passende Satzanfänge** verdeutlicht, z. B.: *zuerst, danach, anschließend, ...?*
- Wurden zur sprachlichen Abwechslung neben **Aktiv- auch Passivformulierungen** verwendet?
- Wurde der Ablauf im Wesentlichen im **Präsens** beschrieben?
- Stimmen **Rechtschreibung** und **Zeichensetzung?**

Schreibwörter			▶ S. 294
das Betriebspraktikum	die Hobbys	die Kenntnisse	typisch
die Praktikumsstelle	der Adressat	die Fähigkeiten	Sehr geehrte

4 Ich rede, wie ich will?! –
Adressatengerecht sprechen und schreiben

1 Betrachtet die beiden Fotos.
  a Mit wem spricht das Mädchen jeweils? Worüber könnte es sprechen?
  b Wie könnte sich die Sprache des Mädchens in den beiden Situationen unterscheiden?

2 **a** Tragt zusammen, wie und worüber ihr euch mit verschiedenen Personen mündlich
    oder schriftlich austauscht, z. B.: *Diskussion mit meinen Eltern über ...*,
    Brief an ... über ...
  b Ordnet im Heft die mündlichen
    und schriftlichen Kommunikations-
    situationen sinnvoll zu:
    – privat oder offiziell
    – einzeln oder in der Gruppe

3 Beschreibt Kommunikations-
    situationen, die euch angenehm und
    weniger angenehm sind. Begründet.

In diesem Kapitel ...

– übt ihr das zuhörergerechte Sprechen,
– untersucht ihr Kommunikations-
  probleme,
– denkt ihr über die Bedeutungen von
  Begriffen nach und ordnet sie,
– führt ihr ein Projekt zur Sprachenvielfalt in Deutschland durch.

4.1 Auf den Ton kommt es an – Öffentlich und privat kommunizieren

Zuhörergerecht sprechen

Tach, Alte/-r, wo geht's denn hier zur Frittenbude?

Guten Tag. Entschuldigen Sie, können Sie mir bitte helfen? Wo ...?

1 Kai ist auf der Suche nach dem neuen Schnellimbiss.
Er begegnet verschiedenen Personen, die er nach dem Weg fragen könnte:
einem Mädchen in seinem Alter, einer älteren Dame, einem Polizisten.

  a Notiert in Partnerarbeit einen kurzen Dialog zwischen Kai und einer der Personen.
In diesem Dialog soll Kai, auf die jeweilige Person abgestimmt, nach dem Weg fragen.
Tipp: Nutzt für erste Ideen die beiden Sprechblasen im Bild oben.

  b Spielt eure Dialoge der Klasse vor.
Tipp: Erprobt die Wirkung eurer Mimik und Gestik.
Blickt z. B. die Person freundlich an oder nehmt die Hände aus den Hosentaschen.

  c Die anderen raten und begründen, mit welcher Person Kai jeweils gesprochen hat.

2 Erläutert anhand eurer Dialoge, was wohl unter zuhörergerechtem Sprechen zu verstehen ist.
– Wie sollte man Begrüßung und Anrede dem jeweiligen Gesprächspartner anpassen?
Wenn es sich um ... handelt, dann sollte man höflich/locker/förmlich, ...
– Wann verwendet man eher Jugendsprache, wann eher Hochsprache?
– Was beachtet man bei den meisten Gesprächen ganz unabhängig vom Gesprächspartner?
Tipp: Denkt z. B. an den Anfang des Gesprächs sowie an Mimik und Gestik.

3 Übt das zuhörergerechte Sprechen. Wählt Aufgabe a oder b.

a Jan möchte spontan seinen neuen Schulfreund Selim besuchen. Selims Mutter, die Jan noch nicht kennt, öffnet die Tür.
Übt einen kurzen Dialog zwischen den beiden ein:
  – Notiert, wie Jan die Mutter begrüßen und wie er sich vorstellen sollte, z. B.: *... Ich heiße ... und ich gehe in ...*
  – Wie sollte er seinen Wunsch formulieren: A, B, C?
    A „Ich muss sofort zu Selim."
    B „Ich würde gern Selim besuchen, ist er da?"
    C „Zeigen Sie mir mal schnell Selims Zimmer!"
  – Überlegt, wie die Mutter reagieren könnte, z. B.:
    Das ist ja ... Ich wollte dich ... Weiß Selim, dass ...?

b Beyza möchte im kommenden Monat ein zweiwöchiges Schulpraktikum in einer Bäckerei machen.
Sie geht spontan in einen Laden, um sich nach einem Praktikumsplatz zu erkundigen.
Übt einen kurzen Dialog zwischen Beyza und einer Angestellten der Bäckerei ein.

4 Vergleicht und beurteilt eure Dialoge zu Aufgabe 3.
a Übertragt den folgenden Feedbackbogen in euer Heft.
b Spielt vor der Klasse mehrere Dialoge vor.
Die Zuhörer notieren im Feedbackbogen, wie gut die Beurteilungspunkte erfüllt wurden, z. B. mit
☺, 😐 oder ☹.
c Gebt euch mit Hilfe des Feedbackbogens begründet Rückmeldung.

Beurteilungspunkte	Dialog 1	Dialog 2	Dialog 3	Dialog 4
Waren Begrüßung und Anrede angemessen?	...	...	...	...
War die Sprache passend gewählt?	...	...	...	...
Waren die Gesprächspartner höflich und freundlich?	...	...	...	...
Waren Mimik und Gestik angemessen?	...	...	...	...

Information   Zuhörergerechtes Sprechen

Zuhörergerechtes Sprechen bedeutet, dass man seine **Sprache und** sein **Verhalten auf** seinen **Gesprächspartner abstimmt,** also:
■ eine **angemessene Begrüßung und Anrede** für den Gesprächsparter findet,
■ eine **passende Sprachebene** wählt, also mit **Erwachsenen** eher **Standardsprache** spricht, z. B.: *„Guten Tag. Ich suche den neuen Schnellimbiss",* und
  mit **Jugendlichen** eher **Jugendsprache** (▶ S. 290), z. B.: *„Hi, wo ist die neue Frittenbude?",*
■ dem Gesprächspartner durch **Mimik und Gestik höflich** und **freundlich** begegnet.

Richtig zuhören

... und dann würde ich gerne noch Susi anrufen und sie fragen, ob sie am Wochenende mit uns ...

Mhm ...

Du kannst jetzt aufhören, „Mhm ..." zu sagen. Ich habe vor einer Stunde aufgehört zu reden.

1
  a Erläutert, was an diesem Cartoon das Lustige sein soll.
  b Untersucht, warum das Gespräch misslingt:
    – Warum ist der Mann ein schlechter Zuhörer?
    – Wie spricht die Frau zu ihm?
    – Was sagen ihre Körperhaltungen jeweils aus? Beschreibt sie.
  c Spielt die Szene so, dass das Gespräch zwischen den beiden gelingt.

2 Übt in Dreiergruppen abwechselnd das richtige Zuhören.
  – Bestimmt ein Gesprächsthema.
  – Schüler 1 trägt seine Meinung zum Thema vor.
  – Schüler 2 zeigt durch Mimik und Gestik,
    dass er aktiv zuhört.
    Anschließend gibt er die Auffassung von Schüler 1
    mit eigenen Worten wieder, z. B.: *„Du meinst, dass ..."*
  – Schüler 3 stellt fest, ob Schüler 2 alles richtig
    wiedergegeben hat, und korrigiert oder ergänzt.

> **Mögliche Themen:**
> – Das macht einen perfekten Tag
>   für mich aus.
> – So stelle ich mir einen guten
>   Freund/eine gute Freundin vor.
> – Darum solltest du dir den Film ...
>   im Kino/auf DVD anschauen.

3 Beobachtet in der Schule oder zu Hause andere Menschen beim Zuhören.
Notiert positive und negative Verhaltensweisen.

Methode	**Richtig zuhören**

Ein Gespräch gelingt in der Regel, wenn das, was jemand **sagt,** und das, was jemand **versteht,** übereinstimmen. Deshalb sollten die Zuhörer:
- durch **Mimik** und **Gestik** zeigen, dass sie **aufmerksam zuhören,** z. B. durch Blickkontakt, Nicken, Hinwendung des Oberkörpers und des Kopfes,
- den anderen **aussprechen lassen,**
- das Gehörte **zusammenfassen,** noch einmal **wiederholen** oder **nachfragen,** um sicher zu sein, dass man alles richtig verstanden hat.
- Ein Sprecher sollte sich ebenfalls durch Mimik und Gestik dem Zuhörer zuwenden und auf seine Aufmerksamkeit achten.

Sich schriftlich beschweren und entschuldigen

Hi Herr Lehmann,

wir haben mit Frau Mayer ein krasses Problem. Sie hat uns gestern eine Mathearbeit schreiben lassen, die voll fies und unfair war.
Wir haben vorher kaum dafür geübt und die Aufgaben waren megaschwer.
Bestimmt bekommen wir alle eine Fünf oder Sechs. ☹
Wir finden das alle echt eine Zumutung und sind voll genervt.
Aber: So nicht mit uns!!!
Sorgen Sie bitte dafür, dass wir sofort eine neue Mathelehrerin bekommen.

Danke
Ihre 8 b

1 Die Klasse 8 b ist mit ihrer Mathematiklehrerin nicht zufrieden. Sie hat ihrem Klassenlehrer diesen Brief geschrieben.
Verständigt euch über den Inhalt. Fasst zusammen:
– Worüber informiert die Klasse Herrn Lehmann?
– Welche Gefühle bringen die Schüler zum Ausdruck?
– Wozu fordern sie ihren Klassenlehrer auf?

2 Diskutiert darüber, was ihr von der Aufforderung der 8 b haltet.
Überlegt auch, was sich die Klasse stattdessen wünschen könnte.

3 Für eine Beschwerde über die Lehrerin ist der Brief zu unhöflich und jugendsprachlich.
Überarbeitet ihn im Heft. Wählt Aufgabe a oder b.

●●● **a** Formuliert unhöfliche oder jugendsprachliche Formulierungen um, z. B.:
„..., *die voll fies und unfair war.*"
→ *..., die sehr schwierig war und bei der wir uns ungerecht behandelt fühlen.*

●○○ **b** Schreibt unhöfliche oder jugendsprachliche Formulierungen aus dem Beschwerdebrief um.
Nutzt den Wortspeicher, z. B.:

sich ärgern	besonders schwierig
Sehr geehrter ...	Mit freundlichen Grüßen
etwas nicht akzeptieren wollen	
sich ungerecht behandelt fühlen	
sich wünschen	enttäuscht sein
sehr kompliziert	hoffen besorgt sein

Sehr ...,

wir würden gern mit Ihnen über ein Problem sprechen, das wir mit ...
Gestern ...

c Vergleicht eure Überarbeitungen des Beschwerdebriefs der 8 b.
Habt ihr auch den formalen Aufbau eines Briefs beachtet:
Briefkopf, Betreffzeile, Anrede, Grußformel?

Abkürzung mit Folgen

Lars wollte mit seinem Fahrrad eine Abkürzung nehmen und zwischen den parkenden Autos durchfahren. Dabei hat er versehentlich das neue Auto seiner Nachbarin Frau Beier zerkratzt. Als er seinem Vater davon erzählt, reagiert er positiv: „Gut, dass du das zuge-geben hast und bereit bist, dafür Verantwortung zu übernehmen. Ich werde mich darum kümmern, dass die Versicherung den Schaden bezahlt."
„Und damit ist alles wieder gut?", freut sich Lars.
„Nicht ganz. Du solltest dich bei Frau Beier schriftlich entschuldigen."

1 **a** Gebt wieder, was Lars passiert ist und was er daraufhin tun soll.
    b Was könnte Lars auf den letzten Satz seines Vaters antworten? Begründet.

2 Überlegt, wofür Lars von seinem Vater gelobt wird. Bearbeitet Aufgabe a oder b.
●●● **a** Erklärt mit eigenen Worten, wofür Lars gelobt wird.
●○○ **b** Entscheidet, welche der folgenden drei Aussagen zutrifft:
    A Lars ist bereit, der Versicherung einen Brief zu schreiben, damit sie den Schaden bezahlt.
    B Lars bietet von sich aus an, einen Entschuldigungsbrief an Frau Beier zu schreiben.
    C Lars hat vor seinem Vater offen zugegeben, dass er das Auto zerkratzt hat.

3 Lars überlegt mit seinen Freunden Mert und Vladi, wie seine Entschuldigung lauten soll. Begründet, welcher der drei Vorschläge euch überzeugt.

> **Lars:** Ich sollte Frau Beier klar-machen, dass ich gar nichts für den Kratzer kann. Sie hätte ja nicht so dicht an dem anderen Auto parken müssen.

> **Mert:** Du solltest zugeben, was du falsch gemacht hast, Frau Beier um Entschuldigung bitten und ihr versprechen, dem-nächst besser aufzupassen.

> **Vladi:** Du solltest dich bei Frau Beier entschuldigen und ihr empfehlen, künftig ihr Auto woanders zu par-ken, damit so etwas nicht noch einmal passiert.

4 In einem Entschuldigungsbrief sollte man höflich sein und Standardsprache verwenden. Prüft zu zweit, welche der folgenden Formulierungen geeignet sind und welche nicht.

> hätte niemals so unvorsichtig sein dürfen • tut mir voll leid • werde ich mir nie verzeihen • möchte mich entschuldigen • tut mir sehr leid • habe leider nicht gut aufgepasst • tut mir unendlich leid • werde künftig besser achtgeben • bin ab jetzt immer megavorsichtig • sorry • verspreche hoch und heilig, dass ich in meinem Leben nie mehr • war voll verpeilt • war krass eng zwischen den Autos • weiß nicht, wie ich das jemals wieder gutmachen soll

5 **a** Verfasst den Entschuldigungsbrief an Frau Beier. Beginnt z. B. so:
    Sehr geehrte Frau Beier,
    vorgestern bin ich mit dem Fahrrad … und habe dabei …
    b Prüft in Partnerarbeit eure Briefe. Achtet auf Inhalt, Sprache und Rechtschreibung.

Schriftsprache gestern und heute

> *Theuerster Freund!*
>
> *Ich war genöhtigt, die Stadt schnell zu verlassen. Daher hatte ich zu meinem Bedauern nicht die Zeit, von einem einzigen Freunde Abschied zu nehmen. Gewiss hätte ich diese Pflicht nicht versäumt, wenn es in meiner Macht gestanden hätte.*
> *Zürnen Sie, Theuerster, dieserhalb nicht auf mich.*
> *Stets, auch in der weitesten Entfernung, wird mich die Erinnerung an die mit Ihnen verlebten frohen Stunden begleiten.*
>
> *Ewig wird für Sie schlagen das Herz Ihres ...*

1
a Erklärt, was die SMS und der Brief aus dem Jahr 1801 inhaltlich gemeinsam haben.
b Sucht aus der SMS Beispiele für typische SMS-Sprache heraus, z. B. für Sonderzeichen, Jugendsprache, ...
c Erklärt, warum Jugendliche in SMS häufig diese besondere Sprache verwenden.
d Fasst zusammen, was einen offiziellen Brief sprachlich von einer SMS unterscheidet.
Beginnt z. B. so: *Im Gegensatz zu einer SMS verwendet man in einem ... keine ...*

2 In dem Brief von 1801 werden Formulierungen verwendet, die heute eher unüblich sind.
Was bedeuten sie genau? Wählt Aufgabe a oder b. Tauscht euch danach über eure Ergebnisse aus.
●○○ a Wählt für die folgenden beiden Formulierungen die richtige Bedeutung aus:
„Ich war genöhtigt" =
A Ich war verzweifelt   **B** Ich musste   **C** Ich wurde belästigt
„Zürnen Sie ... nicht auf mich." =
A Ärgern Sie mich nicht.   **B** Zählen Sie nicht auf mich.   **C** Seien Sie nicht böse auf mich.
●●● b Erkärt, was mit der folgenden Formulierung gemeint ist:
„Gewiss hätte ich diese Pflicht nicht versäumt, wenn es in meiner Macht gestanden hätte."

Methode	**Adressatengerecht Briefe schreiben**

- In einem **offiziellen Brief** verwendet man **Standardsprache.**
  Das heißt, man vermeidet Jugendsprache, Abkürzungen und Emoticons wie in SMS.
  Auch sollte man auf besonders altmodische oder übertriebene Formulierungen verzichten.
- Seine Gefühle oder Wünsche sollte man immer **höflich** und **sachlich** formulieren.
  Das gilt auch für **Beschwerden,** z. B.: *Ich ärgere mich, weil ... Ich möchte Sie bitten, ...*
- In einer schriftlichen **Entschuldigung** ist es wichtig, dass man:
  – **offen zugibt,** etwas falsch gemacht zu haben, z. B.: *Ich habe leider ...*
  – **um Entschuldigung bittet,** z. B.: *Dafür möchte ich Sie um Entschuldigung bitten.*
  – verspricht, sich nun **anders zu verhalten,** z. B.: *Ich werde in Zukunft ...*

Teste dich!

1 Stelle dir vor, du hättest dein Smartphone verloren und musst dringend telefonieren.
Welchen Satz solltest du zu wem sagen?
Notiere den richtigen Lösungsbuchstaben ins Heft:
– zu einem Mitschüler: *Satz ...*
– zu einer Frau, die zufällig vorbeikommt: *Satz ...*

> **T** „Hallo. Ich müsste dringend telefonieren. Könntest du mir bitte kurz dein Smartphone leihen?"
>
> **B** „Hey Sie! Ich brauch mal ganz schnell Ihr Smartphone. Los!"
>
> **S** „Gib mal kurz dein Smartphone her, aber zackig. Meins ist nämlich weg."
>
> **E** „Guten Tag. Ich habe mein Smartphone verloren. Dürfte ich bitte mal kurz Ihres benutzen?"

2 Was sollte man beim richtigen Zuhören beachten? Wähle die beiden richtigen Sätze aus.
Notiere die richtigen Buchstaben ins Heft.
Tipp: Die Buchstaben aus Aufgabe 1 und 2 ergeben ein Lösungswort.

> **S** Man sollte auch durch seine Mimik und Gestik zeigen, dass man aufmerksam zuhört.
>
> **O** Rückfragen sollte man vermeiden, um den Sprecher nicht zu irritieren.
>
> **T** Es ist sinnvoll, das Gehörte zusammenzufassen oder wörtlich zu wiederholen.
>
> **N** Wenn man etwas nicht versteht, sollte man den Sprecher sofort unterbrechen.

> *Hi/Hallo/Sehr geehrte* Frau Müller,
>
> leider *habe ich vorhin nicht gut aufgepasst / war ich vorhin voll verpeilt / war ich beim Spiel gedanklich völlig in meiner eigenen Welt gefangen* und habe mit dem Basketball Ihre Fensterscheibe zerschossen. Das tut mir *voll/unendlich/sehr* leid.
> *Bitte entschuldigen Sie. / Sorry. / Ich bitte untertänigst um Verzeihung.*
> *Ich schwöre / verspreche / gelobe bei allem, was mir heilig ist,* ab sofort beim Spielen mit dem Basketball noch besser aufzupassen.
>
> *MfG / Mit freundlichen Grüßen / Ganz liebe Grüße*
> Nadine

3 **a** Schreibe Nadines Entschuldigungsschreiben mit den jeweils passenden Formulierungen in dein Heft.

b Prüfe deine Brieffassung mit einem Lernpartner.

4.2 Respekt! – Die Bedeutung von Wörtern untersuchen

Synonyme und Antonyme unterscheiden

Das Plakat informiert über einen Foto-
wettbewerb zum Thema „Respekt".
Dabei ging es um die folgenden beiden
Fragen:
– Wie sieht Respekt in deinem Leben
  aus?
– Wie zeigt sich Respekt an deiner
  Schule, in deiner Familie, in deiner
  Freizeit?

1 a Macht selbst ein Foto zum Thema
„Respekt" oder malt ein Bild.
b Erklärt euren Mitschülern mit Hilfe
des Fotos oder des Bildes, was Respekt
für euch bedeutet.

2 Im folgenden Wortstern findet ihr Synonyme für das Wort *Respekt*.
Synonyme sind Wörter, die dieselbe oder eine ähnliche Bedeutung haben.
Notiert in Partnerarbeit weitere Synonyme.

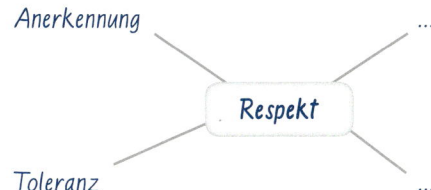

3 Findet in Partnerarbeit auch Antonyme zum Wort *Respekt*.
Antonyme sind Wörter, die das Gegenteil bedeuten, z. B.:
Respekt ↔ Geringschätzung.

4 Findet Synonyme und Antonyme für andere Wörter. Wählt Aufgabe a oder b.
●●● a Notiert Synonyme und Antonyme für den Begriff *Freude*.
●○○ b Ordnet die nachstehenden Begriffe dem Wort *Angst* zu. Schreibt so ins Heft:
  – *Synonyme für „Angst":* ...
  – *Antonyme für „Angst":* ...

Furcht Mut Panik Tapferkeit Bammel Ängstlichkeit Heldenhaftigkeit
Courage Furchtlosigkeit

Bedeutungen unterscheiden

> Meine Eltern respektieren mich nur, wenn ich gute Noten habe.

> Ich respektiere auch jemanden, der Schwäche zeigt.

> Meinen Respekt haben die coolen Jungs mit ihren super Klamotten.

> Respekt bei meinen Freunden bekomme ich, wenn ich mich mit dem neusten Smartphone auskenne.

> **Respekt** bezeichnet eine Form der Wertschätzung, Aufmerksamkeit und Ehrerbietung gegenüber anderen.

1 a Was bedeutet nach dem Wikipedia-Artikel der Begriff *Respekt* grundsätzlich? Schreibt aus der Illustration diese Grundbedeutung heraus.

b Obwohl die vier Jugendlichen alle denselben Begriff vor Augen haben, verbinden sie mit ihm in ihren Vorstellungen unterschiedliche Handlungen und Lebensbereiche. Ordnet zu: Welche der folgenden Nebenbedeutungen passt zu welcher Vorstellung?
gutes Aussehen   Menschlichkeit   sich gut auskennen   Leistung

c Besprecht, welche Vorstellung ihr nachvollziehen oder nicht nachvollziehen könnt.

2 *Erfolg* bezeichnet in seiner Grundbedeutung das Erreichen selbst gesetzter Ziele.

a Sammelt, was ihr mit dem Begriff *Erfolg* alles verbindet.

b Erläutert, warum dieser Begriff für verschiedene Personen sehr unterschiedlich sein kann.

| **Methode** | **Die Bedeutung von Wörtern untersuchen und verstehen** |

Es gibt verschiedene Möglichkeiten, die **Bedeutung eines Wortes** zu untersuchen und zu verstehen, z. B.:

■ Man findet **Beispiele,** z. B.: *Man hat Respekt vor besonderen sportlichen Leistungen.*

■ Man kennt **Synonyme,** das sind Wörter, die dieselbe oder eine ähnliche Bedeutung haben, z. B.: *„Respekt"* steht auch für: *Toleranz, Fairness, Anerkennung, Autorität.*

■ Man kennt **Antonyme,** das sind Wörter mit gegensätzlicher Bedeutung, z. B.: *fair ↔ unfair.*
Man unterscheidet bei Wörtern die Grund- und Nebenbedeutung:

■ Jedes Wort hat eine **Grundbedeutung (Denotat).** Diese findet man z. B. im Lexikon: *„Sport": körperliche Ertüchtigung, insbesondere aus Freude an Bewegung und Spiel.*

■ Zudem kann ein Wort mehrere **Nebenbedeutungen (Konnotationen)** haben. Das sind die **Vorstellungen, Erfahrungen und Empfindungen,** die wir mit einem Wort verbinden, z. B.: *„Sport"* verbindet man mit: *Spaß, Wettkampf, Stadion, Idol, Fan, Leistungsdruck, ...*

Nach Ober- und Unterbegriffen ordnen

Respekt und andere Werte

Jeder Mensch hat etwas, das Wert für ihn hat, das wichtig und nützlich für ihn ist.

Die Wohnung, das Fahrrad und viele andere Sachen haben einen Wert. Das ist der Geldbetrag, den man beim Kauf bezahlen muss oder beim Verkauf bekommt. Das Geld selbst hat auch einen Wert.

Alles, was man messen kann, hat einen Wert: die Höhe eines Berges, die Entfernung zum Mond oder die Zeit, die jemand über hundert Meter läuft. Dieser Wert lässt sich in Minuten und Sekunden, in Metern, Kilometern oder auch auf andere Weise ermitteln. Man spricht dann von einem objektiven Wert. Damit ist gemeint, dass dieser Wert von allen Menschen nachzuvollziehen ist, er hängt nicht von einer persönlichen Bewertung ab.

Es gibt aber viele Werte, die von der persönlichen Einschätzung eines Menschen abhängen. Dies sind so genannte subjektive Werte. Das kann Freundschaft sein, Geschmack, Respekt, Schönheit und vieles andere.

1 Tauscht euch darüber aus, welche Werte euch besonders wichtig sind.

2 Der Begriff *Werte* umfasst eine Menge von Gegenständen und Eigenschaften.
Man nennt einen solchen Begriff Oberbegriff, da ihm andere Begriffe untergeordnet sind.

  a Übertragt das folgende Schaubild zum Oberbegriff *Werte* in euer Heft.
     Bearbeitet dann Aufgabe b oder c. Vergleicht zum Schluss eure Ergebnisse.

●●● **b** Ordnet mit Hilfe des Textes dem Schaubild weitere Unterbegriffe zu.

●○○ **c** Ordnet eurem Schaubild die folgenden Unterbegriffe sinnvoll zu:

> Toleranz   Familie   Vermögen   Freiheit   Sicherheit   ein teures Haus   Pünktlichkeit
> sechs Wochen Sommerferien   Ehrgeiz   Ehrlichkeit   neues Fahrrad   Smartphone

3 Erstellt ein Schaubild zum Oberbegriff *Freizeit* oder *Fahrrad*.

Information	Ober- und Unterbegriffe unterscheiden

- Ein **Oberbegriff** fasst mehrere Gegenstände, Eigenschaften und Begriffe zusammen, die **gemeinsame Merkmale** haben, z. B.: **Oberbegriff:** *Werte*.
- Ein **Unterbegriff** ist einem Oberbegriff **untergeordnet.** Ein Unterbegriff meint bereits einen näheren Gegenstand oder eine nähere Eigenschaft, z. B.: *Geld, Freundschaft, Respekt*.

Fremdwörter verstehen

Respekt! Kein Platz für Rassismus

„Respekt! Kein Platz für Rassismus" ist eine bundesweit aktive Initiative mit Sitz in Frankfurt am Main. Ziel von „Respekt!" ist es, jegliche Benachteiligung – etwa auf Grund ethnischer Herkunft, Geschlecht, Religion oder Weltanschauung, wegen einer Behinderung, des Alters oder sexueller Orientierung – zu verhindern. Unterstützt wird die Initiative von Partnern und Förderern sowie von zahlreichen prominenten und ehrenamtlich engagierten Personen aus Sport und Kultur, den so genannten „Respekt!"-Botschaftern. Sie wollen vielschichtig über Respekt und Toleranz informieren und zum Nachdenken und Diskutieren anregen. Um sich gegen Intoleranz und für ein respektvolles Miteinander einzusetzen, nutzt die „Respekt!"-Initiative alle Kommunikationskanäle. Sie organisiert Veranstaltungen, Vorträge, Lesungen und Podiumsdiskussionen, macht Filme, Bücher und Flyer.

„Wie kommt Respekt in die Köpfe?", fragten sich die Initiatoren. Ein möglicher erster Schritt ist die „Respekt!"-Schildanbringung, mit der jeder in seinem persönlichen Umfeld ein deutliches Zeichen für gegenseitigen Respekt setzen kann. Inzwischen hängt das „Respekt!"-Schild, das gleichzeitig Logo und Erkennungszeichen der Initiative ist, bereits in zahlreichen Unternehmen, bei Vereinen und in Schulen überall in Deutschland.

1 Habt ihr schon einmal von „Respekt! Kein Platz für Rassismus" oder ähnlichen Maßnahmen gegen Rassismus gehört? Berichtet davon.

2 Wie sind die markierten Fremdwörter im Text zu verstehen? Bearbeitet Aufgabe a oder b.
- ●●● **a** Notiert, was die Fremdwörter bedeuten. Berücksichtigt den Textzusammenhang.
- ●○○ **b** Schlagt im Wörterbuch die Bedeutung der Fremdwörter nach.

3 Ordnet mit Hilfe eines Wörterbuchs die Fremdwörter aus dem Text ihrer Herkunft zu: griech. = aus dem Griechischen, lat. = aus dem Lateinischen, engl. = aus dem Englischen.

4 Überlegt bei den Wörtern *prominent, diskutieren* und *Flyer,* ob sie verwendet werden,
- – weil es dafür kein einfaches deutsches Wort gibt oder
- – weil die Begriffe besonders modern oder professionell wirken.

Information	Fremdwörter

- **Fremdwörter** sind **Wörter, die aus anderen Sprachen kommen,** z. B. aus dem Griechischen *(Atmosphäre),* Lateinischen *(diskutieren),* Englischen *(fair)* oder Französischen *(Courage).* Viele behalten ihre **fremde Schreibung und Aussprache** weitgehend bei.
- Fremdwörter werden gern verwendet,
  - – weil es es dafür **kein einfaches deutsches Wort** gibt, z. B.: *Scanner,* oder
  - – weil sie **modern** klingen, z. B. *News* für *Neuigkeiten,* oder **professionell,** z. B.: *favorisieren* für *bevorzugen.*

Üben: Begriffe untersuchen

Was bedeutet „Fairness"?

Weißt du eigentlich, was *Fairness* bedeutet? Das Wort kommt aus dem Englischen und bedeutet so viel wie „Gerechtigkeit, Anstand".

Du bist dann fair, wenn du dich an vereinbarte Regeln hältst und ehrlich bleibst, auch wenn es oft schwer ist. Du bist auch dann fair, wenn du auf Schummeleien und Tricks verzichtest, selbst wenn andere dich dazu verleiten wollen. Du zeigst ebenso *Fairness,* wenn du rücksichtsvoll anderen gegenüber bist und sie so akzeptierst, wie sie sind.

Beim Sport, z. B. beim Fußball, ist damit auch gemeint, dass du den Sieg nicht um jeden Preis suchst: Du missachtest keine Regeln und gefährdest weder dich selbst noch die Gesundheit der anderen Spieler, nur um zu gewinnen. Beim Spiel zählt also nicht nur der Sieg. Miteinander zu spielen, einander kennen zu lernen, Respekt zu zeigen, zu den eigenen Stärken und Schwächen zu stehen – das sind Dinge, die bei jedem Fußballspiel ganz wichtig sind. Es ist wichtig, die gegnerische Mannschaft zu schätzen, denn ein Fußballspiel wäre ohne sie schließlich gar nicht möglich.

1 Erläutert, auf welche Weise der Begriff *Fairness* in Zeile 1–3 erklärt wird.
●●●
▷ Eine Hilfe zu Aufgabe 1 findet ihr auf Seite 78.

2 **a** Schreibt aus den Zeilen 1–3 die Synonyme für den Begriff *Fairness* heraus.
●●● **b** Notiert drei weitere Synonyme und drei Antonyme für *Fairness,* die ihr kennt.
▷ Hilfe zu 2, Seite 78

3 Notiert die Konnotationen für den Begriff *Fairness,* die im Text genannt werden.
●●●
▷ Hilfe zu 3, Seite 78

4 Ordnet im Heft die folgenden Begriffe aus dem Bereich Sport nach Ober- und Unterbegriffen:
●●●
▷ Hilfe zu 4, Seite 78

Ringen   Volleyball   Fechten   Badminton   Kampfsportarten   Ballsportarten
Stabhochsprung   Karate   Boxen   Judo   Tennis   Diskuswerfen   Leichtathletik
Kugelstoßen   Handball   Marathon   Fußball   Weitsprung   Speerwerfen   Tischtennis

5 Ordnet die Sportarten (▶ Aufgabe 4) auch nach folgenden Oberbegriffen:
– Einzel- oder Mannschaftssportart,
– Hallen- oder Außensportart.
Tipp: Manche Sportarten lassen sich mehreren Oberbegriffen zuordnen.

●○○ **Aufgabe 1 mit Hilfe**

Erläutert, auf welche Weise der Begriff *Fairness* in Zeile 1–3 erklärt wird: Wählt Antwort A, B, C oder D.

> A Der Begriff wird mit Hilfe eines allgemeinen Beispiels anschaulich erläutert.
>
> B Es werden verschiedene Ober- und Unterbegriffe genannt, die allgemein bekannt sind.
>
> C Für den Begriff werden Wörter mit einer ähnlichen Bedeutung (Synonyme) angeführt.
>
> D Es wird mit Hilfe von Antonymen erläutert, was der Begriff auf gar keinen Fall bedeutet.

●○○ **Aufgabe 2 mit Hilfe**

a Schreibt aus den Zeilen 1–3 die Synonyme für den Begriff *Fairness* heraus.
Tipp: Es sind zwei Wörter, die eine ähnliche Bedeutung haben.

b Notiert drei weitere Synonyme und drei Antonyme für *Fairness*.
Findet sie in der folgenden Wörterschlange:

●○○ **Aufgabe 3 mit Hilfe**

Notiert die Konnotationen für den Begriff
Fairness, die im Text in Z. 4–24 genannt werden:
Welche Vorstellungen und Empfindungen
werden mit dem Begriff verbunden?

– *sich an vereinbarte Regeln halten, …*

●○○ **Aufgabe 4 mit Hilfe**

Ordnet im Heft die Begriffe unten aus dem
Bereich Sport den folgenden Oberbegriffen
richtig zu: Kampfsportarten, Ballsportarten,
Leichtathletik, z. B.:

Kampfsportart	*Ballsportart*	*Leichtathletik*

Ringen, …

> Volleyball   Fechten   Badminton   Stabhochsprung   Karate   Boxen   Judo   Tennis
> Diskuswerfen   Kugelstoßen   Handball   Marathon   Fußball   Weitsprung   Speerwerfen
> Tischtennis

4.3 Projekt – Sprachenvielfalt veranschaulichen

Liaba schlecht gfoarn ois guad ganga!

Leever rich un jesund als ärm un krank.

Läver'n Dick-kopp as'n Dööskopp.

Lieba een bisken mehr, aba dafür wat Jutes.

DIALEKTE in der Bundesrepublik Deutschland

NORD-FRIESISCH

OSTFRIESISCH

Kiel

Mecklenburgisch-Vorpommersch

Hamburg

Schwerin

Nordmärkisch

Stettin

Bremen

Nordniedersächsisch

WESTNIEDERDEUTSCH

Hannover

OSTNIEDER-DEUTSCH

Brandenburgisch

Berlin

Mittelmärkisch

Magdeburg

Detmold

Ost-fälisch

Elbost-fälisch

Südmärkisch

Nieder-rheinisch

Westfälisch

Düsseldorf

Nord-thüringisch

Obersächsisch

Leipzig

Dresden

SORBISCH

Ripuarisch

Mittel-fränkisch

Niederhessisch

Thüringisch

OSTMITTELDEUTSCH

Erzgebirgisch

Vogtländisch

WESTMITTELDEUTSCH

Frankfurt/M.

Hof

Mosel-fränkisch

Hessisch

OST-FRÄNKISCH

Prag

Pfälzisch

Rheinfränkisch

Süd-fränkisch

Nürnberg

Nord-bairisch

Karlsruhe

Stuttgart

BAIRISCH

Schwäbisch

ALEMANNISCH

München

Mittelbairisch

Niederalemannisch

Basel

Innsbruck

1 a Versteht ihr die Sätze? So spricht man in unterschiedlichen Gebieten Deutschlands.
Man nennt dies Dialekt oder Mundart.
„Übersetzt" die Dialektsätze so, dass ihr sie versteht – am besten ins Hoch-deutsche.

b Tauscht euch darüber aus, welche Sprache euch besser gefällt – die hoch-deutsche oder der Dialekt.

2 a Wer schafft es richtig? Ordnet die Sätze den folgenden Dialekten zu:
Berlinisch (Brandenburgisch), Kölsch (Ripuarisch), Bairisch, Nordniedersächsisch.

b Wo spricht man die Dialekte? Benennt die Orte bzw. Gebiete mit Hilfe der abgebildeten Karte, z. B.:
Berlinisch spricht man in … Das liegt in Nordost-…

3 Veranschaulicht, welche Sprachen ihr sprecht oder versteht, z. B. Muttersprache, Zweitsprache, Fremdsprachen, Dialekte.

a Übertragt auf eine Heftseite die Umrisse der nebenstehenden Figur.

b Verdeutlicht wie im Beispiel in der Figur die Sprachen, die ihr sprecht oder versteht, durch unterschiedliche Farben.
Tipp: Verdeutlicht, welche Bedeutung die jeweilige Sprache für euch hat. Weist ihnen verschieden große Flächen und Körperteile zu.

c Stellt eure Figuren vor.
Tipp: Sprecht einen Satz in der Sprache, die die anderen vielleicht nicht kennen.

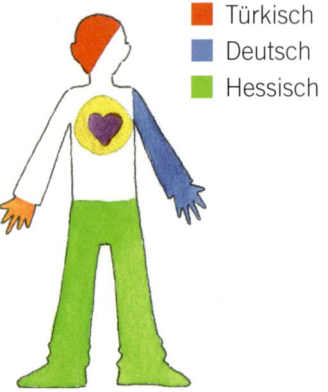

■ Türkisch
■ Deutsch
■ Hessisch

4 Erstellt ein Plakat zur Sprachenvielfalt in eurer Klasse.

a Zählt, welche Sprache und welcher Dialekt von wie vielen Schülern gesprochen wird.
Tipp: Nutzt eure Figuren aus Aufgabe 3.

b Gestaltet ähnlich wie im Beispiel euer Plakat:
– Je mehr Schüler die Sprache sprechen, desto größer zeichnet ihr eine Sprechblase.
– Notiert neben der Sprechblase die Sprache und die Zahl der Sprecher in eurer Klasse.
– Schreibt in die Sprechblase die Übersetzung eines Wortes oder Satzes, z. B.: „Salut!" = „Hallo!"

5 Macht eine Umfrage zur Sprachenvielfalt in eurer Parallelklasse, bei euren Freunden oder in euren Familien.

a Erstellt einen Fragebogen, auf dem alle angeben, was ihre oder seine Muttersprache ist und welche Zweitsprachen, Fremdsprachen oder Dialekte sie oder er noch spricht.

b Wertet die Fragebögen aus und haltet die Ergebnisse auf einem Plakat fest.

Information   Formen des Sprachenlernens und Dialekte

■ Beim **Lernen von Sprachen** unterscheidet man, **wann und wo** man die Sprache erwirbt.
– Die **Mutter- oder Familiensprache** lernt man als Kind von Geburt an in der Familie.
– Eine **Zweitsprache** lernt man in dem **Land,** in dem man lebt, sofern sich diese von der Muttersprache unterscheidet.
– Eine **Fremdsprache** lernt man in der Regel als **Unterrichtsfach** in einer Schule.
■ **Dialekte** sind Sprachformen, die vornehmlich in bestimmten Gebieten gesprochen werden und sich vor allem in der **Lautung** von der **Standardsprache** (Hochdeutsch) **unterscheiden.** Bekannte Dialekte sind z. B. das Bairische, das Pfälzische, das Sächsische oder das Hessische.

Schreibwörter   ▶ S. 294

der Adressat	die Entschuldigung	das Synonym	das Griechische
die Kommunikation	der Beschwerdebrief	das Antonym	der Dialekt

5 „Kleider machen Leute" –
Eine Novelle lesen und verstehen

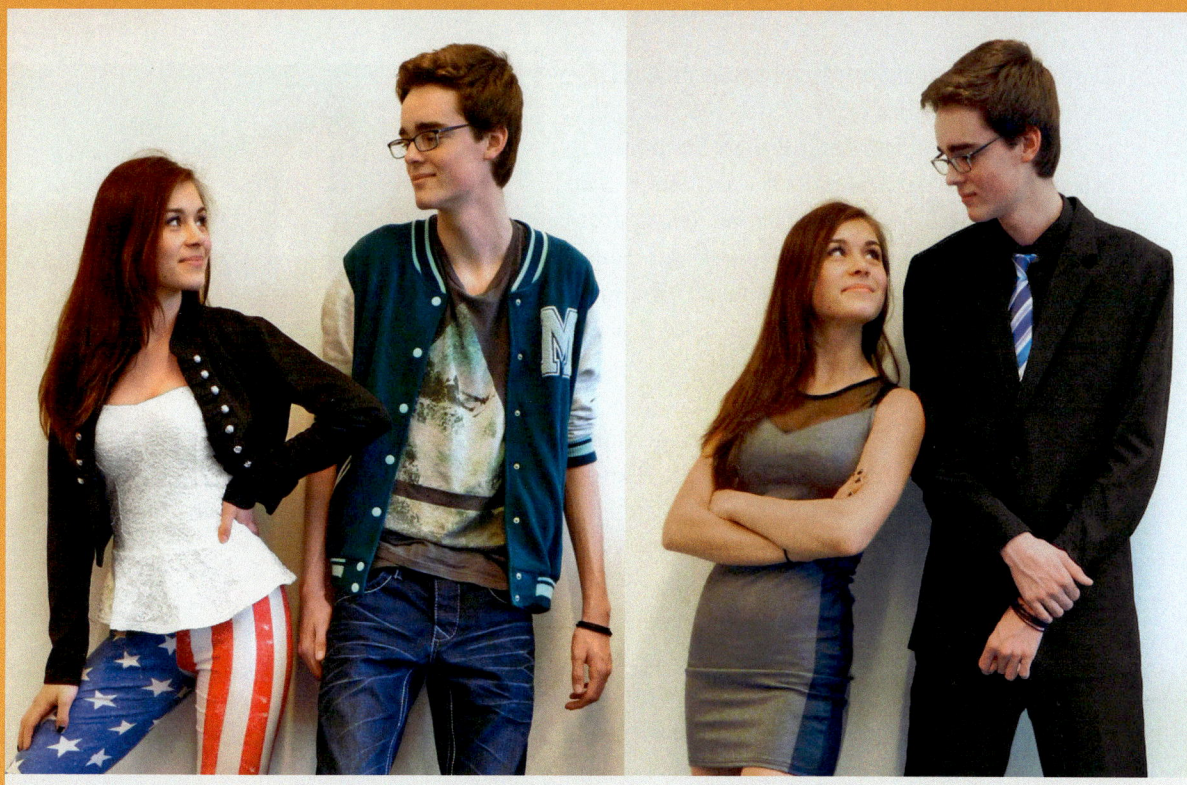

1 **a** Die beiden Jugendlichen tragen auf den beiden Bildern jeweils unterschiedliche Kleidung. Erläutert: Für welche Situation würdet ihr welche Kleidung auswählen?
  b Spielt vor, wie ihr euch mit der jeweiligen Kleidung bewegen würdet.
  Die Zuschauer raten, welchen Kleidungstyp ihr vorstellt.

2 **a** Notiert: Was würdet ihr denken und sagen, wenn ein neuer Schüler mit Anzug und Krawatte in eure Klasse kommt?
  b Begründet eure Aussagen.

3 Der Titel des folgenden Textes heißt „Kleider machen Leute".
  Stellt in Partnerarbeit Vermutungen darüber an, worum es in dem Text gehen könnte.

In diesem Kapitel ...

– lernt ihr die Merkmale einer spannenden und berühmten Novelle kennen,
– beschäftigt ihr euch mit den wichtigsten Figuren und damit, wie das Geschehen erzählt wird,
– versetzt ihr euch in die Lage der Figuren und verfasst z. B. das Geschehen aus ihrer Sicht.

5.1 „Solche Kleidung war ihm zum Bedürfnis geworden" – Die Hauptfigur beschreiben

Gottfried Keller

Kleider machen Leute (1873)

Die folgende Geschichte veröffentlichte der schweizerische Dichter Gottfried Keller (1819–1890) im Jahre 1873. Die Hauptfigur heißt Wenzel Strapinski. Wenzel ist ein Schneidergeselle, der durch die Schweiz wandert. Denn früher war es üblich, dass ein Handwerker mehrere Jahre durch das Land zog, um in verschiedenen Betrieben zu lernen. Erst danach konnte er die Meisterprüfung ablegen, sesshaft werden und eine Familie gründen.

An einem unfreundlichen Novembertage wanderte ein armes Schneiderlein auf der Landstraße nach Goldach, einer kleinen, reichen Stadt, die nur wenige Stunden von Seldwyla
5 entfernt ist. Der Schneider trug in seiner Tasche nichts als einen Fingerhut, welchen er aus Mangel an irgendeiner Münze unablässig zwischen den Fingern drehte, wenn er wegen der Kälte die Hände in die Hosentasche steckte [...].
10 Denn er hatte wegen finanzieller Schwierigkeiten irgendeines Seldwyler Schneidermeisters seinen Arbeitslohn und seine Arbeit verloren und aus der Stadt wandern müssen.
Er hatte noch nichts gefrühstückt als einige
15 Schneeflocken, die ihm in den Mund geflogen waren, und er wusste noch nicht, wo das geringste Mittagsbrot herkommen sollte. Das Betteln fiel ihm äußerst schwer, ja schien ihm gänzlich unmöglich, weil er über seinem
20 schwarzen Sonntagsanzug, welcher sein einziger war, einen weiten dunkelgrauen Radmantel trug, mit schwarzem Samt gefüttert, der seinem Träger ein edles und romantisches Aussehen verlieh, zumal seine langen schwar-
25 zen Haare und das Schnurrbärtchen sorgfältig gepflegt waren und er sich blasser, aber regelmäßiger Gesichtszüge erfreute.

Solche Kleidung war ihm zum Bedürfnis geworden, ohne dass er dabei etwas Schlimmes oder Betrügerisches beabsichtigte; vielmehr war er
30 zufrieden, wenn man ihn nur im Stillen seine Arbeit machen ließ. Aber lieber wäre er verhungert, als dass er sich von seinem Radmantel und von seiner polnischen Pelzmütze getrennt hätte, die er ebenfalls würdevoll zu tragen wusste.
35 Er konnte deshalb nur in größeren Städten arbeiten, wo seine Kleidung nicht zu sehr auffiel. Wenn er wanderte und keine Ersparnisse bei sich hatte, geriet er in die größte Not. Näherte er sich einem Hause, so betrachteten ihn die
40 Leute mit Verwunderung und Neugierde und erwarteten eher alles, als dass er betteln würde; und da er nicht redegewandt war, bekam er kein Wort heraus, sodass er das Opfer seines Mantels war und den schlimmsten Hunger
45 leiden musste.

1 Welche der folgenden Aussagen stimmt? Lest zum Beweis eine Textstelle vor.
A Der Schneider ist ein glücklicher und freier Wanderer, der gern Schneeflocken isst.
B Der Schneider ist sehr arm, arbeitslos und verhungert fast auf seiner Wanderschaft.

2 Gleich zu Beginn der Geschichte wird das Aussehen des Schneiders beschrieben.
Wie müsst ihr ihn euch vorstellen? Wählt Aufgabe a oder b.

●●● a Vergleicht das Bild eines Wandergesellen auf Seite 82 mit der
Beschreibung im Text. Notiert im Heft auffällige Unterschiede, z. B.:

Bild	Geschichte
– einfacher …	– polnische (Z. 34)
– …	– … (Z. …)

●○○ b Den im Text erwähnten „Radmantel" seht ihr auf dem
nebenstehenden Bild.
Überlegt, wie ihr euch mit einem solchen Mantel bewegen würdet:
gebückt – aufrecht, stolz – …

3 Stellt euch vor, dieser Schneider würde euch um Geld anbetteln.
Spielt in Partnerarbeit vor, wie ihr reagieren würdet. Was sagt ihr zu ihm?

Kleider machen Leute (Fortsetzung 1)

Unterwegs begegnet dem Schneider die prächtige Reisekutsche eines Grafen, die jedoch leer ist.

Der Wagen war mit allerlei Vorrichtungen für das Gepäck ausgestattet und schien deswegen schwer bepackt zu sein, obgleich alles leer war. Der Kutscher ging wegen des steilen Weges ne-
5 ben den Pferden, und als er, oben angekommen, den Kutschersitz wieder bestieg, fragte er den Schneider, ob er sich nicht in den leeren Wagen setzen wolle. Denn es fing an zu regnen und er hatte mit einem Blick gesehen, dass der
10 Fußgänger sich matt und armselig durch die Welt schlug.

Der Schneider nahm das Angebot dankbar und bescheiden an, worauf der Wagen rasch mit ihm davonrollte und nach einer kleinen Stunde stattlich und donnernd durch das 15 Stadttor von Goldach fuhr. Vor dem ersten Gasthof, „Zur Waage" genannt, hielt die vornehme Kutsche plötzlich an und sofort zog der Hausknecht so heftig an der Glocke, dass der Draht fast entzweiging. Da liefen der Wirt und 20 seine Leute auf die Straße und rissen die Tür der Kutsche auf. Kinder und Nachbarn umringten schon den prächtigen Wagen, neugierig, welchen Kern eine so außerordentliche Schale wohl enthalten werde … 25

4 Wie könnte der Text weitergehen? Wählt Aufgabe a oder b.
●●● a Schreibt auf, wie die Leute den Schneider wohl wahrnehmen, sobald er aussteigt.
●○○ b Wählt eine mögliche Fortsetzung aus. Begründet eure Wahl. *Für die Leute ist er …*
  A … ein einfacher und müder Reisender.   **C** … ein geheimnisvoller Prinz oder Graf.
  B … ein Schneider auf Wanderschaft.   **D** … ein ziemlich fauler Fußgänger.

Kleider machen Leute (Fortsetzung 1 von S. 83)

... Als der verdutzte Schneider endlich hervorsprang in seinem Mantel, blass und schön und traurig zur Erde blickend, schien er ihnen wenigstens ein geheimnisvoller Prinz
30 oder Grafensohn zu sein.

Der Raum zwischen dem Reisenden und der Tür des Gasthauses war schmal und im Übrigen der Weg zur Seite durch die Zuschauer versperrt. Mochte es nun der Mangel an Geistes-
35 gegenwart oder an Mut sein, sich durch die vielen Leute zu drängeln und einfach seines Weges zu gehen – er tat dies nicht, sondern ließ sich willenlos in das Haus und die Treppe hinaufgeleiten und bemerkte seine neue, selt-
40 same Lage erst richtig, als er sich in einen wohnlichen Speisesaal geführt sah und ihm sein ehrwürdiger Mantel dienststeifrig abgenommen wurde.

„Der Herr wünschen zu speisen?", hieß es.
45 „Gleich wird serviert, es ist eben gekocht!"

Ohne eine Antwort abzuwarten, lief der „Waage"-Wirt in die Küche und rief: „In drei Teufels Namen! Nun haben wir nichts als Rindfleisch und die Hammelkeule! [...] So geht
50 es! Den einzigen Tag, wo wir keinen Gast erwarten und nichts da ist, muss ein solcher Herr kommen! Und der Kutscher hat ein Wappen auf den Knöpfen und der Wagen ist wie der eines Herzogs! Und der junge Mann mag

kaum den Mund aufmachen vor Vornehm-55 heit!" [...]

Währenddessen befand sich der Schneider in der peinlichsten Angst, als der Tisch mit einem blendend weißen Tischtuch gedeckt wurde. Und so heiß sich der ausgehungerte Mann vor 60 Kurzem noch nach einiger Nahrung gesehnt hatte, so ängstlich wünschte er jetzt der drohenden Mahlzeit zu entfliehen. Endlich fasste er Mut, nahm seinen Mantel um, setzte die Mütze auf und begab sich hinaus, um den Aus-65 gang zu suchen. Da er aber in seiner Verwirrung in dem großen Haus die Treppe nicht gleich fand, glaubte der Wirt, den der Teufel beständig herumtrieb, jener suche eine gewisse Bequemlichkeit[1]. Er rief: „Erlauben Sie ge-70 fälligst, mein Herr, ich werde Ihnen den Weg weisen!", und führte ihn durch einen langen Gang, der nirgends anders endete als vor einer schön lackierten Tür, auf welcher eine zierliche Aufschrift angebracht war. 75

Also ging der Mantelträger ohne Widerspruch, sanft wie ein Lämmlein, dort hinein und schloss ordentlich hinter sich zu. Dort lehnte er sich, bitterlich seufzend, an die Wand und wünschte die goldene Freiheit der Landstraße 80 zurück [...].

---

1 „gewisse Bequemlichkeit": beschönigend für Toilette

5 Formuliert, was der Schneider empfindet, nachdem er aus der Kutsche ausgestiegen ist.

6 Stellt euch vor, der Schneider würde dem Wirt das Missverständnis und sein Verhalten erläutern. Verfasst in Partnerarbeit einen kurzen Dialog. Schreibt ins Heft, z. B.:

> *Wirt: Warum folgen Sie mir nicht?*
> *Schneider: Weil ich kein reicher Herr bin. Es ist vielmehr so: ...*
> *Wirt: Weshalb habt Ihr das nicht von Anfang an zugegeben?*
> *Schneider: ...*

7 Was würdet ihr dem Schneider in seiner Situation raten? Schreibt ihm einen Brief. Erläutert darin, was passieren könnte, wenn er weiter schweigt.

8 Fasst eure Erkenntnisse über den Schneider zusammen. Bearbeitet Aufgabe a oder b.

●●● **a** Charakterisiert die Figur in einem zusammenhängenden Text.
Nutzt die Information unten.

●○○ **b** Ergänzt und überarbeitet im Heft die folgende Figurencharakteristik:

Der Schneidergeselle in Gottfried Kellers Geschichte „ ? " heißt ? .

Er scheint noch recht jung zu sein, denn seine Haare werden als ? und sein Schnurrbart als ? beschrieben. Zudem hat er ein ? Gesicht.

Der Geselle hat gerade seine ? verloren. Weil er sehr ? ist, muss er oft hungern.

Zwar könnte er ? , doch die Leute sehen ihm einfach nicht an, dass er fast mittellos ist. Außerdem trägt er für einen Wandergesellen der Zeit nicht die ? .

Besonders auffällig ist sein ? , den er über einem ? trägt. Und auf seinem Kopf sitzt ? .

Diese Kleidung ist ihm so ? , dass er lieber ? oder nur in ? um Geld bittet. Dort fällt seine ? nämlich weniger auf. Offenbar macht ihn sein Aussehen ? .

Gleichzeitig ist er recht ? . Er möchte seine Arbeit lieber ganz für sich im Stillen machen.

Auf Grund seiner ? und ? wirkt er auf andere ? .

Nachdem er durch Zufall in einer vornehmen ? in das Städtchen ? kommt, halten ihn die Bewohner sogar für ? .

In dieser Situation weiß er nicht, was er ? . Daher wirkt er auf mich ? .

---

9 Vergleicht in der Klasse, wie ihr den Schneidergesellen charakterisiert habt.

10 Zeichnet ein Bild vom Schneidergesellen.
Beschriftet es mit den Merkmalen, die für ihn typisch sind.

Information	Eine Figur charakterisieren

In literarischen Texten werden die Figuren durch eine **Reihe von äußeren und inneren Merkmalen** beschrieben.

Fasst man diese Merkmale zusammen, dann charakterisiert man eine Figur.

- Zu einer **Charakteristik** gehören insbesondere folgende Merkmale:
  Aussehen, Lebensumstände, Verhalten, Eigenschaften, Gefühle, Gedanken, Verhältnis zu anderen Figuren.

Baut eure Figurencharakteristik so auf:

- **Einleitung:** Stellt die Figur zunächst **allgemein** vor. Beachtet, soweit dies im Text steht:
  Name, Alter, Lebensumstände, Geschlecht, Beruf, Größe.
- **Hauptteil:** Geht dann auf ihr Aussehen, ihr Verhalten, ihre Eigenschaften sowie für sie typische Gedanken und Gefühle ein. Beschreibt auch ihr Verhältnis zu anderen Figuren.
- **Schluss:** Erläutert knapp, wie die Figur auf euch wirkt.
- Charakteristiken verfasst man im **Präsens** (▸ S. 279).

Wörter im Wandel der Zeit verstehen

Gottfried Keller schrieb seine Geschichte vor über 140 Jahren. Heutigen Lesern fällt das in der Regel an bestimmten Situationen und an der Sprache auf. Im Original lautet die Szene auf Seite 83, Zeile 12, in der der Kutscher dem Gesellen einen Platz im Wagen anbietet, wie folgt:

Kleider machen Leute

Derselbe nahm das Anerbieten dankbar an und bescheiden, worauf der Wagen rasch und mit ihm von dannen rollte und in einer kleinen Stunde statt-
5 lich und donnernd durch den Torbogen von Goldach fuhr.
Vor dem Gasthofe, „Zur Waage" genannt, hielt das vorneh-
10 me Fuhrwerk plötzlich und alsogleich zog der Hausknecht so heftig an der Glocke, dass der Draht beinahe entzweiging. Da stürzten Wirt und Leute herunter und rissen den Schlag auf; Kinder und Nachbarn umringten schon 15 den prächtigen Wagen, neugierig, welch ein Kern sich aus so unerhörter Schale enthülsen werde, und als der verdutzte Schneider endlich hervor- 20 sprang in seinem Mantel, blass und schön und traurig zur Erde blickend, schien er ihnen wenigstens ein geheimnisvoller Prinz oder Grafensohn zu sein.

1 Stellt euch vor, die Situation würde in der heutigen Zeit stattfinden.
Formuliert die Textstelle um, z. B.:
Der Tramper nahm die Einladung des Autofahrers …

2 Welche Wörter in dem Textabschnitt wirken auf euch altertümlich?
Listet sie im Heft untereinander auf.

3 Ermittelt die Bedeutung der Wörter aus Aufgabe 2. Wählt Aufgabe a/c oder b/c.
● ● ● **a** Versucht, die Bedeutung des Wortes aus dem Textzusammenhang heraus zu verstehen.
Notiert eure „Übersetzung" jeweils hinter dem Wort.
● ○ ○ **b** Vergleicht in Partnerarbeit den Textabschnitt mit dem auf Seite 83, Z. 12–25.
Für welche Wörter wurde dort ein anderes Wort eingesetzt? Ordnet sie eurer Liste zu.
c Vergleicht eure Ergebnisse.

4 Bis ca. 1940 verlangte man auch in der Schule, dass in Texten bei bestimmten Wörtern das so genannte Dativ-e (Wem-Fall) angehängt wird, z. B.:
An einem unfreundlichen Novembertage … (▶ S. 82, Z. 1)
Findet im Textabschnitt ein weiteres Beispiel für das Dativ-e.

5 Spielt ein Sprachspiel.
Verwendet in eurer normalen Sprache Wörter aus der Liste aus Aufgabe 2, z. B.:
„Kannst du mir alsogleich den Stift geben?"
„Dieses … hat dir doch schon Nina unterbreitet … Ich muss jetzt gleich von …"

Handlung und Handlungsmotive untersuchen

Kleider machen Leute (Fortsetzung 2)

Wenzel entscheidet sich, doch noch das gute Essen im Wirtshaus zu verspeisen. Anschließend wird er von einigen feinen Herren des Städtchens zu einem wichtigen Beamten eingeladen. Im Haus dieses Amtsrats wird getrunken, gefeiert und gespielt. Durch Glück gewinnt Wenzel beim Kartenspiel sehr viel Geld. Dennoch fühlt er sich in der ganzen Situation weiterhin gar nicht gut. Schließlich ist er kein Graf. Er beschließt, endlich zu fliehen.

Er hatte genug Reisegeld und nahm sich vor, dem Wirt „Zur Waage" von der nächsten Stadt aus das Mittagsmahl zu bezahlen, das ihm gegen seinen Willen aufgetischt worden war.
5 Also schlug er seinen Radmantel malerisch um, drückte die Pelzmütze tiefer in die Augen und schritt unter einer Reihe von hohen Akazienbäumen in der Abendsonne langsam auf und nieder, das schöne Gelände betrachtend –
10 aber eigentlich um den Weg auszukundschaften, den er einschlagen wollte. Er wirkte sehr schön mit seinem traurigen Blick, seinem lieblichen, aber schwermütigen Schnurrbärtchen, seinen glänzenden schwarzen Locken, seinen dunklen Au-15 gen, mit seinem wehenden Mantel. Der Schein der Abendsonne und das Rauschen der Bäume über ihm erhöhten den Eindruck, sodass die Ge-20 sellschaft ihn von ferne mit Aufmerksamkeit und Wohlwollen betrachtete. Allmählich ging er immer etwas weiter vom Haus weg, schritt durch ein Gebüsch, hin-25 ter welchem ein Feldweg vorbeiführte, und als er sich vor den Blicken der Gesellschaft geschützt sah, wollte er eben mit festem Schritt weggehen, als um eine Ecke herum plötzlich der Amtsrat mit seiner Tochter Nettchen ihm 30 entgegentrat. Nettchen war ein hübsches Fräulein, äußerst prächtig und modisch gekleidet und mit Schmuck reichlich verziert.
„Wir suchen Sie, Herr Graf!", rief der Amtsrat. „Damit ich Sie erstens hier meinem Kind 35 vorstelle und zweitens, um Sie zu bitten, uns die Ehre zu erweisen, einen Bissen Abendbrot mit uns zu essen. Die anderen Herren sind bereits im Haus."

1 Überlegt: Wie reagiert Wenzel wahrscheinlich auf die Einladung des Amtsrats?

a Bringt die bisherigen Handlungsschritte in die richtige Reihenfolge. Ergänzt sie im Heft.

> **N** Auf Grund der Kutsche und seiner feinen Kleidung hält man ihn …
> **G** Er gewinnt viel Geld, womit er fliehen will. Er begegnet der …
> **W** Der junge und gut aussehende Wenzel wandert allein und … von Stadt zu Stadt.
> **N** Feine Herren laden ihn zum Amtsrat ein.
> **E** Ein Kutscher nimmt ihn in einer prächtigen …
> **D** Man lädt ihn in ein Gasthaus ein. Er bekommt …
> **U** Wenzel ist die Situation … und er will … Zunächst möchte er sich aber satt essen.

b Begründet mit Hilfe der Schritte eure Vermutung. Wie handelte Wenzel bisher?

Und so geht die Geschichte von Seite 87 weiter.
Wenzel bleibt in Goldach:

40 Der Wanderer nahm schnell seine Mütze vom Kopf und machte ehrfurchtsvolle, ja furchtsame Verbeugungen, von Rot übergossen.

Denn eine neue Wendung war eingetreten, ein Fräulein betrat den Schauplatz der Ereignis-
45 se. Doch schadete ihm seine Verlegenheit und übergroße Ehrerbietung nichts bei der jungen Dame. Im Gegenteil, die Schüchternheit, Unterwürfigkeit und Ehrerbietung eines so vornehmen und interessanten jungen Edelmanns
50 erschienen ihr wahrhaft zu Herzen gehend, ja hinreißend. „Da sieht man", fuhr es ihr durch den Sinn, „je nobler, desto bescheidener und unverdorbener. Merkt es euch, ihr jungen Herren von Goldach, die ihr vor jungen Damen
55 kaum mehr den Hut abnehmt!"

Sie grüßte ihn daher auf das Freundlichste, indem sie auch lieblich errötete, und sprach sogleich hastig und schnell und vieles mit ihm, wie es die Art von Kleinstädterinnen ist, die sich den Fremden zeigen wollen. Strapinski 60 hingegen verwandelte sich in kurzer Zeit; während er bisher nichts getan hatte, um auf seine Rolle als „Graf" einzugehen, begann er nun unwillkürlich, etwas vornehmer zu sprechen, und mischte diesen oder jenen polnischen 65 Brocken in seine Rede, kurz, das Schneiderblütchen[2] fing in der Nähe des Fräuleins an, seine Sprünge zu machen und seinen Reiter davonzutragen.

Am Tisch erhielt er den Ehrenplatz neben der 70 Tochter des Hauses [...].

---

2 Schneiderblütchen: „...blütchen" kommt von der Bezeichnung „Blüter" für Pferde, z. B. Vollblüter (Araberpferd).

2 Nettchen ist die zweite wichtige Hauptfigur in der Geschichte.
a Formuliert euren ersten Eindruck von ihr.
b Vervollständigt euren Eindruck. Fertigt eine Figurencharakteristik für sie an (▶ S. 85).
Tipp: Beachtet vor allem ihre Herkunft, ihre Kleidung und das Verhalten, das sie schätzt.
c Begründet mit Hilfe eurer Figurencharakteristik, weshalb ihr Wenzel gleich so gut gefällt.

3 Figuren haben innere Beweggründe für ihr Handeln. Man nennt dies „Handlungsmotive".
Wählt Aufgabe a oder b.
●○○ a Formuliert, wie sich Wenzels Motiv für seinen Aufenthalt in Goldach ändert.
Tipp: Beachtet eure Ergebnisse zu Aufgabe 1 (▶ S. 87). Nutzt den folgenden Wortspeicher:

> nicht auffallen   bald verschwinden   satt werden   begegnet Nettchen   einzige Möglichkeit
> Tochter aus gutem Haus   näher kennen lernen   hat Geld   spielt „Graf"

●●● b Beschreibt die Motive des Amtsrats und Nettchens:
– Weshalb lädt der Amtsrat Wenzel erneut zu sich ein?
– Warum möchte Nettchen Wenzel schnell wiedersehen?

Information	**Handlungsmotive von Figuren erschließen**

Figuren haben für ihr Handeln meist **innere Beweggründe** bzw. **Absichten** und **Interessen**.
Sie wollen z. B. jemanden näher kennen lernen oder sich an jemandem rächen.
Diese so genannten **Handlungsmotive** stehen oft nicht ausdrücklich im Text. Der Leser kann sie aber **mit Hilfe des Handlungsverlaufs und der Figurencharakteristiken** erschließen.

Das Erzählverhalten bestimmen

1

Doch verwickelte Wenzel sich jetzt in die erste selbst verschuldete Lüge [...]. Und er betrat hiermit den abschüssigen Weg des Bösen.

2

Denn eine neue Wendung war eingetreten, ein Fräulein betrat den Schauplatz der Ereignisse. Doch schadete ihm seine Verlegenheit und übergroße Ehrerbietung nichts bei der jungen Dame. Im Gegenteil, die Schüchternheit, Unterwürfigkeit und Ehrerbietung eines so vornehmen und interessanten jungen Edelmanns erschienen ihr wahrhaft zu Herzen gehend, ja hinreißend. „Da sieht man", fuhr es ihr durch den Sinn, „je nobler, desto bescheidener und unverdorbener. Merkt es euch, ihr jungen Herren von Goldach, die ihr vor jungen Damen kaum mehr den Hut abnehmt!"

5

10

1 Erläutert in Partnerarbeit, was die beiden Textausschnitte aus „Kleider machen Leute" gemeinsam haben.
Tipp: Drei der folgenden Aussagen A bis F sind richtig.

A Ein Erzähler beurteilt das Geschehen und wie die Figuren denken und handeln.

B Die Figuren denken über sich selbst nach und beurteilen ihr Verhalten.

C Ein Erzähler meldet sich zu Wort. Er weiß, was noch alles geschehen wird.

D Ein Erzähler meldet sich zu Wort. Er hat keine Ahnung von dem weiteren Geschehen.

E Der Erzähler kennt die Gedanken und Gefühle mehrerer Figuren.

F Der Erzähler kennt nur die Gedanken und Gefühle einer Figur.

2 a Formuliert den zweiten Textausschnitt so um, dass Wenzel ihn erzählt. Verwendet die Ich-Form.
Tipp: Beachtet, was er wissen und wahrnehmen kann, z. B.:
Unerwartet begegnete ich ...   Damit veränderte sich ...   Ich fühlte ...   Und sie? Sie ...

b Vergleicht eure Texte in der Klasse.

3 a Überlegt, von wem Wenzel im Text „das Schneiderblütchen" genannt wird (▸ S. 88, Z. 66–67). Nutzt die Information.

b Beschreibt die Wirkung dieser Bezeichnung, z. B.: *einfühlsam, ernst, witzig, ...*

Information	Den allwissenden vom personalen Erzähler unterscheiden

Romane und Erzählungen werden von einem **Erzähler erzählt.**

Ein Autor kann entscheiden, welchen Erzähler er wählt. Von dieser Wahl hängt ab, was der Erzähler alles weiß und wie sehr er am Geschehen beteiligt ist.

- Der **allwissende** (auktoriale) **Erzähler überblickt** die **gesamte Handlung.** Er kennt die Gedanken und Gefühle **aller Figuren.** Er **beurteilt** das **Geschehen, deutet voraus** und wendet sich auch mal direkt an den Leser. In der Regel erzählt er in der **Er-/Sie-Form.**
- Der **personale Erzähler** erzählt aus dem **eingeschränkten Blickwinkel** einer bestimmten Figur, die in der Regel **am Geschehen beteiligt** ist. Meist erzählt er in der **Ich-Form.**

Merkmale einer Novelle kennen lernen

Kleider machen Leute (Fortsetzung 3)

Auch nach der Begegnung mit Nettchen plagen Wenzel Gewissensbisse. Er denkt an früher.

[...] seine erste Bewegung [war], dass er sich in seine Hosentasche griff, um zu prüfen, ob er träume oder wache. Wenn sein Fingerhut dort noch in seiner Einsamkeit verweilte, dann träum-
5 te er. Aber nein, der Fingerhut wohnte gemüt-lich zusammen mit dem gewonnenen Spiel-geld und scheuerte sich freundschaftlich an den Talern. So fügte sich auch wiederum sein Be-sitzer in die Verhältnisse und ging von seinem
10 Zimmer herunter auf die Straße, um sich die Stadt zu besehen, in welcher es ihm so gut ging. [...] und Strapinski schritt mit vornehmer Hal-tung und doch bescheiden hinaus, seinen Man-tel sittsam zusammennehmend. Das Schicksal machte ihn mit jeder Minute größer. Mit ganz 15 anderen Augen besah er sich die Stadt, als wenn er dort Arbeit gesucht hätte. [...]
Bei alledem erlebte Strapinski, was er früher nie gekannt hatte, eine schlaflose Nacht nach der anderen. Und es muss mit Tadel gesagt 20 werden, dass die Furcht vor der Schande, als armer Schneider entdeckt zu werden, ihm den Schlaf ebenso raubte wie das schlechte Gewis-sen. Sein angeborenes Bedürfnis, etwas Au-ßergewöhnliches darzustellen, wenn auch nur 25 in der Wahl der Kleidung, hatte ihn in diesen Konflikt gebracht.

1 a Erläutert, ob ihr Wenzel Strapinskis Gewissensbisse nachvollziehen könnt.
   b Notiert in einer Tabelle im Heft, was er an seiner Situation gut und schlecht findet.

Wenzel als Schneider	Wenzel als „Graf"
– nicht mehr …	– Man bewundert ihn für …
– ist auf der Landstraße …	– …

2 Von einem Konflikt spricht man, wenn man z. B. nicht weiß, wofür man sich in einer Situation entscheiden soll. Was würdet ihr tun? Wählt Aufgabe a oder b.
   ●●● a Begründet mit Hilfe eurer Tabelle, wie ihr euch in dem Konflikt verhalten würdet.
   ●○○ b Ergänzt im Heft folgende Begründung: *Ich würde (nicht) ehrlich zu … sein, weil/obwohl ich ja nie behauptet habe, … Zudem erscheint es mir besser, arm/reich …*

3 Welches der drei Dinge ist für die Geschichte besonders wichtig?
   Tipp: Bezieht in eure Erklärung auch den Titel der Geschichte mit ein.

> der Fingerhut
> der Radmantel
> das Wirtshaus

Information   Die Novelle

Geschichten, in denen eine ungewöhnliche bzw. eine **„unerhörte Begebenheit"** (Goethe) erzählt wird, nennt man **Novelle** *(ital. novella: Neuigkeit).* Oft geht es um einen **Wendepunkt im Leben eines Menschen** (z. B. Wenzels neues Leben als Graf). Weitere Kennzeichen einer Novelle sind:
- Die Figuren erleben einen **Konflikt,** der sie zu einer Entscheidung für ihr Leben zwingt.
- Die Handlung dreht sich oft um einen auffälligen Gegenstand, das **Dingsymbol** (z. B. den Mantel).

Teste dich!

Kleider machen Leute (Fortsetzung 4)

Einige Bewohner der Stadt Goldach in Kellers „Kleider machen Leute" werden wie folgt beschrieben. Sie besuchen den angeblichen polnischen Grafen Wenzel Strapinski im Wirtshaus.

Inzwischen waren der Stadtschreiber und der Notar gekommen, um den Kaffee zu trinken und das tägliche Spielchen um denselben zu machen; bald kam auch der ältere Sohn des Hauses Häberlin & Co., der jüngere des Hauses Pütschli-Nievergelt und der Buchhalter einer großen Spinnerei, Herr Melchior Böhni. Anstatt jedoch ihr Spiel zu beginnen, gingen sämtliche Herren in weitem Bogen hinter dem polnischen Grafen herum, die Hände in den hinteren Jackentaschen, mit den Augen blin-zelnd und heimlich lächelnd. Denn es waren diejenigen Mitglieder guter Häuser, welche ihr Leben lang zu Hause blieben, deren Verwandte und Geschäftspartner aber in aller Welt saßen, weshalb sie selbst die Welt genügend zu kennen glaubten.

[...] sie sagten: „Es ist ein vollkommener junger Graf!"

Nur Melchior Böhni, der Buchhalter, als ein geborener Zweifler, rieb sich vergnügt die Hände und sagte zu sich selbst: „Ich sehe es kommen, dass es bald wieder einen Skandal in Goldach gibt, ja, er ist sozusagen schon da! Der Mann dort hat so merkwürdig zerstochene Finger! Nun, ich werde mich hüten, den anderen etwas zu sagen!"

1 Welcher Erzähler erzählt? Füge in deinem Heft die richtigen Satzteile zusammen.

> Ein personaler Erzähler erzählt, …   Ein allwissender Erzähler erzählt, …
>
> … denn er weiß, was Melchior Böhni denkt und was alle Figuren täglich tun.

2 **a** Bringe im Heft die folgende Charakterisierung Böhnis in die richtige Reihenfolge.
Tipp: Die richtige Reihenfolge ergibt ein Lösungswort.
b Welches wichtige Merkmal einer Figurencharakteristik wurde vergessen? Nenne es.
c Ergänze einen passenden Schluss: Wie wirkt die Figur auf dich?

> **G** Offenbar geht es ihm recht gut, denn er trifft sich zum Kaffeetrinken und zum Spielen mit anderen Herren der Stadt.
>
> **I** Sofort bemerkt Böhni dessen „zerstochene Finger" (Z. 25–26).
>
> **U** Dennoch scheint er nicht ihr wahrer Freund zu sein: Er teilt den Herren nicht seinen Zweifel an Wenzel mit. Lieber freut er sich auf den zukünftigen Ärger.
>
> **F** Der Beruf Böhnis ist Buchhalter. Das bedeutet, er notiert und berechnet Ein- und Ausgaben eines Geschäfts. Wie der Schneider ist er mit Kleidung beschäftigt, denn er arbeitet für eine Garnspinnerei. Wahrscheinlich erkennt er deshalb so leicht, dass Wenzel kein Graf sein kann.
>
> **R** Melchior Böhni ist daher für mich …

3 Prüfe deine Ergebnisse mit einem Lernpartner.

5.2 „Strapinski ... gewann das Glück"? – Zu Novellenauszügen gestaltend schreiben

Einen Dialog zum Text verfassen

Kleider machen Leute (Fortsetzung 5)

Mit Geschick gelingt es Wenzel Strapinski, als angeblicher „Graf" ein kleines Vermögen zu erwirtschaften. Ihm wird klar, was ihn trotz all seiner Bedenken in Goldach wirklich hält.

Seltsam aufgeregt und bekümmert ging er weg, nahm seinen berühmten Mantel und schritt mit wehenden Locken auf einem Gartenweg auf und ab. Es wurde ihm nun klar,
5 dass er eigentlich nur Nettchens wegen so lange dageblieben war, dass die unbestimmte Hoffnung, wieder in ihre Nähe zu kommen, ihm Mut gab, dass aber die Verwirklichung seiner Absichten völlig unmöglich war. Das
10 brachte ihn zur Verzweiflung.
Wie er so dahinschritt, hörte er rasche Schritte hinter sich. Nettchen ging an ihm vorüber und schien, nach einigen ausgerufenen Worten zu urteilen, nach ihrem Wagen zu suchen, ob-
15 gleich derselbe auf der anderen Seite des Hauses stand. Dann kam sie wieder zurück, und da er jetzt mit klopfendem Herzen ihr im Weg stand und bittend die Hände nach ihr ausstreckte, fiel sie ihm ohne Weiteres um den
20 Hals und fing jämmerlich an zu weinen. Er bedeckte ihre glühenden Wangen mit seinen fein duftenden dunklen Locken, und sein Mantel umgab die schlanke, stolze, schneeweiße Gestalt des Mädchens wie mit schwarzen Adler-
25 flügeln – es war ein wahrhaft schönes Bild, das seine Berechtigung ganz allein in sich selbst zu tragen schien.
Strapinski aber verlor bei diesem Abenteuer seinen Verstand und gewann das Glück.
30 Nettchen eröffnete ihrem Vater noch in selbiger Nacht beim Nachhausefahren, dass kein

anderer als der Graf ihr Ehemann sein werde. [...]
Strapinski brachte zur Verlobung Brautge-
35 schenke, welche die Hälfte seines jetzigen Vermögens kosteten; die andere Hälfte verwandte er für ein Fest, das er zu Ehren seiner Braut geben wollte. Es war eben Fastnachtszeit[3] und schönes, sonniges Winterwetter. Die Landstra-
40 ßen boten die prächtigsten Schlittenbahnen, wie sie nur selten entstehen und sich halten, und Herr von Strapinski veranstaltete darum eine Schlittenfahrt und ein großes Fest in einem beliebten und stattlichen Gasthaus, wel-
45 ches auf einer Hochebene mit der schönsten Aussicht gelegen war, etwa zwei gute Stunden entfernt und genau in der Mitte zwischen Goldach und Seldwyla.
Um diese Zeit geschah es, dass Herr Melchior Böhni in Seldwyla viele Geschäfte zu erledigen
50

---

3 Fastnachtszeit: Karneval, Fasching

hatte und daher einige Tage vor dem Winterfest in einem leichten Schlitten dahinfuhr, sein beste Zigarre rauchend; und es geschah ferner, dass die Seldwyler für den gleichen Tag wie die
55 Goldacher auch eine Schlittenfahrt verabredeten, nach dem gleichen Gasthaus, und zwar eine kostümierte oder Maskenfahrt. So fuhr denn der Goldacher Schlittenzug etwa zur Mittagszeit mit dem Klang der Glöckchen und
60 Posthörner und mit Peitschenknall durch die Straßen und zum Stadttor hinaus. Im ersten Schlitten saß Strapinski mit seiner Braut in einem polnischen Mantel von grünem Samt, mit Schnüren besetzt und mit Pelz verziert und gefüttert. Nettchen war ganz in weißes 65 Pelzwerk gehüllt; blaue Schleier schützten ihr Gesicht gegen die frische Luft und gegen den Schneeglanz. [...] Ihnen folgten fünfzehn bis sechzehn Schlitten mit je einem Herrn und einer Dame, alle festlich angezogen und lebensfroh, aber keines der Paare war so schön und 70 stattlich wie das Brautpaar.

1 Tauscht euch über den Textausschnitt aus. Wählt Aufgabe a oder b.

a Habt ihr schon einmal ein Verlobungsfest oder einen Faschingsumzug erlebt? Berichtet davon. War die Stimmung so wie im Text? Weshalb verkleidet man sich?

b Überlegt, weshalb der Erzähler die Verlobungsfeier als eine „Maskenfahrt" (Z. 57) gestaltet. Bezieht die Maske sowohl auf Wenzel als auch auf die anderen Figuren.

c Tauscht euch in der Klasse über eure Ergebnisse aus.

2 Was könnten Nettchen und Wenzel bei der Schlittenfahrt sehen, fühlen, denken und schließlich sagen? Gestaltet in Partnerarbeit einen Dialog zwischen den beiden. Geht so vor:

a Lest den Textausschnitt Satz für Satz. Sammelt Ideen, was Wenzel oder Nettchen in der Situation sehen, fühlen und denken könnten. Notiert in der Ich-Form ins Heft, z. B.:

Z. 1: „Seltsam aufgeregt und bekümmert ging er …"	*Wie schlecht es mir geht. Was ist, wenn man mich entlarvt? Aber dann ist da ja … Ich glaube, ich habe mich in …*
Z. 12: „Nettchen ging an ihm vorüber und …"	*Oh, da steht er. Wie gut er aussieht. Der Mantel sitzt perfekt. Ich will so tun, als ob … Bloß nicht nervös werden …*

b Versetzt euch in die Situation der Schlittenfahrt. Stellt euch vor, dass sich die beiden dabei mitteilen, wie sie sich nach den letzten Tagen in diesem Augenblick fühlen.
Nutzt eure Ideensammlung aus Aufgabe 2 a, z. B.:
Wenzel: Wenn du wüsstest, wie aufgeregt ich …. Ich wusste nicht, …
Nettchen: Mir ging es … Jetzt aber … Da schau, …
Wenzel: Und was gefällt dir so sehr an mir? …

c Tragt eure Dialoge vor und vergleicht sie: Was sagen sie? Was verschweigen sie? Passt das, was Wenzel oder Nettchen sagen, auch zu ihrem Charakter (▶ S. 85)?

Methode	Einen Dialog zum Text verfassen

Von einem **Dialog** (griech.: dio = zwei; logos = Rede) spricht man, wenn **mindestens zwei Figuren ein Gespräch** führen.
In Form eines Dialogs, den ihr zum Ausgangstext gestaltet, könnt ihr ausdrücken, **wie ihr mit den Augen der jeweiligen Figuren das Geschehen erlebt und versteht.** Geht so vor:
- Notiert in der Ich-Form alle Ideen (Gedanken, Gefühle usw.), die die Figur haben könnte.
- Gestaltet eure Ideen zu einem Gespräch. Was teilen sich die Figuren wirklich mit?

Den Blickwinkel wechseln

Kleider machen Leute (Fortsetzung 6)

Gemeinsam kommen die Gold-acher und Seldwyler Schlitten am Gasthof auf der Hochebene an (▶ S. 93, Z. 53–72). Zuerst feiern die Goldacher in einem Saal für sich, doch dann tritt eine Seldwy-ler Gruppe als Schneider verklei-det auf. Sie bieten an, den Gold-achern etwas vorzuspielen.

Dieses Angebot konnte nicht gut abgelehnt werden; auch versprach man sich von den lustigen Seldwylern einen tüchtigen Spaß und
5 setzte sich daher im Halbkreis. In der Mitte glänzten Strapinski und Nettchen wie fürstli-che Sterne.
Nun traten nach und nach jene bereits erwähn-ten Schneidergruppen in den Raum. Sie führ-
10 ten in hübschen Stegreifspielen den Satz „Leute machen Kleider" und dessen Umkeh-rung auf, indem sie mit großem Eifer irgend-ein stattliches Kleidungsstück, einen Fürsten-mantel, ein Priestergewand und dergleichen,
15 anfertigten und danach eine armselige Person damit bekleideten, welche, urplötzlich umge-wandelt, sich würdevoll aufrichtete und nach dem Takt der Musik feierlich umherging. [...] Endlich blieb der innere Raum des Halbkreises
20 leer. In diesem Augenblick ging die Musik in eine wehmütige ernste Melodie über, und zu-gleich trat die letzte Person in den Kreis. Alle Augen waren auf sie gerichtet. Es war ein schlanker junger Mann in dunklem Mantel,
25 mit dunklen schönen Haaren und mit einer polnischen Mütze; es war niemand anders als der Graf Strapinski, wie er an jenem Novem-bertag auf der Straße gewandert war und den verhängnisvollen Wagen bestie-
30 gen hatte.
Die ganze Versammlung blickte lautlos gespannt auf die Gestalt, welche feierlich schwermütig einige Schritte nach dem Takt der Musik machte, dann sich in
35 die Mitte des Ringes begab, den Mantel auf dem Boden ausbrei-tete, sich schneidermäßig dar-auf niedersetzte und anfing, ein Bündel auszupacken. Er zog ei-
40 nen beinahe fertigen Grafen-rock hervor, ganz wie ihn Strapinski in diesem Augenblick trug, nähte mit großer Hast und Geschicklichkeit noch einige Verzierungen da-rauf und bügelte ihn schulgerecht aus, indem
45 er das scheinbar heiße Bügeleisen mit nassen Fingern prüfte. Dann richtete er sich langsam auf, zog seine abgetragene Jacke aus und das Prachtkleid an, nahm ein Spiegelchen, kämm-te sich, sodass er endlich wie das leibhaftige
50 Ebenbild des Grafen dastand. [...] Dann ging er als stolzer Mann von Welt mit stattlichen Tanz-schritten im Kreis umher, hier und da sich vor den Anwesenden verbeugend, bis er vor das Brautpaar kam. Er sah dem Polen, ungeheuer
55 überrascht, fest in die Augen, stand wie eine Säule vor ihm still, während gleichzeitig wie auf Verabredung die Musik aufhörte und eine fürchterliche Stille wie ein stummer Blitz ent-stand.
60 „Ei, ei, ei, ei!", rief er mit lauter Stimme und reckte den Arm gegen den Unglücklichen aus. „Sieh da, der Bruder [...], der mir von der Ar-beit weggelaufen ist, weil er wegen kleiner geschäftlicher Schwierigkeiten glaubte, es sei
65 zu Ende mit mir."

1 Wer weiß es zuerst? Wer genau ist der Mann, der Wenzels Verwandlung nachäfft?
Tipp: Lest noch einmal den Beginn der Novelle (▶ S. 82).

Planen

2 Auf welche Weise könnte Nettchen das Geschehen im Gasthaus erlebt haben?
●●● Sammelt im Heft Ideen, was Nettchen denkt und fühlt. Nutzt und ergänzt die Tabelle.

Handlungsschritt	Nettchen
Angebot der Seldwyler Spielgruppe	*Das ist ja eine nette Idee. Ich ...*
Die Vorführung zum Satz „Leute machen Kleider" zu „Kleider machen Leute"	*Was für ein seltsames Spiel. Ich weiß gar nicht, ...*
Die Verwandlung des zweiten „Grafen" zum Schneider und vom Schneider zum Grafen	*Nein, der sieht ja aus wie mein Wenzel. Was ...?*
...	...

▷ Eine Hilfe zu Aufgabe 2 findet ihr auf Seite 96.

3 Aus welchem Blickwinkel müsst ihr das Geschehen erzählen, wenn ihr es aus der unmittelbaren
●●● Perspektive Nettchens wiedergebt? Wählt und ergänzt im Heft die beiden richtigen Aussagen:
A Im originalen Textausschnitt erzählt ein allwissender Erzähler das Geschehen.
B Im originalen Textausschnitt erzählt ein personaler Erzähler das Geschehen.
C Für diesen Perspektivwechsel muss ich als ... Erzähler die Ich-Form wählen.
D Für diesen Perspektivwechsel muss ich als ... Erzähler die Sie-Form wählen. ▷ Hilfe zu 3, Seite 96

Schreiben

4 Schreibt den Textausschnitt so um, dass deutlich wird, wie Nettchen das Geschehen wahrnahm.
●●● Nutzt eure Vorarbeiten zu den Aufgaben 2 und 3.
Tipp: Behaltet das Präteritum als Erzählzeit bei, z. B.:
Ich sah, fühlte, sagte, glaubte, ... ▷ Hilfe zu 4, Seite 96

Überarbeiten

5 Überarbeitet in Partnerarbeit euren Wechsel der Perspektive mit Hilfe der Checkliste.

Checkliste

Den Blickwinkel (die Perspektive) wechseln
- Habt ihr beachtet, dass ihr aus dem **Blickwinkel** (aus der **Perspektive**) **der Figur** Nettchen das Geschehen in der **Ich-Form** wiedergeben sollt?
- Habt ihr eure wichtigsten Ideen zu dem eingebaut, was die **Figur in der Situation denken und fühlen** könnte? Passen die Gedanken und Gefühle zu ihrem **Charakter?**
- Habt ihr nur das wiedergegeben, **was die Figur zu diesem Zeitpunkt** auch **wissen** kann?
- Habt ihr das Geschehen in der **Reihenfolge** erzählt, wie es im Textausschnitt steht?
- Habt ihr als **Erzählzeit** das **Präteritum** beibehalten?

●○○ **Aufgabe 2 mit Hilfe: Planen**

Auf welche Weise könnte Nettchen das Geschehen im Gasthaus erlebt haben?
Was könnte sie denken und fühlen?
Ordnet im Heft den Handlungsschritten A bis D passende Sätze zu, z. B.: *A = ..., B = ...*

Handlungsschritt	Nettchen
A Angebot der Seldwyler Spielgruppe	**1** *Was für ein seltsames Spiel. Verstehe ich, was sie uns zeigen wollen?*
B Die Vorführung zum Satz „Leute machen Kleider" zu „Kleider machen Leute"	**2** *Nein, das darf nicht wahr sein! Mir wird ganz schwindlig. Ist alles gelogen?*
C Die Verwandlung des zweiten „Grafen" zum Schneider und vom Schneider zum Grafen	**3** *Die Seldwyler sind ja bekannt für ihre Späße; eine wunderbare Idee.*
D Die Entlarvung Wenzels	**4** *Was soll das? Er sieht aus wie Wenzel!*

●○○ **Aufgabe 3 mit Hilfe: Planen**

Aus welchem Blickwinkel müsst ihr das Geschehen erzählen, wenn ihr es aus der Sicht Nettchens
wiedergebt?
Übertragt den folgenden Satz richtig in euer Heft:

> Für den Wechsel des Blickwinkels muss ich als personaler Erzähler *die Ich- / die Sie-Form* wählen.

●○○ **Aufgabe 4 mit Hilfe: Schreiben**

Schreibt den Textausschnitt so um, dass deutlich wird,
wie Nettchen das Geschehen wahrnahm.
Ergänzt den folgenden Beispieltext im Heft.
Nutzt eure Vorarbeiten zu den Aufgaben 2 und 3, z. B.:

Glücklich waren wir mit ? *vor dem* ? *angekommen.*
Nach einer Weile kamen die ? *. Sie wollten uns etwas*
vorspielen. Mir gefiel ? *. Ich dachte, was für ein* ?
Tag. Ich war so ? *.*
Die Seldwyler Schauspieler waren alle als ? *verkleidet.*
Mir kam das seltsam vor. Allerdings passte das zu dem
Satz, zu dem sie spielten, nämlich: „ ? *".*
Und was zeigten sie uns? Nun, zunächst fertigten ? *. Dazu erklang* ? *.*
Dann begann jedoch der zweite Teil der Vorführung. Ein einzelner Mann ? *. Ich traute meinen*
Augen ? *. Und so sah er aus:* ? *. Allmählich begriff ich das Furchtbare: Konnte es sein, dass* ? *?*
Schließlich ging er direkt auf meinen Wenzel zu und ? *: „* ? *" Mir wurde* ? *.*

Überarbeiten

 5 Überarbeitet in Partnerarbeit euren Wechsel des Blickwinkels mit Hilfe der Checkliste auf S. 95.

5.3 Fit in ...! – Einen Novellenauszug umgestalten

Stellt euch vor, ihr bekommt in der nächsten Klassenarbeit die folgende Aufgabe gestellt:

Aufgabe
Schreibe den folgenden (leicht gekürzten) Textauszug aus Gottfried Kellers Novelle „Kleider machen Leute" um. Erzähle das Geschehen aus Nettchens Blickwinkel (Perspektive).

Kleider machen Leute (Fortsetzung 7)

Wenzel flieht aus dem Gasthaus, nachdem er als falscher Graf enttarnt worden ist.
Ein wenig später beginnt Nettchen nach ihm zu suchen. Dabei begegnet sie dem Buchhalter Melchior Böhni (▸ S. 91). Der hat heimlich auf sie ein Auge geworfen.

Sie hatte dem weggehenden Geliebten aufmerksam nachgeschaut, saß länger als eine Stunde unbeweglich da und stand dann auf, indem sie bitterlich zu weinen begann und ratlos zur Tür ging. Zwei Freundinnen kamen nun zu ihr mit zweifelhaft tröstenden Worten. Sie bat dieselben, ihr Mantel, Tücher und Hut zu bringen, die Augen mit dem Schleier heftig trocknend. Da man aber, wenn man weint, fast immer zugleich auch die Nase schnäuzen muss, nahm sie ihr Taschentuch und putzte sie sich tüchtig. In diesem Augenblick erschien Melchior Böhni, der sich freundlich, unterwürfig und lächelnd näherte und ihr die Notwendigkeit darstellte, nunmehr einen Führer und Begleiter nach dem väterlichen Hause zurück zu haben.
Ohne zu antworten, ging sie mit festen Schritten voran in den Hof, wo der Schlitten mit den ungeduldigen, wohlgefütterten Pferden bereitstand, einer der letzten, die noch dort waren. Sie nahm rasch darin Platz, ergriff die Zügel und die Peitsche, und während der achtlose, aber glückliche Böhni dem Stallknecht, der die Pferde gehalten hatte, das Trinkgeld hervorsuchte, trieb sie unversehens die Pferde an und fuhr in munterem Galopp auf die Landstraße hinaus. Und zwar ging es nicht nach der Heimatstadt, sondern auf die Seldwyler Straße hin. Erst als der Schlitten schon dem Blick entschwunden war, entdeckte Herr Böhni das Ereignis und lief in Richtung nach Goldach mit Hoho- und Haltrufen, rannte dann zurück und jagte mit seinem eigenen Schlitten der entflohenen, nach seiner Meinung durch die Pferde entführten Schönen nach, bis er am Tor der aufgeregten Stadt Goldach ankam, in welcher das Ärgernis bereits alle Zungen beschäftigte.
Warum Nettchen den Weg nach Seldwyla eingeschlagen hatte, ob in der Verwirrung oder mit Absicht, ist nicht sicher zu berichten. Sie sagte mehrmals laut vor sich hin: „Ich muss noch zwei Worte mit ihm sprechen, nur zwei Worte!" Sie zog die Zügel fester an, sodass die Pferde beinah nur im Schritt gingen, während die Lenkerin die traurigen, aber dennoch scharfen Augen gespannt auf den Weg heftete, ohne links und rechts den kleinsten auffälligen Gegenstand außer Acht zu lassen.
Und doch war gleichzeitig ihre Seele von tiefen, schweren unglücklichen Gedanken erfüllt. Was sind Glück und Leben? Von was hängen sie ab? Was sind wir selbst, dass wir wegen einer lächerlichen Fastnachtslüge glücklich oder unglücklich werden? Was

60 haben wir verschuldet, dass wir statt Zuneigung nur Hoffnungslosigkeit ernten, die unser Schicksal zerstört?

Solche mehr geträumten als gedachten Fragen erfüllten Nettchens Seele, als ihre 65 Augen sich plötzlich auf einen länglichen, dunklen Gegenstand richteten. Es war der hingestreckte Wenzel.

Er rührte sich nicht, sondern atmete nur schwach und traurig.

Die Aufgabe richtig verstehen

1 Was verlangt die Aufgabe von euch? Notiert die richtige Antwort ins Heft.
A Ich soll das Geschehen aus Nettchens Blickwinkel erzählen.
B Ich soll erläutern, was ich alles beachten muss, wenn ich einen Textauszug umschreibe.

Planen

2 Für eure Aufgabe müsst ihr den Text gut kennen. Welche Antwort stimmt jeweils, a oder b?
A Wem begegnet Nettchen nach Wenzels Flucht? **a** Melchior Böhni   **b** ihrem Vater
B In welche Richtung fährt Nettchen? **a** nach Hause   **b** in die Gegenrichtung nach Seldwyla
C Was denkt sie bei ihrer Suche? **a** Wenzel werde ich es zeigen!   **b** Wie konnte das geschehen?
D Wie findet sie Wenzel auf? **a** Sie findet seinen Leichnam.   **b** Sie findet ihn ohnmächtig.

3 Nettchen kann nicht alles wissen, was der allwissende Erzähler erzählt.
Überlegt, über welche Textstelle sie selbst nichts sagen kann: Z. 13–18, Z. 25–30, Z. 32–41?

4 Sammelt Ideen für Nettchens Blickwinkel auf das Geschehen. Arbeitet im Heft, z. B.:

Was erlebte sie?	Was dachte/fühlte sie?	Wovor hatte sie Angst?	Was wollte sie wissen?
Ich sah, wie Wenzel floh. Ich aber konnte ...	Wie soll ich diesen Schock ...?	Was hat er vor? Wird er sich ...?	Warum hat er mich ...?
Endlich trösteten mich ...	Wissen sie wirklich, wie es mir geht? Aber ...	Wie werden die anderen ...?	...
Da stand plötzlich ...	Dieser Lackaffe, dieser ...	Er soll mich bloß ...	...

Schreiben und Überarbeiten

5 **a** Schreibt mit Hilfe eurer Planung ins Heft, wie Nettchen das Geschehen unmittelbar selbst erlebte.
  b Prüft und überarbeitet zu zweit eure Texte. Nutzt die Checkliste auf S. 95.

Schreibwörter	▶ S. 294
die Novelle die Situation die Lebensumstände der Blickwinkel geheimnisvoll der Konflikt die Verwandlung der Beweggrund charakterisieren	

So spielt das Leben –
Kurzgeschichten lesen und verstehen

Wie heißen Sie?

Mein Name ist Kurzgeschichte.

Weshalb tragen Sie diesen Namen?

Weil man mich in einem Rutsch und sehr schnell lesen kann. Ich bin nur eine Momentaufnahme.

...?

...?

...

...

1 a Beschreibt die Abbildung. Wer wird interviewt?
   b Überlegt euch weitere Fragen. Findet auch mögliche Antworten.

2 Kennt ihr Kurzgeschichten?
   Erzählt von ihnen.

3 Tauscht euch über folgende Fragen aus:
   – Was lest ihr im Augenblick?
   – Lest ihr gern?

In diesem Kapitel ...

– lest und versteht ihr bekannte und neuere Kurzgeschichten,
– lernt ihr typische Merkmale von Kurzgeschichten kennen,
– übt ihr, Inhaltsangaben zu verfassen.

6.1 Besondere Alltagssituationen – Kurze Geschichten untersuchen

Die Figuren, ihre Beziehungen und den Wendepunkt beschreiben

Annette Weber

Eins zu null für Fabian (2009; gekürzt)

Als Fabian den Supermarkt betrat, stellte er zu seiner Erleichterung fest, dass er zu dieser Zeit ziemlich leer war. Gott sei Dank. Fabian hasste es einzukaufen. Besonders wenn es, wie heute,
5 für seine Oma war. Für sie musste er immer so peinliche Dinge einkaufen. Rosenseife zum Beispiel. Oder die „Frau im Spiegel". Heute stand sogar eine Damenfeinstrumpfhose auf dem Einkaufszettel.
10 Fabian schaute nach allen Seiten. Nein, es schien ihn niemand zu beobachten. So schnell er konnte, griff Fabian nach der Strumpfhose, schaute dann auf der Verpackung nach, ob er die richtige Größe erwischt hatte.
15 „Ach, sieh an. Fabilein, unser Bester!", hörte Fabian plötzlich eine vertraute Stimme hinter sich. Er fuhr herum. Bine, Pelle und Big Brother, drei aus seiner Klasse, hatten sich hinter ihm aufgebaut. Fabian wurde rot und
20 versuchte, die Strumpfhose hinter seinem Rücken zu verstecken.
„Was hat unser Kleiner denn da?", quietschte Pelle. „Ich werd verrückt. Der kauft Frauenklamotten." Die anderen bogen sich vor Lachen.
25 „Die ist für meine Oma", versuchte Fabian zu erklären. „Meine Oma sitzt im Rollstuhl. Ich kaufe für sie ein." Aber er sah gleich, dass es keine Möglichkeit gab, die anderen zu überzeugen.
An der Kasse sah sich Fabian noch einmal
30 nach allen Seiten um. Die Clique war verschwunden. Gott sei Dank. Nach und nach legte Fabian seinen Einkauf auf das Band. Nanu, was war das? Ein schwarzes Stückchen

lag in seinem Einkaufskorb. Fabian hob den Stoff hoch und betrachtete ihn genauer. Es war 35 eine große schwarze Damenunterhose mit Stickerei an den Beinen. Wie war sie in den Einkaufskorb gekommen?
Klick, machte es plötzlich. Fabian zuckte zusammen und drehte sich um. Big Brother hatte 40 ein Handy auf ihn gerichtet. Und ihn genau in dieser Position, wie er verwundert die Damenunterhose nach allen Seiten drehte, fotografiert. Das war ja nicht zu fassen.
Die Clique wartete draußen auf ihn. „Na, Sü- 45 ßer", stichelte Pelle. „Was meinst du, was die anderen sagen, wenn dieses Foto durch die Schule wandert? Dann bist du erledigt, weißt du das?"
Fabian bemühte sich, die anderen nicht spüren 50 zu lassen, wie viel Angst er hatte. Aber er hätte am liebsten geweint. „Was wollt ihr von mir?", flüsterte er heiser.
Die Clique grinste. Jetzt umstanden sie ihn im Halbkreis. „Nichts Schlimmes", erwiderte Pelle. 55 „Nur dass du Big Brother bei der nächsten Mathearbeit ein bisschen unter die Arme greifst."
„Soll ich ihm Nachhilfeunterricht geben?"
„Nachhilfeunterricht?", wunderte sich Big Brother. „Wie kommst du denn auf so einen 60 Schwachsinn? Einen Spickzettel brauche ich. Das ist alles. Und wenn ich dann die Mathear-

beit hingekriegt habe, löschen wir das Foto, garantiert."

65 Sie einigten sich darauf, das Handy in ein Schließfach der Schule einzuschließen, damit niemand das Foto weitergeben konnte. Wenn Fabian Big Brother bei der Mathearbeit helfen würde, sollte das Foto gelöscht werden. Wenn
70 nicht, würde es in der Klasse die Runde machen.

Mit großer Sorge wartete Fabian auf die Mathearbeit, die einen Tag später anstand. Big Brother setzte sich auf den Platz direkt vor
75 Fabian und legte sein Etui neben sich auf den Stuhl. Dann warteten alle mit Spannung darauf, dass Herr Lemmert, der Mathelehrer, die Aufgabenblätter verteilte. Fabian warf einen Blick auf die Aufgaben. Sie waren wie immer
80 kein Problem für ihn. In Mathe war er unschlagbar. Im Nu hatte er die Aufgaben gelöst. In sorgfältiger Mädchenhandschrift, wie Fabian sie von Bine kannte, notierte Fabian nun die Lösungen auf einem Zettel. Und als Herr
85 Lemmert sich einmal zur Tafel umdrehte, platzierte er den Zettel unbemerkt. Big Brother nahm den Zettel an sich und begann, eine Lösung nach der anderen abzuschreiben.

„Noch fünf Minuten!", rief Herr Lemmert nach
90 einer Weile. Die Klassenkameraden stöhnten. Fabian betrachtete Big Brother vor sich. Sein Heft füllte sich Seite um Seite. Nun klappte er sein Heft mit einem Seufzer zu und verstaute den Spickzettel in seiner Jackentasche, die
95 über seiner Stuhllehne hing.

Fabian unterdrückte ein Grinsen. Das lief ja alles besser, als er gedacht hatte. Leise beugte sich Fabian vor und zog den Spickzettel aus Big Brothers Jacke, um ihn in seiner Hosentasche
100 verschwinden zu lassen. Dann meldete er sich. „Darf ich Ihnen helfen, die Hefte ins Lehrerzimmer zu tragen?", fragte er beflissen. Die anderen stöhnten. „Au Mann, schleimt der Typ aber heute!", seufzte Bine. Doch Herr Lemmert
105 freute sich. „Das ist sehr aufmerksam von dir,

Fabian", sagte er. „Ich habe heute wirklich eine schwere Tasche."

Die Clique hielt sich wirklich an ihr Versprechen. In der großen Pause gingen sie gemeinsam an das Schließfach, zogen das Handy 110 hervor und betrachteten das Foto noch einmal. „Schade um das Bild", grinste Pelle, „es wäre bestimmt in der Schülerzeitung gelandet."

„Aber versprochen ist versprochen, oder kann ich noch nicht mal darauf zählen?", fragte 115 Fabian unruhig.

„Mann, Schleimi, was glaubst du von uns!", tönte Big Brother. „Das Ehrenwort halten wir ja wohl." Dann löschte er das Foto.

Es dauerte zwei Wochen, bis sie die korrigier- 120 ten Mathearbeiten zurückbekamen. „Nun sind wir bei den Einsen angekommen", sagte Herr Lemmert. „Und da habe ich zwei zu nennen, Fabian Hille und Anna Brand."

„Und ich!", rief Big Brother nun. „Was ist mit 125 meiner Eins?"

„Ach so, Benjamin", wandte sich Herr Lemmert an Big Brother. „Dein Heft habe ich dem Schulleiter gegeben. Versuchte Täuschung. Tut mir leid. Das wird leider eine Sechs!" 130

„Waaas!", rief Big Brother fassungslos. „Was soll das denn heißen?"

„Benjamin Müller, wenn du schon keine Ahnung von Mathe hast, solltest du wenigstens so klug sein, deinen Spickzettel aus dem Heft zu 135 nehmen", seufzte Herr Lemmert. Dann wandte er sich den Mitschülern zu. „Stellt euch mal vor, da liefert er eine fehlerfreie Arbeit ab und legt den Spickzettel auf die erste Seite."

Die Klasse lachte laut. Nur Pelle, Bine und Big 140 Brother warfen sich entsetzte Blicke zu.

„Das stimmt doch nicht! Ich habe für die Arbeit gelernt", rief Big Brother. Doch er war ein schlechter Schauspieler. Das merkten alle sofort.

„Und du, Sabine", wandte sich Herr Lemmert 145 an Bine, „hast auch einen Termin beim Schulleiter. Deine saubere Handschrift auf dem Spickzettel haben wir nämlich sofort erkannt."

---

1 a Nennt Textstellen, die euch besonders gut gefallen haben. Begründet.
b Beschreibt Fabians Problem. Könnt ihr es nachvollziehen?

2 Kurzgeschichten handeln häufig von Alltagssituationen.

a Worum geht es in dieser Geschichte? Begründet, welches der folgenden Themen passt.

Mobbing	Konflikt mit Mitschülern	Werbung	Fremdenfeindlichkeit
Kaufsucht	Freundschaft	Mediensucht	Nachbarschaft

b Formuliert in einem Satz, wovon die Geschichte handelt, z. B.:
In der Geschichte „Eins zu null für Fabian" geht es um ...

3 **a** Charakterisiert Fabian und die Clique mit Hilfe der folgenden Begriffe:

mobbt   ängstlich   clever   missachtend   hilfsbereit   guter Schüler   traurig
gemein   verspottet

b Findet weitere Bezeichnungen. Lest zum Beleg entsprechende Textstellen vor.

4 Beschreibt die Beziehung zwischen Fabian und der Clique. Wählt Aufgabe a oder b.
●●● **a** Erklärt, wie Fabian und die Cliquenmitglieder zueinander in Beziehung stehen.
Wie reagieren sie aufeinander? Wie sprechen sie sich an? Was denken sie voneinander?
●○○ **b** Begründet, welche der beiden Darstellungen die Beziehung besser abbildet.

c Tauscht euch über eure Ergebnisse aus.

5 An welcher Stelle wendet sich die Geschichte? Wählt Aufgabe a oder b.
●○○ **a** Welches Zitat beinhaltet den Wendepunkt: A oder B? Worin besteht er?

> **A** „Sie einigten sich darauf, das Handy in ein Schließfach in der Schule einzuschließen,
> damit niemand das Foto weitergeben konnte." (Z. 65–67)
> **B** „Ach so, Benjamin", wandte sich Herr Lemmert an Big Brother. „Dein Heft habe ich dem
> Schulleiter gegeben. Versuchte Täuschung." (Z. 127–129)

●●● **b** Benennt mit eigenen Worten den Wendepunkt.
Erläutert, ob die Geschichte auch einen Wendepunkt hätte, wenn Fabian den Spickzettel nicht ins
Heft geschoben hätte.

6 Stellt euch vor, Fabian erinnert sich abends an das, was er im Supermarkt erlebt hat.
Wählt Aufgabe a oder b. Stellt euch anschließend eure Ergebnisse vor.
●●○ **a** Verfasst einen Tagebucheintrag: Was fühlt Fabian vor und nach dem Vorfall?
●●● **b** Fabian erzählt einem Freund von dem Vorfall. Schreibt einen Dialog.

Leitmotive verstehen

Georg Kreß

Saugnäpfe (2010; gekürzt)

Sie haben eine neue Nachricht, Absender Nico: „KOMMSTE RÜBER, HALB 3, BASKETBALL ZOCKEN IM KÄFIG – RON BRINGT SEINE JUNGS MIT."

5 Yeah, darauf hatte Keffo echt mal wieder richtig Bock. Mit Nico, Kemi und Bulle sind sie unschlagbar. Basketball. Unschlagbar – von Ron und egal wem!
Keffos Mam ist in der Küche am Start, Brote
10 schmieren, halb am Kochen oder Backen oder irgendwas: „Kevin, magst du Salami aufs Brot und was haste heut vor?"
„Nix weiter, Salami is okay!" Er wirft sich aufs Sofa und reckt sich nach der Fernbedienung
15 am anderen Ende. Erstma die Kiste an. Nur Mist, also zappen. Es gibt um diese Uhrzeit nur zwei erträgliche Sendungen, der Typ mit den Schlangen und der Kerl mit dem Hufeisenschnauzer, der mit seinen Jungs völlig
20 kranke Chopper zusammenschweißt. Worum es genau geht, kann man eigentlich nie richtig verstehen, dazu hätte man wohl richtig aufpassen müssen ... aber genau so isses cool.
Die Brote kommen angeflogen. „Hey – geh
25 aus'm Bild!!"
„Bitte schön, mein lieber Junge. Guten Appetit!"
SMS: „Geht klar. Die hauen wir weg – see you!"
SMS gesendet.
Werbung – also rüber zum Schlangenmann,
30 der mit einer monströsen Klapperschlange hantiert. Hut ab, der hat echt was aufm Kasten, oder er is verrückt – wahrscheinlich beides. Ganz nebenbei wandern zwei wuchtige Wurstbrot-Geräte in Keffo rein, während grad der
35 Hufeisenschnauzerabspann läuft.
Nix wie los! Erst noch mal rüber zum Verrückten. Seine Alte erzählt grad was über Krokodile. Mal schauen. Sneakers anziehen, Flasche Cola in die Tasche und los. Noch ne Klapperschlange.

Keffo bleibt erst mal sitzen. Er weiß, was
40 kommt, der Schlangenmann kommt schwer ins Schwitzen, kriegt im letzten Augenblick doch noch die Kurve und erzählt gleichzeitig wirres Zeug über Gift, Zähne, wie beautiful die Viecher sind und dass man das hier nicht nach-
45 machen soll. Wie immer halt. Außerdem ist das inzwischen die fünfte Wiederholung. Trotzdem bleibt Keffo erst mal sitzen, Cola in der Tasche, Sneakers an den Füßen. Abspann Schlangenmann.
50
Zapp! Rüber zur Gerichtsshow. Wie immer dasselbe. Jetzt kommt gleich einer und der ganze Quatsch dreht sich noch mal. Und der Gute is auf einmal der Böse und umgekehrt. Warten auf den Zeugen, der alles dreht. Nach
55 der Werbung kommt er dann. Klar, es war alles ganz anders. Drei Jahre ohne Bewährung! Nachrichten. Soaps. Beides geht gar nicht. Aber die einzige Möglichkeit, bis zu den Simpsons zu überbrücken.
60
Drei neue SMS: 1. „WO BLEIBSTE?"
2. „KOMMSTE NOCH? KRASSER FIGHT."
3. „VOLL DIE ARSCHKARTE, ALTER."
Jetzt eh schon egal – Idiot, Keffo, du bist ein Vollidiot!!!
65
SMS: „Sorry – mir is was Wichtiges dazwischengekommen!" SMS gesendet.

Die Simpsons sind wohl das Einzige, wofür es sich lohnt, hier zu sitzen. Simpsons, Werbung, Simpsons, Werbung, Simpsons. So läuft das. Ich hab zwar den ganzen Mist auch auf DVD – alle Staffeln. Aber das hier ist Echtzeit.

„Kevin, Abendessen!" – Mam nervt.

„Ich hab keinen Hunger – was gibt's – ich esse hier was aufm Sofa."

Eine neue SMS: „WAS WAR SO WICHTIG, ALTER? – HÄTTEN DICH GEBRAUCHT!"

Irgendwie klebt das Sofa an Keffos Hintern, irgendwie kleben seine Augen an der Kiste. Saugnäpfe am Hintern, an Augen, Kopf und an seinem ganzen Körper. Und die saugen und saugen und saugen. Gerade so viel, dass man nicht aufstehen kann. Selber mal ne Klapperschlange sehen, in echt. Geht nicht. Nur im Zoo. Hundertmal hatte er das schon vorgehabt. Oder zehnmal. SMS: „Die Simpsons – Alter!" SMS gesendet.

Eine Stunde überbrücken mit Klatschsendung und dann endlich NBA-Action!!

1 a Formuliert, was euch an dieser Geschichte gut und weniger gut gefällt.

b Wart ihr schon einmal in einer ähnlichen Situation wie Keffo? Berichtet davon.

2 Entscheidet, welche der folgenden Aussagen den Inhalt gut zusammenfasst. Begründet.

A Die Kurzgeschichte erzählt von einem Fernsehnachmittag, den Keffo und seine Freunde gemeinsam verbringen.

B Die Kurzgeschichte handelt von Keffo, der sich nicht vom Fernseher lösen kann, obwohl seine Freunde auf ihn warten.

3 a Klärt einige umgangssprachliche Ausdrücke. Ordnet die Erklärungen richtig zu.

Tipp: Die richtige Reihenfolge ergibt ein Lösungswort.

b Findet zwei weitere umgangssprachliche Sätze. Formuliert sie in Hochsprache um.

1 „Zocken im Käfig" (Z. 3)	**F** abfällig für Motorräder
2 „zappen" (Z. 16)	**K** auf einem umzäunten Basketballplatz spielen
3 „völlig kranke Chopper" (Z. 19–20)	**F** Die werden wir besiegen.
4 „Die hauen wir weg" (Z. 27)	**O** Da haben wir wohl Pech gehabt.
5 „Voll die Arschkarte, Alter." (Z. 63)	**E** das Fernsehprogramm dauernd umschalten

4 „Und die saugen und saugen und saugen." (Z. 81–82)

a Was genau ist mit den Saugnäpfen an Keffos Augen und an seinem Hinterteil gemeint?

b Nennt weitere Textstellen, die das Bild des Angesaugtwerdens beinhalten.

5 Ein Leitmotiv kann z. B. ein Gegenstand, eine Farbe oder ein Satz sein, der immer wieder auftaucht. Welche Bedeutung hat das Leitmotiv „Saugen" in dieser Geschichte?

Erläutert, welche Bedeutung am besten zutrifft: A, B oder C?

A Das Leitmotiv versinnbildlicht, dass man nicht endlos vor dem Fernseher sitzen soll. Viel besser ist es, etwas im echten Leben und mit richtigen Freunden zu unternehmen.

B Das Leitmotiv versinnbildlicht, dass man seine Versprechen halten muss.

C Das Leitmotiv versinnbildlicht, dass Jugendliche oft wild durch alle Programme schalten. Dabei werden sie so gefesselt, dass es ihnen egal ist, was sie anschauen.

Wladimir Kaminer

Schönhauser Allee[1] im Regen (2001)

Ab und zu regnet es in der Schönhauser Allee. Ein Unwetter bringt das Geschäftsleben in Schwung. Die Fußgänger verlassen die Straßen und flüchten in alle möglichen Läden rein.

5 Dort entdecken sie Dinge, die sie sich bei Sonnenschein nie angucken würden, und kaufen Sachen, die sie eigentlich überhaupt nicht brauchen, zum Beispiel Regenschirme.

Wenn der Regen aufhört, ist die Luft wunder-
10 bar frisch, es riecht nach Benzin und den wasserfesten Farben der Fassaden. In jedem Mülleimer steckt dann ein Regenschirm, und überall sind große Pfützen zu sehen. Meine Tochter Nicole und ich gehen oft nach
15 dem Regen spazieren. Wir gehen am Optikladen vorbei. Dort kauft sich ein Araber eine Brille.

„Guck mal!", zeigt Nicole mit dem Finger auf ihn. „Eine Frau mit Bart!"
20 „Nimm deinen Finger runter!", zische ich. „Das ist keine Frau mit Bart, das ist ein Araber, der sich eine Brille kauft."

„Wozu sind Brillen eigentlich gut? Für blinde Menschen?", fragt mich meine Tochter.
25 „Nein", sage ich, „blinde Menschen brauchen keine Brille. Man kauft sie, wenn man das Gefühl hat, etwas übersehen zu haben."

Nicole zeigt auf die bunten Benzinstreifen, die in der Sonne blitzen. „Wäre es möglich, dass
30 der Regenbogen vom Himmel runtergefallen ist?"

„Korrekt", antworte ich.

Wir gehen weiter. Ein vietnamesisches Mädchen steht mit beiden Füßen in einer beson-
35 ders tiefen Pfütze. Das Wasser reicht ihr fast bis zu den Knien. Sie bewegt sich nicht und guckt traurig vor sich hin.

Eine alte Frau bleibt vor ihr stehen. „Armes Mädchen! Du hast ja ganz nasse Füße", sagt
40 sie. „Warum gehst du nicht nach Hause und ziehst dir neue warme Socken an?"

Die kleine Vietnamesin schweigt.

„Hast du überhaupt andre Socken?", fährt die alte Dame fort. „Wo wohnst du? Hast du ein Zuhause?"
45

Ein Ehepaar bleibt ebenfalls bei dem Mädchen stehen, die Frau erwartet ein Baby, so sind sie auch interessiert. „Verstehst du eigentlich unsere Sprache?", fragt der Mann besorgt.

Das Mädchen schweigt.
50

„Sie hat sich bestimmt verlaufen und kann ihre Eltern nicht finden, armes Kind", vermutet die alte Frau.

Eine Touristengruppe frisch aus einem Bus nähert sich dem Mädchen vorsichtig. Über-
55 wiegend ältere Menschen, die miteinander plattdeutsch reden.

„Aber warum steht sie in einer so tiefen Pfütze?", fragt ein Mann.

„Das ist doch ganz klar: Sie kann unsere
60 Sprache nicht und will auf diese Weise unsere

---

1 Schönhauser Allee: Straße in Berlin

Aufmerksamkeit erregen. Sie signalisiert uns, dass sie Hilfe braucht", erklärt die schwangere Frau.

65 „Was machen wir jetzt?", fragt die alte Dame, die als Erste das Mädchen entdeckt hat. „Wir können das Kind unmöglich allein hier stehen lassen. Am besten wir rufen die Polizei."

„Genau", meint die Touristengruppe, „rufen 70 Sie die Polizei, und wir passen inzwischen auf das Kind auf."

Plötzlich springt das vietnamesische Mädchen aus der Pfütze nach vorn, das schmutzige Wasser bespritzt die Passanten. Alle sind nun nass: 75 die alte Frau, das Ehepaar, die Plattdeutschtouristen.

„Reingelegt!", ruft das Mädchen, lacht dabei diabolisch[2] und verschwindet blitzschnell um die Ecke. Alle Betroffenen bleiben fassungslos auf der Straße stehen. Nicole und ich kennen 80 das Mädchen, weil sie in unserem Haus wohnt. Ihre Eltern haben einen Lebensmittelladen im Erdgeschoss und geben uns manchmal Erdbeeren und Bananen umsonst.

Und diesen Witz kennen wir auch schon. Das 85 Mädchen macht ihn jedes Mal, wenn die großen Pfützen auf der Schönhauser Allee auftauchen und die großen Menschenmengen kurzzeitig verschwinden.

Auf wunderbare Weise wird die Allee aber 90 schnell wieder trocken und belebt, sodass dann keiner mehr auf die Idee kommt, dass es hier vor Kurzem noch geregnet hat.

---

2 diabolisch: teuflisch

1 Beschreibt, worum es in der Kurzgeschichte geht. Formuliert den Satz zu Ende:
Wladimir Kaminers Kurzgeschichte „Schönhauser Allee im Regen" handelt von ...

2 Was geht in den Figuren vor?
Notiert die Gedanken des Mädchens, das in der Pfütze steht, und die der Passanten.

3 In einer Kurzgeschichte stellen die handelnden Figuren oft „Alltagsmenschen" dar.
a Listet auf, welche Figuren in dieser Geschichte vorkommen.
b Erläutert, ob es sich bei den Figuren um Alltagsmenschen handelt.

4 Das Leitmotiv in dieser Kurzgeschichte ist das „Wasser".
Sucht Textstellen, die dies belegen. Schreibt sie mit Zeilenangaben auf, z. B.:
„Ab und zu regnet es ..." = Z.1, ...

5 Überlegt, welche Bedeutung das Leitmotiv „Wasser" in der Geschichte hat.
Wählt Aufgabe a oder b. Vergleicht anschließend eure Ergebnisse.
● ○ ○ a Ergänzt in eurem Heft die folgende Erläuterung des Leitmotivs:
Das Leitmotiv ... stellt einen Augenblick ..., in dem ... ein bisschen anders ist.
● ● ● b Erläutert, was der Kurzgeschichte fehlen würde, wenn darin das „Wasser" keine Rolle spielen würde.
Was macht der Regen mit der Straße?

Information	**Das Leitmotiv**

Leitmotive können in Geschichten insbesondere als **Gegenstände**, als **Farben**, als **Handlungen, Situationen, Stimmungen** oder **Sätze** vorkommen, die an verschiedenen Stellen **im Text immer wieder auftauchen.**
Durch diese Wiederholung gewinnt ein Leitmotiv eine **besondere Bedeutung.**
Es kann z. B. eine bestimmte Eigenschaft oder Handlungsweise einer Figur versinnbildlichen.

Merkmale einer Kurzgeschichte kennen lernen

1 Eine Kurzgeschichte beleuchtet einen aussagekräftigen Abschnitt aus dem Leben und Alltag einer Figur.

a Welche der beiden Abbildungen passt zu dieser Aussage? Begründet.

b Wendet die Aussage auf die Kurzgeschichte „Saugnäpfe" (▶ S. 103–104) oder „Schönhauser Allee im Regen" (▶ S. 105–106) an, z. B.:

In Kaminers Kurzgeschichte bricht ... aus ihrem ... aus. Sie nutzt den besonderen Moment ...

2 **a** Notiert in Partnerarbeit, wie eine der beiden Geschichten weitergehen könnte.

b Tauscht euch mit den anderen in der Klasse über eure Ideen zu Aufgabe 2 a aus.

c Überlegt, weshalb man davon spricht, dass Kurzgeschichten ein „offenes Ende" haben.

3 Was macht den Beginn einer Kurzgeschichte aus? Wählt Aufgabe a oder b.

a Welcher der folgenden Aussagen stimmt ihr zu? Begründet.

   A Ich kann ohne Probleme in die Geschichte einsteigen.
     Ich muss nicht wissen, was alles vor dem Unwetter in der Schönhauser Allee passiert ist.

   B Ich könnte die Kurzgeschichte besser verstehen, wenn ich z. B. wüsste, was Nicole und ihr Vater vor dem Regen unternommen haben.

b Lest noch einmal die ersten Zeilen der Kurzgeschichten in diesem Teilkapitel.
Wählt dann die richtigen Satzbausteine für die folgenden Aussagen aus. Schreibt ins Heft:

– Ein Merkmal einer Kurzgeschichte ist, dass sie keine/eine Einleitung aufweist.

– Die Figuren werden näher/nicht weiter eingeführt.

– Man kann sagen, eine Kurzgeschichte beginnt mit einem unmittelbaren Einstieg / mit der Beantwortung der Fragen: Wann? Wo? Wer? Was?

Information   **Die Kurzgeschichte**

Eine Kurzgeschichte (engl. *short story*) ist von geringem Umfang. Sie hat folgende **Merkmale:**

- Sie erzählt einen **aussagekräftigen Abschnitt aus dem Leben und dem Alltag einer Figur.**
- Die handelnden **Figuren** stellen meist **Alltagsmenschen** dar.
- Der **Anfang ist unvermittelt:** Die Geschichte springt mitten hinein ins Geschehen.
- Die **Handlung** erfährt einen **Wendepunkt,** der oftmals **überraschend** erfolgt.
- Der **Schluss ist offen.** Die Leser können selbst über ein Ende oder eine Lösung nachdenken.

Eine berühmte Kurzgeschichte lesen und verstehen

Wolfgang Borchert

Die Küchenuhr (erschienen 1948)

Sie sahen ihn schon von Weitem auf sich zu-
kommen, denn er fiel auf. Er hatte ein ganz altes
Gesicht, aber wie er ging, daran sah man, dass
er erst zwanzig war. Er setzte sich mit seinem
5 alten Gesicht zu ihnen auf die Bank. Und dann
zeigte er ihnen, was er in der Hand trug.
Das war unsere Küchenuhr, sagte er und sah sie
alle der Reihe nach an, die auf der Bank in der
Sonne saßen. Ja, ich habe sie noch gefunden.
10 Sie ist übrig geblieben. Er hielt eine runde teller-
weiße Küchenuhr vor sich hin und tupfte mit
dem Finger die blau gemalten Zahlen ab.
Sie hat weiter keinen Wert, meinte er entschuldi-
gend, das weiß ich auch. Und sie ist auch nicht
15 so besonders schön. Sie ist nur wie ein Teller,
so mit weißem Lack. Aber die blauen Zahlen sehen doch ganz hübsch aus, finde ich. Die Zeiger
sind natürlich nur aus Blech. Und nun gehen
sie auch nicht mehr. Nein. Innerlich ist sie ka-
20 putt, das steht fest. Aber sie sieht noch aus wie
immer. Auch wenn sie jetzt nicht mehr geht.
Er machte mit der Fingerspitze einen vorsichti-
gen Kreis auf dem Rand der Telleruhr entlang.
Und er sagte leise: Und sie ist übrig geblieben.
25 Die auf der Bank in der Sonne saßen, sahen
ihn nicht an. Einer sah auf seine Schuhe, und
die Frau sah in ihren Kinderwagen. Dann sagte
jemand: Sie haben wohl alles verloren?
Ja, ja, sagte er freudig, denken Sie, aber auch
30 alles! Nur sie hier, sie ist übrig. Und er hob die
Uhr wieder hoch, als ob die anderen sie noch
nicht kannten.
Aber sie geht doch nicht mehr, sagte die Frau.
Nein, nein, das nicht. Kaputt ist sie, das weiß
35 ich wohl. Aber sonst ist sie doch noch ganz wie
immer: weiß und blau. Und wieder zeigte er
ihnen seine Uhr. Und was das Schönste ist,
fuhr er aufgeregt fort, das habe ich Ihnen ja
noch überhaupt nicht erzählt. Das Schönste

kommt nämlich noch: Denken Sie mal, sie ist
40 um halb drei stehen geblieben. Ausgerechnet
um halb drei, denken Sie mal.
Dann wurde Ihr Haus sicher um halb drei ge-
troffen, sagte der Mann und schob wichtig die
Unterlippe vor. Das habe ich schon oft gehört.
45 Wenn die Bombe runtergeht, bleiben die Uh-
ren stehen. Das kommt von dem Druck.
Er sah seine Uhr an und schüttelte überlegen
den Kopf. Nein, lieber Herr, nein, da irren Sie
sich. Das hat mit den Bomben nichts zu tun.
50 Sie müssen nicht immer von den Bomben reden.
Nein. Um halb drei war ganz etwas anderes,
das wissen Sie nur nicht. Das ist nämlich der
Witz, dass sie gerade um halb drei stehen geblieben ist. Und nicht um Viertel nach vier oder um
55 sieben. Um halb drei kam ich nämlich immer
nach Hause. Nachts, meine ich. Fast immer um
halb drei. Das ist ja gerade der Witz.
Er sah die anderen an, aber die hatten ihre Augen von ihm weggenommen. Er fand sie nicht.
60 Da nickte er seiner Uhr zu. Dann hatte ich natürlich Hunger, nicht wahr? Und ich ging immer gleich in die Küche. Da war es dann fast
immer halb drei. Und dann, dann kam nämlich meine Mutter. Ich konnte noch so leise die
65 Tür aufmachen, sie hat mich immer gehört.
Und wenn ich in der dunklen Küche etwas zu
essen suchte, ging plötzlich das Licht an. Dann
stand sie da in ihrer Wolljacke und mit einem
roten Schal um. Und barfuß. Immer barfuß.
70 Und dabei war unsere Küche gekachelt. Und
sie machte ihre Augen ganz klein, weil ihr das

Licht so hell war. Denn sie hatte ja schon geschlafen. Es war ja Nacht.

75 So spät wieder, sagte sie dann. Mehr sagte sie nie. Nur: So spät wieder. Und dann machte sie mir das Abendbrot warm und sah zu, wie ich aß. Dabei scheuerte sie immer die Füße aneinander, weil die Kacheln so kalt waren. Schuhe zog

80 sie nachts nie an. Und sie saß so lange bei mir, bis ich satt war. Und dann hörte ich sie noch die Teller wegsetzen, wenn ich in meinem Zimmer schon das Licht ausgemacht hatte. Jede Nacht war es so. Und meistens immer um

85 halb drei. Das war ganz selbstverständlich, fand ich, dass sie mir nachts um halb drei in der Küche das Essen machte. Ich fand das ganz selbstverständlich. Sie tat das ja immer. Und sie hat nie mehr gesagt als: So spät wieder. Aber das

90 sagte sie jedes Mal. Und ich dachte, das könnte nie aufhören. Es war mir so selbstverständlich. Das alles. Es war doch immer so gewesen.

Einen Atemzug lang war es ganz still auf der Bank. Dann sagte er leise: Und jetzt? Er sah die anderen an. Aber er fand sie nicht. Da sagte er 95 der Uhr leise ins weiß-blaue runde Gesicht: Jetzt, jetzt weiß ich, dass es das Paradies war. Das richtige Paradies.

Auf der Bank war es ganz still. Dann fragte die Frau: Und Ihre Familie? 100

Er lächelte sie verlegen an: Ach, Sie meinen meine Eltern? Ja, die sind auch mit weg. Alles ist weg. Alles, stellen Sie sich vor. Alles weg.

Er lächelte verlegen von einem zum anderen. Aber sie sahen ihn nicht an. Da hob er wieder 105 die Uhr hoch, und er lachte. Er lachte: Nur sie hier. Sie ist übrig. Und das Schönste ist ja, dass sie ausgerechnet um halb drei stehen geblieben ist. Ausgerechnet um halb drei.

Dann sagte er nichts mehr. Aber er hatte ein 110 ganz altes Gesicht. Und der Mann, der neben ihm saß, sah auf seine Schuhe. Aber er sah seine Schuhe nicht. Er dachte immerzu an das Wort Paradies.

1 a Lest zunächst nur den Titel und die Jahreszahl.
Stellt Vermutungen darüber an, worum es in dieser Geschichte gehen könnte.

b Trafen eure Leseerwartungen zu? Nennt Textstellen, die euch beeindruckt haben.

2 Beantwortet in Partnerarbeit die folgenden Fragen zu dieser Kurzgeschichte.
Belegt eure Antworten mit Textzitaten, z. B.:

Die Hauptfigur ist ein junger ..., der aber schon sehr ... Sein ... Aussehen wird zuerst in den Zeilen 2 bis 4 beschrieben: „Er hatte ein ganz altes Gesicht, aber wie er ging, daran sah man, dass er erst zwanzig war."

– Wer ist die Hauptfigur der Geschichte?

– Was meint der Mann, als er von einem Paradies spricht?

– Wie reagieren die Zuhörer auf das, was der Mann ihnen erzählt?

3 Die Kurzgeschichte „Die Küchenuhr" erschien im Jahr 1948.
In welcher Weise gibt sie das Leben in dieser Zeit wieder? Nutzt folgenden Text:

Wolfgang Borchert wurde 1921 in Hamburg geboren und schrieb mehrere Kurzgeschichten.

Er starb bereits 1947 mit 26 Jahren, 5 da seine Gesundheit durch den Krieg und Hunger in der Nachkriegszeit zerstört worden war.

Als junger Mann hat Wolfgang Borchert den Nationalsozialismus und den Zweiten Weltkrieg (1939–45) erlebt und durchlitten. Seine Heimatstadt Dresden wurde zerbombt. 10

In seinem Werk hat er immer wieder die zertrümmerte Welt, Verlorenheit und Hoffnungslosigkeit der Menschen in dieser Zeit dargestellt.

4 Als Leitmotiv (▶ S. 106) gewinnt die Küchenuhr im Text eine wichtige Bedeutung.
Findet und zitiert alle Textstellen, in denen die Uhr und die Uhrzeit vorkommen, z. B.:
Titel: „Die Küchenuhr", Z. 7: „Das war unsere Küchenuhr [...].", Z. x–xx: „..."

5 Weshalb sind die Uhr und die Uhrzeit „halb drei" so wichtig? Wählt Aufgabe a oder b.
●○○ **a** Ergänzt die Satzanfänge A und B sinnvoll durch eine der Erläuterungen:
   A Um halb drei ist die Küchenuhr ...   ... stets stehen geblieben.
                                        ... nach einen Bombenangriff stehen geblieben.
   B Diese Uhrzeit ...   ... lässt den Mann an sein verlorenes Leben mit seinen Eltern denken.
                        ... erinnert ihn daran, dass er dann frei hatte und in Ruhe essen konnte.
●●● **b** Erläutert mit eigenen Worten das folgende Zitat:
   „Das Schönste kommt nämlich noch: Denken Sie mal, sie ist um halb drei stehen geblieben.
   Ausgerechnet um halb drei, denken Sie mal." (Z. 39–42)
   c Vergleicht eure Ergebnisse.

6 Handelt es sich bei dem Text „Die Küchenuhr" um eine Kurzgeschichte?
   a Übertragt die folgende Tabelle in euer Heft.
   b Ergänzt die Tabelle in der linken Spalte durch weitere typische Merkmale.
   Tipp: Beachtet die Information auf Seite 107.
   c Ergänzt die rechte Spalte durch Erklärungen und mögliche Textbelege (Zitate).
   d Wie lautet euer Ergebnis zu Aufgabe 6? Vergleicht in Partnerarbeit eure Tabellen.

Merkmale der Kurzgeschichte	Erklärungen und Textbelege (Zitate)
geringer Umfang	*Sie ist nicht länger als eine und eine halbe Seite.*
unvermittelter Anfang	*Es gibt keine Einleitung, die Handlung springt mitten ins Geschehen: „Sie sahen ihn schon von Weitem auf sich zukommen, denn er fiel auf." (Z. 1–2)*
handelnde Figuren stellen Alltagsmenschen dar	*...*
aussagekräftiger ...	*...*
...	*...*

Methode   **Textstellen zitieren**

- **Zitieren** heißt, dass man **Stellen aus einem Text wiedergibt.** Dadurch kann man seine **Aussagen** zu einem Text **belegen,** damit sie **für andere nachvollziehbar** sind.
- **Zitate** gibt man **meist wortwörtlich** wieder.
- Zitate werden durch **Anführungszeichen gekennzeichnet** und **die Fundstelle** im Text z. B. **durch Nennung der Zeile/-n** (in längeren Romanen auch der Seite) angegeben, z. B.:
  „Die auf der Bank in der Sonne saßen, sahen ihn nicht an." (Z. 25–26)
- **Textauslassungen** zu Beginn, in der Mitte oder am Ende des Zitats werden in der Regel durch **eckige oder runde Klammern** gekennzeichnet, z. B.:
  „Er lächelte [...]. Da hob er wieder die Uhr hoch [...]. Nur sie hier. Sie ist übrig." (Z. 104–107)

Teste dich!

A   Kurzgeschichten ...

a setzen unvermittelt ein.

b haben eine ausführliche Einleitung.

C   In einer Kurzgeschichte stehen ...

a wenige Figuren im Mittelpunkt.

b meist sehr viele Figuren im Mittelpunkt.

B   In einer Kurzgeschichte ...

a wird ein aussagekräftiger Abschnitt aus dem Leben und Alltag einer Figur dargestellt.

b wird das gesamte Leben einer Figur ausführlich dargestellt.

D   In einer Kurzgeschichte gibt es ...

a meist einen Wendepunkt.

b immer mehrere Wendepunkte.

E   Der Schluss einer Kurzgeschichte ist ...

a meist offen.

b immer ein Happy End.

F   Ein Leitmotiv ...

a wiederholt sich häufig in einer Geschichte.

b ist in einer Geschichte meist ganz versteckt.

1 Notiere in deinem Heft die richtige Ergänzung zu den Satzanfängen A bis F.

Marie Luise Kaschnitz

Das letzte Buch (1979)

Das Kind kam heute spät aus der Schule heim. Wir waren im Museum, sagte es. Wir haben das letzte Buch gesehen. Unwillkürlich blickte ich auf die lange Wand unseres Wohnzimmers, die
5 früher einmal mehrere Regale voller Bücher verdeckt haben, die aber jetzt leer ist und weiß getüncht, damit das neue plastische Fernsehen darauf erscheinen kann. Ja und, sagte ich erschrocken, was war das für ein Buch? Eben ein
10 Buch, sagte das Kind. Es hat einen Deckel und einen Rücken und Seiten, die man umblättern kann. Und was war darin gedruckt?, fragte ich.

Das kann ich doch nicht wissen, sagte das Kind. Wir durften es nicht anfassen. Es liegt unter Glas. Schade, sagte ich. Aber das Kind war 15 schon weggesprungen, um an den Knöpfen des Fernsehapparates zu drehen. Die große weiße Wand fing sich an zu beleben, sie zeigte eine Herde von Elefanten, die im Dschungel eine Furt durchquerten. Der trübe Fluss schmatzte, 20 die eingeborenen Treiber schrien. Das Kind hockte auf dem Teppich und sah die riesigen Tiere mit Entzücken an. Was kann da schon drinstehen, murmelte es, in so einem Buch.

2 Worum geht es in diesem Text? Welche Antwort stimmt: A oder B?
A Es geht um ein Kind, das gern in ein Museum geht, um dort ein berühmtes Buch anzusehen.
B Es geht um das Verschwinden der Bücher und darum, dass Menschen lieber fernsehen als lesen.

3 Handelt es sich bei diesem Text um eine Kurzgeschichte?
Prüfe die Merkmale mit Hilfe deiner Ergebnisse zu Aufgabe 1.

4 Prüft in Partnerarbeit eure Antworten zu den Aufgaben 1 bis 3.

6.2 Darum geht es! – Inhaltsangaben verfassen

Zoran Drvenkar

Unterwegs (2006; gekürzt)

Frankie verschwand heute Nachmittag. Und wenn jemand wie Frankie verschwindet, sorgt das immer ein wenig für Panik. Frankie ist fünf. Und Frankie verschwindet gerne.

5 „Ich geh mal pinkeln", hatte er gesagt, als wir bei Dunkin Donuts saßen. Während er weg war, trank ich meinen Kakao leer und schaute aus dem Fenster. Frankie kam nicht wieder. Nach zehn Minuten öffnete ich die Tür zu den Toilet-
10 ten. Frankie war verschwunden. Mutter dachte, dass er bei einem Freund war. Als ich mit Vater telefonierte, sagte er, dass mir Frankie bestimmt einen Streich gespielt hatte und jeden Moment durch die Tür kommen würde.

15 Manchmal bin ich mir sicher, dass unsere El-tern uns überhaupt nicht kennen. Ich bin Fran-kies große Schwester, er würde nie zu einem Freund gehen, ohne mir davon zu erzählen. Und er würde mir nie so einen Streich spielen.
20 Nicht Frankie.

„Wenn er um sechs nicht wieder da ist", sagte Mutter, „dann gehen wir ihn suchen."

Um sieben war Frankie noch immer nicht zu-rück. „Mir reicht es, ich rufe jetzt die Polizei",
25 sagte Mutter und wollte eben zum Hörer grei-fen, als das Telefon klingelte.

Ich nahm den Hörer ab. „Ja?"

„Delia?"

„Frankie! Wo bist du?"

„Köln", sagte Frankie. 30

„Was?!", sagte ich, drückte den Hörer fester an mein Ohr und hörte aus dem Hintergrund Stimmengemurmel und dann eine Zugansage.

„Du", sprach Frankie weiter, „hier ist ein Mann bei McDonald's, der meint, dass es keine so 35 gute Idee ist, wenn ich Fleisch esse. Aber was willst du bei McDonald's schon anderes essen?"

„Pommes", rutschte es mir raus.

„Oh, gute Idee", sagte Frankie und legte auf. Später erfuhren wir, wie einfach Frankie von 40 Berlin nach Köln gekommen war. Er hatte sich am Bahnhof Zoo in den ersten ICE gesetzt, der Richtung Köln fuhr. Im ICE ist er ein bisschen durch den Zug gelaufen, dann kam ein Schaff-ner und Frankie sagte zu ihm: „Meine Mama 45 sitzt ganz hinten mit einem Kinderwagen."

Niemand hielt ihn auf. Bis Köln hat er dann ein-fach nur aus dem Fenster geschaut.

Mutter versuchte Vater anzurufen. Seit drei Monaten lebten unsere Eltern nicht mehr zu- 50 sammen. Vater hatte sich in eine andere Frau verliebt und Mutter hatte ihn deswegen rausge-schmissen. „Dein Sohn ist auf dem Weg zu dir", sagte sie.

„Quatsch", sagte er. 55

„Ich weiß nicht, wie Frankie das gemacht hat",

sagte Mutter. „Aber wenn du ihn entführt oder ihm erzählt hast, er soll dich besuchen kommen, dann schleppe ich dich vor Gericht."

60 „Moment mal", sagte Vater. „Wer hat hier wen entführt?"

Genau da brach Mutter in Tränen aus. Ich nahm ihr den Hörer ab. „Papa?"

„Delia, was ist bei euch los?"

65 Ich erzählte ihm, dass Frankie verschwunden war und irgendwie nach Köln gereist sein musste. „Ich glaube, er ist bei McDonald's am Hauptbahnhof, kannst du ihn abholen?"

Vater sagte nichts, es knisterte in der Leitung.

70 „Ich bin nicht in Köln", sagte Vater leise.

„Was?"

„Ich bin in Venedig", sagte er. [...]

Das Telefon klingelte. „Frankie, Schatz, bist du das?"

75 „Hallo, Mama."

„Frankie, Engelchen, was machst du nur?"

„Ich hab die Adresse vergessen", sagte Frankie.

„Ich wollte Papa besuchen, aber ich hab die Adresse vergessen."

80 Mutter schluckte ein paar Tränen herunter. Ich konnte es hören. Ihre Stimme klang danach ganz brüchig, als sie sagte: „Frankie, Papa ist nicht in Köln, er ist nach Venedig gereist."

„Oh", sagte Frankie und legte wieder auf.

85 Danach drehte Mutter auf. Sie nervte die Deutsche Bahn. Sie nervte die Polizei, das Rote Kreuz und auch bei McDonald's rief sie an. Sie mailte allen zusammen Fotos von Frankie. Und alle versprachen, nach meinem kleinen Bruder Aus

90 schau zu halten und sich sofort bei uns zu melden, wenn sie ihn fanden. Dann setzte sich Mutter auf das Sofa, um einen Kamillentee zu trinken. Und genau dort schlief sie ein.

Das Telefon weckte Mutter und mich um kurz

95 nach halb sieben.

„Frankie?", fragte meine Mutter verschlafen.

„Fütterst du meinen Hamster?", sagte Frankie.

„Natürlich. Sicher, Frankie, mein Liebling, wo bist du?"

100 Frankie schwieg kurz, dann hörten wir Stimmengemurmel im Hintergrund, und dann sagte Frankie: „Wörgl."

„Was?"

„Wörgl."

105 „Frankie, geht es dir nicht gut?"

„Ich frühstücke lecker", sagte Frankie über die rauschende Leitung, und wir konnten hören, wie er in ein Brötchen biss. Bevor Mutter antworten konnte, knackte und knisterte es, und

110 die Leitung war unterbrochen.

Später erfuhren wir, dass Frankie den UEx genommen hatte. Der UEx heißt in Wirklichkeit UrlaubsExpress und fährt abends um 20 Uhr 39 von Köln aus. Im UEx hatte Frankie dem Schlaf

115 wagenschaffner erzählt, unser Vater würde so sehr schnarchen, dass Frankie wegrennen musste. Als der Schlafwagenschaffner diese Geschichte hörte, bot er Frankie sofort ein freies Abteil mit Bett an und brachte ihm noch einen

120 Sandwich. Als der Schaffner und die zwei Schlafwagenbetreuer Pause machten, spielten sie mit Frankie ein paar Runden Mau-Mau. Nach sechzehn Stunden Fahrt stieg Frankie am Mittag in Venedig aus dem Zug.

125 Über das Internet erfuhren wir, dass es nur einen Zug gäbe, der aus Deutschland kam und kurz nach halb sieben in Wörgl hielt. Vater stand am Bahnhof bereit. Frankie verließ den Zug wie ein welterfahrener Reisender und nicht wie ein

130 fünfjähriger Junge, der keinen Cent in der Tasche hatte. Er sah Vater am Ende des Gleises stehen und rannte auf ihn zu. Und auch wenn Vater wütend sein wollte, konnte er es nicht.

---

1 Verständigt euch gemeinsam darüber, was in der Kurzgeschichte passiert:

a Haltet fest, welche Figuren vorkommen und wo die Geschichte spielt.

b In Form einer Inhaltsangabe könnt ihr anderen mit eigenen Worten das Wichtigste aus der Geschichte mitteilen und auch euer Textverständnis formulieren.
Bearbeitet die nachfolgenden Arbeitsschritte, um eine Inhaltsangabe vorzubereiten.

Schritt 1: Erste allgemeine Informationen in der Einleitung

2 Wählt für die folgende Einleitung aus den vorgegebenen Informationen die richtigen aus. Schreibt in euer Heft.

Zoran Drvenkars Kurzgeschichte *„Unterwegs"/„Frankie"* aus dem Jahr *2001/2006* handelt von der *geplanten/abenteuerlichen* Reise des *fünfjährigen/elfjährigen Frankie/Peter.* Im Mittelpunkt stehen *seine Reise / seine Flucht* von Berlin nach *Amsterdam/Venedig* und die *Sorge/Freude* der Familienmitglieder um sein *Wohlbefinden/Taschengeld.*

Schritt 2: Die wesentlichen Handlungsschritte im Hauptteil

3 Klärt für den Hauptteil der Inhaltsangabe die wichtigsten Handlungsschritte.
a Entscheidet, welche der nachfolgenden Sätze wichtige Informationen wiedergeben.
b Schreibt die ausgewählten Sätze ab. Bringt sie dabei in die richtige Reihenfolge.
   – Frankie verschwindet aus Berlin.
   – Frankie sitzt bei *Dunkin Donuts.*
   – Während die Mutter sich sorgt, reist Frankie erst nach Köln und dann nach Venedig.
   – Während Frankie die Zugbegleiter anlügt, trinkt die Mutter Kamillentee auf dem Sofa.
   – Die Mutter informiert den Vater, damit er seinen Sohn am Bahnhof in Venedig abholt.
   – Delia und die Mutter nerven die Deutsche Bahn.
c Verbindet die Handlungsschritte durch Satzverknüpfungen zu einem Text im Präsens.

> als   solange   während   nachdem   bevor   sodass   denn   deshalb   aber   jedoch
> um   zuerst   dann   daraufhin   anschließend   einige Zeit später   schließlich   am Ende

4 In einer Inhaltsangabe verwendet man meist keine wörtliche Rede.
Schreibt die beiden folgenden Zitate so um, dass ihr die wörtliche Rede vermeidet, z. B.:

Formulierung im Text	Indirekte Rede (▶ S. 205–206)	Umschreibung
„Mir reicht es, ich rufe jetzt die Polizei." (Z. 24)	*Die Mutter sagt, dass sie die Polizei rufe.*	*Die Mutter ist verzweifelt und möchte die Polizei einschalten.*

   – „Ich bin in Venedig." (Z. 72)
   – „Ich wollte Papa besuchen, aber ich hab die Adresse vergessen." (Z. 78–79)

3. Schritt: Mein Textverständnis zum Schluss

5 Im Anschluss an die inhaltliche Zusammenfassung kann man formulieren, wie man die Kurzgeschichte insgesamt versteht.
Wählt eine der folgende Aussagen aus und beendet sie.
A Die Kurzgeschichte soll Verständnis für Kinder wecken, deren Eltern sich getrennt haben. Das gelingt sehr gut, …
B Die Kurzgeschichte soll zeigen, dass Kinder manchmal darunter leiden, dass …

6 Gebt mit Hilfe eurer Vorarbeiten den Inhalt der Kurzgeschichte schriftlich wieder.

Hanns Dieter Hüsch

Außenseiter mit Irokesenfrisur (1982; gekürzt)

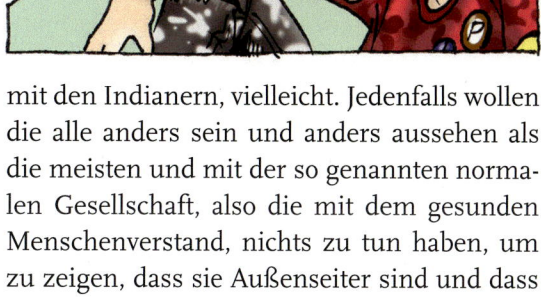

1 Neulich bin ich wieder mal mit dem Zug gefahren, und bei dieser Fahrt bin ich auch durch Eitorf gekommen, ein kleines Städtchen im Sieg-Kreis, und da guckte ich
5 zum Fenster hinaus, weil ich auch gucken wollte, ob das wirklich Eitorf ist, ich war ein bisschen unsicher, da sehe ich auf der Bank auf dem Bahnsteig einen Jungen sitzen. Wie alt mag er gewesen sein, dreizehn, vierzehn, fünf-
10 zehn, schon mit so einer – wie sagt man – Irokesenfrisur. Also in der Mitte vom Kopf so eine schmale, hochgestellte Bürste in einem leuchtenden Rot, sonst war der Kopf ganz kahl geschoren. Ich meine, ich kann ja so eine Frisur
15 nicht mehr tragen, ich habe auch in der Mitte keine Haare mehr und mir würde ja auch so eine Irokesenfrisur wohl auch nicht stehen und die Leute würden wahrscheinlich gleich wieder sagen – wie schon so oft – „Jetzt spinnt
20 der schon wieder".

2 Aber ich habe auch nur so gedacht, als der Zug in Eitorf hielt und ich den Jungen sah. „Warum machen die Kinder das?", habe ich gedacht – ich meine, in zwanzig Jahren ist
25 er sicher Einkaufsleiter bei Klettmann & Söhne, Zweireiher mit feinem Nadelstreifen, alles proper und ordentlich, die Haare nicht zu kurz, aber auch nicht zu lang.

3 Gut. Aber jetzt hat er ja noch die Irokesen-
30 frisur. Und als ich den Jungen so mutterseelenallein auf dem leeren Bahnsteig in Eitorf da auf der Bank sitzen sah, da habe ich gedacht, vielleicht machen die das auch aus Solidarität mit den Indianern, vielleicht. Jedenfalls wollen die alle anders sein und anders aussehen als 35 die meisten und mit der so genannten normalen Gesellschaft, also die mit dem gesunden Menschenverstand, nichts zu tun haben, um zu zeigen, dass sie Außenseiter sind und dass sie auch eine Minderheit sind, die nicht ernst 40 genommen wird, habe ich für mich so gedacht.

4 Ich weiß jetzt nicht, ob es wirklich so ist, ob es vielleicht nicht doch nur eine Mode ist oder ein „Schickimicki-Protest", jedenfalls habe ich mir dann noch so andere Geschichten 45 überlegt. Zum Beispiel können Frauen, die gegen die Ausländerfeindlichkeit sind, einfach mal aus Solidarität Kopftücher tragen, so wie viele türkische Frauen, damit der Unterschied nicht auffällt. 50

5 Das alles fiel mir ein, als ich den kleinen Jungen auf der Bank auf dem Bahnsteig in Eitorf sah. Dass die Alten viel mehr und noch mehr mit dem Jungen reden sollten, um mehr zu erfahren, noch mehr zu erfahren. 55 Aber, hab ich auch gedacht, als ich den Jungen auf der Bank auf dem Bahnsteig in Eitorf sah, wie würdest du denn wohl rumlaufen, wenn du jetzt so dreizehn, vierzehn, fünfzehn wärst? Also, wie ich mich kenne, wahrscheinlich genauso. 60

---

1 Um welches Thema geht es in der Kurzgeschichte „Außenseiter mit Irokesenfrisur"?
Wählt die treffendste Aussage A, B, C oder D.
A In der Kurzgeschichte geht es um Frisuren von Jugendlichen.
B Die Kurzgeschichte erzählt von einem Treffen zwischen jungen und alten Menschen.
C Die Kurzgeschichte gibt Gedanken eines Erwachsenen über einen jungen Punker wieder.
D Die Kurzgeschichte beschreibt eine Bahnfahrt durch den Sieg-Kreis.

2 Verfasst zu dieser Kurzgeschichte eine Inhaltsangabe. Nutzt die folgenden Seiten.

Üben: Eine Inhaltsangabe vorbereiten

3 Bereitet zu „Außenseiter mit Irokesenfrisur" (▶ S. 115) eine Inhaltsangabe vor.

●●● Formuliert einen Einleitungssatz: Beachtet Textart, Titel, Erscheinungsjahr, Autor, Thema.

▶ Eine Hilfe zu Aufgabe 3 findet ihr auf Seite 117.

4 Veranschaulicht euch mit Hilfe eines Flussdiagramms die Handlungsschritte.

●●● Notiert im Diagramm für die fünf Textabschnitte das jeweils wichtigste Geschehen, z. B.:

> *Ein Ich-Erzähler sieht den Jungen mit der Irokesenfrisur auf dem ... sitzen.*

> *Der erwachsene Mann fragt sich, ...*

> *...*

▶ Hilfe zu 4, Seite 117

5 Übt, die direkte Rede aus dieser Kurzgeschichte in die indirekte Rede umzuwandeln:

●●● A „Jetzt spinnt der schon wieder". (Z. 19–20) → *Die Leute würden sagen, dass er ...*

B „Warum machen die Kinder das?" (Z. 23) → *Er dachte darüber nach, warum ...*

▶ Hilfe zu 5, Seite 117

6 Formuliert einen Schluss: Wie versteht ihr die Kurzgeschichte?

●●● – *Der Text soll darauf aufmerksam machen, dass ...*

– *Die Kurzgeschichte regt zum Nachdenken an, indem sie darstellt, wie ...*

Tipp: Ihr könnt auch die Gedanken und Reaktionen des Ich-Erzählers beurteilen.

▶ Hilfe zu 6, Seite 117

Methode   **Inhalte zusammenfassen – Die Inhaltsangabe**

Mit einer Inhaltsangabe fasst man den Inhalt eines Textes **knapp und sachlich** zusammen. Sie **informiert** andere, die den Text nicht kennen, **über den wesentlichen Inhalt und Ablauf.** Man formuliert **mit eigenen Worten** und **im Präsens.** Man **vermeidet** auch die **direkte Rede.**

Aufbau

- In der **Einleitung** werden die Textsorte (z. B. Kurzgeschichte, Novelle), der Titel, das Erscheinungsjahr, der Name des Autors / der Autorin und das Thema genannt.
  Sie sollte möglichst nur aus zwei Sätzen bestehen.
- Im **Hauptteil** werden die **wichtigsten Handlungsschritte** in der **zeitlich richtigen Abfolge** kurz dargestellt. Ein neuer Handlungsschritt beginnt z. B. bei einer Wendung in der Handlung, bei einem Zeitsprung, wenn eine neue Figur auftritt oder bei einem Ortswechsel.
- Im **Schlussteil** kann man kurz darstellen, wie man den Text versteht (interpretiert), z. B.:
  - Man **deutet,** wie man das **Verhalten der Figuren** begreift.
  - Man **erläutert,** worauf **der Text insgesamt hinweisen** möchte.
  - Man **nimmt Stellung** zur Geschichte insgesamt, z. B.:
    Die Kurzgeschichte ist für mich besonders beeindruckend, weil ...

●○○ **Aufgabe 3 mit Hilfe:**

Bereitet zu „Außenseiter mit Irokesenfrisur" (▶ S. 115) eine Inhaltsangabe vor.
Ergänzt dazu im Heft den folgenden Satz mit dem Titel der Kurzgeschichte, dem Erscheinungsjahr, dem Autorennamen und dem Thema:
Die Kurzgeschichte „..." aus dem Jahr ..., die ... verfasst hat, handelt von ...

●○○ **Aufgabe 4 mit Hilfe:**

Veranschaulicht euch mit Hilfe eines Flussdiagramms die Handlungsschritte.
Übertragt ins Heft die fünf Handlungsschritte in der richtigen Reihenfolge.

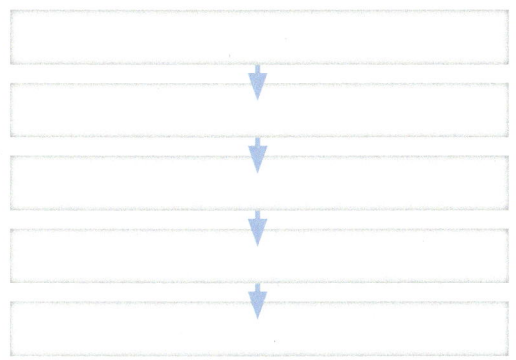

Der Mann überlegt sich weitere Beispiele, wie man durch das Aussehen auf etwas hinweisen könnte.

Der erwachsene Mann vermutet, dass der Junge in 20 Jahren ordentlich aussehen wird.

Ein Ich-Erzähler sieht den Jungen mit der Irokesenfrisur auf dem Bahnsteig sitzen.

Er fragt sich, welche Gründe der Jugendliche hat, diese Frisur zu tragen.

Der Ich-Erzähler meint, dass er sich als Jugendlicher genauso verhalten hätte.

●○○ **Aufgabe 5 mit Hilfe:**

Übt, die direkte Rede aus dieser Kurzgeschichte in die indirekte Rede umzuwandeln.
Wählt jeweils die passende Lösung A oder B aus.

Die Leute würden sagen: „Jetzt spinnt der schon wieder". (Z. 19–20)	„Warum machen die Kinder das?", habe ich gedacht. (Z. 23–24)
A Die Leute würden sagen, dass er schon wieder spinne.	A Er dachte darüber nach, warum die Kinder das machen werden.
B Die Leute sagten, der spinnt doch dauernd.	B Er dachte darüber nach, warum die Kinder das machten.

●○○ **Aufgabe 6 mit Hilfe:**

Formuliert einen Schluss: Wie versteht ihr die Kurzgeschichte?
Ergänzt im Heft mit Hilfe der nachstehenden Stichworte den folgenden Satzanfang:
Die Kurzgeschichte macht darauf aufmerksam, dass ...

– Verständnis zwischen Jugendlichen und Erwachsenen
– das Aussehen zeigt die innere Einstellung

6.3 Fit in …! – Eine Kurzgeschichte zusammenfassen und deuten

Stellt euch vor, ihr bekommt in der nächsten Klassenarbeit die folgende Aufgabe gestellt:

Aufgabe

1. Schreibe eine Inhaltsangabe zu Christine Lambrechts Kurzgeschichte „Luise".
   Beachte besonders, wie die Frauen aufeinander reagieren.
2. Stelle im Schlussteil Vermutungen darüber an, warum Luise sich den Frauen gegenüber so abweisend verhält.

Christine Lambrecht

Luise (1982)

Als sie den Kopf hob, stand sie plötzlich vor drei Frauen, die lange, fremdartige Kleider trugen. Die drei sahen neugierig zu ihr. Luise blickte an sich herunter. Da war doch

5 nichts Besonderes. Sie trug einen grünen Rock und flache Sportschuhe.

Also ging sie weiter, bis an die Waschbecken heran. Eine der Frauen sagte unvermittelt, dass sie aus Mali[1] kämen, dabei sah

10 sie abwartend in Luises Gesicht. Luise wollte sich nur die Haare kämmen. Sollte sie jetzt sagen, dass sie aus Zerbst[2] sei und keine Vorstellung von Mali hätte? Sie lächelte verlegen und kramte höflich in ihrer Tasche

15 nach dem Kamm. Sie hatte ja nicht damit rechnen können, auf der Bahnhofstoilette von drei Afrikanerinnen angesprochen zu werden.

Dann wäre sie vielleicht auch gar nicht hin-

20 gegangen, bestimmt nicht. Schließlich hatten sich auch die Kollegen an ihre dunklere Hautfarbe gewöhnt und versuchten nicht mehr, nach ihrem Vater zu fragen.

Luise mühte sich mit dem Kamm im krau-

25 sen Haar. Die Frauen sahen interessiert und freundlich zu. Während Luise noch überlegte, ob sie jetzt eindeutig und heftig fluchen sollte oder besser ein deutsches Volkslied singen, trat eine der Frauen plötz-

30 lich näher und hielt ihr die Hand fest.

Dann fuhr sie mit einem kleinen Kämmchen, das nur drei lange Zinken hatte, in Luises Haar. Sie setzte immer wieder auf der Kopfhaut an und zog es nach oben, tat

35 dann das Gleiche bei sich und schob das Kämmchen in Luises Tasche.

Dabei strich sie, wie zufällig, über Luises Hand, auch die beiden anderen taten das, bevor sie lächelnd aus dem Raum gingen.

1 Mali: Staat in Westafrika
2 Zerbst: Stadt in Sachsen-Anhalt

Die Aufgabe richtig verstehen

1 Was verlangt die Aufgabe (▶ S. 118) im Einzelnen von euch?

Notiert im Heft die Buchstaben der richtigen Aussagen. Sie ergeben ein Lösungswort.

Wir sollen …

F   ganz genau erzählen, was in der Kurzgeschichte passiert.

N   den wesentlichen Inhalt der Geschichte kurz zusammenfassen.

A   uns eine Vorgeschichte ausdenken.

E   den typischen Einleitungssatz einer Inhaltsangabe formulieren.

D   die Kurzgeschichte weiterschreiben.

U   beschreiben und erläutern, wie und warum die Frauen so aufeinander reagieren.

Planen

2 Lest die Geschichte und notiert in Stichworten Antworten auf die folgenden W-Fragen:

– Wer sind die handelnden Figuren?

– Wo spielt die Handlung (Handlungsort)?

– Welche Zeitspanne wird dargestellt?

– Worum geht es in dieser Kurzgeschichte? Was ist das Thema?

3 Unterteilt die Kurzgeschichte in Handlungsschritte.

Setzt dazu im Heft das begonnene Flussdiagramm fort:

Die dunkelhäutige Luise begegnet drei Afrikanerinnen auf der Bahnhofstoilette.

↓

Die Frauen mustern sich gegenseitig und Luise wird …, während …

↓

Luise will sich die Haare kämmen und kramt nach einem Kamm.

↓

…

↓

Schreiben

4 Verfasst einen Einleitungssatz. Beachtet Autor/-in, Textart, Titel, Erscheinungsjahr, Thema, z. B.:

In … Kurzgeschichte „…" aus dem Jahr … geht es um …

5 Formuliert im Präsens den Hauptteil eurer Inhaltsangabe.

Nutzt die folgenden Satzbausteine und die nebenstehenden Hinweise:

– Das Geschehen spielt in …

– Anfangs/Zunächst … Erzähler/-in beschreibt … Dann … Am Ende …

– Verben im Präsens verwenden

– Satzanfänge nutzen, welche die zeitliche Reihenfolge der Ereignisse verdeutlichen

---

6 a Beschreibt mit Hilfe der nachstehenden Adjektive und Partizipien, wie ...
  – sich Luise gegenüber den Afrikanerinnen verhält und
  – sich die Afrikanerinnen gegenüber Luise verhalten.
  b Belegt eure Beschreibungen mit passenden Zitaten.

> respektlos freundlich zurückhaltend ängstlich abweisend reserviert
> liebevoll fasziniert zugeneigt fürsorglich interessiert offen neugierig

7 Versucht, euch in Luises Lage zu versetzen.
  a Notiert Gedanken, die ihr während der Begegnung durch den Kopf gehen könnten.
  b Formuliert, worüber Luise nach der Begegnung nachgedacht haben könnte.
  c Wie kann Luises Verhalten insgesamt verstanden werden?
  Welche der nachfolgenden Aussagen A bis C treffen zu? Begründet.

> **A** Die Kurzgeschichte regt an, darüber nachzudenken, wie Menschen manchmal mit Fremdheit und scheinbarer Gleichheit umgehen.
>
> **B** Die Kurzgeschichte macht bewusst, welches Bild man sich von anderen bereits nach einer kurzen Begegnung macht.
>
> **C** Die Kurzgeschichte macht darauf aufmerksam, dass Begegnungen zwischen Menschen verschiedener Herkunft manchmal gewalttätig ablaufen.

8 Formuliert einen Schlussteil, indem ihr Aufgabe 2 (▶ S. 118) beantwortet: *Ich vermute, dass Luise ...*

Überarbeiten

9 Prüft und verbessert in Partnerarbeit eure Inhaltsangaben. Nutzt die Checkliste.

Checkliste

Inhalte zusammenfassen und deuten
- Enthält die Einleitung Angaben zu Autor/-in, Textart, Titel, Erscheinungsjahr und Thema?
- Ist der Text in der Einleitung richtig als Kurzgeschichte bezeichnet worden?
- Sind die wichtigsten Handlungsschritte in der richtigen Reihenfolge aufgeführt?
- Ist auf Nebensächlichkeiten verzichtet worden?
- Ist die Handlung sachlich und möglichst mit eigenen Worten dargestellt worden?
- Wurde das Präsens verwendet?
- Wurde erläutert, wie das Geschehen und das Figurenverhalten verstanden werden könnten?

Schreibwörter			▶ S. 294
die Kurzgeschichte	der Wendepunkt	aussagekräftig	beeindruckend
das Leitmotiv	das Verständnis	ausführlich	zurückhaltend
die Hauptfigur	überraschend	unvermittelt	insgesamt

7 Buntes Treiben in der Stadt –
Gedichte und Songs untersuchen, verändern, schreiben

1 Stellt euch vor, ihr würdet auf diese Stadt blicken und ihr könntet sie besuchen. Beschreibt, was ihr erlebt, seht, hört und riecht.

2 Erinnert euch an euren letzten Besuch in einer Großstadt.
  a Notiert, wie ihr diese erlebt habt.
  b Vergleicht eure Eindrücke mit denen zu Aufgabe 1.

In diesem Kapitel ...

– lernt ihr Songs und Gedichte über Städte kennen,
– untersucht und bearbeitet ihr Songs und Gedichte,
– tragt ihr Songs und Gedichte wirkungsvoll vor,
– textet ihr selbst Songs oder Gedichte über eure eigene Stadt.

7.1 Gesichter einer Stadt – Gedichte und Songs untersuchen

Kante

Wer hierher kommt, will vor die Tür (2007)

Die Nacht bricht an in einer Stadt
Die viel zu kurz geschlafen hat
Weil sich die Hitze in ihr fängt
Und man an Schlaf nicht denken kann

5   Es liegt etwas in deinem Blick
     Ein Leuchten wie ein blinder Fleck
     Lässt mich nicht los, treibt mich hier raus
     Macht mein Zuhause zum Versteck
     So wie die Lichter sich im Straßenmeer verirren
10   Will ich dir hinterher auf deiner Spur raus nach Berlin

Wer hierher kommt, will vor die Tür
Raus aus der Enge sich verlieren
Die Stadt der Geister und der Engel
Die dich durch ihre Straßen führen

15   Du bist ein Traumbild, ein Phantom
     Ein Wirbelsturm, ein Bilderstrom
     Ich will dich fassen und berühren
     Will deinen Atem an mir spüren
     In deinen Parks und Seen, den Straßen und Alleen
20   Will ich verlorengehen mit dir zu zweit, hier in Berlin

Wer hierher kommt, will vor die Tür
Raus aus der Enge sich verlieren
Die Stadt der Geister und der Engel
Die dich durch ihre Straßen führen
25   [...]

1   a   Tauscht euch aus: Welche Aussagen über Berlin könnten auch auf eure Stadt zutreffen?
       b   Gibt es Textstellen, die ihr nicht versteht? Versucht, sie gemeinsam zu klären.

2   Wer wird in dem Song angesprochen? Erläutert die Pronomen in den Versen 5, 8, 10, 14, 15, 17–20.

3   a   Untersucht die äußere Form des Songs. Verwendet die Begriffe Vers, Strophe und Reim (▶ S. 123).
       b   Lest die Verse vor, die sich wiederholen. Welche Wirkung hat diese Wiederholung?

Orhan Veli (1914–1950)

Ich höre Istanbul

Ich höre Istanbul, meine Augen geschlossen.
Zuerst weht ein leichter Wind,
Leicht bewegen sich
Die Blätter in den Bäumen.
5 In der Ferne, weit in der Ferne.
Pausenlos die Glocke der Wasserverkäufer.
Ich höre Istanbul, meine Augen geschlossen.

Ich höre Istanbul, meine Augen geschlossen.
In der Höhe die Schreie der Vögel,
10 Die in Scharen fliegen.
Die großen Fischernetze werden eingezogen,
Die Füße einer Frau berühren das Wasser.
Ich höre Istanbul, meine Augen geschlossen.

Ich höre Istanbul, meine Augen geschlossen.
15 Der kühle Bazar,
Mahmutpascha mit dem Geschrei der Verkäufer.
Die Höfe voll Tauben.
Das Gehämmer von den Docks her.
Im Frühlingswind der Geruch von Schweiß.
20 Ich höre Istanbul, meine Augen geschlossen.

Ich höre Istanbul, meine Augen geschlossen.
Im Kopf den Rausch vergangener Feste.
Eine Strandvilla mit halbdunklen Bootshäusern,
Das Sausen der Südwinde legt sich.
25 Ich höre Istanbul, meine Augen geschlossen.
[...]

1 In dem Gedicht beschreibt ein „Ich", wie es die Stadt Istanbul wahrnimmt.
a Schließt die Augen.
Lasst euch das Gedicht vorlesen.
b Notiert eure Eindrücke: Was habt ihr gesehen, gehört, gerochen und gefühlt?

2 Vergleicht die äußere Form von „Ich höre Istanbul" mit der von „Wer hierher kommt, will vor die Tür"
(▶ S. 122). Welche Gemeinsamkeiten und welche Unterschiede stellt ihr fest?

Information   **Die äußere Gedichtform bestimmen – Vers, Strophe, Reim, Refrain**

- **Vers:** die **einzelne Zeile in einem Gedicht** oder Song, z. B.: *Zuerst weht ein leichter Wind.*
- **Strophe:** wird aus **mehreren Versen** zusammen gebildet.
- **Reim:** Wörter reimen sich, wenn der **letzte betonte Vokal** und die **folgenden Laute gleich klingen,** z. B.: *Stadt – hat.*
  Man unterscheidet vor allem: **Paarreim** (aabb), **Kreuzreim** (abab), **umarmender Reim** (abba).
- **Refrain** (Kehrreim): Ein oder **mehrere Verse** zwischen einzelnen Strophen, zu Beginn oder am Schluss einer Strophe **kehren regelmäßig wieder.**
  Diese Wiederkehr gliedert einen Text und kann eine dargestellte Stimmung verstärken.

Das lyrische Ich und die Bildersprache untersuchen

Peter Schneider (*1940)

Auf der Straße

Wenn ich auf die Straße hinaustrete,
sehe ich keinen Verkehr zwischen den Leuten,
keine Gruppen, die sich über die Zeitung unterhalten,
es liegt kein Gespräch in der Luft.
5 Ich sehe Leute, die so aussehen, als lebten sie
unter der Erde und als wären sie das letzte Mal
bei irgendeinem dritten oder vierten
Kindergeburtstag froh gewesen. Sie bewegen sich,
als wären sie von einem System elektrischer Drähte
10 umgeben, das ihnen Schläge austeilt, falls sie
einmal einen Arm ausstrecken oder mit dem Fuß
hin- und herschlenkern.
Sie gehen aneinander vorbei und beobachten sich,
als wäre jeder der Feind des anderen.
15 Das ganze Leben hier macht den Eindruck,
als würde irgendwo ein großer Krieg geführt
und alle würden auf ein Zeichen warten,
dass die Gefahr vorüber ist und man sich
wieder bewegen kann.

1 Beschreibt, was ihr seht, wenn ihr morgens aus eurer Haustür tretet.

2 a Stellt einzelne Verse des Gedichts in einem Standbild dar, sodass die Beziehung der Menschen
zueinander deutlich wird.
b Beschreibt die Atmosphäre, die durch die Standbilder erkennbar wird.
c Wählt einen Oberbegriff (▸ S. 75), der diese Atmosphäre charakterisiert.

3 a Beantwortet die folgende Frage:
Weshalb heißt es in den Versen 5 und 6 nicht: *Ich sehe **bleiche** Leute*?
b Notiert alle weiteren Vergleiche in euer Heft. Besprecht ihre Wirkung.

Durs Grünbein (*1962)

Nullbock

Prenzlauer Berg sonntags die dunstige
        Schwüle in den von
  Autos verstopften Straßen. Ein Junge
            in Jeans

5 streichelt ein Mädchen lässig beim
        Telefonieren am Apparat dicht
  vor der Hauswand zersplittertes Glas. Sagt
       „Nichts los heut" und wendet

  sich um in die Richtung aus der
10   der Schrei eines
      verunglückten Kindes kommt aus-

  gestreckt wenige Meter vor dem
          zerquetschten Ball.

4 Diskutiert die folgende Behauptung:
Der Unfall spielt in dem Gedicht „Nullbock" eigentlich keine Rolle.

5 a Spielt, wie sich der Junge umwenden könnte.
    Probiert mehrere Möglichkeiten für seinen Gesichtsausdruck aus.
  b Welche Mimik passt am besten zur Atmosphäre im Gedicht? Begründet.
    Tipp: Bedenkt auch den Gedichttitel.

6 a Im Gedicht ist kein lyrisches Ich erkennbar. Beschreibt die Wirkung.
  b Vergleicht die Atmosphäre beider Gedichte. Ist sie für Städte typisch?

Information   Das lyrische Ich

In vielen Gedichten oder Songs gibt es ein **„Ich"**, das dem Leser seine **Gefühle, Beobachtungen**
oder **Gedanken** aus seiner Sicht (Perspektive) **mitteilt.** Man nennt dieses „Ich" das lyrische Ich.
Es ist **nicht mit dem Autor gleichzusetzen.**
In manchen Gedichten heißt es auch „Wir" oder das Geschehen wird von einem Beobachter
geschildert, der weder „ich" noch „wir" sagt.

Bilder beschreiben

August Macke: Spiegelbild im Schaufenster (1913)

George Grosz: Metropolis (1916/17)

1 Stellt euch vor, ihr seid mitten in einem der Bilder. Was beobachtet, fühlt und denkt ihr?

> **A** *Das ganze Bild ist rot. Das gefällt mir schon mal gar nicht, denn es erinnert mich an Blut. Die Leute auf dem Bild sind in ziemlicher Hektik – alles rennt und hetzt irgendwohin. Es scheint in einer Stadt zu sein, denn man sieht auch große Häuser. Die spielen aber meiner Meinung nach keine große Rolle. Wenn ich als Betrachter mitten in dem Bild wäre, würde ich mich nicht sehr wohl fühlen. Ich denke, es wäre wegen der vielen Menschen sehr laut. Das finde ich nicht gut …*
>
> **B** *Im Zentrum des Bildes ist eine Straßenkreuzung zu sehen. Viele Personen laufen dort scheinbar in Hektik durcheinander. Es fällt auf, dass die Gesichter dieser Personen kaum zu erkennen sind. Im Hintergrund sind zwei Straßenzüge mit hohen Häusern zu erkennen. Die Farbgebung des Bildes ist, von wenigen Ausnahmen abgesehen … Die Art der Darstellung ist nicht natürlich. Man merkt dies an … Der Betrachter scheint eine Vogelperspektive einzunehmen, denn …*

2 **a** Ordnet zu: Auf welches Stadtgemälde oben beziehen sich die beiden Texte A und B?
   b Welcher Beschreibung könnt ihr eher folgen? Begründet eure Entscheidung.
   c Ergänzt und beendet im Heft die untere Bildbeschreibung B. Beachtet die Methode.

Methode	**Eine Bildbeschreibung aufbauen**

In einer Bildbeschreibung sollte man folgende Punkte beachten und sie wie folgt aufbauen:
- **Einleitung:** Titel, Künstler/-in, Entstehungsjahr, Thema, z. B.: *Die Hektik des Stadtlebens.*
- **Hauptteil:** Bildaufbau (erst Vordergrund, Mitte/Zentrum, dann Hintergrund), Beziehung der Bildeinzelheiten zueinander, besondere Details, Farbgebung, Licht, Perspektive (Blickwinkel), Darstellungsart (natürlich, verzerrt), Linienführung (klar, schattiert, gestrichelt, …)
- **Schlussteil:** Wirkung, Darstellungsabsicht, z. B.: *Ziel ist, das Chaotische und Fiebrige …*

Metaphern verstehen

Kurt Tucholsky (1890–1935)

Augen in der Großstadt

Wenn du zur Arbeit gehst
am frühen Morgen,
wenn du am Bahnhof stehst
mit deinen Sorgen:
5   da zeigt die Stadt
         dir asphaltglatt
      im Menschentrichter
      Millionen Gesichter:
Zwei fremde Augen, ein kurzer Blick,
10 die Braue, Pupillen, die Lider –
Was war das? vielleicht dein Lebensglück ...
vorbei, verweht, nie wieder.

Du gehst dein Leben lang
auf tausend Straßen;
15 du siehst auf deinem Gang,
die dich vergaßen.
      Ein Auge winkt,
      die Seele klingt;
     du hasts gefunden,
20   nur für Sekunden ...
Zwei fremde Augen, ein kurzer Blick,
die Braue, Pupillen, die Lider;
Was war das? kein Mensch dreht die Zeit zurück ...
Vorbei, verweht, nie wieder.

25 Du mußt auf deinem Gang
durch Städte wandern;
siehst einen Pulsschlag lang
den fremden Andern.
      Es kann ein Feind sein,
30   es kann ein Freund sein,
      es kann im Kampfe dein
      Genosse sein.
     Es sieht hinüber
     und zieht vorüber ....
35 Zwei fremde Augen, ein kurzer Blick,
die Braue, Pupillen, die Lider.
Was war das?
     Von der großen Menschheit ein Stück!
Vorbei, verweht, nie wieder.

R

Ernst Ludwig Kirchner: Friedrichstraße in Berlin (1914)

1 a Beschreibt die Eindrücke, die euch morgens auf eurem Schulweg begegnen.
b Formuliert, welche Eindrücke in Tucholskys Gedicht (▶ S.127) beschrieben werden.
c Vergleicht die jeweiligen Eindrücke.
d Welches Gemälde passt zum Gedicht?
Ordnet eines von S.126 oder 127 zu.

2 Diskutiert, welche der beiden Aussagen den Gedichtinhalt am besten wiedergibt.
Das lyrische Ich thematisiert ...

A auf nachdenkliche Weise den Arbeitsstress eines Großstädters.

B die stets nur flüchtigen Begegnungen der vielen Menschen in einer Großstadt.

3 a Beschreibt zu zweit die Gedichtform mit Hilfe der Fachbegriffe Vers, Strophe, Reim, Refrain, lyrisches Ich.
b Erklärt, wie Titel und Gedichtinhalt zueinander passen.

4 a Beschreibt das unten stehende Bild.
b Lest die Textstelle aus Tucholskys Gedicht vor, die dieses Bild veranschaulicht.
c Ein sprachliches Bild nennt man Metapher. Es kann aus einem oder mehreren Wörtern bestehen. Erläutert, wie die hier abgebildete Metapher im Gedicht auf euch wirkt.

5 Welches gezeichnete Bild passt zu welchem sprachlichen Bild?

a Ordnet im Heft jeweils ein Bild-Puzzleteil einem Wort-Puzzleteil zu.

b Vergleicht und begründet eure Zuordnungen.

6 Was bedeuten die sprachlichen Bilder aus Aufgabe 5? Wählt Aufgabe a oder b.

a Formuliert, wie ihr die sprachlichen Bilder versteht. Beachtet, dass in jeder Metapher ein Vergleich steckt, z.B.: _Mit der Metapher „Häusermeer" wird die Zahl der Häuser mit einem Meer verglichen. So wie ein Meer scheinbar endlos ist, so …_

b Ordnet die folgenden Bedeutungen den sprachlichen Bildern zu: _Rauchhaare = …_

> unzählige Gebäude   lang gezogene, grauschwarze Rauchfahnen
>
> sehr schrilles Quietschen   ein freundlicher Blick   feinste Spinnweben
>
> langer, schlanker Schornstein

7 Begründet, welcher Aussage ihr eher zustimmt: _In Gedichten findet man oft Metaphern, …_

A um dem Leser das Verstehen besonders schwer zu machen.

B um damit ganz besondere Eindrücke zu veranschaulichen.

Information   **Sprachliche Bilder verstehen – Die Metapher**
■ Bei einer **Metapher** werden Wörter nicht wörtlich, sondern in **einer übertragenen Weise bildhaft** verwendet, um einen Eindruck oder eine Stimmung zu **veranschaulichen,** z.B.: _Wüstenschiff = Kamel; Warteschlange = eine Reihe wartender Menschen._ ■ Im Unterschied zu einem Vergleich **fehlt** bei einer Metapher das **Vergleichswort _wie,_** z.B.: _Großstädte sind (wie) einsame Inseln._

Teste dich!

Georg Heym (1887–1912)

Vorortbahnhof

Auf grüner Böschung glüht des Abends Schein.
Die Streckenlichter glänzen an den Strängen,
Die fern in einen Streifen sich verengen
– Da braust von rückwärts schon der Zug herein.

5 Die Türen gehen auf. Die Gleise schrein
Vom Bremsendruck. Die Menschenmassen drängen
Noch weiß vom Kalk und gelb vom Lehm. Sie zwängen
Zu zwanzig in die Wagen sich herein.

Der Zug fährt aus, im Bauch die Legionen[1].
10 Er scheint in tausend Gleisen zu verirren,
Der Abend schluckt ihn ein, der Strang[2] ist leer.

Die roten Lampen schimmern von Balkonen.
Man hört das leise Klappern von Geschirren
Und sieht die Esser halb im Blättermeer.

Ludwig Meidner: Wannseebahnhof (1913)

1 Legionen: hier für Menschenmassen
2 Strang: Eisenbahnschienen

---

1 Notiere die Buchstaben vor den richtigen Aussagen hintereinander in dein Heft.

> **ST** Georg Heyms Gedicht „Vorortbahnhof" handelt vom sonst friedlichen Leben in einem Vorort, das immer wieder durch die Ein- und Abfahrt eines Pendlerzugs unterbrochen wird.
>
> **SI** Das Gedicht besteht aus vier Strophen, von denen die ersten beiden je drei Verse, die letzten beiden je vier Verse umfassen.
>
> **AD** Es gibt kein lyrisches Ich, das den Leser unmittelbar anspricht.
>
> **TG** In der ersten und in der letzten Strophe wird die friedvolle Ruhe des Vororts beschrieben.
>
> **AL** Die beiden mittleren Strophen beschreiben nicht den Vorort, sondern eine Großstadt.
>
> **ED** Das sprachliche Bild „Die Gleise schrein" veranschaulicht die Gewalt des kommenden Zuges.
>
> **IC** Das sprachliche Bild „Der Abend schluckt ihn ein" veranschaulicht die wiederhergestellte Stille, nachdem der Zug den Bahnhof verlassen hat.
>
> **HT** Im Vorort leben Mensch und Natur noch im friedlichen Miteinander. Die Metapher des Blättermeeres, durch das man die essenden Menschen beobachten kann, verstärkt diesen Eindruck.
>
> **SC** Die Vorortruhe wird durch den Vergleich der rot schimmernden Balkonlampen unterstrichen.
>
> **H** Im Vergleich zum Gedicht thematisiert Ludwig Meidners Zeichnung „Wannseebahnhof" eine ausgeglichene Situation. Das ist schon an der klaren Linienführung erkennbar.
>
> **E** Die äußerst bewegte Linienführung zeigt an, dass die in der Zeichnung „Wannseebahnhof" dargestellte Welt völlig durcheinandergeraten zu sein scheint.

2 Vergleiche deine Ergebnisse mit einem Lernpartner. Wie lautet das Lösungswort?

7.2 Lyrikwerkstatt – Mit Gedichten fantasievoll umgehen

Station 1: Ein eigenes Stadtgedicht verfassen

Theodor Storm (1817–1888)

Die Stadt

Am grauen Strand, am grauen Meer
Und seitab liegt die Stadt;
Der Nebel drückt die Dächer schwer,
Und durch die Stille braust das Meer
5 Eintönig um die Stadt.

Es rauscht kein Wald, es schlägt im Mai
Kein Vogel ohn Unterlass;
Die Wandergans mit hartem Schrei
Nur fliegt in Herbstesnacht vorbei,
10 Am Strande weht das Gras.

Doch hängt mein ganzes Herz an dir,
Du graue Stadt am Meer;
Der Jugend Zauber für und für
Ruht lächelnd doch auf dir, auf dir,
15 Du graue Stadt am Meer.

Mein Parallelgedicht

Meine Stadt

Der graue Himmel, das graue Licht,
Es hustet meine Stadt;
Der Nebel nimmt uns die Sicht,
Und in den Straßen ohne Licht
Das Stoßstangenchaos dieser Stadt.

...
...
...
...
...

Doch hängt mein ganzes Herz an dir,
...
...
...
...

1 Wie wird in Storms Gedicht das Verhältnis zwischen dem lyrischen Ich und seiner Stadt dargestellt?
 a Erläutert den Zusammenhang zwischen Stadt und Natur.
 b Erklärt, warum die letzte Strophe mit dem Wort „Doch" beginnt.

2 Verfasst zu Storms „Die Stadt" wie im Schülerbeispiel ein Parallelgedicht.
 Schildert in diesem Gedicht eure Erfahrungen mit eurer Stadt.
 Tipp: Beachtet auch die Methode.

Methode	Ein Parallelgedicht verfassen

- Sammelt eure eigenen Empfindungen und Gedanken zum Thema der Gedichtvorlage. Schließt z. B. für einen Augenblick die Augen und lasst Bilder eurer Stadt an euch vorüberziehen.
- Ordnet eure Ideen in einer Mind-Map und nutzt diese Wortsammlung für euer Parallelgedicht.
- Behaltet die äußere Form der Vorlage bei: Anzahl der Verse und Strophen, Reimschema. Ihr könnt passende Verse auch ganz übernehmen.
- Orientiert euch grob am Satzbau der Gedichtvorlage. Verändert jedoch den Inhalt so, dass ein neues Gedicht mit eigenen Erfahrungen entsteht, z. B. zu Luftverschmutzung, Shopping, …

Station 2: Ein Gedicht fass- und hörbar gestalten

Karlhans Frank (1937–2007)

Das Haus des Schreibers

```
      Rau        A
         c h    HAU
         H    SHAUS
         H  USHAUSH
       HAUS        SHA
       HAUS        SHAU
      SHAUSHAUSHAUS
     USHAUSHAUSHAUSH
    AUS       SHAUS       SHA
   HAUS       SHAUS       SHAU
   HAUSHAUSHAUSHAUSHAU
   HAUSHAUSHAUSHAUSHAU
   H      HAUS      SHAU      U
   H      HAUS      SHAU      U
   HAUSHAUSHAUSHAUSHAU
   HAUSHAUSHAUSHAUSHAU
   H      HAUS      SHAU      U
   H      HAUS      SHAU      U
   HAUSHAUSHAUSHAUSHAU
   HAUSHAUSHAUSHAUSHAU
   H        HAUSHAUSHAU        U
   H      HAUS      SHAU      U
   HAUSHAUS        SHAUSHAU
   HAUSHAUS        SHAUSHAU
              W
               E
                G
             WEGWEG
```

Dirk Schindelbeck (*1952)

Schädigung durch Straßenlärm

momomomomomoped
hallo hei
gügügügügügügügügügügügüteterzug
was?
5 tratratratratraktor
hallo heinz
rollollololler
versteh nix
baggaggaggaggaggagger
10 *heinz!*
tiefffliiiiiieger
ach so
porrrrrrsche
schönen tag
15 güüüüüüüüüüüüüüüüüteterzug
ich schön
motorrrrrrrrrad
ja du
fliiiiieger
20 *ich?*
tratratraktor
jajajaduauch
porrrrscheturrrrbo

---

1 **a** Vergleicht, wie diese Texte gestaltet sind. Nennt Gemeinsamkeiten und Unterschiede.
  b Lest die Gedichte laut vor. Worum geht es?

2 Entscheidet, ob ihr ein Wortbild wie Karlhans Frank oder ein akustisches Gedicht wie Dirk Schindelbeck gestalten möchtet. Nutzt die Methode.

Methode	**Konkrete Poesie verfassen**

- Notiert für ein **Wortbild** spontan alle Begriffe, die euch zu einem Thema einfallen, z. B. *Stadt*. Sucht einen Begriff heraus, der am besten in ein gegenständliches Stadtbild umzusetzen ist.
- Entscheidet für ein **akustisches Gedicht,** welche Höreindrücke ihr darstellen wollt, z. B.: *Kaufhausgeräusche, Stadtparkeindrücke, Hauptbahnhofsszene, …*
  - Notiert Wörter, mit denen ihr die Geräusche nachahmen könntet.
  - Setzt eure Geräuschwörter in Beziehung. Ihr könnt z. B. wie in Dirk Schindelbecks Gedicht eine Art Gespräch zu den Lauten entwickeln oder nach den jeweiligen Geräuschen fragen.

Station 3: Ein „Stadt-Natur-Fotoalbum" erstellen

Ina Seidel (1885–1974)

Baum in der Großstadt

Wo alles rein gewinkelt und gekantet,
Wo Fläche sich geschrägt vor Fläche schiebt,
Lotrechte Wände, scharf bemess'ne Pfeiler
In strengen Linien hart sich überschneiden –

Hier, in dem kärglich ausgesparten Rechteck
Zwischen fünf Stockwerk hohen Häusern steht
Ein Baum, der einsam die Gestirne liebt,
Und der von ihnen nicht vergessen wird.

Lutz Rathenow (*1952)

2084

Wälder betrachten
in dreidimensional gestalteten Büchern
Nachts den Traum von Bäumen
am Rande der täglich befahrenen Straße
5 zwischen drei vier Städten
die keiner mehr trennen kann
Was Vögel sind fragen Kinder
Die Eltern zeigen einen Film
der Reihe „Ausgestorbene Lebewesen"
10 Und einmal pro Woche
ziehen die Familien aus
zur Erholung ins Naturmuseum:
bestaunen Gräser Fische Pflanzen
und wundern sich
15 wie früher es Menschen aushalten konnten
inmitten des Gestanks
nicht künstlich gezüchteter Blumen

Wolfdietrich Schnurre (1920–1989)

Angriff

Mit pumpenden Flanken
duckt sich die Stadt,
ihre Schlot-Ohren zittern;
sie lauscht
5 dem lautlosen Schritt
der Distelbrigaden,
der Hederichheere.
Löwenzahn sprang
mit Fallschirmen ab,
10 schon ist die City besetzt.
Nachtschatten kommt,
Schachtelhalm schwärmt,
die Villen im Vorort
meuchelt Kamille.

1 a Wählt das Gedicht, das euch zusagt. Klärt Vers für Vers, worum es in dem Gedicht geht.
   b Beschreibt, in welchem Verhältnis Natur und Stadt in dem Gedicht dargestellt werden.

2 a Legt mit Hilfe einer Kamera ein Fotoalbum zum Thema „Meine Stadt und die Natur" an.
   b Gestaltet euer Fotoalbum mit passenden Stadtgedichten – auch selbst verfassten.
   c Legt euer Foto-Gedicht-Album im Klassenraum aus. Erläutert es bei Nachfragen.

Station 4: Eine Gedichtmontage erstellen

Mascha Kaléko (1907–1975)

„Window-Shopping"

Brillantgefunkel für den Hals der Lady,
Parfum, zehn Dollar aufwärts, für die Gnädi-
ge Frau. Ein wirklich echtes Nerzcape[1] für den Spitz[2],
Aus Sandelholz der – hm, Toilettensitz.
5 Da strömt das Volk im billigen Sonntagsschuh
Zum Luxusfenster der Fifth Ävenjuh[3]
Und liegt vorm Goldnen Kalb[4] platt auf dem Bauche.

Wenn ich mir schweigend diesen Prunk betrachte,
Denk ich mir nur, was Sokrates[5] schon dachte:
10 Wie vieles gibt es doch, was ich nicht brauche!

---

1 Nerzcape: wertvoller Pelzumhang für Damen

2 Spitz: Hunderasse

3 Fifth Avenue: Straße in New York mit den teuersten Geschäften der Welt

4 Goldenes Kalb: Der biblische „Tanz um das Goldene Kalb" ist ein Bild für die Gier nach Geld und Reichtum.

5 Sokrates: berühmter griechischer Philosoph (469–399 v. Chr.)

1
a Listet die Gegenstände auf, die das lyrische Ich als „Prunk" (Luxus) bezeichnet.
b „Wie vieles gibt es doch, was ich nicht brauche!" (Vers 10)
  Erstellt eine Liste eurer Alltagsgegenstände, auf die ihr zur Not auch verzichten könntet.
c Vergleicht sie mit der Liste eures Lernpartners.

2
a Klärt in Partnerarbeit, was genau in dem Gedicht kritisiert wird:
  A das Verhalten der Reichen
  B das Verhalten der Armen
  C die allgemeine Lust auf Luxus
b Diskutiert zu zweit, ob ihr die Kritik teilt.

3 Verfasst ein eigenes Gedicht zum Thema „Shopping".
Darin sollt ihr eure eigene Meinung zum Thema „Luxuseinkäufe" vertreten. Geht so vor:
a Sammelt Begriffe für euer Gedicht, z. B.: *Straßenkünstler, lachendes Publikum, Hut, …*
b Formuliert aus dem gesammelten Wortmaterial Verse und entscheidet, ob sich euer Gedicht reimen soll.

4 Erstellt aus Kalékos Gedicht und eurem Text (▶ Aufgabe 3) eine Gedichtmontage, z. B.:

Luxuseinkauf

Brillantgefunkel für den Hals der Lady,
Ein Straßenkünstler macht Musik mit einem Hund.
Ein wirklich echtes Nerzcape für den Spitz,
Die Menschen klatschen und lachen sich gesund.
Aus Sandelholz …

Station 5: Einen Lebensraum mit sprachlichen Bildern malen

Peter Fox (*1971)

Haus am See

Hier bin ich gebor'n und laufe durch die Straßen,
Kenn die Gesichter, jedes Haus und jeden Laden.
Ich muss mal weg, kenn jede Taube hier beim Namen.
Daumen raus, ich warte auf 'ne schicke Frau mit schnellem Wagen.
5   Die Sonne blendet, alles fliegt vorbei.
Und die Welt hinter mir wird langsam klein.
Doch die Welt vor mir ist für mich gemacht!
Ich weiß, dass sie wartet, und ich hol sie ab!
Ich hab den Tag auf meiner Seite, ich hab Rückenwind!
10   Ein Frauenchor am Straßenrand, der für mich singt!
Ich lehne mich zurück und guck ins tiefe Blau,
schließ die Augen und lauf einfach geradeaus.

(Refrain)
Und am Ende der Straße steht ein Haus am See.
15   Orangenbaumblätter liegen auf dem Weg.
Ich hab 20 Kinder, meine Frau ist schön.
Alle komm'n vorbei, ich brauch nie rauszugehen.
[…]

Juri Frantsuzov: Friedrichstraße Berlin (2007)

1 a Gebt mit euren Worten wieder: Wie beschreibt das lyrische Ich in dem Song seine Stadt?
  b Warum möchte das lyrische Ich seiner Stadt mal den Rücken kehren?
  c *„Ich weiß, sie wartet und ich hol sie ab!"* (Vers 8)
     Erklärt mit Hilfe des Textes, wen der Sprecher mit dem Personalpronomen *sie* meint.

2 a Stellt euch vor, ihr könntet „am Ende *eurer* Straße" in eine eigene Welt gehen.
     Beschreibt, wie ihr dort wohnen und leben möchtet.
  b Malt ein Bild oder erstellt eine Collage zu eurem Lebensraum und Lebenstraum.

3 Gestaltet euren Traum in einem Gedicht mit möglichst vielen sprachlichen Bildern.
  a Erstellt eine Sammlung mit Adjektiven, die ihr z. B. zu **Vergleichen** erweitert.
  b Sammelt Nomen und Verben, die ihr zu **Personifikationen** (▶ S. 273) zusammensetzt.
  c Überlegt euch **Metaphern,** die eine besondere Stimmung veranschaulichen.

Vergleiche	Personifikationen	Metaphern
lärmend *wie* ein Vogelschwarm	Nebel, der auf Dächern ruht	Häuserflut
heiß *wie* Feuerglut	Straßenlichter tanzen nachts	Sternenteppich

Station 6: Ein Gedicht gestaltend vortragen

Mascha Kaléko (1907–1975)

Spät nachts

Jetzt ruhn auch schon die letzten Großstadthäuser.
Im Tanzpalast ist die Musik verstummt,
Bis auf den Boy, der einen Schlager summt.
Und hinter Schenkentüren wird es leiser.

5 Es schläft der Lärm der Autos und Maschinen,
Und blasse Kinder träumen still vom Glück.
Ein Ehepaar kehrt stumm vom Fest zurück,
Die dürren Schatten zittern auf Gardinen.

Ein Omnibus durchrattert tote Straßen.
10 Auf kalter Parkbank schnarcht ein Vagabund.
Durch dunkle Tore irrt ein fremder Hund
Und weint um Menschen, die ihn blind vergaßen.

In schwarzen Fetzen hängt die Nacht zerrissen,
Und wer ein Bett hat, ging schon längst zur Ruh.
15 Jetzt fallen selbst dem Mond die Augen zu ...
Nur Kranke stöhnen wach in ihren Kissen.

Es ist so still, als könnte nichts geschehen.
Jetzt schweigt des Tages Lied vom Kampf ums Brot.
– Nur irgendwo geht einer in den Tod.
20 Und morgen wird es in der Zeitung stehen ...

Hildegard Wohlgemuth (1917–1994)

Industriestadt sonntags abends

Sie bürstet das Rauchhaar nach oben,
reckt den Schlothals ins Sternbild Schwan
und die Luftröhre über die Langeweile.
Sie verdeckt unter dem Neontrikot
5 Risse und Narben
und schnürt den Grüngürtel enger
gegen Lichthunger.

Sie glättet den Faltenwurf
schwarzer Sorgen
10 in die Feierabendmimik
und stülpt eine Sternensehnsucht
unters Flutlicht des Fußballplatzes.
Sie holt den Stundenfrieden
aus dem Taubenschlag
15 und aus dem Kiosk
die Lottozahlenhoffnung.

1 a Vergleicht die Gedichte. Tauscht euch über auffällige Unterschiede aus.
   b Klärt Vers für Vers, worum es in dem Gedicht „Spät nachts" geht.

2 Startet ein Vorlese-Experiment und besprecht die jeweilige Wirkung:
   a Verändert die Sprechlautstärke: Tragt einzelne Wörter einmal laut und einmal leise vor.
   b Verändert das Sprechtempo: Sprecht die Wörter in unterschiedlichen Geschwindigkeiten.
   c Übt den Vortrag eines der Gedichte. Gebt euch Feedback zu Sprechlautstärke, Sprechtempo,
      Pausen und Rhythmus (Metrum).

Information	**Das Metrum (das Versmaß)**

Viele Gedichte geben einen bestimmten **Sprechrhythmus** vor. Dieser Rhythmus entsteht zumeist
durch den Wechsel von betonten (X) und unbetonten (x) Silben. Ergibt sich daraus ein **regelmäßiges Muster,** nennt man dies **das Metrum** (das Versmaß). Man unterscheidet insbesondere:
Trochäus (Xx): *Dichter, Hilfe, Lesung* **Daktylus (Xxx):** *Daktylus, Autofahrt*
Jambus **(xX):** *Gedicht, Verstand, genau* **Anapäst (xxX):** *Anapäst, Elefant*

7.3 Fit in …! – Ein Gedicht untersuchen

Stellt euch vor, ihr bekommt in der nächsten Klassenarbeit die folgende Aufgabe gestellt:

Aufgabe
Untersuche Werfels Gedicht „Der rechte Weg". Berücksichtige folgende Fragen:
– Worum geht es in dem Gedicht?
– Wie ist die äußere Form des Gedichts gestaltet?
– Wie erlebt das lyrische Ich die Stadt?
– Mit Hilfe welcher sprachlichen Bilder veranschaulicht das lyrische Ich sein Erleben der
  Stadt? Benenne und erläutere diese Bilder sowie ihre Wirkung mit eigenen Worten.

Franz Werfel (1890–1945)

Der rechte Weg (Traum)

Ich bin in eine große Stadt gekommen.
Vom Riesenbahnhof trat den Weg ich an,
Besah Museen und Plätze, habe dann
Behaglich eine Rundfahrt unternommen.

5 Den Straßenstrom bin ich herabgeschwommen
Und badete im Tag, der reizend rann.
Da! Schon so spät!? Ich fahre aus dem Bann.
Herrgott, mein Zug! Die Stadt ist grell erglommen.

Verwandelt alles! Tausend Autos jagen,
10 Und keines hält. Zweideutige Auskunft nur
Im Ohr durchkeuch' ich das Verkehrs-Gewirre.

Der Bahnhof?! Wo?! Gespenstisch stummt mein Fragen.
Die Straßen blitzen endlos, Schnur um Schnur,
Und alle führen, alle, in die Irre.

Die Aufgabe richtig verstehen

1 **a** Notiert, was die Aufgabenstellung von euch verlangt. Arbeitet im Heft, z. B.:
  – *Inhalt wiedergeben* – *… beschreiben: Vers, Strophen, …* – *…*
b Vergleicht eure Notizen. Prüft Abweichungen noch einmal anhand der gestellten Aufgabe.

Planen

2 **a** Um ein Gedicht zu erläutern, müsst ihr es inhaltlich verstanden haben.
  Klärt Vers für Vers folgende Fragen: *Wer* erlebt *was wo* und *wie?*
b Vergleicht eure Ergebnisse.

3 Lest das Gedicht mit der „Brille der Aufgabenstellung". Notiert eure Ergebnisse, z. B.:

Aufgabe (▶ S. 137)	Das Gedicht untersuchen und erläutern (= analysieren)
Inhalt	*Wer, was, wo, wie?* *1. Strophe: Vermutlich ein Tourist, der mit einem ... in einer im Gedicht ungenannten Großstadt ..., um dort ...* *2. Strophe: ...*
Äußere Gestaltung	*Anzahl der Verse je Strophe, Strophenzahl und Reimform?* *1. und 2. Strophe: ... 3. und 4. Strophe: ...*
Wie erlebt das lyrische Ich die Stadt?	*Welche Worte in dem Gedicht beantworten die Frage?* *1. Strophe: große Stadt, Riesenbahnhof, behaglich* *2. Strophe: ...*
Sprachliche Bilder: 1. benennen 2. erläutern 3. Wirkung beschreiben	*Das lyrische Ich beschreibt seine Wanderung durch die große Stadt zunächst so:* *„Den Straßenstrom bin ich herabgeschwommen." (Vers 5)* *In dieser Metapher wird die Straße mit ... verglichen. Es ist das Bild eines Flusses und vom fließenden Wasser. Das lyrische Ich taucht in diesen Fluss ein und wird eins mit ... Der „Straßenstrom" steht aber auch für die Masse an Menschen, die ... und der das lyrische Ich folgt.* *Das Bild wirkt im Sinne des Badens einladend und unterstreicht, wie lebendig und mitreißend das lyrische Ich ...*

Schreiben und überarbeiten

4 **a** Verfasst einen Einleitungssatz mit Angaben zu Autor, Textsorte, Titel und Thema.

b Formuliert mit Hilfe eurer Notizen einen zusammenhängenden Text.
Tipp: Nutzt die nachstehenden Satzbausteine. Behaltet das Präsens bei.

c Verwendet die Aufgabenformulierung (▶ S. 137) als Checkliste. Prüft eure Texte zu zweit.

Franz Werfels ... mit dem Titel ... handelt von ... •
Es besteht aus ... Strophen zu je ... Versen und ... zu je ... • Die 1. und 2. Strophe sind als ...
Reime verfasst. Die 3. und 4. Strophe hingegen reimen sich auf diese Weise: 1. Vers und ... •
Während das lyrische Ich in der ersten Strophe ... beschreibt, handelt die zweite Strophe von ... •
Im weiteren Verlauf jedoch ... • Das lyrische Ich erlebt die Stadt zunächst als ... Dann aber ... •
Der Leser nimmt an diesem Erleben teil, weil ... • Durch die ersten sprachlichen Bilder entsteht
der Eindruck, dass ... Dieses Bild wirkt ..., weil ... • Zusammenfassend kann man sagen, ...

Schreibwörter		▶ S. 294
der Refrain	die Atmosphäre	das Stadtgemälde
das lyrische Ich	die Hektik	wahrnehmen
die Metapher	die Masse	auffällig

8 „Voll den Blues" –
Ein Jugenddrama untersuchen und spielen

1 Habt ihr euch schon einmal eine Theatervorstellung angeschaut? Berichtet davon.

2 Das Bild zeigt eine Szene aus dem Jugendtheaterstück „Voll den Blues".
Stellt mit Hilfe des Bildes Vermutungen zu folgenden Fragen an:
– Welche Situation könnte die Szene darstellen?
– Wo findet sie statt? Woran erkennt ihr das?
– Worüber könnten sich die Figuren unterhalten?

3 Schreibt zu der Szene einen eigenen kleinen Theatertext von etwa vier Zeilen, z. B.:
Mädchen auf dem Sofa (links):
„Ziemlich ... hier, oder? Ich ..."
Junge im karierten Hemd: „Legt doch mal andere Musik auf! ..."

In diesem Kapitel ...

– untersucht ihr die Figuren und die Handlung eines Jugenddramas,
– spielt ihr Szenen aus dem Drama,
– führt ihr ein Rolleninterview mit einer Figur,
– bereitet ihr euch auf einen Theaterbesuch vor.

8.1 Der Neue – Figuren und Handlungsaufbau eines Theaterstücks kennen lernen

Dirk Salzbrunn

Voll den Blues (Auszug Szene 1)

Die etwas schüchterne Sina veranstaltet in ihrem neuen Partyraum eine Einweihungsfete. Sinas Eltern haben sie gebeten, auch den Nachbarsjungen Jonas, „Blues" genannt, einzuladen. Er ist erst vor kurzer Zeit mit seinen Eltern aus der Stadt in den kleinen Ort gezogen.

SINA *(Musik ist laut aufgedreht. Schleppt Getränke zum Kühlschrank. Verteilt Kartoffelchips in Schüsseln usw.).*

BEA *(mit Sandy im Schlepptau):* Hallo!
SINA: Hallo! Hab euch gar nicht klingeln hören. 5
SANDY: Hä?
SINA *(versucht, die Musik zu übertönen):* Ich hab euch gar nicht klingeln hören!
BEA *(dreht die Musik ab):* Deine Mutter hat uns reingelassen, bevor wir klingeln konnten. Liegt 10
dort oben auf der Lauer. Tut so, als ob sie am Fenster Blumen gießt.
SANDY: Meinst du, sie hat nur so getan?

BEA *(genervt):* Ja, hat sie.

15 SINA: Sie ist nervöser als eine Mutter, deren Tochter beim Wiener Opernball[1] in die Gesellschaft eingeführt werden soll.

BEA: Wegen einer harmlosen Fete ...

SANDY *(schaut sich mit großen Augen um):* Das 20 ist also dein eigener Partyraum.

BEA *(abfällig):* Etwas schmucklos.

SINA: Wird mit der Zeit schon noch bunter.

BEA: Wenn unsere trotteligen Jungs die ersten Drinks auf den Boden gekippt haben ...

25 SANDY: Jungs kommen auch?

BEA: Ja, Sandy! Stell dir vor! Aber natürlich keine echten. Nur ausgestopfte! *(Verdreht die Augen):* Diese Frau!

SANDY: Ach so! Ja dann! *(Kapiert jetzt erst; zu* 30 *Bea):* Bäh!

BEA: Welche Jungs kommen denn?

SINA: Tarzan ...

BEA: Oje!

SINA: Martin ...

35 SANDY *(erfreut):* Oh!

BEA *(zu Sandy):* Traum deiner schlaflosen Nächte.

SINA: Alf und Flatus – äh, ich meine Timo.

BEA: Dorfdepp und Klassenstreber. Prima Be40 setzung. Hast du genug Amaretto da? Ich glaube nicht, dass ich diese geballte Ladung männlicher Schöngeister nüchtern ertrage.

SINA: Du hast heute wieder eine Laune!

BEA: Ich ertrag's nicht. Ich ertrag es nicht! 45 *(Schaut auf die Uhr):* Diese Langweiler verspäten sich noch.

(Man hört eine Klingel.)

SINA: Da fällt mir ein – wir bekommen später noch einen männlichen Gast. Unser neuer 50 Nachbar – Jonas.

SANDY: Der Arztsohn?

SINA: Meine Mutter wollte, dass ich ihn einlade. Wo er doch noch niemanden kennt.

TARZAN *(mit Martin und Alf; zeigt auf Sina und* 55 *die Getränke):* Dreimal dasselbe!

ALF: Für mich auch.

MARTIN: Alter Witz, Alfi!

SINA: Setzt euch doch. *(Sie setzen sich.)*

TARZAN *(setzt sich neben Bea):* Na? Wie?

BEA *(ihn nachäffend):* Na? Wie? Ist er nicht 60 charmant?

TARZAN: Willst 'n Handkuss?

BEA: Nein danke! Fehlt da nicht einer?

ALF: Flatus erklärt Sinas Mutter gerade irgendein physikalisches Gesetz. 65

SANDY: Ihr sollt ihn nicht immer so nennen.

ALF: Wieso? Passt doch.

MARTIN: Der hat sich daran gewöhnt, der Streber. – Hat sogar Blumen mitgebracht.

SANDY: Ist doch schön von ihm. 70

MARTIN: Warum?

SANDY: Weil man das einfach tut. Wenn ich Gastgeberin wäre, würde ich mich sehr darüber freuen.

TARZAN *(schubst Martin):* Das war ein Wink mit 75 dem Zaunpfahl. Sie hat bald Geburtstag.

FLATUS *(mit kleinem Blumenstrauß; zu Sina, die schnell die Getränke abstellt):* Bitte! Für dich!

SINA: Danke! Tolle Blumen ... Dahinten stehen Getränke und Gläser, Fla... äh, Timo! Bedien 80 dich. Gilt übrigens für euch alle. Nicht, dass ihr glaubt, ich spiel den ganzen Abend Bedienung. *(Ab.)*

FLATUS *(holt sich etwas zu trinken. Es herrscht einige Zeit peinliche Stille. Alle beäugen sich ver-* 85 *legen.):* Bisschen Musik – wär vielleicht nicht schlecht – oder?

BEA *(steht auf):* Ich suche etwas aus *(kramt in den CDs).*

ALF: Gibt's auch feste Nahrung oder nur Nüsse 90 und Chips?

MARTIN: Fresssack!

SINA: Es gibt noch belegte Brötchen, aber ich wollte warten, bis alle da sind.

SANDY: Ach ja, dein Überraschungsgast fehlt 95 noch: „Der Junge von nebenan".

BEA: Seine Eltern sollen stinkreich sein.

FLATUS: Der „Neue" kommt?

---

1 Wiener Opernball: größter Treffpunkt Österreichs für Kulturschaffende, Unternehmer und Politiker aus dem In- und Ausland; bis zu 12 000 Besucher; findet einmal im Jahr im Februar statt

TARZAN: Der Vater ist Arzt, die Mutter Pharma-
refer...dingsbums! Die jettet in der ganzen
Welt herum. Wird der Sohn wohl auch ein
ganz Schlauer sein.
SINA: Die haben sogar eine eigene Putzfrau.
Die will ich später auch mal. Einen reichen
Mann, ein großes Haus und eine eigene Putz-
frau. Und eine Köchin!
BEA: Einen Mann? Zuerst brauchst du mal
einen Freund. Aber den lernt man nicht beim
Spielen mit Barbiepuppen kennen.

SINA: Ich spiele nicht mit Barbiepuppen!
BEA: Klar tust du das. Sandy hat es mir erzählt.
SANDY: Habe ich nicht!
SINA: Ich spiele nicht mit ihnen – ich sammle
sie nur.
ALF: Ich hab Hunger.
TARZAN: Ich geh nach draußen.
BEA: Ich komme mit.
BLUES *(mit Schwung zur Tür herein)*: Hi! Ich bin
der Jonas, meine Freunde nennen mich –
Blues. *(Licht aus.)*

1 a Trafen eure Vermutungen zum Szenenbild auf S. 139 zu?
Nennt Gemeinsamkeiten und Unterschiede.
b Welche Stimmung herrscht zu Beginn von Sinas Party?
Erläutert euren Eindruck.

2 Stellt euch vor, ihr selbst seid der Überraschungsgast Jonas „Blues" auf Sinas Party.
Improvisiert eine kleine Anschlussszene.

3 Lest die Szene mit verteilten Rollen.
Tipp: Achtet dabei auf die Regieanweisungen. Sie werden nicht laut vorgelesen.

4 In der Regel sind die Figuren in einem Stück in ihrem Auftreten und Verhalten unterschiedlich.
Untersucht die Figuren in „Voll den Blues".
Wählt Aufgabe a oder b.

> ~~gebildet~~ brav genervt zickig naiv großmäulig verträumt hungrig dümmlich
> schlau erzogen frech verliebt lustig langweilig freundlich arrogant kindlich

a Ordnet drei Figuren eurer Wahl die Eigenschaften und Zustände aus dem Wortspeicher zu.
Schreibt ins Heft, z. B.:
– *Flatus: gebildet, ...*
– *Sina: ...*
– *...*
Tipp: Ihr könnt den Figuren auch eigene Begriffe zuordnen.

b Schreibt die Textstellen heraus, in denen deutlich wird, welche Eigenschaften und Zustände zu
welcher Rolle passen, z. B.:
– *Flatus: gebildet (Z. 64–65: „Flatus erklärt Sinas Mutter gerade irgendein physikalisches Gesetz.")* ...
– *Sina: ...*

5 Welche Figuren erscheinen euch in dieser Szene sympathisch, welche unsympathisch?
Begründet euer Urteil, z. B.:
Mir gefällt Sina (nicht), weil ...
Da Sina ..., finde ich sie eher sympathisch/unsympathisch.

Dirk Salzbrunn

Voll den Blues (Auszug Szene 2)

(Es läuft aktuelle Popmusik. Blues sitzt mit den anderen am Tisch. Bea und Tarzan sind draußen. Musik wird leiser.)

SINA: Und wie gefällt es dir bei uns?

5 BLUES: Der Bau ist nicht schlecht. Aber die Musik ist voll scheiße.

ALF: Was sagt er?

SINA: Dass die Musik scheiße ist!

MARTIN *(stellt die Musik ganz ab):* Welche Mu-
10 sik hörst du denn so?

BLUES: Blues natürlich!

ALF: Ätzend! Wie war das noch mal mit den Brötchen?

BLUES: Wisst ihr überhaupt, was Blues ist? –
15 Blues war der Anfang der modernen Musik. Ohne Blues hätte es Elvis nicht gegeben. Keine Stones, keine Beatles. Auch keinen Rap oder Techno. *(Zeigt zur Anlage):* Zur nächsten Party bring ich mal 'n paar Scheiben mit. Dann dre-

hen wir voll auf. Das pustet euch das Hirn aus 20 dem Kopf ... *(macht die „Luftgitarre").*

ALF: Also noch mal wegen der Brötchen ...

SINA *(zu Blues):* Was sagen denn deine Eltern, wenn du so einen Krach machst?

BLUES: Die sind eh fast nie da. *(Trinkt, schnalzt* 25 *mit der Zunge; zu Sina):* Hast du nichts Herberes als nur Cola?

SINA: Grapefruitsaft?

BLUES: Nicht ganz das, an was ich denke. Gerstensaft? Hopfentee? 30

FLATUS: Ich glaube, er meint Alkohol.

MARTIN: Ehrlich? Glaubst du? Flatus, du bist und bleibst uns allen geistig überlegen.

SINA: Meine Eltern wollen nicht, dass wir hier unten Alkohol trinken. 35

BLUES: Schon gut. Werd's überleben. *(Er kramt eine kleine Pillendose hervor, nimmt eine Pille heraus und schluckt sie; steckt das Döschen schnell wieder weg.)*

40 **FLATUS:** Krieg ich auch ein Pfefferminz?

BLUES: Pfefferminz is' gut. Ha!

SANDY *(zu Blues):* Hast du Kopfschmerzen?

BLUES *(zögert):* Allergie! Gegen fast alles! Wo bleiben denn Bea und – wie noch mal?

45 **MARTIN:** Tarzan.

BLUES: Genau. Sind die fest zusammen?

MARTIN: Nicht so richtig – glaube ich.

SANDY *(eifrig):* Ich hab sie schon mal knutschen sehen.

50 **ALF** *(mit einem großen Tablett Brötchen; eines hat er bereits quer im Mund):* Hmpf mir ma' mand hölfen?

SINA *(geht zu ihm und nimmt ihm das Tablett ab):* Das ist die offizielle Eröffnung des Büffets.

55 **BEA** *(kichernd mit Tarzan).*

TARZAN: Da kommen wir wohl gerade richtig. *(Er schnappt sich ein paar Brötchen und setzt sich mit Bea hin.)*

BLUES: Und was geht jetzt ab?

60 **SINA:** Ein Spiel?

BLUES: Wieso nicht ...? Wir könnten spielen „Wer küsst Bea?"! Wer das Herz-Ass zieht, gibt Bea einen Kuss.

BEA: Werd ich auch mal gefragt!

65 **BLUES:** Schiss?

BEA *(will sich keine Blöße geben):* Okay!

FLATUS: Also ich würde lieber ...

BLUES *(hält Flatus die ausgebreiteten Karten auffordernd hin):* Mach! Dann hast du es hinter

70 dir!

FLATUS *(zieht zögernd, fast ängstlich eine Karte; atmet erleichtert auf):* Pik-Zehn!

BLUES *(lässt jeden eine Karte ziehen).*

MARTIN *(ebenfalls erleichtert):* Pik-Acht!

75 **ALF:** Herz-König. Das war knapp.

SINA: Karo-Dame.

SANDY: Kreuz-Zehn.

BLUES *(geht hinüber zu Tarzan):* Jetzt du.

TARZAN *(mimt den Coolen; lässt sich Zeit; zieht):* Pik-Ass! 80

BLUES: Knapp daneben ist auch vorbei. Jetzt ich. *(Er reicht Bea die Karten.)*

BEA *(breitet die Karten aus).*

BLUES *(fährt mit einem Zeigefinger lange auf den Karten hin und her; tippt eine Karte an und zieht* 85 *sie):* Hey! Das nenn ich Schwein! *(Hält die Karte hoch):* Herz-Ass! *(Zu Bea):* Darf ich bitten? (Will sie umarmen.)*

TARZAN *(springt dazwischen):* Moment! Du hast beschissen, Großmaul! Die Karten sind ge- 90 zinkt!

SINA *(schlichtend):* War doch sowieso nur Spaß, Blues. Stimmt's?

BEA: Nichts da! Ich will meinen Kuss!

TARZAN *(schaut erst wütend zu Bea, dann zu* 95 *Blues):* Was glaubst du eigentlich, wer du bist? Schneist hier rein, markierst den Coolen und versuchst dich mit einem billigen Trick an Bea heranzuschmeißen. *(Er schubst Blues von Bea weg.)* Du entschuldigst dich jetzt für die miese 100 Nummer, und dann haust du ab. Klar?

SINA: Wer hier rausgeschmissen wird, bestimmst nicht du, Tarzan!

TARZAN *(packt Blues am Kragen):* Na? Ich höre?

BLUES *(hebt beschwichtigend die Hände):* Okay, 105 okay! *(Macht sich vorsichtig los):* Bloß keinen Stress! Aber weißt du was, Urwaldmensch? Ich hab den Eindruck, deine Jane ist auch ohne Kartentrick ganz heiß darauf, einmal einen richtigen Kerl zu küssen. 110

TARZAN *(springt Blues an):* Du Sau! *(Beide landen kämpfend auf dem Boden; Licht aus.)*

---

1 Stellt euch vor, ihr seid auf Sinas Party dabei.
Erläutert, was sich aus eurer Sicht seit Blues' Ankunft verändert hat.

2 Wer hat Schuld an dem Streit zwischen Blues und Tarzan?
Begründet eure Meinung.

3 Fasst zusammen: Was erfährt man in der Szene über die Figur „Blues"?

4 Betrachtet die Szene insgesamt: Wie ist das Verhältnis der Figuren zueinander?
Wählt Aufgabe a oder b.

a Vervollständigt im Heft die folgende Figurenkonstellation (▶ Information).
Tipp: Konflikte bzw. Auseinandersetzungen könnt ihr so bezeichnen: ◄—►.

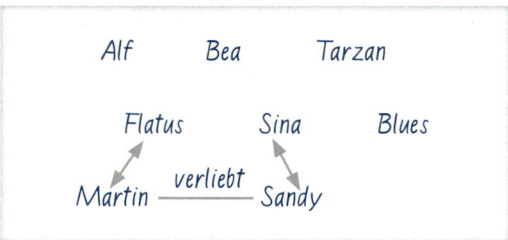

b Findet im Wortspeicher den jeweils passenden Ausdruck zum Verhältnis der folgenden
Figurenpaare. Schreibt in euer Heft.

1 Martin – Sandy: verliebt	knutschen miteinander
2 Sina – Sandy: ...	streitet mit
3 Bea – Tarzan: ...	flirtet mit
4 Blues – Bea: ...	~~verliebt~~
5 Tarzan – Blues: ...	macht sich lustig
6 Martin – Flatus: ...	beste Freundinnen

5 Bildet Gruppen und spielt Szene 2 nach (▶ Methode: Szenen spielen, S. 153).
Tipp: Achtet besonders auf eure Mimik (Gesichtsausdruck) und Gestik (Körpersprache).

Information   Die Figurenkonstellation

- Die Figurenkonstellation **veranschaulicht,** welche **Beziehung die einzelnen Figuren zueinander haben,** z. B.: *flüchtig bekannt, befreundet, verfeindet, verliebt, verwandt, ...*
- Man kann sie in einem **Schaubild** oder in einem **Standbild** (▶ S. 151) darstellen.

---

6 Stellt euch vor, ihr seid eine Figur im Stück „Voll den Blues". Wählt Aufgabe a/c oder b/c.

a Schreibt euch selbst als Figur in die Kartenspielszene mit ein. Beachtet die Methode unten.

b Schreibt auf, was ihr zu Blues an diesen Stellen sagen würdet:
Z. 20: „Das pustet euch ...", Z. 62: „Wer das Herz-Ass ...", Z. 107 f.: „Ich hab den Eindruck, ..."

c Bildet Gruppen und spielt die Szene erneut mit eurem eigenen Text.

Methode   Szenen schreiben

Verwendet zu jeder Figur eine **Sprache,** die zu ihrem **Charakter** passt.

- Für einen flüchtigen **Wortwechsel** solltet ihr die einzelnen Redebeiträge kurz halten.
- Ergänzt passende, aber nicht zu viele **Regieanweisungen,** die das Verhalten beschreiben.
- Beendet eure Szene mit einem Satz, der auf die **weitere Handlung neugierig** macht.

Dirk Salzbrunn

Voll den Blues (Auszug Szene 3)

(Sandy, Martin, Alf und Flatus sind noch im Raum. Bea und Tarzan sind gegangen. Sina mit Blues, der sich ein Taschentuch auf die Lippen presst).

5 **MARTIN:** Solltest in nächster Zeit ein bisschen kürzer treten, Blues.

BLUES: Euer Dschungelboy auch. Könnt ihr ihm ausrichten. Man trifft sich im Leben immer zweimal.

10 **ALF** *(klopft Blues auf die Schulter):* Ehrlich gesagt, die dicke Oberlippe hätte ich Tarzan gegönnt.

FLATUS: Ich auch.

MARTIN: Nächstes Mal. Was, Blues?

15 *(Sandy, Martin, Alf und Flatus verabschieden sich und gehen.)*

SINA: Brauchst du noch ein Taschentuch?

BLUES *(nimmt vorsichtig das Tuch von der Lippe):* Blutet fast nicht mehr.

20 **SINA:** Gott sei Dank haben meine Eltern nichts mitgekriegt.

BLUES: Die Toilette mit Waschbecken hier unten ist Gold wert. Wenn einer mal kotzen muss, erst recht.

25 **SINA:** Ist dir schlecht?

BLUES: Nein. Das heißt – kannst du mir doch einen Schluck Schnaps organisieren? Könnt ich jetzt brauchen.

SINA: Wir haben einen Obstler im Haus. Trinkt

30 mein Vater manchmal nach dem Essen …

BLUES: Klasse, her mit dem Zeug.

SINA: Muss ich nach oben an den Kühlschrank. *(Nimmt eine leere Colaflasche mit):* Ich fülle dir ein bisschen um. Bin gleich wieder da. *(Ab.)*

35 **BLUES** *(wartet, bis sie draußen ist; schlendert im Raum hin und her; bleibt vor den CDs stehen und legt einen langsamen, traurigen Rocksong auf; läuft mit Händen in den Hosentaschen zum Spiegel; blickt eine Weile hinein; stemmt die Hände gegen*

40 *die Wand und lehnt die Stirn an den Spiegel; schreckt schnell zurück, als Sina den Raum betritt).*

SINA *(mit der Flasche):* Du hast schöne Musik aufgelegt.

BLUES *(nimmt die Flasche, spült mit Alkohol eine weitere Pille runter):* Danke. 45

SINA: Medikamente und Alkohol?

BLUES *(schüttelt sich):* Ah! Das tut gut. Zwei Minuten, und Blues ist wieder ganz der Alte. *(Nimmt noch einen kräftigen Zug; schaltet die Musik ab):* Jetzt nervt's *(streckt sich; ist plötzlich* 50 *wieder voll da).*

SINA *(nimmt eine Pille in die Hand):* Was ist das?

BLUES: Ich nenne sie meine kleinen Glücksbringer. 55

SINA: Du nimmst Drogen? *(Schaut sich die Pille genauer an):* Das ist – Ecstasy – stimmt's?

BLUES: Glücksbringer!!!

SINA *(gibt ihm eilig die Pille wieder zurück):* Nimm das weg, Blues! Damit will ich nichts zu 60 tun haben!

Blues *(nimmt die Pille zurück):* Ist okay. Aber wenn du mal mies drauf bist – ich hab immer was bei mir. Alles völlig harmlos.

65 **Sina:** Wer sagt das?

Blues: Alle sagen es! Sogar die Ärzte! Glaub mir. Mein Vater ist schließlich Arzt.

Sina: Ich will nichts mehr davon hören. Geh jetzt bitte. Ich bin müde.

Blues *(überraschend):* Kann ich heute Nacht 70 hier pennen?

Sina: Was?

Blues: Weißt du – bei uns ist niemand zu Hause dieses Wochenende …

Sina: Ich müsste meine Eltern fragen. 75

Blues: Vergiss es! Gute Nacht!

---

1 Gebt den Inhalt der Szene wieder. Nehmt dazu die Rolle Sinas und Blues' ein und berichtet aus ihrer Sicht in der Ich-Form, z. B.:

> *Sina: Gestern, nach der Schlägerei, war Blues von Tarzan ganz schön zugerichtet worden.*
> *Doch er …*
> *Blues: Nachdem dieser Mensch das Weite gesucht hatte, war …*

2 Worüber könnten Sina und Blues in der Nacht sprechen?
Wählt Aufgabe a oder b.

● ● ● **a** Verfasst eine Dialogszene zwischen Sina und Blues (▶ Methode, S. 145).
Ihr könnt z. B. so beginnen:

> *Blues: Morgen komme ich mit ein paar Blues-CDs vorbei. Die gefallen dir bestimmt.*
> *Sina: Als ich klein war, da …*
> *Blues: …*

● ○ ○ **b** Schreibt den Dialog zwischen Sina und Blues mit Hilfe der folgenden Reizwörter weiter:

> Blues: Bluesmusik, unbeschreiblich, eigene Band, Instrument
> Sina: kleines Mädchen, Flöte im Kirchenchor
> Blues: Gitarre, teuer, kaputt, Vater
> Sina: Eltern, Verhältnis
> Blues: oft allein, Vater, Schläger, Säufer, Mutter auf Reisen
> Sina: Geschwister
> Blues: Bruder in Berlin, bald weg von hier
>
> …

c Stellt euch eure jeweiligen Dialoge gegenseitig vor.

3 Wie könnte die Handlung des Stücks über diese Szene hinaus weitergehen?
Diskutiert in der Klasse verschiedene Möglichkeiten zum weiteren Handlungsverlauf.
Tipp: Bezieht auch den Titel „Voll den Blues" im Sinne von „gedrückter Stimmung" mit in eure Überlegungen ein.

Dirk Salzbrunn

Voll den Blues (Auszug Szene 4)

(Der nächste Morgen; Sina und Sandy räumen den Partykeller auf; wischen Staub etc.; Bea kommt rein.)

BEA *(lässt sich aufs Sofa fallen)*: Mann, bin ich
5 fertig!
SANDY: Wie lang warst du noch bei dieser Party im Schützenhaus?
BEA: Halb eins. Wenn du wüsstest, was du verpasst hast. Ab elf geht da richtig die Post ab. Na
10 gut – helfen wir ein bisschen aufräumen …
(Schlendert zur Matratze, nimmt die Decke hoch und schüttelt sie aus, faltet sie und bemerkt dabei einen Gegenstand auf der Matratze): Was ist denn das? *(Sie hebt Blues' Pillendose auf.)*
15 SANDY: Das gehört Blues. Seine Allergietabletten.
BEA: Allergietabletten? *(Klappt den Deckel auf.)* Oh, Scheiße! Weißt du, was das ist? Ecstasy! Deswegen ist der Typ so aufgekratzt. Jetzt wird mir einiges klar.
20 SANDY: Woher willst du das wissen?
BEA: So was kriegst du heute auf jedem Schulhof angeboten, du Landei!
SANDY: Ich bin kein Landei! Außerdem hat mir noch nie jemand Drogen angeboten.
25 BEA: Weil man dir schon von Weitem ansieht, dass du gleich zu Mama und Papa laufen und alles erzählen würdest. Dealer suchen sich ihre Kundschaft schon aus …
SANDY: Dealer!
30 BEA: So heißen die nun mal.
SANDY: Ob Blues auch ein Dealer ist?
BEA: Wir werden es herausfinden.
SINA *(mit einem Tablett sauberer Gläser)*: Wie, was ist?
35 BEA *(hält Sina das Döschen unter die Nase)*: Gehört das zufällig deinem Blues?
SINA: Er ist nicht „mein Blues". Gib her!
BEA: Er ist also ein „Drogi"?!
SINA: Ist er nicht! Er – er – hat es für jemanden
40 besorgt.
SANDY: Dann ist er ein Dealer!

SINA *(zu Bea)*: Gib das Döschen her! *(Sie greift danach.)*
BEA *(zieht es weg)*: Und wer ist der geheimnisvolle Fremde, für den Blues Drogen besorgt? 45
TARZAN *(kommt dazu)*: Was ist denn mit euch los?
BEA *(zeigt ihm die Pillendose)*: Die gehört Blues. Drogen! Ecstasy!
TARZAN: Interessant. 50
SINA *(geht energisch auf Bea zu)*: Her damit! Sofort! Es gehört Blues!
BEA *(läuft um den Tisch)*: Hol's dir doch. *(Zu Tarzan)*: Fang!
TARZAN *(fängt)*: Ja, hol dir doch die Lieblings- 55
drops von deinem Lover.
SINA: Bitte, Tarzan. Gib es mir, und wir vergessen alles, okay? *(Er geht auf Tarzan zu, dieser wirft die Pillen wieder zu Bea.)*
BEA *(hält die Drogen am ausgestreckten Arm).* 60
SINA: Gib jetzt … *(geht noch mal auf Bea los; heult).*
TARZAN *(läuft zu Bea; in dem Moment, in dem er Bea das Döschen aus der Hand nimmt, beißt Sina ihr in den Arm).* 65
BEA: Au! Du dumme Nuss *(reibt sich mit schmerzverzerrtem Gesicht den Arm).*
SINA *(kniet auf der Matratze)*: Bitte, Tarzan! Bitte!
TARZAN: Aber Sinalein. Du musst doch einse- 70
hen, dass man so etwas Wertvolles nicht gern aus den Händen gibt!

SINA: Das Zeug ist billig – leider!

75 TARZAN *(dreht die Drogen zwischen den Fingern und spricht mehr zu sich selbst als zu Sina):* Das siehst du ganz falsch. Blues' Eltern sind reich. Blues selbst auch – an unsereinem gemessen. Was würde wohl abgehen, wenn Blues' Eltern erfahren, oder – andersherum gefragt – möch-

80 te Blues, dass seine Eltern etwas erfahren? Wei-

tergefragt – was würde Blues es sich kosten lassen, dass niemand etwas erfährt?

SINA: Du willst ihn erpressen?

TARZAN: Komm, Bea! Wir statten unserem großmäuligen Freund einen kleinen Besuch 85 ab. *(Er nimmt Bea bei der Hand und läuft mit ihr davon. Sina bleibt weinend zurück. Licht aus.)*

1 Am Ende der Szene weint Sina.
Erläutert, worin der Konflikt (Streit) zwischen Sina, Bea und Tarzan besteht.

2 Viele Theaterstücke (Dramen) sind nach einem Muster aufgebaut. Sie haben einen bestimmtem Handlungsverlauf (▶ Information). Trifft er bisher auch für „Voll den Blues" zu?
Wählt Aufgabe a oder b.

●●● a Übertragt das Schaubild in der Information in euer Heft.
Ordnet die bisherigen Handlungsschritte des Stücks den ersten Stationen des Schaubilds zu.

●○○ b Ordnet im Heft die einzelnen Handlungsschritte in der richtigen Reihenfolge.

Blues ist „der Neue".	Sinas Party beginnt.	Tarzan und Blues prügeln sich.
Blues sagt Sina „Gute Nacht!".	Sina findet heraus, dass Blues Drogen nimmt.	Tarzan und Bea wollen Blues erpressen.

3 Nachdem ein Konflikt sich zugespitzt hat, ist die Frage, wie die Handlung weitergeht.
Notiert Fragen, die Publikum oder Leser am Ende von Szene 4 haben könnten, z. B.:
Wird Tarzan Blues bei der Polizei anzeigen? Wird Blues ...? Kann Sina ...? ... die Eltern?

4 Was kann Sina tun, um Blues zu helfen? Diskutiert unterschiedliche Lösungsversuche.

Information	**Der Handlungsverlauf in einem Theaterstück (Drama)**

Um spannend und interessant zu sein, haben Theaterstücke (Dramen) oft einen ganz ähnlichen **Handlungsverlauf.** Dieser wird meist als Schaubild in Form einer Pyramide dargestellt:

der **Höhepunkt:**
Zuspitzung des **Konflikts**

steigende Spannung:
erste Konflikte

fallende Spannung:
Lösungsversuche

die **Exposition**
(Einleitung):
Situation und
Figuren

die **Katastrophe**
(trauriges Ende)
oder: das **Happy End**
(glückliches Ende)

Teste dich!

A Ein Theaterstück beginnt ...	**E** Die Spannung fällt, sobald ...
B Darin werden die ersten Figuren ...	**F** Am Ende des Stücks ...
C Im weiteren Verlauf des Theaterstücks ...	**G** Die Lösung kann traurig enden, ...
D Diese werden dann am Höhepunkt des Stücks ...	**H** Das Stück kann aber auch ...

1 Vervollständige die Sätze A bis H mit Hilfe der richtigen Satzbausteine unten. Arbeite im Heft.

I ... Lösungsversuche unternommen werden.	**Z** ... steigt die Spannung.
A ... Konflikte auftauchen.	**S** ... hat sich der Konflikt aufgelöst.

L ... mit einer neutralen Lösung enden. Das nennt man fallende Handlung.
T ... mit einer glücklichen Lösung enden. Dann spricht man vom Triumph.

Y ... bleibt die Spannung immer gleich.	**R** ... oft mit einer Einleitung (der Exposition).
Q ... steigt die Spannung durch erste Probleme und Streitigkeiten.	**F** ... immer mit einem Happy End.

U ... zu einem scheinbar unlösbaren Konflikt zugespitzt.
S ... zu einem ersten Happy End zusammengeführt.

I ... z. B. wenn am Ende jemand stirbt. Dies nennt man Katastrophe.
E ... z. B. wenn am Ende jemand Probleme hat. Dies nennt man steigende Handlung.

E ... eingeführt und die allgemeine Situation sowie die wichtigsten Beziehungen der Figuren zueinander (Figurenkonstellation) werden deutlich.
R ... auf ihre Rollen durch Regieanweisungen vorbereitet.

2 Richtig beantwortet, ergeben die Buchstaben vor den Satzbausteinen ein Lösungswort.
  a Wie lautet es?
  b Ordne zu, was das Lösungswort richtig bedeutet.

anderes Wort für „Hauptfigur"	eine Regieanweisung

Gegenstand zur Ausstattung von Szenen

3 **a** Welches der folgenden Wörter ist kein Fachwort aus der Theatersprache?

Dialog	Monolog	Regie	Novelle	Souffleur	Bühne

  b Notiere, was die einzelnen Fachwörter bedeuten.
  c Vergleiche deine Ergebnisse mit einem Lernpartner.

8.2 Konflikt und Lösung – Szenisches Interpretieren

Dirk Salzbrunn

Voll den Blues (Auszug Szene 5)

(Im Partyraum: Sandy, Martin, Alf und Flatus kommen auf die Bühne.)

MARTIN *(zu Sandy):* Warum weint Sina?
SANDY: Wir haben etwas zu besprechen.
5 MARTIN: Ist was passiert?
SANDY: Setzt euch mal.
(Flatus, Martin und Alf setzen sich.)
SANDY: Also – so unterschiedlich wir auch sind ...
10 FLATUS: Lass mich mal. Sandy hat mir draußen etwas erzählt – Blues nimmt Drogen. Ecstasy!
SANDY: Wir müssen Blues helfen.
MARTIN: Helfen? Wieso? Und wie?
ALF: Ist doch seine Sache!
15 SANDY: Bea und Tarzan haben irgendeine Sauerei vor. Sie haben Blues' Pillendöschen gefunden.
MARTIN: Auweia!
FLATUS: Eben!
ALF: Uns geht das nichts an. Wir kennen den
20 doch kaum.
SANDY: Blues ist jetzt einer von uns.
ALF: Das ist er nicht.
SANDY: Die Sache ist ernst!
MARTIN: Ich sehe nicht, wie wir Blues helfen
25 sollen. Außerdem wollen ihm Bea und Tarzan die Pillen nur zurückgeben.

FLATUS *(wütend):* Hier geht es um ein echtes Problem! Drogen! Scheiß Drogen! Kapiert es doch endlich! Ich muss – ach *(wütend ab)*.
ALF: Sauber. Der erzählt bestimmt alles seinen 30
Eltern. Die holen die Polizei und wir hängen mit drin.
MARTIN: Der reißt uns voll rein. Ich hau ab, bevor hier eine Razzia läuft. *(Ab.)*
ALF *(hinterher; zu Sandy):* Wir haben von nichts 35
gewusst. Capito?
SANDY *(brüllt hinterher):* Ich schäme mich für euch – ihr – ihr Scheißkerle!

1 a Gebt den Verlauf des Streits in eigenen Worten wieder. Wer vertritt welche Position?
b Gestaltet zur Szene ein Standbild, das die Figurenbeziehungen verdeutlicht.
c Welche Figur hat eurer Meinung nach Recht? Begründet.

2 Vergleicht diese Szene mit Szene 1 (▶ S. 140–142). Was hat sich geändert?

Methode	Ein Standbild gestalten

Mehrere Schüler stellen sich **stumm und „eingefroren"** so auf, dass man das **Verhältnis der Figuren zueinander** erkennt. Dann erklären sie, was sie mit dem Standbild ausdrücken wollten.

Dirk Salzbrunn

Voll den Blues (Auszug Szene 6)

Blues ist von der Polizei verhaftet und wegen Drogenbesitzes zu sechs Monaten Jugendhaft verurteilt worden. Bea und Tarzan schwören, dass sie mit seiner Verhaftung nichts zu tun hatten. Nachdem Blues wieder frei ist, findet in Sinas Partykeller wieder eine Feier statt. Alle sind anwesend.

SINA *(schaut auf die Uhr):* Leute! Ich will nicht ungemütlich werden, aber wir müssen langsam Schluss machen.

TARZAN *(reicht Blues die Hand):* Ich hol dich
5 morgen zum Training ab.

BEA: Tschüss, Blues.

FLATUS: Gute Nacht, Sina! Gute Nacht, Blues! Und – du hast auch wirklich keine Ahnung, wer dich angezeigt hat?

10 **BLUES:** Null! Bleibt wohl immer anonym.

ALF *(schnappt sich das letzte Würstchen):* Will das noch einer? Keiner?

MARTIN: Gute Nacht! Komm, Sandy!

SANDY *(kurz vor der Tür; naiv):* Und du, Blues –
15 gehst du noch nicht nach Hause?

BLUES *(schaut ihr genervt in die Augen).*

SANDY *(blickt unschuldig zu Sina):* Äh – Ach so! – Ach ja! *(Zwinkert übertrieben mit beiden Augen; ab.)*

20 *(Sina und Blues stehen sich einen Moment ratlos und unsicher gegenüber.)*

SINA: Bist dünner geworden – und ruhiger.

BLUES: Steht's mir?

SINA: Das Dünne oder das Ruhige?

25 **BLUES:** Beides.

SINA: Jetzt kann niemand mehr sagen, wir passen nicht zueinander.

BLUES *(nimmt vorsichtig ihre Hand; beide setzen sich).*

30 **SINA:** Wann beginnt dein Therapieprogramm?

BLUES: In drei Wochen. Wird bestimmt stressig.

SINA: Was hast du heute den ganzen Tag getrieben?

BLUES: Also – du darfst dich aber nicht aufre-
35 gen ...?!

SINA *(springt auf):* Hoffentlich nichts, was mit Drogen zu tun hatte – oder?

BLUES: Wenn du wüsstest, was im Knast abgeht. Da kommst du leichter an das Zeug als draußen.
40

SINA *(verzweifelt):* Blues! Mach doch keinen Scheiß!

BLUES: Da hat mich einer angelabert – der war voll in Ordnung! Ist durch einen blöden Zufall in Schwierigkeiten geraten. Hatte noch eine 45 kleine Lieferung Heroin versteckt und wollte sie unbedingt loswerden, noch bevor er entlassen wird. Ich habe ihm den Gefallen getan, das Zeug geholt und zu einem Kunden gebracht. Ich verspreche hoch und heilig, ab morgen 50 sind Drogen kein Thema mehr für mich!

SINA: Oh, Blues! Tu so etwas nie wieder! Und – bleib sauber, ja? Ich helfe dir! Ich schwör's! Meine Eltern haben uns eine Piccoloflasche Sekt kalt gestellt. Ausnahmsweise. Zur Feier 55 des Tages. Soll ich sie jetzt holen? Damit besiegeln wir den Bund!

BLUES: Klaro!

SINA: Bis gleich! *(Ab.)*

1 a Wird am Ende alles gut oder nicht?
Nennt je ein Textbeispiel, das eher auf ein Happy End oder auf eine Katastrophe hindeutet.
b Diskutiert in der Klasse, welches Ende ihr wahrscheinlicher findet.

2 a Wählt von den drei folgenden Lösungsversuchen A bis C einen aus.
b Verfasst im Heft zu diesem Versuch eine eigene kleine Schlussszene.

> **A** Blues bekommt durch Sinas Vater einen Ausbildungsplatz.
> Mit den Drogen ist nun endgültig Schluss.

> **B** Blues geht nach Berlin zu seinem älteren Bruder, um alles hinter sich zu lassen.
> Er verabschiedet sich von Sina und ihren Freunden.

> **C** Blues erlebt noch ein letztes Mal einen Drogenrausch und stirbt daran.

3 a Bildet Gruppen und spielt euch eure Schlussszenen mit verteilten Rollen gegenseitig vor.
b Begründet, welche Schlussszene euch am besten gefallen hat.

4 Gebt die Handlung aller euch bekannten Textauszüge szenisch wieder.
Bildet Gruppen und wählt dann Aufgabe a oder b.
a Gestaltet zu jeder Szene mindestens ein Szenenfoto.
b Denkt euch zu den folgenden Szenenüberschriften je ein passendes Szenenfoto aus:

Szene 1: Sinas Party ist langweilig	**Szene 5:** Jeder streitet sich mit jedem
Szene 2: Ganz schön frech, dieser Blues	**Szene 6:** Blues kehrt zurück
Szene 3: Blues nimmt Drogen?!	**Szene 7:** Wird alles wieder gut?
Szene 4: Heul doch, Sina!	

5 a Vergleicht in der Klasse eure Ergebnisse zu Aufgabe 4.
b Entwerft eine Fotostory.
Setzt eure Szenenfotos in der richtigen Reihenfolge zusammen.

Methode	**Szenen spielen**

- Verteilt alle **Rollen** in eurer Gruppe.
- Führt zu zweit zu euren Rollen ein **Rolleninterview** (▶ S. 154, 155).
- Lernt euren **Text** möglichst **auswendig.** Beachtet auch die **Regieanweisungen.**
- Achtet auf das **Verhalten und die Charaktereigenschaften** der Figur, die ihr verkörpert.
- Überlegt euch, **wo** ihr **auf der Bühne** stehen müsst.
- **Sprecht laut und deutlich** zum Publikum.

Ein Rolleninterview führen

1 Führt mit der Figur „Blues" ein Rolleninterview.

●●● Sammelt mit Hilfe der Szenenauszüge auf Seite 140–152 Informationen, die Auskunft über Blues' Herkunft, seinen Charakter und sein Verhalten geben.

Tipp: Beachtet auch die Regieanweisungen.

▷ Eine Hilfe zu Aufgabe 1 findet ihr auf Seite 155.

2 Erstellt im Heft eine Mind-Map wie folgt.

●●● Ordnet in dieser Mind-Map eure Informationen aus Aufgabe 1 den folgenden Merkmalen zu.

Tipp: Ihr könnt noch weitere Merkmale ergänzen.

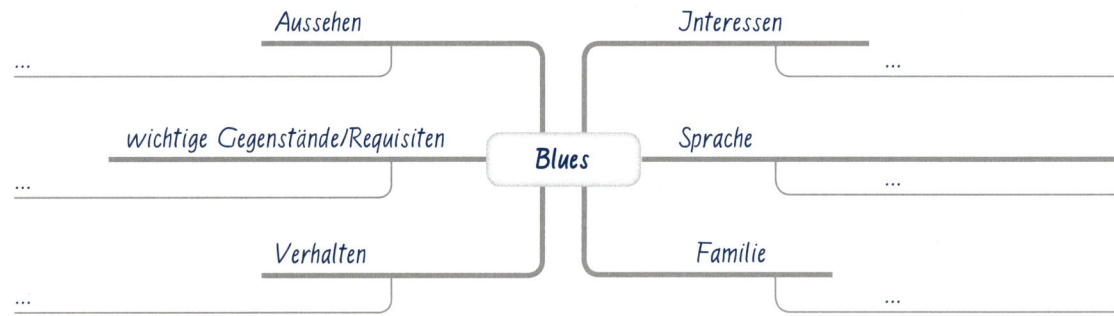

Aussehen	Interessen
...	...
wichtige Gegenstände/Requisiten	**Blues** Sprache
...	...
Verhalten	Familie
...	...

▷ Hilfe zu 2, Seite 155

3 Führt schriftlich im Heft ein Rolleninterview durch:

●●● Schlüpft in Blues' Rolle und beantwortet die folgenden Interviewfragen in der Ich-Form:

Frage: Blues, kannst du dich kurz vorstellen?
Blues: *Mein Name ist eigentlich Jonas. Ich bin ... und komme aus ... Meine Eltern ...*
Frage: Wie würdest du selbst deinen Charakter beschreiben?
Blues: ...
Frage: Was gefällt dir an Sina besonders gut?
Blues: ...
Frage: Wen magst du nicht?
Blues: ...
Frage: Woran liegt es, dass du so schnell in Streit gerätst?
Blues: ...
Frage: Mit welchen Problemen hast du sonst noch zu kämpfen?
Blues: ...
Frage: Wovor hast du Angst?
Blues: ...
Frage: Was sind deine Träume und Wünsche für die Zukunft?

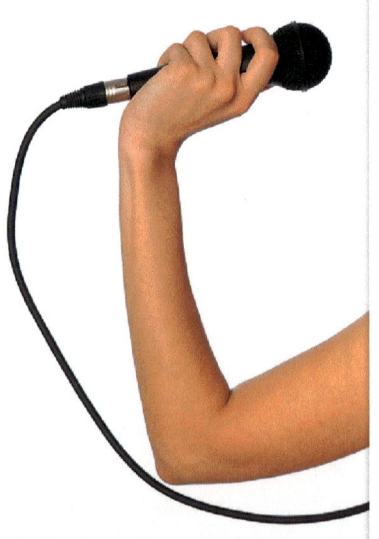

▷ Hilfe zu 3, Seite 155

●○○ Aufgabe 1 mit Hilfe

Führt mit der Figur „Blues" ein Rolleninterview.
Sammelt mit Hilfe der Szenenauszüge auf
Seite 140–152 Informationen, die Auskunft über
Blues' Herkunft, seinen Charakter und sein Ver-
halten geben. Ordnet zu und ergänzt:

> ratlos und unsicher (▶ S. 146, Z. 35 ff.)
> Vater ist Arzt (▶ S. 141, Z. 51)
> oft aufgekratzt (▶ S. 143, Z. 25 ff.)
> nimmt Drogen (▶ S. 146, Z. 44 f.)
> ...

●●○ Aufgabe 2 mit Hilfe

Erstellt im Heft eine Mind-Map wie folgt.
Ordnet in dieser Mind-Map eure Informationen aus Aufgabe 1 den folgenden Merkmalen zu:

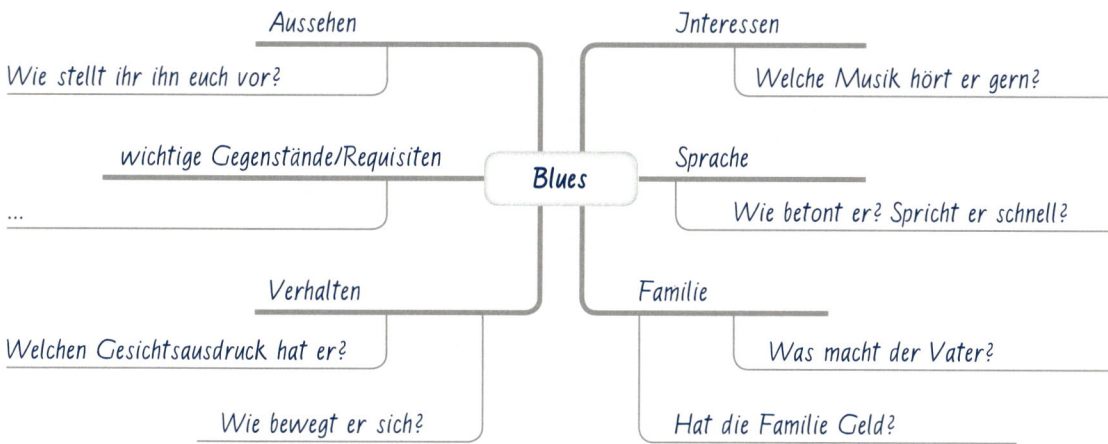

Aussehen
Wie stellt ihr ihn euch vor?

Interessen
Welche Musik hört er gern?

wichtige Gegenstände/Requisiten
...

Blues

Sprache
Wie betont er? Spricht er schnell?

Verhalten
Welchen Gesichtsausdruck hat er?
Wie bewegt er sich?

Familie
Was macht der Vater?
Hat die Familie Geld?

●●○ Aufgabe 3 mit Hilfe

Schlüpft in Blues' Rolle und beantwortet die folgenden Interviewfragen in der Ich-Form.
Die folgenden Textbausteine helfen euch. Schreibt ins Heft.

Frage: Blues, kannst du dich kurz vorstellen?
(Jonas; Sinas Nachbar; Vater Arzt; reich)
Frage: Wie würdest du selbst deinen Charakter beschreiben?
(unterschiedlich; aufgekratzt; selbstbewusst; unsicher; schüchtern; naiv)
Frage: Was gefällt dir an Sina besonders gut?
(hilfsbereit; steht zu einem; ruhiger Typ)
Frage: Wen magst du nicht?
(Angeber; Tarzan; spielt sich auf; Schläger)
Frage: Woran liegt es, dass du so schnell in Streit gerätst?
(direkte Art; Schlägerei; Beleidigungen)
Frage: Mit welchen Problemen hast du sonst noch zu kämpfen?
(Drogen und Dealer; Alkohol; Eltern; Tarzan; Gefängnis)
Frage: Wovor hast du Angst?
(Einsamkeit; keine Freunde)
Frage: Was sind deine Träume und Wünsche für die Zukunft?
(mit Sina; alles mal ausprobieren; weg von zu Hause; eigenes Ding drehen)

8.3 Projekt – Ein Abend im Theater

Viel Applaus für „Voll den Blues"

Die Theatergruppe der Bezirksschule Chorweiler-Nord beweist viel schauspielerisches Talent

Köln. Einen Volltreffer landete die Theatergruppe der Bezirksschule Chorweiler-Nord mit ihrer Premiere des Jugendtheaterstücks „Voll den Blues" von Dirk Salzbrunn. In diesem Drama geht es um den vierzehnjährigen Jonas, genannt Blues, der neu in der Stadt ist.
Blues, der auf Gleichaltrige genauso faszinierend wie verstörend wirkt, sorgt auf Sinas privater Kellerparty für viel Aufregung und Unruhe. Aber Sina kommt langsam hinter das Geheimnis seiner ständigen Stimmungsschwankungen: Blues nimmt Drogen. Doch bei dem Versuch, Blues zu helfen, gerät Sina selbst an ihre Grenzen.

Anspruchsvolle Rollen hatten die beiden Hauptdarsteller Moritz Nenning (Blues) und Saskia Weißhausen (Sina) zu meistern, was sie glänzend schafften. Dafür gab es in der ausverkauften Aula der Schule den verdienten Applaus und einen Blumenstrauß von der stolzen Schulleiterin. Wer sich das Stück noch ansehen möchte: Vorstellungen sind vom 16. 10. bis 23. 11. immer samstags um 19:00 Uhr; Abendkasse: Erwachsene 5 Euro, Kinder und Jugendliche 3 Euro.

1 a Welche Formulierungen könnten den Leser auf die Aufführung neugierig machen? Lest drei Textbeispiele vor.
b Würdet ihr in die beschriebene Vorstellung gehen wollen? Begründet.

2 Recherchiert in einer Tageszeitung, ob und welche Theatervorstellungen es in eurer Nähe gibt. Notiert, welches Stück ihr besuchen könntet.

3 Im 18. Jahrhundert schrieb Adolph Freiherr Knigge ein Buch über gute Umgangsformen. Noch heute nennt man Bücher, in denen es um angemessene Verhaltensweisen geht, „Knigge". Begründet: Welche Regeln aus dem „Theaterknigge" solltet ihr beachten? Welche findet ihr nicht sinnvoll?

Der Theaterknigge

– Ich gehe vor Beginn der Vorstellung auf die Toilette.
– Ich schalte das Smartphone aus.
– Während der Vorstellung bin ich leise und verlasse meinen Platz nicht.
– Ich esse und trinke nicht während der Vorstellung.
– Ich bleibe bis zum Schlussapplaus.

4 a Besucht eine Theateraufführung.
b Verfasst für andere einen kleinen Bericht zu diesem Besuch.

Schreibwörter				► S. 294
das Theater	die Szene	das Requisit	die Katastrophe	der Applaus
das Drama	das Interview	die Premiere	der Charakter	die Vorstellung

9 Die Zeitung –
Sachtexte verstehen und gestalten

1 a Beschreibt das Bild. Was ist daran besonders ungewöhnlich?
   b Kennt ihr ähnliche Situationen? Berichtet davon.

2 Überlegt in Partnerarbeit: Wozu lesen Menschen Tages- oder Wochenzeitungen?
   a Welche Tages- oder Wochenzeitungen lest ihr? Nennt Titel – auch fremdsprachige.
   b Führt in der Klasse eine mündliche Umfrage durch:
      Wer liest welche Zeitung wie oft?
      Welche Themen interessieren euch?

3 a Bringt Zeitungen mit und lest euch
      gegenseitig Artikel vor.
   b Erklärt, was ihr an dem ausge-
      wählten Artikel interessant findet.

In diesem Kapitel ...

– informiert ihr euch über den Aufbau
  von Zeitungen einschließlich Online-
  Zeitungen,
– lernt ihr journalistische Textsorten
  kennen, z. B. Bericht, Kommentar,
– erstellt ihr Titelblätter für eine Zeitung.

9.1 Die Welt in Wort und Bild entdecken – Zeitungstexte gedruckt oder online untersuchen

Boulevard oder Abonnement?

Dienstag, 4. Juni 2013   1,40 Euro   SCHWÄBISCHE DONAU ZEITUNG

SÜDWEST PRESSE

DIE GROSSE TAGESZEITUNG FÜR ULM, DEN ALB-DONAU-KREIS UND DEN KREIS NEU-ULM

www.swp.de

AUS DEM INHALT

Wenig Schäden nach Hochwasser

Ulm/Neu-Ulm. Das Hochwasser hat am Sonntag in Ulm und Neu-Ulm nur geringe Schäden verursacht. Dank der Schutzmauern lief das Freizeitbad nicht voll. **Seite 13**

Mario Gomez: Will Bayern-Profi wechseln? Seite 10

Krise erhöht Risiko für soziale Unruhen Seite 2

Nässe und Kälte bedrohen Brut der Störche Seite 5

Fall Pistorius: Buhlen um Öffentlichkeit Seite 6

SYRIEN-KONFERENZ

Westerwelle skeptisch

New York. Außenminister Guido Westerwelle (FDP) rechnet erst für Juli mit der internationalen Syrien-Konferenz. Bei einem Besuch bei der Uno in New York sagte er, er erwarte, dass die Vorbereitung des Treffens noch länger dauern wird. Zugleich appellierte er an Staaten wie Russland, die Konferenz nicht durch Waffenlieferungen zu ge-

Mehr Wasser gab es nur im Jahr 1501: Die Donau bei Passau hat einen neuen Rekord-Pegel erreicht. Die Altstadt ist komplett überflutet.   Foto: dpa

Passau ertrinkt

Rekord-Pegel an der Donau – Merkel heute im Katastrophengebiet

Die Hochwasserlage bleibt angespannt. Bundeskanzlerin Angela Merkel will heute in die betroffenen Gebiete reisen. Die EU sagt Finanzhilfe zu.

Passau/Berlin. Das Hochwasser hat weite Teile Süd- und Ostdeutschlands in Katastrophengebiete verwandelt. An der Donau in Passau wurde ein neuer Rekord gemessen: Mit einem Pegel von 12,80 Metern stieg die Donau über die Marke von 12,20 Metern (1954). Ein höherer Wert ist nur aus dem Jahr 1501 überliefert. Die Passauer Altstadt und weitere Teile des Zentrums sind überflutet. Der Strom ist abgestellt, es drohen Probleme bei der Trinkwasserversorgung. Dramatisch ist

In sieben Landkreisen in Sachsen sowie in den Städten Dresden, Chemnitz und Zwickau galt Katastrophenalarm. Tausende Menschen mussten Häuser und Wohnungen verlassen. Erstmals erstreckte sich das Hochwasser über den gesamten Freistaat. In Grimma stand das Wasser meterhoch in der Altstadt. Auch in Tschechien verschärfte sich die Lage. Sachsens Innenminister Markus Ulbig (CDU) kritisierte die Verantwortlichen: Der Fluss sei immer schneller als die Angaben der Behörden. Während Österreich weiter unter Hochwasser leidet, hat sich die Lage in der Schweiz entspannt. Auch in Baden-Württemberg geht das Wasser langsam zurück. In Günzburg (Bayern) wurden zwei Leichen ange-

Angaben des Bundesinnenministeriums zufolge sind in den Hochwassergebieten insgesamt 1800 Helfer des Technischen Hilfswerks (THW) im Einsatz, außerdem 500 Bundespolizisten. Hinzu kommen 1760 Soldaten der Bundeswehr. Der Sprecher des Verteidigungsministeriums, Stefan Paris, sagte, 1050 Soldaten seien in Sachsen, 600 in Bayern, 100 in Thüringen und 10 in Sachsen-Anhalt im Einsatz. Sie kümmern sich unter anderem um Aufbau und Sicherung von Deichen mit Sandsäcken und die Überwachung der Katastrophengebiete aus der Luft.

Bundeskanzlerin Angela Merkel (CDU) will heute selbst in die betroffenen Gebiete reisen. Die genauen Stationen stehen noch nicht fest. Be-

nister Hans-Peter Friedrich (CSU) nach Sachsen aufgebrochen, um sich über den Stand der Dinge zu informieren. Friedrich traf unter anderem den sächsischen Ministerpräsidenten Stanislaw Tillich (CDU).

Die Europäische Kommission hat Wiederaufbauhilfe aus dem europäischen Solidaritätsfonds in Aussicht gestellt. Die EU-Mitgliedsstaaten können demnach Mittel erhalten, wenn bestimmte Schadensgrenzen überschritten sind. In Deutschland liegt diese Schwelle bei 3,67 Milliarden Euro, in Österreich bei 1,79 Milliarden und in der Tschechischen Republik bei 872 Millionen. Der Solidaritätsfonds wurde nach der Flutkatastrophe 2002 gegründet.   dpa/kna

Seiten 2, 3, 5, 7

Sorge um Gewalt in der Türkei

Istanbul. Deutschland und die EU haben mit großer Besorgnis auf die Gewalt bei den Protesten gegen die Regierung in der Türkei reagiert. Freie Meinungsäußerung und Versammlungsfreiheit seien ein „grundlegendes Recht in einer Demokratie", sagte Regierungssprecher Steffen Seibert gestern. Die EU-Außenbeauftragte Catherine Ashton kritisierte einen „unverhältnismäßigen Einsatz von Gewalt" durch die Polizei. Der türkische Präsident Abdullah Gül versicherte, die Botschaft der Demonstranten werde gehört. Regierungschef Recep Tayyip Erdogan zeigte sich hingegen unversöhnlich.

In Ankara ging die Polizei gestern erneut mit Tränengas gegen mehrere hundert, meist junge Demonstranten vor. In der Nacht zum Montag war die Polizei auch in Istanbul gegen tausende Demonstranten vorgegangen. Die Menge rief, „Diktator, tritt zurück!" Ein junger Mann starb gestern, als ein Auto in eine Protestmenge raste.   dpa/afp
Seite 3

Drohnen-Affäre: Opposition droht mit Ausschuss

Berlin. Nach Grünen und Linken erwägt nun auch die SPD die Einsetzung eines parlamentarischen Untersuchungsausschusses zur Aufklärung der Drohnen-Affäre. „Das entscheiden wir dann im Angesicht der Informationen, die Herr de Maizière uns zur Verfügung stellt", sagte Generalsekretärin Andrea Nahles. Auch die Rücktrittsforderung an Verteidigungsminister Thomas de Maizière (CDU) behielt sich Nahles vor. SPD-Fraktionsgeschäftsführer Thomas Oppermann hingegen bezeichnete personelle Konsequenzen als unausweichlich. „Es handelt sich um einen Fall von Geldverschwendung ungeahnten Ausmaßes. Hierfür muss auch jemand die politische Verantwortung über-

1 a Vergleicht diese Titelseite mit der aus der *Morgenpost* (▸ S. 159).
   Benennt in Partnerarbeit Unterschiede und Gemeinsamkeiten: *Thema, Bilder, ...*
 b Begründet, welche Titelseite euch mehr anspricht.

2 a Prüft, ob ihr wichtige Fachbegriffe für den Umgang mit Zeitungen kennt.
   Ordnet im Heft die folgenden Begriffe den Zahlen auf der *Südwest Presse*-Titelseite zu:

> Zeitungskopf   Aufmacher/Abbildung   Titelseite   Headline/Hauptüberschrift
> Zeitungsartikel   Name der Zeitung   Presseagentur   Schlagzeile

 b Vergleicht in der Klasse eure Ergebnisse zur *Südwest Presse*.
 c Fasst zusammen, welche Funktion die erste Seite dieser Tageszeitung hat.

3 Die Boulevardzeitung *Hamburger Morgenpost* unterscheidet sich in vielen Details von der Abonnementzeitung *Südwest Presse*.
Untersucht sie noch einmal genauer. Beachtet die folgenden Punkte:

Farbwahl	Layout (Bild/Textgestaltung)	Satzbau	Wortwahl

Information | **Abonnementzeitung und Boulevardzeitung unterscheiden**

- Eine **Boulevardzeitung** wird auf der Straße (franz. *boulevard:* große Straße) oder am Kiosk verkauft und hat einen hohen **Unterhaltungswert**.
  Merkmale: Häufig werden **auffällige Farben und Fettdrucke** verwendet.
  Der **Satzbau** und die **Wortwahl** sind meist **einfach**. Die **Schlagzeilen** sollen „reißerisch" sein.
- Eine **Abonnementzeitung** wird hauptsächlich bestellt (abonniert) und hat einen hohen **Informationswert**.
  Merkmale: Die Abonnementzeitung enthält eher **lange, ausführliche Artikel** und **vollständige Sätze**. Die **Sprache** ist **meist sachlich**.

Ressorts erkennen

1 Was wisst ihr über den Aufbau einer Zeitung?
Wählt Aufgabe a/b oder a/c.
Vergleicht anschließend eure Ergebnisse.

a Welche Themengebiete (Ressorts) zeigt die abgebildete Zeitung?

●○○ b Erläutert die einzelnen Themengebiete genauer, z.B.:
Lokales heißt, dass man zu/zum ... in der eigenen Stadt ...
Bei Kultur findet man Texte und Kritiken zu neuen Filmen, ...

●●● c Für die einzelnen Themengebiete (Ressorts) sind bei
einer Zeitung Fachredaktionen zuständig.
Benennt weitere Ressorts.

2 Welche Schlagzeilen unten können mehreren Ressorts zugeordnet werden? Begründet.

> ### Leuchtende Schafe
>
> ### *AUFGEWACHSEN IN ZWEI KULTUREN*
>
> ### Unglaublich, diese Bayern
>
> ### Beim Friseur ist Schluss mit „Geiz ist geil"
>
> ### Besser lernen mit **geballter Faust**

3 Zu welchen Ressorts gehören die folgenden Artikel (▶ S.160–161)?
Wählt Aufgabe a oder b. Vergleicht anschließend eure Ergebnisse.

●○○ a Ordnet drei Schlagzeilen aus Aufgabe 2 den Texten 1 bis 3 zu.
Nennt das Ressort, zu dem die Texte jeweils gehören.

●●● b Ordnet alle Schlagzeilen aus Aufgabe 2 den Artikeln 1 bis 5 zu.
Benennt das Ressort und erklärt, woran ihr es erkannt habt.
Tipp: Ein Ressort kann zweimal genannt werden.

c Formuliert mögliche andere Schlagzeilen für einen oder mehrere Artikel.

1

München. Der Rekordmeister hat die besten Voraussetzungen, erneut das Champions-League-Finale zu erreichen. Mit einem 4:0 (1:0)-Sieg im Halbfinale gegen den spanischen Meister FC Barcelona stellte der FC Bayern München seine Favoritenrolle klar. Wie schon 1974, 1975, 1976 und 2001 könnten die Bayern nun zum fünften Mal die höchste Krone im europäischen Fußball gewinnen.

2

Berlin. Die Kunden wissen, dass sie von Friseur zu Friseur durchaus unterschiedliche Preise zahlen können. Und mit der Bezahlung der Friseure durch den Arbeitgeber sieht es kaum anders aus. Vor allem in Ostdeutschland sind die Löhne sehr niedrig. Gegen diese Ungleichheit und Niedrigbezahlung soll nun angegangen werden. Der Zentralverband des deutschen Friseurhandwerks und die Gewerkschaft Verdi verhandelt seit heute über einen Mindestlohn.

3

Düsseldorf. Türkinnen wie die 18-jährige Afet kennen das Problem: „Hier in Deutschland sind wir die Ausländer, während wir in der Heimat unserer Eltern die Deutschen sind." Afet leidet wie viele andere Kinder darunter, sich zu keiner Kultur richtig dazugehörig zu fühlen. Afet ist Schülerin einer Gesamtschule in Düsseldorf. Dort nahm sie mit fünf weiteren Mitschülern an einer Podiumsdiskussion teil, bei der sie über ihre Erfahrungen und Empfindungen sprachen.

4

Montevideo. Genforscher haben in Uruguay einen Züchtungserfolg erzielt. Sie züchteten Schafe, denen es möglich ist, im Dunkeln zu leuchten.
So wurden die Tiere mit einem Quallen-Gen versehen, durch das sie Licht speichern können. Man kennt das von den künstlichen Sternenhimmeln an den Decken vieler Kinderzimmer. Die selbstleuchtenden Tiere nehmen z. B. nach einer Bestrahlung das Licht auf und geben es danach wieder ab.

5

San Francisco. Wer sich als Rechtshänder Vokabeln richtig merken möchte, der sollte einen Trick anwenden: Wer nämlich kurz vorher die rechte Hand zu einer Faust ballt, hat einen größeren Lernerfolg. Die linke Faust ist dann dafür da, die gelernten Wörter wieder aus dem Gedächtnis abzurufen. Im „Plos One", einem Online-Fachjournal, stellen Psychologen aus den USA entsprechende Forschungsergebnisse dar. An der Universität Montclair wurde bei Tests festgestellt, dass sich Rechtshänder Wörter besser merken konnten, wenn sie vor der Aufgabenstellung mit derselben Hand für 45 Sekunden einen kleinen Gummiball drückten. Man nimmt an, dass die Wirkung der Fäuste darin besteht, die beiden Gehirnhälften vorher anzuregen.

4 a Ermittelt, in welche Ressorts euch bekannte Tageszeitungen aufgeteilt sind. Wie heißen die Ressorts? In welcher Abfolge erscheinen sie in der Zeitung?
b Welche Ressorts interessieren euch am meisten? Begründet.

5 Spielt das Spiel „Findet die Ressorts!".
a Schneidet Schlagzeilen aus einer Tageszeitung aus oder schreibt die Schlagzeilen ab.
b Notiert auf der Rückseite, welchen Ressorts eure Schlagzeilen zuzuordnen sind.
c Fragt euch gegenseitig nach den Ressorts, aus denen ihr die Schlagzeilen entnommen habt. Für jede richtige Zuordnung gibt es einen Punkt.

6 a Bildet fünf Teams zu den folgenden fünf Ressorts:
Politik, Wirtschaft, Sport, Kultur und *Lokales*.
b Sammelt eine Woche lang interessante Artikel zu eurem Ressort und fertigt daraus eine Collage an.
Tipp: Hängt eure Collagen im Klassenraum auf und führt einen Museumsgang durch.

Information   **Der Aufbau einer Zeitung**

Zur besseren Orientierung sind die Inhalte einer Zeitung in verschiedene **Themengebiete** oder **Ressorts** eingeteilt. Die wichtigsten stehen zumeist in der folgenden **Reihenfolge:**
Politik (Innen/Außen), **Wirtschaft, Sport, Kultur**/Feuilleton, **Wissen, Lokales, Aus aller Welt,** …

Zeitungen online lesen

Ein Kurvendiagramm zum Thema „Online-Zeitungen" auswerten

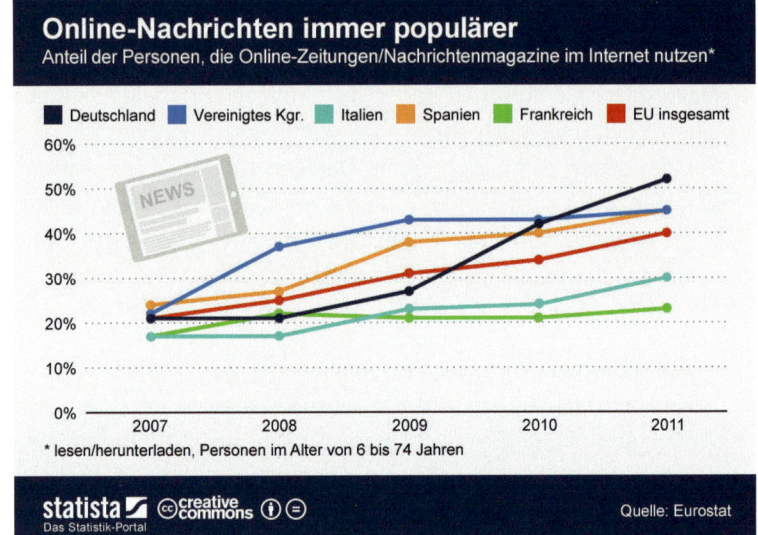

1 Betrachtet das abgebildete Kurvendiagramm.
  a Benennt, worum es geht.
  b Für welche Länder gilt das Diagramm?
  c Was bedeuten die Farben?
  d Welcher Zeitraum wird dargestellt?

2 Was zeigt das Kurvendiagramm?
Berichtigt die folgende Aussage in eurem Heft:
Das Diagramm zeigt, dass in zehn Jahren bis auf Deutschland in sechs anderen europäischen Ländern die Zahl der Menschen, die Zeitungen auch online lesen, nicht angestiegen ist.

3 Verfasst einen Informationstext zum Diagramm. Wählt Aufgabe a oder b.
  a Beschreibt in eurem Text, wie sich das Lesen von Online-Zeitungen in Deutschland von 2007 bis 2011 entwickelt hat.
    Tipp: Die Satzbausteine unten können euch helfen.
  b Vergleicht in eurem Text, wie sich das Lesen von Online-Zeitungen in Deutschland und in einem von euch ausgewählten anderen Land innerhalb des angegebenen Zeitraums entwickelt hat.
    Tipp: Die Satzbausteine unten können euch helfen.

> In dem Diagramm geht es um … / Das Diagramm stellt dar, …
> Im Gegensatz zu …   Während 2007 … Prozent der Befragten … lasen, sind es 2011 bereits …
> Vergleicht man die Zahlen der beiden Länder …, zeigt sich, dass …

Methode	Ein Diagramm lesen

Ergebnisse von Umfragen werden oft in Diagrammen oder Schaubildern **(Grafiken)** dargestellt.
- Zuerst liest man die **Überschrift des Diagramms.** Sie formuliert knapp, worum es geht.
- Dann liest man die einzelnen **Balken und Zahlenwerte** sowie die Erklärungen zur Bedeutung.
- Anschließend findet man heraus, welche Aussagen sich aus dem Diagramm ableiten lassen.

Den Aufbau einer Online-Zeitung untersuchen

1 a Untersucht die Onlineseite. Ordnet den Ziffern 1 bis 7 die passenden Erklärungen zu.

> Link: Hier wird der Zeitungsartikel fortgesetzt   Hinweise auf die unterschiedlichen Ressorts
> Empfehlung der Redaktion für andere Artikel   Zeitungskopf   Suchfunktion
> Link zu einem bestimmten Ressortthema   Schlagzeile als Link zu einem weiteren Artikel

b Begründet: Welche Vorteile bietet eine Online-Zeitung gegenüber einer gedruckten?

Information   **Online-Zeitungen und ihre Möglichkeiten**

- Eine Online-Zeitung kann **ständig aktualisiert** werden.
- Auf der Startseite sind die Themen nur angerissen; **Links** führen zu mehr Informationen.
- Die Leser werden **direkter einbezogen:** E-Mail statt Leserbrief, Onlineabstimmungen, …

Zeitungstypische Textsorten zum Thema „Junge Talente" lesen

Taylor Swift sahnt bei Billboard-Preisen ab

In Las Vegas geht die amerikanische Country-Pop-Sängerin Taylor Swift (23) bei der diesjährigen Musikpreis-Verleihung als eindeutige Siegerin hervor. Die Auszeichnungen werden von der Musikzeitschrift „Billboard" vergeben und richten  sich nach den Chart-Platzierungen und der Popularität der Künstler.

In der Nacht zum Montag räumt sie acht Preise für ihr neuestes Album „Red" ab. Die Sängerin gibt daraufhin ihren aktuellen Hit „22" zum Besten.

Siegeszug für Taylor Swift bei den „Billboard Music Awards 2013"

Als Showspektakel wurde am Sonntag die Verleihung der „Billboard Music Awards 2013" in Las Vegas gefeiert. Der überragende Star des Abends war die Country-Sängerin Taylor Swift (23).

Bei den diesjährigen „Billboard Music Awards 2013" gewann der junge Country-Star Taylor Swift für ihr Hitalbum „Red" acht Preise. Damit überstrahlte sie alle anderen Künstler. Der Abend in Las Vegas gehörte ganz der 23-Jährigen.

Sie erhielt insbesondere die Auszeichnungen für „Künstler des Jahres", „Bester Billboard-200-Künstler" und „Beste weibliche Künstlerin". Darüber hinaus erhielt sie die Preise für „Bester Country-Künstler" und „Bester Künstler bei digitalen Songs".

Swift lobte überschwänglich ihre Fans: „Danke, dass ihr aus meiner Musik den Soundtrack eurer Emotionen macht. Ihr seid die beste und längste Beziehung, die ich je hatte."

Ihr Album „Red" verkaufte sich bisher 3,7 Millionen Mal, was zudem mit den Preisen für „Bestes Album" und „Bestes Country-Album" gewürdigt wurde.

Zusätzlich wurde als „Bester Country-Song" ihr Erfolgslied „We Are Never Ever Getting Back Together" ausgezeichnet.

1
a Lest die beiden Zeitungsartikel. Formuliert das gemeinsame Thema:
In den beiden Zeitungsartikeln geht es um ...
b Beantwortet für beide Artikel im Heft die folgenden W-Fragen:
Wer? Was? Wann? Wo? Warum? Mit welchen Folgen?

2 Worin unterscheiden sich die beiden Artikel? Beachtet Textlänge und Zeitform.

3 Bestimmt mit Hilfe der Information:
Welcher Artikel ist eine Meldung? Welcher Artikel ist ein Bericht?

Information	Meldung und Bericht unterscheiden

Für **Nachrichten und Informationen** kennt man in der Zeitung wesentlich zwei Textsorten: die kurze, aktuelle **Meldung** und den längeren **Bericht**.

Farid Amrouche **Im Netz schon kleine Stars**

Die Bonner Brüder Linus und Jonah Grün drehen Kurzfilme

Jonah Grün von GreenSmileTV, einem YouTube-Kanal, spricht über den bisherigen Erfolg der Filme, die er mit seinem Bruder Linus dreht. Beide gehen noch zur Schule.

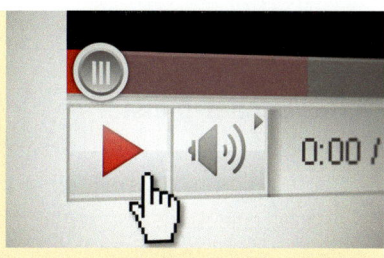

FRAGE: Ihr dreht seit gut sieben Monaten kurze Videos für YouTube. Wer hat euch inspiriert?

JONAH: Inspiriert hat uns ein berühmter YouTube-Kanal namens ApplewarPictures. Doch der Hauptgrund ist, dass wir großen Spaß daran haben, Filme zu drehen.

FRAGE: Ihr habt bald 100 Abonnenten erreicht. Seid ihr mit dieser Anhängerschaft zufrieden?

JONAH: Die Anhängerschaft bzw. diese Community ist für uns eines der wichtigsten Dinge auf YouTube, denn ohne sie gibt es keine Zuschauer und keine Unterstützung. Wir freuen uns über jedes Feedback, das wir bekommen, und über jeden positiven Kommentar.

FRAGE: Fast jeder YouTuber bekommt schlechte Kommentare oder wird manchmal runtergemacht. Wie geht ihr damit um?

JONAH: Schlechte Kommentare gab es noch nicht oft. Wir können das aber verkraften. Das ist nicht schlimm für uns. Denn keiner kann davor flüchten.

FRAGE: Welche Art von Videos dreht ihr?

JONAH: Hauptsächlich drehen wir Kurzfilme über verschiedene Themen. Doch wir haben auch einen Let's-Player-Kanal. Dort kommentieren wir Spiele und nehmen sie auf.

FRAGE: Was ist euer Ziel auf YouTube?

JONAH: Wir würden unser Hobby gerne zum Beruf machen, also Videos produzieren.

FRAGE: Also wollt ihr damit auch Geld verdienen?

JONAH: Ja, das wäre schön, wenn wir damit auch noch gut Geld verdienen könnten.

---

1 Welche Filme schaut ihr euch auf YouTube an? Kommentiert ihr sie? Berichtet davon.

2 In einem Interview werden je nach Zweck bestimmte Fragetypen eingesetzt:
Einstiegsfrage, W-Frage/Informationsfrage, Entscheidungsfrage, Abschlussfrage.
Ordnet in Partnerarbeit diese Fragetypen nach Möglichkeit den Fragen im Interview zu.

3 In einem Bericht würde man Jonahs Antworten in der indirekten Rede wiedergeben.
Wählt einige Antworten aus und formt sie in die indirekte Rede um, z.B.: *Jonah: „Schlechte Kommentare gab es noch nicht oft."* → *Jonah sagte, schlechte Kommentare habe es noch nicht oft gegeben.*

Information **Das Interview – Wichtige Fragetypen**

Mit einem **Interview** werden durch Fragen gezielt Informationen ermittelt. **Fragetypen** sind:
- **W-Frage**/Informationsfrage: zielt auf nähere Auskünfte bzw. **Tatsachen** zum Thema.
- **Entscheidungsfrage:** kann mit **Ja oder Nein** beantwortet werden.
- **Einstiegsfrage:** umreißt das Thema, um das es gehen soll.
- **Abschlussfrage:** ermöglicht es, das Thema abzurunden oder einen Ausblick zu geben.

Miriam Olbrisch

Der Becher-Meister

Sport Stacking ist weltweit wohl die einzige Sportart, die Kinder besser können als Erwachsene. Der Weltmeister Ryan Powell aus Hessen ist zwölf Jahre alt.

Konzentriert blickt Ryan auf seine Finger, die auf einer Gummimatte liegen. Vorn eine Stoppuhr, dahinter neun bunte Plastikbecher. Er holt einmal tief Luft, dann legt er los. Es rumst und klappert, Ryans Hände sirren durch die Luft. Wie aus dem Nichts entstehen drei Becherpyramiden, die dann genauso schnell wieder verschwunden sind. Es sieht aus wie im Zeitraffer. Mit einem Klatschen landen Ryans Finger auf der Stopptaste. 2,2 Sekunden. Das ist schnell, aber für Ryan nicht schnell genug. „Mist", sagt er, „Vorführeffekt." Im Februar waren es nur 1,75 Sekunden. Weltrekord. So schnell hatte niemand vor ihm neun Becher zu Türmen gebaut.

In anderen Sportarten wie Tennis, Schwimmen oder Fußball sind die richtig Guten oft 20 Jahre alt oder noch älter. Im Becherstapeln ist das nicht so. Beim *Sport Stacking,* wie es auf Englisch heißt, stapeln die Kinder den Erwachsenen was vor.

Ryan lebt in Waldsolms in Hessen, und er ist im besten Weltrekordalter: Ryan ist zwölf. „Sobald man 17 oder 18 ist, kann man Weltrekorde normalerweise vergessen", sagt Mark Rohkemper, Trainer der größten deutschen Stapel-Wettkampfmannschaft „Flashcups". „Es gibt Ausnahmen, aber Kinder und Jugendliche sind einfach viel geschickter als Erwachsene und können schneller reagieren." Und der Trainer hat noch eine andere Theorie: „Erwachsene denken zu viel. Kinder machen einfach – und sind damit sehr erfolgreich."

Der Erfolg stapelt sich in Ryans Zimmer auf einem großen Holzregal: Pokale – große, kleine, goldene, silberne. „Über 50 Stück", sagt Ryan, „grob gezählt." Ein bisschen peinlich ist ihm das schon, so viel Aufmerksamkeit. „*Sport Stacking* machen ja auch nicht so viele wie Fußball oder Handball", sagt er. Immer wieder muss er anderen Menschen seine Sportart erklären. Meistens gucken die dann komisch. Plastikbecher aufeinanderstapeln – das soll Sport sein?

Etwa 1000 Stacker, wie sich die Becherstapler nennen, gibt es in Deutschland. Die meisten sind jünger als 16. Das liegt daran, dass *Sport Stacking* oft in Schulen als AG angeboten wird. Angeblich ist es gut für die Konzentration und soll dafür sorgen, dass die Schüler im Unterricht besser aufpassen können.

So hat auch Ryan das Becherstapeln entdeckt. Einmal die Woche trainiert er jetzt in einer Sporthalle mit anderen Stackern, sonst zu Hause am Küchentisch. Eine Matte mit Stoppuhr und zwölf Plastikbecher, mehr braucht man dafür nicht. Sogar Muskelkater kann man vom Becherstapeln kriegen. „Dafür müsste ich vier, fünf Stunden am Stück üben", sagt Ryan. „Das mache ich aber normalerweise nicht."

---

1 Tauscht euch aus: Habt ihr das Becherstapeln *(Sport Stacking)* schon einmal probiert?

2 In einer Reportage werden sachliche Informationen und Schilderungen in Form direkter Eindrücke vermischt, damit das Geschehen lebendiger wirkt.
Wählt Aufgabe a oder b.

● ○ ○ **a** Ordnet die beiden im Text markierten Abschnitte zu: Sachinformation oder Schilderung?

● ● ● **b** Findet heraus, ob es sich bei den folgenden Textstellen um Sachinformationen oder um schildernde Passagen handelt: Z. 5–12, Z. 13–18, Z. 19–23, Z. 24–45, Z. 46–52.

3 Entscheidet mit Hilfe der folgenden Information, welchen Merkmalen einer Reportage die folgenden Zitate zuzuordnen sind.

Z.1–3: „*Sport Stacking* ist weltweit wohl die einzige Sportart, die Kinder besser können als Erwachsene."

Z.44–45: „Plastikbecher aufeinanderstapeln – das soll Sport sein?"

Information	Merkmale einer Reportage

- In Reportagen werden **Sachinformationen** mit **schildernden Teilen** in Beziehung gesetzt.
- In den **schildernden Abschnitten** äußern sich **Beteiligte** häufig persönlich **in direkter Rede** (wörtliche Zitate) über ihre **Eindrücke, Erlebnisse und Gefühle.**
- Auch der Reporter kann seine Eindrücke schildern und die **Geschehnisse bewerten.**

Ralf Böhme

Hoffnung

Die Preise bei „Jugend forscht" sind vergeben. Lang ist die Liste der Ausgezeichneten […]. Eindrucksvoll widerlegt diese Übersicht manches Vorurteil. Nichts da von Langeweile oder Leistungsverweigerung junger Leute. Das genaue Gegenteil ist der Fall. Jede Aufgabe, die die Schüler und Lehrlinge angepackt haben, klingt spannend. Damit ist nicht nur der digitale Kellner gemeint, der womöglich die Gastronomie revolutioniert. Manche Frage stellt man sich zuweilen selbst. Doch die „Jugend forscht"-Teilnehmer geben auch eine Antwort. Das beginnt im Alltäglichen, bei der Seife. Ist sie wirklich stark gegen Bakterien?

Aber auch das weltweit größte Problem, wie die Energieversorgung der Zukunft aussehen kann, schreckt nicht. Abiturienten untersuchen in ihrer Freizeit, ob Algen die rettende Alternative sein können. Vor allem beeindruckt die grenzenlose Arbeitsfreude bei „Jugend forscht". Während anderswo die Solartechnik schon beerdigt ist, liefern Gymnasiasten aus Halle mutig neue Ideen für bessere Qualität. Das ist der Kraftquell, aus dem das Land schöpfen kann und muss. Beim Regionalwettbewerb Jugend forscht setzte sich die Schülerin Annika Arndt durch. Die 15-Jährige erforscht, welche Zubereitungsart vitaminschonender ist – Omas Kochtopf oder die Mikrowelle.

1 Lest den Zeitungsartikel. Benennt, worin er sich von der Meldung oder dem Bericht (▶ S.165) unterscheidet. Achtet auf den Inhalt, die Überschrift und den Zweck des Artikels.

2 **a** Der Verfasser des Artikels hat eine bestimmte Meinung. Formuliert sie.
b Nennt die Argumente, die der Verfasser anführt, um seine Meinung zu unterstützen.
c Begründet: Passt zu dem Artikel die Überschrift „Hoffnung"?

Information	Merkmale eines Kommentars

- In einem **Kommentar** stellt ein Verfasser seine **persönliche Meinung** zu einem Thema dar.
- Im Kommentar sollte die Meinung **mit Argumenten und Beispielen** begründet werden.
- Der **Verfasser** des Artikels ist stets **mit Namen genannt.**

Teste dich!

1 Spielt das Zeitungsspiel mit 3 Spielern.
- Besorgt euch einen Würfel, Stifte und Papier und 2 Spielfiguren.
- Bestimmt den Spielleiter. Er prüft die Lösungen mit Hilfe der Seite 303.
- Wer auf ein Frage- oder Bestimmungsfeld kommt, notiert seine Lösung so auf einem Stück Papier, dass die Mitspieler sie nicht sehen können.
- Der Spielleiter kontrolliert die Lösung. Wer die richtige Lösung hat, darf ein Feld vorrücken.

3 Bestimme mit dem Fachbegriff!	**4** Die einzelnen Abteilungen einer Zeitung heißen: **a** Ressorts **b** Schubladen **c** Geschäftsbereiche	**5** Ein anderes Wort für Annonce lautet: **a** Zeitungsanzeige **b** Aushang **c** Schlagzeile	**7** Eine Falschmeldung in einer Zeitung ist eine: **a** Gans **b** Ente **c** Wachtel
9 Bestimme das Ressort!	**10** Zeitung mit reißerischer Aufmachung: **a** Bravo **b** Jugendmagazin **c** Boulevardzeitung	**11** Das englische Wort für Schlagzeile lautet: **a** button **b** headline **c** title	**12** Der wichtigste Artikel auf der ersten Zeitungsseite ist ein: **a** Aufmacher **b** Starter **c** Lockvogel
15 Ein anderer Begriff für „Zeitschrift" ist: **a** Magazin **b** Wochenblatt **c** Flugblatt	**18** Fachbegriff für journalistische Nachforschungen: **a** Fahndung **b** Recherche **c** Onlinesuche	**23** Der Kulturteil einer Zeitung heißt: **a** Veranstaltungen **b** Spielplan **c** Feuilleton	**25** Bestimme mit dem Fachbegriff!
27 Bestimme das Ressort!	**31** Kurze Nachricht in der Zeitung heißt: **a** Ticker **b** Blitzlicht **c** Meldung	**35** Bestimme mit dem Fachbegriff!	**36** Ein Text, der zu einem Ereignis Stellung nimmt: **a** Meine Meinung **b** Like-it **c** Kommentar
38 Bunte Nachrichten aus aller Welt stehen im Ressort: **a** Wirtschaft **b** Weltbild **c** Lokales	**39** Der Name der Zeitung steht im: **a** Leitartikel **b** Zeitungskopf **c** Mittelteil	**42** Bestimme mit dem Fachbegriff!	**43** Zeitungstext mit schildernden Teilen und Sachinformationen: **a** Meldung **b** Reportage **c** Karikatur

Berliner Morgenpost

SONNTAG, 10. FEBRUAR 2013

REDAKTIONSSCHLUSS: 23.00 UHR   H / NR. 40 / 6. W. / PREIS 1,60 EURO

Muttergefühle auf der Berlinale
Schauspielerin Isabella Rossellini ist ein Dauergast des Kinofestivals. Interview: Seite 23

BIZ und Karriere
Wegwerfkultur: Warum unser Essen im Müll landet

Bilanz: Handel mit Schrottimmobilien erfolgreich bekämpft

BERLIN – Staatsanwaltschaft, Verbraucherschutz und Justiz halten den betrügerischen Handel mit Schrottimmobilien in Berlin für weitgehend eingedämmt. Ein gutes Jahr nach der sogenannten Schrottimmobilien-Affäre um den nur elf Tagen im Amt zurückgetretenen Justizsenator Michael Braun (CDU) habe der Verbraucherschutz einen „Sprung nach vorn gemacht", sagte der Präsident des Berliner Landgerichts, Bernd Pickel, der Berliner Morgenpost.

Nach der Debatte über den zurückgetretenen Senator, der als Notar Verwicklungen in Schrottimmobiliengeschäfte vorgeworfen waren, hat das Land gegen die Dienste der Berliner gegen Notare

Ausnahmezustand: Schneesturm legt US-Ostküste lahm

WASHINGTON – Der Wintersturm „Nemo" hat die Ostküste der USA überrollt. Anhaltende Schneefälle und mächtige Windböen froren den öffentlichen Leben. Mehr 650.000 Haushalte und Betriebe waren die Stromversorgung unterbrochen. Über 5540 Flüge wurden am Wochenende gestrichen.

In den US-Bundesstaaten war eine Sturm wurde sich in einem Gebiet. Der Wirbelsturm und fast 90 Zentimeter. Teilweise erreichte der Sturm Geschwindigkeiten von 120 Kilometern pro Stunde, bevor er am Vormittag auf den Ozean hinauszog. Mindestens ein Todesopfer hat er gefordert.

Die fünf Nordost-Staaten riefen den Notstand aus. Nationalgardisten waren alarmiert, massende Räumtrupps rückten aus. Sturm und Stromausfälle trafen auch Gebiete, die bereits vor drei Monaten vom Hurrikan „Sandy" verwüstet worden waren. Der schwere Schnee und der heftige Wind mit niedrigen Temperaturen von bis zu -12 Grad beschädigten vor allem im Staat Massachusetts Stromleitungen. **S.10**

Gemeinsamer Auftritt Bundeskanzlerin Angela Merkel (rechts) und ihre Freundin Annette Schavan (beide CDU) geben die Entscheidung im Kanzleramt bekannt

„Der richtige Tag, um zu gehen"

Annette Schavan zieht Konsequenz aus Plagiatsaffäre. Sigmar Gabriel (SPD): Es tut mir leid

BERLIN – Neun Minuten nur, dann war alles vorbei: Nach monatelanger Debatte über ihre Dissertation ist Bundesbildungsministerin Annette Schavan am Sonntagnachmittag zurückgetreten. Damit zieht die Christdemokratin die Konsequenz aus der Aberkennung ihres Doktortitels durch die Universität Düsseldorf.

Die ausgesprochen gut wirkende Schavan erschien um Punkt 14 Uhr gemeinsam mit Angela Merkel im Bundeskanzleramt. Die Kanzlerin erklärte, Schavan habe ihr den Rücktritt angeboten.

Schavan selbst begründete ihren Rücktritt mit dem Respekt vor dem Amt des Bildungs- und Forschungsministers. Sie künftige erneut eine Klage gegen den Entzug ihres Doktortitel an. Die Vorwürfe, sie habe vorsätzlich bei ihrer 1980 eingereichten Arbeit getäuscht, trifft sie tief. Schavan blieb dabei, dass sie in ihrer Doktorarbeit „weder abgeschrieben noch getäuscht habe". Die Klage einer Bundesbildungsministerin gegen die Universität wies den CDU beklagte die Schavan. das Amt nun selbst nicht abher heutige Tag, der richtige aus den Ministertagsmanövern gewesen." Schavan

Titels – eine Entscheidung, deren Angemessenheit in der Wissenschaft umstritten ist.

Schavans Rücktritt bringt die Kanzlerin zur fünften Kabinettsumbildung dieser Wahlperiode.

Johanna Wanka

Aufstieg Johanna Wanka, die neue Schavan werden. Die promovierte Mathematikerin gehört zu den wenigen Politikern, die Erfahrungen in West- und Ostdeutschland sammeln konnten. Die gebürtige Sächsin leitete zunächst von 2000 bis 2009 das brandenburgische und seit 2010 das niedersächsische Hochschulressort, das sie aufgrund der Niederlage bei der Landtagswahl im Januar aber ohnehin verlassen muss. Der CDU gehört Wanka seit 2001 an.

Studiengebühren Sie gilt als konservativ, aber pragmatisch. In der Wissenschaftspolitik hat sie jedoch bisher wenig Spuren hinterlassen. Allerdings kürte die renommierte Berufsorganisation der Uni-Professoren – Wanka 2008 zur „Ministerin des Jahres". Wanka fiel zuletzt vor allem dadurch auf, dass sie in Niedersachsen weiter eisern an den umstrittenen Studiengebühren festhielt.

Doch auch als bei den Rücktritten von Arbeitsminister Franz Josef Jung (Herbst 2009, CDU), Verteidigungsminister Karl-Theodor zu Guttenberg (Frühjahr 2011, CSU) oder der Entlassung von Bundesumweltminister Norbert Röttgen nach der CDU-Wahlniederlage in Nordrhein-Westfalen 2012 hielt sich die Opposition im Falle Schavan mit persönlichen Attacken zurück.

So zollte der SPD-Vorsitzende Sigmar Gabriel Schavan sogar persönlichen Respekt. Sie sei „eine hochanständige und kompetente Kollegin, und ihr Rücktritt tue ihm außerordentlich leid" sagte Gabriel der Berliner Morgenpost. Das „Rauf- und Runterschreiben von Personen ist manchmal widerwärtig", erklärte Gabriel. Die politische Arena in Berlin-Mitte sei „nicht das normale Leben". **Kommentar, S. 2**

FUSSBALL-BUNDESLIGA
HSV blamiert Dortmund
Gegen den HSV kassiert Dortmund die höchste Heimniederlage seit über drei Jahren. Stuttgart erleidet die fünfte Niederlage in Folge.

Eintracht Frankfurt – 1. FC Nürnberg	0 : 0
Mönchengladbach – Leverkusen	3 : 3
Dortmund – Hamburg	1 : 4
Hannover 96 – Hoffenheim	1 : 0
Greuther Fürth – Wolfsburg	0 : 1
VfB Stuttgart – Bremen	1 : 4
Bayern München – Schalke 04	4 : 0

Weitere Berichte und Tabellen auf den Seiten 25 bis 27

DEUTSCHE VERBÄNDE
Altbundeskanzler Schröder unterstützt Italiens Linke
Altbundeskanzler Gerhard Schröder (SPD) ist am Sonnabend auf einer Wahlkampfveranstaltung für Italiens Linke in Turin aufgetreten. „Es gibt kein starkes Europa ohne ein starkes Italien", sagte er den in der meinem Wahlen muss deshalb Bersani gewinnen." Pier Luigi Bersani führt ein Mitte-Links-Bündnis in die Parlamentswahlen. In Italien wird am 24. und 25. Februar gewählt.

LOTTO VOM MITTWOCH

Lo.	11	20	23	29	47	
Zusatz				Superzahl:	5
Spiel 77	9	5	4	0	5	6

Kasupke sagt ...

datur jesorcht, det ick in meene Droschke 'n neuen Jesprächsobaulatscha mit meene Fahrjäste habe. Die olle Schmidt-Schnauze hat ja rumjeläster, wir Berlina würden freijebichst det Jeld anner Leute vapulvan und det Stadtschloss sei übaflüssig. Schönen Dank, Meesta. Erstens sind wir nich die Einzijen, die Kohle aus'm Ländafinanzausgleich kriejen, zweetens hab'n ja nich die Berlina dem Bund det Schloss abjebettelt. Und drittens is hier Hauptstadt, det hab'n aba ooch nich wir alleene entschieden. Bisher war ick imma volla Hochachtung für Schmidt und seine jeistvollen Analysen. Und nu? Nu sag ick mir, det ooch jroße Jeista mal 'n janz schwachen Tach haben könn'. **kasupke@morgenpost.de**

Karaseks Woche

Eiche oder Bambusrohr?
Röslers Herkunft und deutsche Stammesgeschichte

stellt nicht nur den Menschen eine fremdenfeindliche Neigung, sie zeigt auch, dass der Integrationsminister selbst offenbar rassistische Tendenzen hat.

Wirklich? Oder soll man mit dem Düsseldorfer Karneval sagen: Mer kann och alles överdrievwe. Da ich Witze sammle, wo ich sie finden kann, ist mir im letzten Jahr immer wieder der folgende begegnet: Wirklich? Oder ein Schwa... Witz? Oder ein Schwa...

Eine Gesellschaft bestellt in einem Lokal einen Tisch für vier Personen. Am Abend treffen dann eine Ossi-Frau, ein Behinderter, ein Vietnamese und ein Homosexueller ein. Darauf der Wirt: „Ihr seid aber eine lustige Gesellschaft." Die Ossi-Dame: „Von wegen lustig. Wir sind das Kabinett."

Ist das nun ein rassistischer Witz?

deutsche Integrationstoleranz? schen Brüderle und Rösler vor einem Jahr. Es ging um die Eignung der beiden, die FDP zu führen.

Rösler hatte seine Standhaftigkeit damals so beschrieben: „Der Bambus wiegt sich im Wind und biegt sich im Sturm. Aber er bricht nicht." Worauf Brüderle die Baumallegorie aufgriff und sagte: „Glaubwürdigkeit gewinnt man, indem man nicht wie Bambusrohre hin- und herschwingt, sondern steht wie eine Eiche. Deswegen ist die Eiche hier heimisch, und nicht das Bambusrohr."

Rassismus? Nee. Eher deutsche Stammesgeschichte.

Hellmuth Karaseks Woche erscheint jeden Sonntag in der Berliner Morgenpost

Kontakt
Anschrift: Axel-Springer-Str. 65, 10888 Berlin
E-Mail: redaktion@morgenpost.de
Redaktion: 030-25 91 736 36 · **Anzeigen:** 030-58 58 88 · **Aboservice:** 030-58 58 58 · **Axel Springer 24h-Service:** 01805 - 6 300 30 (14Ct./Min. aus dem Festnetz, Mobilfunk max. 42 Ct./Min.)

Inhalt

Wetter Video
In Berlin sorgt ein Zwischenhoch für mehr Sonne und weniger Schneefall. Die Temperatur erreicht tagsüber null Grad, der Wind ist schwach.

9.2 Wir als Zeitungsredaktion – Eine Titelseite gestalten

1 Stellt euch vor, ihr seid Mitarbeiter einer Tageszeitung und sollt für die morgige Ausgabe die erste Seite inhaltlich gestalten. Geht so vor:

a Betrachtet in Partnerarbeit den folgenden Aufbau der ersten Seite und lest die Arbeitsaufträge darin.
Notiert im Heft spontan eure ersten Einfälle.

b Übertragt den Aufbau auf ein Zeichenblockblatt. Gestaltet zunächst den Zeitungskopf.

c Verfasst mit Hilfe der folgenden Seiten 171 und 172 zwei oder drei Artikel.

Überlegt euch für den **ZEITUNGSKOPF** einen **Namen** für die Zeitung.
Hier stehen auch das **Datum,** die **Nummer** des Exemplars und der **Preis.**

An dieser Stelle habt ihr Raum für kurze **Meldungen.** Überlegt euch geeignete Schlagzeilen.

Platziert hier einen **Leitartikel.**
Ihr könnt einen **Bericht** oder eine **Reportage** verfassen. Denkt euch eine **Hauptüberschrift** (Headline) aus, die die Leser neugierig macht.

Sucht nach passenden **Fotos bzw. Bildern** zu den Artikeln, die ihr schreibt.

Hier ist der geeignete Ort für den Beginn eines **Kommentars** oder für **Interviews.**
Die Leser können einige Seiten weiter den ganzen Text lesen.

Denkt euch einen weiteren Bestandteil für die Titelseite aus, z. B. das Wetter, die Lottozahlen, Werbung, Witz des Tages ...

In 5 Schritten einen Zeitungsartikel schreiben

1. Schritt: Themen sammeln

1 Einigt euch auf die Themen für die Artikel auf der zu gestaltenden Titelseite (▶ S. 170). Notiert sie.
Tipp: Auch die folgende Ideensammlung bietet Anregungen:
– *Was ist in der Nachbarschaft, in der Stadt, im Dorf, in der Schule, im Verein passiert?*
– *Gab es besondere Ereignisse oder Veranstaltungen?*

2. Schritt: Recherchieren und Informationen sammeln

2 Beschafft euch Informationen über die von euch gewählten Themen und ordnet diese.
Tipp: Nutzt für eure Recherche die folgende Methode.

Methode	Informationen recherchieren

- Haltet zu einem Thema eigene Beobachtungen und Erlebnisse fest.
- Fragt Augenzeugen und Betroffene bzw. führt Interviews mit ihnen.
- Befragt insbesondere bei Sachthemen Experten.
- Sucht gezielt im Internet (▶ S. 292) und in einer Bibliothek nach Informationen.

Tipp: Macht euch stets Notizen. Haltet auch fest, woher genau ihr die Informationen habt.

3. Schritt: Textsorten festlegen

3 a Überlegt mit Hilfe der folgenden Tabelle, wie ihr über das Thema berichten wollt,
z. B. sachlicher oder persönlicher.
b Ordnet eure Themen (▶ 1. Schritt) der Textsorte zu, die euch jeweils geeignet erscheint.
Tipp: Eine Anleitung zum Schreiben einer Reportage findet ihr auf den nächsten Seiten.

Bericht/Meldung	Reportage	Kommentar	Interview
informiert sachlich; die Meldung ist kürzer als der Bericht.	informiert und schildert lebendig aus persönlicher Sicht	stellt eine persönliche Meinung dar und bewertet ein Ereignis	informiert durch Fragen und Antworten über ein Ereignis oder eine Person

4. Schritt: Die Zeitungsartikel verfassen

4 a Entscheidet, wer welchen Artikel verfasst. Tippt ihn am besten am Computer.
Tipp: Verwendet gut lesbare Schrifttypen (z. B. Arial, Garamond). Sucht passende Bilder.
b Lest euch eure Artikel gegenseitig vor. Macht gegebenenfalls Verbesserungsvorschläge.

5. Schritt: Schlagzeilen formulieren oder überarbeiten

5 Formuliert eure Schlagzeilen und prüft sie. Machen sie die Leser neugierig?
Tipp: Eine Schlagzeile sollte kurz und knapp sein. Sie kann auch als Frage formuliert sein.

Eine Reportage verfassen

Notizen:
– Die Popgruppe „Juli" besucht Berliner
  Oberschulklasse, 28.11.2012
– Kochunterricht; gesundes Essen;
  Nudeln mit Basilikumpesto
– Mittagszeit – Band betritt den Raum
– Juli: „Das Grüne da ist Basilikum!"
– Teamarbeit in Küchenzeilen
– Alle rühren, rösten; Band gibt Tipps
– Schülern und Band schmeckt es sehr
  gut
– Juli: „Wir arbeiten gern mit
  Schülern!"
– Band gibt Autogramme
– Schüler Tom, 15: „Die Band hat her-
  vorragend gekocht, die Kantinenköche
  sollten sich ein Beispiel daran nehmen."

1 Nutzt den Notizzettel und die beiden Fotos als Grundlage für eine eigene Reportage.
● ● ● Notiert in eurem Heft die W-Fragen und die Antworten zu dem Ereignis.
▷ Eine Hilfe zu Aufgabe 1 findet ihr auf Seite 173.

2 Steigt lebendig in eure Reportage ein. Ergänzt den folgenden Satz mit Informationen:
● ● ● *„Das Grüne da ist Basilikum", spaßten die Juli-Musiker erklärend, als sie am … um …*
▷ Hilfe zu Aufgabe 2, S. 173

3 Formuliert weitere Informationen aus, die ihr auf dem Notizzettel findet.
● ● ● Verwendet das Präteritum, z. B.:
Die Band-Mitglieder (kochen) mit den Schülerinnen und Schülern …
Juli (gelingen) in Teamarbeit …
▷ Hilfe zu Aufgabe 3, S. 173

4 a Versetzt euch in die Teilnehmer. Beschreibt, was ihr seht, hört, riecht, schmeckt, fühlt, z. B.:
● ● ●   *sehen: dampfendes Nudelwasser, fleißige Mitschüler, …*
▷ Hilfe zu Aufgabe 4 a, S. 173

● ● ● b Fügt in eure Reportage auch Aussagen der Beteiligten ein. Lasst jede Teilnehmergruppe der
     Kochveranstaltung mindestens zweimal sprechen. Nutzt das Präsens:
     Schüler: „Lecker!"   Lehrer: „Juli kann nicht nur singen, sondern …"
     Juli: „…"
▷ Hilfe zu Aufgabe 4 b, S. 173

5 Überarbeitet eure fertigen Reportagen in Partnerarbeit.

Aufgabe 1 mit Hilfe

Nutzt den Notizzettel und die beiden Fotos als Grundlage für eine eigene Reportage.
Beantwortet im Heft die folgenden W-Fragen mit Hilfe des Notizzettels auf S. 172.

Was war das für ein Ereignis?   Wer war alles beteiligt?

Wann fand das Ereignis statt?   Warum fand das Ereignis statt?

Wo fand das Ereignis statt?   Welche Folgen sollte das Ereignis haben?

Aufgabe 2 mit Hilfe

Steigt lebendig in eure Reportage ein.
Ergänzt den folgenden Satz mit den in den Klammern verlangten Informationen.

> *„Das Grüne da ist Basilikum", spaßten die Juli-Musiker erklärend, als sie am* ? *(Datum) den*
> *Kochunterricht einer* ? *(Schulbezeichnung) in* ? *(Ort) besuchten.*

Aufgabe 3 mit Hilfe

Formuliert weitere Informationen aus, die ihr auf dem Notizzettel findet.
Schreibt die folgenden Sätze ab und setzt das Verb im Präteritum ein.

> *Die Band-Mitglieder* ? *(kochen) mit den Schülerinnen und Schülern Nudeln mit Basilikumpesto.*
> *Juli* ? *(erklären), dass sie sehr gerne mit Schülern arbeiten. Und in der Tat* ? *(gelingen) es ihnen*
> *in Teamarbeit, ein leckeres und gesundes Gericht zuzubereiten.*

Aufgabe 4a mit Hilfe

Versetzt euch in die Teilnehmer. Beschreibt, was ihr seht, hört, riecht, schmeckt, fühlt.
Ordnet diesen Sinneswahrnehmungen die folgenden Satzbausteine zu und findet weitere:

> knatternde Geräusche der Pürierstäbe   dampfendes Nudelwasser   würzige Pestosoße
> gut duftende geröstete Pinienkerne   wohlgefüllter Magen ...

Aufgabe 4b mit Hilfe

Fügt in eure Reportage auch Aussagen der Beteiligten ein. Lasst jede Teilnehmergruppe der
Kochveranstaltung mindestens zweimal sprechen. Nutzt das Präsens.
Entscheidet, wer die folgenden Sätze gesagt haben könnte: Schüler, Lehrer, Juli.
Tipp: Mehrfachnennungen sind möglich.

> – „Das schmeckt super!"
> – „Heute bin ich hier überflüssig."
> – „Kochen hat auch etwas mit Kunst zu tun."
> – „Der Kochunterricht mit euch hat uns sehr viel Spaß gemacht."
> – „Ich gebe zu, Basilikumpesto stand bisher nicht auf dem Lehrplan."
> – „Können wir das häufiger machen?"

9.3 Fit in …! – Einen Zeitungstext untersuchen

Stellt euch vor, ihr bekommt in der nächsten Klassenarbeit die folgende Aufgabe gestellt:

Aufgabe

Untersuche die beiden Zeitungsartikel, in denen es um das Skaten geht. Gehe so vor:

a Stelle die wesentlichen Informationen der Materialien M1 und M2 knapp dar.

b Unterscheide die beiden Textsorten. Bestimme, um welche es sich handelt.

c Aus welcher Art Zeitungen wurden die Texte entnommen?

Begründe deine Zuordnung. Beschreibe auch, wie die Texte auf dich wirken.

M1 ## Skaterprofi von Knirps besiegt!

Tom Schaar holt mit einem 1080 den Weltrekord! Skateboardprofi Tony Hawk von Knirps besiegt! In einer kalifornischen Halfpipe dreht sich der Knirps mit seinem Board unfassbare drei Mal um sich selbst. Er setzt wieder auf und fährt sogar noch weiter. Damit bricht er den Rekord von 900.

Der Teenie düst auf seinem Skateboard über die „MegaRamp". Er schafft, was vor ihm hier noch keiner geschafft hat: einen „1080". Das bedeutet, sich ganze drei Mal um die eigene Achse zu drehen. Und tatsächlich – Tom gelingt der Move. Weltrekord!

M2 Alex Westhoff: **Der Überflieger**

Tom Schaar ist 13 Jahre alt und Profi-Skater: Er hat als Erster einen „1080", einen der schwierigsten Skateboard-Tricks überhaupt, geschafft.

Tom Schaar zieht seinen Helm unter dem Kinn fest und zupft noch mal sein T-Shirt zurecht. Dann lässt er sich die steile, fast senkrechte Rampe hinunterrollen. Es ist eine so genannte Mega-Rampe, ein riesiger, 15 Meter hoher Bau aus Stahl und Holz. Am anderen Ende fliegt Tom meterhoch in die Luft – und stürzt. Sein Skateboard schlägt krachend auf dem Holz auf, und Tom rutscht auf seinen Knieschonern die Rampe hinunter. Nichts passiert. Er versucht es ein zweites Mal und ein drittes und ein viertes Mal. Und dann, beim fünften Versuch, gelingt Tom, was bisher niemand geschafft hat: Er wird aus der Rampe hoch hinauskatapultiert, schraubt sich ein, zwei, drei Mal durch die Luft, und das Skateboard scheint dabei unter seinen Füßen zu kleben. Denn Tom landet nach den drei Drehungen in der Luft wieder auf seinem Brett – und im Guinness-Buch der Rekorde.

Mit diesem Sprung hat Tom vor ziemlich genau einem Jahr die Skateboard-Welt und sein eigenes Leben verändert. „Es war ein ganz normaler Tag, an dem ich skaten gegangen bin", erzählt er. Den Rekord hatte er nicht groß geplant: „Beim Aufwärmen habe ich beschlossen, es zu versuchen." Es, das ist der „1080" (gesprochen: Ten-Eighty). Der Sprung heißt so, weil eine Drehung 360 Grad sind – und drei Drehungen 1080. Ein Sprung, den noch niemand zuvor auf der Welt geschafft hatte, mit drei Drehungen um die eigene Achse. „Das war ein

35 unglaubliches Gefühl", sagt Tom. Einen Trick zu schaffen, an dem die besten Skater der Welt seit Jahren scheitern. Das Video von Toms 1080 ist im Internet ein Renner. […]

40 „Mein Leben hat sich unglaublich verändert in einem Jahr", sagt der Siebtklässler, der mittlerweile 13 Jahre alt ist. Er gibt viele Interviews und reist um die Welt zu den größten Skateboard-Wettbewerben. Manchmal wird es ihm alles ein bisschen viel, sagt
45 Tom, „aber meistens macht es Riesenspaß".

Seine Mutter achtet darauf, dass Tom Schule, Training und Reisen zu Wettkämpfen unter einen Hut bekommt. […]
In Shanghai in China erreichte er im vergan-
50 genen Herbst seinen zweiten Eintrag ins Guinness-Buch der Rekorde: Mit einem blitzsauberen 1080 wurde Tom jüngster Goldmedaillengewinner bei den X-Games. Die sind für Skateboarder, BMX- oder Moto-
55 cross-Fahrer so wichtig wie die Olympischen Spiele für Läufer oder Schwimmer.

Die Aufgabe richtig verstehen

1 Was verlangt die Aufgabe (▶ S. 174) von euch? Notiert im Heft die folgenden Arbeitsschritte in der richtigen Reihenfolge. Richtig geordnet, erhaltet ihr ein Lösungswort.

O Ich unterscheide die beiden Artikel und benenne die jeweilige Textsorte.

F Ich bestimme, aus welcher Art von Zeitung die Artikel entnommen wurden.

R Ich fasse die Informationen der beiden Texte kurz mit eigenen Worten zusammen.

I Ich formuliere, wie die beiden Texte auf mich wirken.

P Ich lese mir die beiden Materialien zunächst mehrmals durch, bis ich ihren Inhalt kenne.

Planen

2 Um die Klassenarbeit schreiben zu können, muss man die Materialien gut kennen.
Beantwortet diese W-Fragen in eurem Heft: Wer? Wo? Was? Wie? Welche Folgen?

3 Bestimmt die beiden Materialien genauer:

a Um welche beiden Textsorten handelt es sich? Wählt aus der folgenden Liste aus:
Kommentar, Bericht, Interview, Reportage, Meldung.

b Entscheidet, ob die Artikel aus einer Boulevard- oder einer Abonnementzeitung stammen.

c Notiert zu jedem Material passende Adjektive/Partizipien, um die Wirkung zu benennen, z. B.:
M1 = …, … M2 = informativ, …

Schreiben

4 Fasst mit Hilfe eurer Vorarbeiten die wesentlichen Textinformationen zusammen.
Nutzt den folgenden Lückentext und ergänzt ihn im Heft.

In den beiden Zeitungstexten geht es um ❓ *. Der Junge ist* ❓ *Jahre alt und* ❓ *.*
Ihm ist es gelungen, ❓ *. Bei einem „1080"-Sprung handelt es sich um* ❓ *.*
Der bisherige Rekord ❓ *. Der Sprung brachte Tom Schaar ins* ❓ *.*
In China ❓ *.*

5 Begründet mit Hilfe der folgenden Satzbausteine, um welche Textsorten es sich jeweils bei den Materialien M1 und M2 handelt. Schreibt die richtigen Begründungen ins Heft.
Bei dem ersten Text handelt es sich um ein/eine …, da der Text …

- kurz und knapp ist.
- viele Fragen enthält.
- …

- die persönliche Meinung des Autors zum Ausdruck bringt.
- schildernde und beschreibende Teile enthält.
- …

6 **a** Belegt, aus welchen Arten von Zeitungen die Texte entnommen wurden.
Erstellt im Heft eine Tabelle nach dem folgenden Muster. Tragt Stichworte ein.
b Nutzt eure Stichworte, um eine ausführliche Antwort zu formulieren.

Merkmale	M1	M2
Layout/Seitengestaltung	…	*klar, unaufdringlich, …*
Satzbau, Wortwahl	*einfache Sätze, …*	…
Schlagzeile	…	*eher sachlich*

Überarbeiten

7 Am Ende einer Klassenarbeit hat ein Schüler beschrieben, wie die Zeitungsartikel auf ihn wirken.
Sein Text enthält Fehler.
Verbessert seinen Text in eurem Heft.
Tipp: Es handelt sich um vier inhaltliche Fehler.

VORSICHT FEHLER!

Der Zeitungsartikel M1 macht mich mit seinen kleinen Buchstaben neugierig auf den Inhalt. Ich weiß sofort, dass es um das Skaten geht. Nähere Informationen bekomme ich aber nicht. Dass der Skater in einer Zeitung als „Knirps" bezeichnet wird, erstaunt mich, weil ich das Wort nicht kenne. Die Wörter wie „unfassbar" oder „sogar" hätte ich auch benutzt, da wir alle so reden.
Der zweite Zeitungsartikel M2 wirkt eher sachlich und neutral. Ich bekomme darin viele Informationen über den Jungen, aber auch über seinen Weg zum Erfolg. Der Artikel ist interessant und die Sprache ist sachlich. Die Sätze sind einfach und kurz formuliert und wirken wertend und besserwisserisch. Die Schlagzeile verrät noch nicht alles und lädt trotzdem zum Lesen ein.

Schreibwörter		▶ S. 294
die Boulevardzeitung	der Zeitungsartikel	die Redaktion
die Abonnementzeitung	der Kommentar	interviewen
das Ressort	die Reportage	informieren

10 Mehr als ein Spiel –
Fußball im Roman und im Film

1 a Beschreibt anhand der beiden Filmbilder:
Wie stellt ihr euch die Lebenssituation des Mädchens vor, wie die des Jungen?
b Überlegt, welche Rolle Fußball für die beiden wohl spielt.

2 Sucht euch eines der beiden Bilder aus. Was könnte in dem Mädchen oder in dem Jungen in diesem Moment vorgehen?
Stellt in Partnerarbeit Vermutungen über ihre Gedanken und Gefühle an.

3 Erläutert, welche Rolle Fußball oder ein anderer Sport in eurem Leben spielt.

In diesem Kapitel ...

– lernt ihr einen Jugendroman und einen Film zum Thema „Fußball" kennen,
– untersucht ihr, in welcher Art und Weise Handlung und Figuren im Roman dargestellt werden,
– erfahrt ihr, mit welchen Mitteln ein Film eine Geschichte erzählt,
– lernt ihr, was eine Filmkritik ist.

10.1 „Kick it like Beckham" – Einen Jugendroman lesen und verstehen

Die Hauptfigur beschreiben

Narinder Dhami

Kick it like Beckham[1] (2002; Romanbeginn)

Old Trafford. Manchester United gegen Anderlecht. Die Zuschauer, ein Meer aus Rot und Weiß, sind unglaublich nervös. Sie warten auf das alles entscheidende Tor.

„Die große Frage ist nur, *wer* von Manchester United das Tor schießen wird", sagt John Motson atemlos. „Wird es Scholes sein? Oder vielleicht Ryan Giggs? Oder wird David Beckham hier die Entscheidung bringen?"

Die Zuschauer lehnen sich vor und feuern die Spieler an. Die Atmosphäre ist wie elektrisiert. „Oh, da kommt ja der Ball, auf den Beckham gewartet hat! Jede Menge Spieler im Mittelfeld, und auch Bhamra kämpft sich durch. Eine wunderbare Flanke von Beckham, und da ist Bhamra. Was für ein großartiger Kopfball! – … und … und … TOR!"

Die Zuschauer rasen vor Begeisterung.

„Ein Tor! Ein Tor von Jess Bhamra! Ein exzellenter Kopfball! Sie ist höher gesprungen als all ihre Gegenspieler. Fantastisch, wie sie den Ball ins Toreck gezirkelt hat! Der Torwart hatte keine Chance! Jess Bhamra macht sich allmählich einen Namen bei Old Trafford! Was meinen Sie, Gary? Haben wir in ihr etwa einen neuen Star vor uns?"

Nun werden Gary Lineker, Alan Hansen und John Barnes im TV-Studio eingeblendet. Alle drei sehen ziemlich beeindruckt aus.

„Unbedingt, Motty!", meint Gary und wendet sich an die Diskussionsrunde. „Was meinen

Sie, Alan? Könnte Jess Bhamra die Antwort auf Englands Gebete sein?"

Alan zieht die Augenbrauen hoch. „Kein Zweifel, dass wir hier ein großes Talent vor uns haben, Gary. Sie denkt voraus, hat Ballgefühl und eine schnelle Reaktion. Wisst ihr was? Ich wünschte, sie würde für Schottland spielen!"

Gary lacht und wendet sich dann an John Barnes. „John, glauben Sie, dass England die richtige Spielerin gefunden hat, um an die ruhmreiche Weltmeisterschaft von 1966 anzuknüpfen?"

„Keine Frage, Gary", antwortet John. „Ich glaube, wir haben endlich das fehlende Puzzleteilchen gefunden. Und das Beste an ihr ist, dass sie noch längst nicht ihre Höchstform erreicht hat!"

Gary blickt wieder in die Kamera. „Und nun, hier bei uns im Studio Jess' Mutter – Mrs Bhamra!"

MUM?! Verschwinde! Was hast du in meinem Tagtraum verloren?

„Mrs Bhamra, Sie müssen sehr stolz auf Ihre Tochter sein!", sagt Gary strahlend.

„Nein, ganz im Gegenteil!", kreischt Mum. „Ich finde es schrecklich, dass sie mit diesen

---

1 David Beckham: britischer Fußball- und Nationalspieler. Seine Profikarriere begann 1992 im Alter von 17 Jahren bei Manchester United, wo er zum Schlüsselspieler der Mannschaft wurde und bis 2003 sehr erfolgreich spielte.

Männern herumrennt! Und dabei siebzigtausend fremden Menschen ihre nackten Beine zeigt! Sie bringt nur Schande über unsere Familie ..." Sie wirft einen giftigen Blick auf die
70 Diskussionsteilnehmer. „Und Sie drei sollten sie nicht noch ermutigen."

Gary, Alan und John blicken drein wie kleine Jungs, die von ihrem Lehrer ausgeschimpft werden.

75 „Jesminder, du kommst auf der Stelle nach Hause!", poltert Mum weiter und hält den drohend erhobenen Zeigefinger in die Kamera. Ihre Augen blitzen vor Zorn. „Warte nur, bis du mir unter die Augen trittst! Jesminder
80 Bhamra ..."

In der nächsten Sekunde wurde die Tür meines Zimmers aufgerissen.

„Jesminder, hast du nicht gehört?", fauchte Mum. Verflixt, warum muss sie einen immer stören, wenn es gerade am spannendsten ist? Dabei 85 wollte Gary gerade Sven-Göran Eriksson interviewen, der mit dem Gedanken spielt, mich für das nächste Englandspiel aufzustellen.

„Jesminder, bist du verrückt geworden?" Anklagend blickte Mum zuerst auf den Fernseher, 90 dann auf mich. Mit ihrem speziellen Blick, der überdeutlich sagt: Hör zu, ich bin deine Mutter und habe hier das Sagen. „Fußball hin oder her! Morgen ist die Verlobungsfeier deiner Schwester, und du sitzt hier herum und schaust 95 dir diesen Glatzkopf an!"

Aufgebracht riss sie mir die Fernbedienung aus der Hand und schaltete den Fernseher aus.

1 a Tauscht euch über eure Leseeindrücke aus.

b An welchen beiden Stellen wird deutlich, dass Jess einen Tagtraum hat? Begründet.

2 Lest den Text ein weiteres Mal. Notiert, welche der folgenden Aussagen stimmen.
Tipp: Die Buchstaben zu den richtigen Aussagen ergeben zusammen ein Lösungswort.
F Jess Bhamra befindet sich im Stadion von Manchester United.
T Jess befindet sich in ihrem Zimmer.
B Frau Bhamra tritt in der Sportsendung auf.
R Jess sieht sich eine Sportsendung an, in der ein Fußballspiel gezeigt und kommentiert wird.
A Beim Fernsehen stellt Jess sich vor, selbst an dem Fußballspiel teilzunehmen.
K Die Fußballkommentatoren sind nicht alle von Jess' Talent überzeugt.
U Jess möchte gern eine berühmte Fußballspielerin werden.
M Frau Bhamra hat kein Verständnis für das Fußballinteresse ihrer Tochter.

3 Wie stellt ihr euch die Hauptfigur Jess Bhamra vor? Wählt Aufgabe a oder b.
●●● **a** Notiert, was ihr im Text über Jess erfahrt. Geht auf Folgendes ein: Lieblingsbeschäftigung, Träume, Familienumstände/Verhältnis zur Mutter.
●○○ **b** Ergänzt die folgende Beschreibung von Jess im Heft. Nutzt den Wortspeicher.

> Jess Bhamra ist ein `?` Mädchen. Sie interessiert sich `?` für Fußball und träumt von einer Karriere als Fußballerin. In ihrem Tagtraum zu Beginn des Romans stellt sie sich vor, dass sie eine `?` Fußballspielerin ist. Die Wirklichkeit sieht allerdings anders aus. Jess' Mutter ist äußerst `?` über ihre fußballverrückte Tochter. Sie findet, dass sich Fußballspielen für sie nicht gehört, und möchte es ihr am liebsten ganz verbieten. Das Verhältnis zwischen Jess und ihrer Mutter ist sehr `?` .

> aufgebracht   erfolgreich   professionell   indisch
> interessiert   leidenschaftlich   konfliktreich

Figurenbeziehungen beschreiben

Jess spielt häufig mit ihren Freunden Fußball im Park. Sie hat Talent. Nach einem solchen Spiel wird sie zum Training der Mädchenfußballmannschaft „Hounslow Harriers" eingeladen. Nach ihrem Einstieg in diesem Verein wird sie von ihrer Mutter beim Fußballspielen beobachtet. Zu Hause stellt Frau Bhamra Jess zur Rede.

1 a Dem Roman liegt ein Film zu Grunde, aus dem die beiden Bilder stammen. Beschreibt die Figuren. Achtet auf ihre Kleidung, ihre Körperhaltung, ihre Gestik und Mimik.

b Notiert, was Frau Bhamra zu ihrer Tochter sagen könnte, z.B.:
„Jess, jetzt hör mir mal zu! Was ich gesehen habe, gefällt mir nicht. Du bist ..."

c Notiert, was Jess später in ihrem Zimmer denken könnte, z.B.:
„Meine Güte, wie sie wieder übertreibt! Was spielt es denn für eine Rolle, ..."

2 Lest den folgenden Auszug aus dem Roman.
Vergleicht eure Aufzeichnungen zu Aufgabe 1b und c mit den Aussagen im Text.

Kick it like Beckham (Ausschnitt 2)

„Chi! Chi!" Mum hatte sich vor dem Bild von Guru Nanak aufgebaut und rang die Hände. „Er hat dich überall angefasst und hatte seine Hände sogar auf deinen nackten Schenkeln!"
5 Sie durchbohrte mich mit vorwurfsvollen Blicken. Ich hatte noch immer meinen Harriers-Dress an und saß wie ein Häuflein Elend auf dem Sofa. „Du bist kein Kind mehr, Jesminder, begreifst du das denn nicht?" [...]
10 „Jessie, jetzt, wo deine Schwester verlobt ist, ist alles etwas anders geworden", sagte Dad. Er

saß auf dem Sofa und schenkte sich einen Whisky ein. Ich trinke normalerweise nicht, aber in diesem Moment hätte ich auch ein Gläschen brauchen können. „Du weißt ja, wie 15 schnell man bei unseren Leuten in Verruf kommt."
„Sie heiratet, nicht ich!", wehrte ich mich.
„Als ich so alt war wie du, war ich schon verheiratet", gab Mum zu bedenken. „Und du willst 20 noch nicht einmal lernen, wie man *Daal* kocht!"

Mir war schleierhaft, was *Daal*-Kochen mit Fußballspielen zu tun hatte. „Und außerdem
25 spiele ich sowieso nicht mehr mit Jungs." Vielleicht würde sie das beruhigen.

„Gut." Mum drehte sich um und eilte Richtung Küche. „*Gaal kuthum*, Ende der Geschichte."

30 „Ich spiele jetzt in einem Mädchenteam", fuhr ich tapfer fort. „Sie wollen, dass ich bei richtigen Spielen mitmache."

Mum und Dad tauschten entsetzte Blicke aus.

„Der Trainer meint, ich könne es weit bringen",
35 fügte ich hastig hinzu und blickte voller Hoffnung auf Dad. Er war normalerweise nicht so streng wie Mum.

„Weit bringen?" Mum schnaubte. „Und wohin, bitte? Jessie, als du noch jünger warst, durftest
40 du spielen, so viel du wolltest. Doch jetzt ist Schluss! Du hast genug gespielt."

„Das ist nicht fair!", schluchzte ich auf. „Er hat mich schon aufgestellt."

„Er?!" Mum stürzte sich auf dieses Wörtchen
45 wie eine Katze auf eine Maus und wandte sich empört an Dad. „Und eben sagte sie noch, es seien nur Mädchen!"

„Aber unser Trainer heißt Joe", versuchte ich zu erklären.

50 „Siehst du, wie sie lügt?" Anklagend blickte Mum wieder zu Dad und schüttelte den Kopf.

„Welche Familie will schon eine Schwiegertochter, die den ganzen Tag übers Fußballfeld rennt, aber keine runden *Chapattis* backen
55 kann?" Sie bedachte mich mit einem strengen Blick. „Jetzt, wo deine Prüfungen vorbei sind, will ich, dass du lernst, ein komplettes *Punjabi*-Dinner zu kochen. Mit Fleisch und vegetarisch!"

60 „Aber ... Dad ...", stammelte ich hilflos.
Dad machte den Mund auf, um etwas zu sagen, doch Mum ließ ihn gar nicht erst zu Wort kommen.

„Da siehst du, wie verwöhnt deine Tochter ist!",
65 schimpfte sie. „Bei deiner Nichte fing es genauso an. Ständig Widerworte! Und eines Tages brennt sie durch und wird Model! Und heute läuft sie mit diesen winzigen, kurzen Röcken herum!"

70 „Mum!" Ich wollte endlich auch mal wieder zu Wort kommen. „Sie ist Modedesignerin!"

„Sie ist geschieden, das ist sie!", rief Mum mir triumphierend in Erinnerung. „Verstoßen nach nur drei Jahren Ehe von einem Weißen
75 mit blauen Haaren! Ihre arme Mutter! Sie traut sich seither nicht mehr in den Tempel. Nein, schreib es dir hinter die Ohren: So eine Schande wird es in meiner Familie nicht geben!" Abwehrend streckte sie beide Arme aus. „Das war
80 mein letztes Wort. Kein Fußball mehr!"

---

3 a Notiert, was genau die Eltern von Jess erwarten. Belegt mit Zeilenangaben, z.B.:
   - *Jess soll in ihrem Alter nicht mehr mit Jungen Fußball spielen. (Z. …)*
   - *Sie soll lieber lernen, wie man … (Z. …)*

 b Sucht mögliche Erklärungen für die Erwartungen der Eltern, z.B.:
   - *Die Eltern befürchten, dass Jess … (Z. …)*
   - *Sie sorgen sich um den Ruf … (Z. …)*

4 Welche Gedanken und Gefühle könnten Jess bei dem Gespräch bewegen?
Wählt Aufgabe a oder b.

●●● a Verfasst für Jess einen Tagebucheintrag zu dem Gespräch.

●○○ b Wählt 3 Äußerungen der Mutter. Notiert, was Jess dazu denken und fühlen könnte, z.B.:

> - *Z.1–4: Was heißt hier „angefasst"? Soll er mir ein Fachbuch in die Hand drücken und sagen:*
>   *„Lies nach, wie man einen Ball richtig annimmt?" …*

Äußere und innere Handlung unterscheiden

Trotz des Verbots ihrer Eltern spielt Jess heimlich weiter Fußball. Dabei wird sie von ihrer Schwester Pinky entdeckt und verraten. Als Frau Bhamra Stubenarrest verhängt, befürchtet Jess das Ende ihrer Fußballkarriere. Kann ihr Trainer Joe ihr helfen?

1 Das Filmbild zeigt Joe und Jess.
   a Beschreibt die Figuren. Was drücken ihre Körperhaltungen und ihre Gesichter aus?
   b Begründet, welche Stimmung das Bild vermittelt: *heiter, bedrückt, ernsthaft, …*
   c Joe besucht später Jess' Familie. Stellt Vermutungen darüber an, wie das Gespräch zwischen den Eltern und Joe verlaufen könnte.

Kick it like Beckham (Ausschnitt 3)

Mit zittrigen Händen trug ich das Tablett mit dem Tee aus der Küche und hoffte, dass niemand die Tassen auf den Untertellern klirren hörte. Im Wohnzimmer herrschte betretenes Schweigen. Dad, Mum und Pinky blickten Joe stumm an und sahen dabei keineswegs freundlich aus. Immerhin hatten sie ihn nicht einfach hinausgeworfen, sondern waren bereit, ihn anzuhören.

Ich stellte das Tablett auf dem Couchtisch ab und reichte Joe eine Tasse.
„Danke, Jess", sagte er mit ruhiger Stimme.
Ich kauerte mich in eine Ecke des Sofas und beobachtete ihn verstohlen. Es war ein herrliches Gefühl, ihn wiederzusehen. Mein Herz war kurz vorm Zerspringen und mein Magen schlug Purzelbäume, wann immer ich seinen Blick auf mir fühlte. [...]

War Joe nur gekommen, um sich zu erkundigen, warum ich nicht zum Training kam? Oder
hatte Jules [meine Fußballfreundin] ihm erzählt, dass meine Eltern von der ganzen Sache
nichts gewusst hatten?

Aber egal – angesichts der finsteren Blicke, mit
denen er konfrontiert war, hatte er inzwischen
sicher längst erraten, wie die Dinge standen.

Joe räusperte sich. „Es tut mir leid, dass ich einfach so bei Ihnen hereinplatze, Mrs und Mr
Bhamra", begann er. „Aber ich wollte Sie persönlich sprechen. Ich habe erst heute erfahren,
dass Sie nicht gewusst haben, dass Jess in unserer Mannschaft spielt."

„Allerdings haben wir das nicht gewusst!", ent-
gegnete Mum barsch.

Joe blickte Mum an. „Dafür möchte ich mich
entschuldigen", sagte er. Am liebsten wäre ich
ihm um den Hals gefallen! Jules musste ihm
alles erzählt haben, und er hatte sich denken
können, dass es kein leichtes Gespräch werden
würde. Aber er war trotzdem gekommen! Na
klar, es ging ihm nur darum, dass ich wieder
mitspielte, aber ich freute mich trotzdem.
„Wenn mir das bekannt gewesen wäre, hätte
ich Jess natürlich aufgefordert, es Ihnen zu sagen ..." Er machte eine kurze Pause, ehe er wei-
terredete. „... weil ich nämlich glaube, dass sie
ein enormes Talent hat."

Ein langes Schweigen folgte.

Schließlich ergriff Dad das Wort. „Ich glaube,
wir wissen besser, welche Talente unsere Tochter hat", sagte er mit fester Stimme. „Jess hat
keine Zeit fürs Fußballspielen. Sie fängt bald
ein Studium an."

„Aber es ist eine große Ehre, in dieser Mannschaft zu spielen", hörte ich mich sagen. Ich
konnte nicht länger schweigen.

Mum funkelte mich an. „Gibt es eine größere
Ehre, als seine Eltern zu respektieren?", fragte
sie bissig.

Dad musterte Joe. „Junger Mann, als ich noch
ein Teenager war und in Nairobi lebte, war ich
im Kricket-Team. Ich war der beste Werfer
meiner Schule", sagte er barsch. „Unser Team
hat sogar den Ostafrika-Cup gewonnen. Doch

als ich in dieses Land hier kam, war alles zu
Ende. Kein Verein wollte mich haben. Diese
verdammten Weißen in ihren Clubhäusern
lachten über mich und meinen Turban und
schickten mich weg."

Betreten blickte ich zu Boden.

Diese Geschichte war mir nicht neu, weil Mum
sie mir mal erzählt hatte, doch aus Dads Mund
hatte ich sie noch nie gehört.

„Tut mir leid, Mr Bhamra", begann Joe. „Aber
inzwischen ..."

„Inzwischen was?", fiel Dad ihm ins Wort.
„Kein einziger junger Inder ist in einem Fuß-
ballverein. Und da glauben Sie, sie würden unsere Mädchen zulassen? Ich will nicht, dass
Jesminder sich große Hoffnungen macht ..."
Er warf mir einen kurzen Seitenblick zu.
„... sonst wird sie am Ende genauso enttäuscht
sein wie ich damals."

„Aber, Dad, inzwischen hat sich doch so vieles
verändert", sagte ich verzweifelt. „Schau dir Nas-
ser Hussain an! Er ist der Kapitän des englischen
Kricket-Teams, und er stammt aus Asien!"

„Hussain ist ein muslimischer Name", warf
Mum streng ein. „Diese Familien sind ganz anders als wir."

„Oh, Mum!"

Doch es nützte nichts. Ich musste einsehen,
dass sie nicht nachgeben würden. Das war offenbar auch Joe klar, denn nur wenige Minuten
später verabschiedete er sich, ohne seinen Tee
ausgetrunken zu haben.

Da ich unbedingt noch kurz mit ihm reden
wollte, begleitete ich ihn zu seinem Auto.

Mum warf mir einen vorwurfsvollen Blick zu,
doch das war mir egal. Wahrscheinlich war es
ohnehin das letzte Mal, dass ich Joe sah.

„Tut mir furchtbar leid", sagte ich leise, als ich
die Haustür hinter mir zuzog. „Aber vielen
Dank, dass du es versucht hast."

Joe zuckte mit den Achseln. „Wir sind nächsten
Samstag zu einem Spiel nach Deutschland eingeladen. Echt schade, dass du nicht mitkom-
men kannst."

Vor Überraschung fielen mir fast die Augen
aus dem Kopf. „Wow! Nach Deutschland! Wirk-

lich?" Doch ich kam schnell wieder zur Besinnung, weil mir dämmerte, dass meine Chance, an diesem Spiel teilzunehmen, gleich null war. „Jetzt begreife ich deine Situation", sagte Joe.

115 „Aber glaub mir, Eltern wissen nicht immer, was das Beste für einen ist, Jess."

Ich blickte ihm noch lange nach, als er davonfuhr. Meine Gedanken überschlugen sich. Eltern wissen nicht immer, was das Beste für einen ist ...

120 Joe hatte Recht. In meinem Fall wussten sie es wirklich nicht.

2 Vergleicht das Gespräch mit euren Erwartungen (▶ Aufgabe 1c, S. 182).

3 Als Ich-Erzählerin bringt Jess ihre Gedanken und Gefühle selbst zum Ausdruck. Zwei solcher Textstellen, die Jess' innere Handlung zeigen, sind bereits markiert.

    a Notiert in Partnerarbeit weitere Textstellen, die zeigen, was in Jess vorgeht.

    b Erläutert: Woran habt ihr erkannt, dass es um Jess' innere Handlung geht?

4 Fasst Jess' Gefühlslage in der Sie-Form mit eigenen Worten zusammen, z. B.:
Als Joe plötzlich bei der Familie auftaucht, ist Jess äußerst durcheinander. Natürlich freut sie sich sehr darüber, dass sie Joe wiedersieht und er ...

5 Einige Textstellen deuten darauf hin, was in den anderen Figuren vorgehen könnte. Wählt Aufgabe a oder b. Stellt euch anschließend eure Ergebnisse vor.

    ● ○ ○   a Sucht euch eine der beiden Figuren aus: Vater oder Mutter.
Formuliert, welche Gedanken und Gefühle die Figur zu dieser Textstelle haben könnte:
Z. 4 ff.: „*Im Wohnzimmer herrschte betretenes Schweigen. Dad, Mum und Pinky blickten Joe stumm an und sahen dabei keineswegs freundlich aus.*"

Was will dieser Joe hier? Er ...   Unglaublich, ...

...

    ● ● ●   b Was geht Joe später durch den Kopf? Verfasst zur folgenden Textstelle einen inneren Monolog.
Z. 93–96: „*Das war offenbar auch Joe klar, denn nur wenige Minuten später verabschiedete er sich, ohne seinen Tee ausgetrunken zu haben.*"

Information   **Innere und äußere Handlung unterscheiden**

In einem Roman und anderen erzählenden Texten (z. B. Kurzgeschichte, Novelle) unterscheidet man zwischen der äußeren Handlung und der inneren Handlung.

- Die **äußere Handlung** gibt **äußere Abläufe** wieder, die beobachtet werden können.
- Die **innere Handlung** bietet einen Einblick in das Innere der Figuren.
Man erfährt etwas über ihre **unausgesprochenen Gedanken, Gefühle oder Wünsche**.

Teste dich!

Kick it like Beckham (Ausschnitt 4)

Kurz vor dem Romanschluss erlaubt Vater Bhamra Jess doch noch, an dem Endspiel der Hounslow Harriers gegen QPR teilzunehmen. Während Pinkys Hochzeitsfeier in vollem Gange ist, steigt Jess in das laufende Spiel ein. Am Ende der 1. Halbzeit steht es 1:1.

QPR gab sich nicht geschlagen. In der zweiten Halbzeit legten sie noch einmal ein ordentliches Tempo vor und spielten etliche Torchancen heraus, die jedoch ungenutzt blieben. In
5 der fünfundachtzigsten Minute begann ich zu glauben, wir müssten in die Verlängerung gehen, um den Sieger des Turniers zu ermitteln. Doch ich hatte mich gewaltig getäuscht.
Es geschah in der achtundachtzigsten Minute.
10 Jules passte mir den Ball von der Seitenlinie zu, und ich dribbelte mit ihm los, indem ich geschickt die gegnerischen Verteidigerinnen umspielte, die schon ziemlich erschöpft aussahen. Ich war am Rand des Strafraums, als ich
15 auf einmal den Boden unter den Füßen verlor. „Autsch!" Unsanft landete ich auf dem Rasen. Der Schiedsrichter pfiff.
Eine der Gegnerinnen hatte mich gefoult und wir bekamen einen Freistoß. Der perfekte Ort
20 für einen Schuss nach Beckham-Art.
Jules grinste mich an. „Er gehört dir, Jess."
Der Schiedsrichter zeigte auf die Stelle, wo ich den Ball hinzulegen hatte. Ich platzierte

ihn sorgfältig und machte einige Schritte rückwärts, bevor ich tief Luft holte. Zuerst blick- 25
te ich auf den Ball, dann auf die gegnerische Mauer. In meinem Kopf waren die QPR-Spielerinnen auf einmal verschwunden. Stattdessen sah ich Mum, drei meiner alten Tanten und Pinky in ihrem Hochzeitsgewand vor dem 30
Tor stehen und mich missbilligend beäugen.
Ich ließ mich von ihnen jedoch nicht aus der Ruhe bringen. Ich blinzelte ein paarmal, und schon waren sie verschwunden. Was für ein Glück! Ich nahm einen kurzen Anlauf und 35
schoss mit dem rechten Innenfuß. Der Ball flog genau so, wie ich es beabsichtigt hatte, nämlich seitlich an der gegnerischen Mauer vorbei. Der Torwart hatte keine Chance. In einem vergeblichen Versuch, den Ball zu fangen, 40
warf er sich zur Seite, doch der Ball schoss über seinen Kopf hinweg und landete direkt unterhalb der Querlatte im Netz.
Ich konnte es kaum glauben. Ich hatte eine Bananenflanke geschossen wie Beckham! 45
Unglaublich!

1 Welche Textstellen sagen etwas darüber aus, was während des Spiels in Jess vorgeht? Schreibe die Stellen mit Zeilenangaben heraus.

2 Untersuche die Textstelle von Z. 27 bis Z. 34 genauer. Arbeite im Heft.
  a Formuliere mit eigenen Worten, was in dieser Textstelle passiert.
  b Begründe: Gibt diese Textstelle eher eine innere oder eine äußere Handlung wieder?
  c Erkläre, was diese Textstelle über die Entwicklung von Jess aussagt.
  Tipp: Denke daran, wie Jess sich sonst gegenüber ihrer Familie gefühlt hat.

3 Vergleiche deine Ergebnisse mit einem Lernpartner.

10.2 „Das Wunder von Bern" – Filmsprache verstehen

Den Filmanfang untersuchen

„Das Wunder von Bern" aus dem Jahr 2002 wurde von Sönke Wortmann gedreht. Die Handlung spielt 1954 im Ruhrgebiet. Der Film erzählt die Geschichte der Familie Lubanski. Diese Geschichte wird im Laufe des Films mit einer weiteren verknüpft: der Geschichte der Fußball-WM und des Endspiels zwischen Deutschland und Ungarn in der Schweiz.

1 Matthias und seine Freunde warten auf eine Brieftaube.

2 Als sie im Anflug ist, laufen die Freunde zum Taubenschlag.

3 Die Taube übermittelt den Stand eines Fußballspiels.

4 Das Ergebnis lautet: Rot-Weiß Essen – Alemannia Aachen: 0:1.

1　a　So beginnt der Film. Beschreibt, was ihr alles auf den Bildern seht.
　　b　Erläutert: Was weist darauf hin, dass der Film im Ruhrgebiet in den 1950er Jahren spielt?
　　　　Was sagen die Bilder über die Lebensbedingungen in dieser Zeit aus?
　　c　Welche Atmosphäre erzeugen die Bilder?
　　　　Tipp: Überlegt, welche Rolle die Farben dabei spielen.

2　a　Formuliert, wie die Kinder auf euch in den jeweiligen Szenen wirken. Was fühlen sie?
　　b　Begründet anhand der Bilder, welche Bedeutung Fußball in ihrem Alltag hat.

3　Schaut euch zunächst nur die 1. Szene des Films an. Verteilt Beobachtungsaufgaben, z.B.:
　　– Wer konzentriert sich auf die Handlung?　　　– Wer achtet auf die Kameraeinstellungen?
　　– Wer achtet auf die Musik?

4　Notiert, welche Erwartungen die 1. Szene in euch weckt. Wie geht es wohl weiter?

Information	**Der Handlungsbeginn – Die Exposition**

Die **ersten Szenen** eines Films führen den Zuschauer in **Ort und Zeit der Handlung** ein und vermitteln eine bestimmte **Atmosphäre.** Außerdem werden die **Hauptfiguren vorgestellt.** Meistens gibt es auch schon **Hinweise auf den Konflikt,** um den es in der Filmhandlung geht.

Kameraeinstellungen und ihre Wirkungen beschreiben

Christa Lubanski lebt mit ihren drei Kindern Ingrid, Bruno und Matthias in Essen. Ihr Ehemann Richard war Soldat im Zweiten Weltkrieg und geriet in sowjetische Gefangenschaft. Frau Lubanski betreibt eine Kneipe und sichert damit den Lebensunterhalt der Familie. Ingrid hilft ihr dabei. Bruno spielt in einer Band und Matthias sammelt Zigarettenkippen, aus denen er neue Zigaretten dreht, die er dann verkauft. Als Matthias eines Tages nach Hause kommt, wartet seine Familie auf ihn. Sie hat gerade einen Brief enthalten, der mit dem Vater zu tun hat.

1 Begründet mit Hilfe der Einleitung und der Filmbilder, was in dem Brief stehen könnte.

2 Bestimmt in Partnerarbeit die Kameraeinstellungen der Szenenbilder 1 bis 4 mit den Begriffen **halbnah, nah, Detail, groß**. Erklärt jeweils die Wirkung auf den Zuschauer, z. B.:
Bild 1 zeigt Matthias nah. Der Zuschauer kann Matthias' Gesicht und Oberkörper erkennen, sodass er sieht, was in ihm vorgeht. Matthias schaut … Er ahnt wohl, …

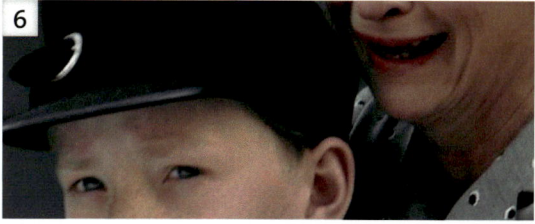

3 Nach zehn Jahren Gefangenschaft kehrt der Vater 1954 nach Essen zurück. Er hat Matthias noch nie gesehen.
  a Betrachtet die Szenenbilder 5 und 6, die die Wiederbegegnung zwischen Richard und seiner Familie zeigen. Welche Wirkung haben die gewählten Kameraeinstellungen?
  b Überlegt, welche Konflikte sich in der Familie ergeben könnten.

4 Schaut euch den ganzen Film an. Wie entwickelt sich die Vater-Sohn-Beziehung?

Kameraperspektiven untersuchen

Matthias ist ein leidenschaftlicher Fußballfan. Er ist zwar selbst als Spieler nicht sehr gut, er kennt aber Helmut Rahn, den Nationalspieler und Stürmer von Rot-Weiß-Essen. Die Freundschaft mit Rahn bedeutet Matthias sehr viel. Rahn bezeichnet Matthias als seinen Glücksbringer, ohne den er nicht gewinnen könne.

1 Rahn überhört die Türklingel. Matthias wirft Steinchen.

2 Nach einem Moment erscheint Rahn.

3 Matthias möchte Rahn zum Training bewegen.

4 Matthias begleitet Rahn zum Training.

1 Tauscht euch aus: Welchen Eindruck vermitteln die Bilder von Matthias und Rahn?

2 Klärt mit Hilfe der Information unten, aus welcher Kameraperspektive Matthias und Rahn gezeigt werden. Wählt Aufgabe a oder b. Vergleicht anschließend eure Ergebnisse.

●●● a Benennt den jeweiligen Blickwinkel der Kamera. Erläutert mit eigenen Worten für jedes Szenen-bild, welches Verhältnis zwischen Matthias und Rahn die Kamera zeigt.

●○○ b Ordnet im Heft die folgenden Satzbausteine den vier Szenenbildern richtig zu und ergänzt sie.

> Für Bild 1 ... • ... wie Matthias im Hof zu Rahns Wohnung hinaufschaut. •
> Bild 2 ... • Es zeigt von Weitem, ... • Man nennt diese ... auch Vogelperspektive. •
> ... wurde die Normalsicht gewählt. • ... stellt einen Blick von oben nach unten dar. •
> Diese Untersicht, die man auch ... nennt, ... • ... zeigt, wie sehr Matthias zu Rahn aufschaut. •
> Bild ... stellt einen Blick von unten nach oben dar. • Bild ... stellt wiederum eine Normalsicht dar. •
> Nach Bild 2 und 3 zeigt diese Perspektive auf Augenhöhe, dass Rahn ...

Information   **Blickwinkel der Kamera – Kameraperspektiven unterscheiden**

Mit einer **Kamera** kann man **verschiedene Perspektiven** (Blickwinkel) einnehmen, wie:
- **Normalsicht: gleiche Höhe** wie Figur oder Objekt,
- **Untersicht** (Froschperspektive): sehr viel **niedrigerer Standpunkt** als Figur oder Objekt,
- **Aufsicht** (Vogelperspektive): sehr viel **höherer Standpunkt** als Figur oder Objekt.

Kameraperspektiven helfen, **Figuren und Beziehungen zwischen Figuren** zu charakterisieren.

Einen Filmdialog lesen und verstehen

Nach seiner Rückkehr aus der Kriegsgefangenschaft fällt es Richard Lubanski schwer, wieder in den normalen Familienalltag zurückzufinden. Oft kommt es zu Konflikten mit den Kindern, besonders mit Matthias. An einem Sonntag hat Richard bei einem Besuch in der Kirche gesehen, dass Matthias dort eine Kerze angezündet hat. Dazu stellt er ihn ein wenig später in der Kneipe der Familie zu Rede. Währenddessen läuft im Hintergrund im Fernsehen das WM-Vorrundenspiel Deutschland gegen Ungarn.

RICHARD: Verkaufst du mir eine von deinen Zigaretten?

MATTHIAS *(holt eine Zigarette aus der Tabaktüte)*: Ja klar. Hier, schenke ich dir.

5 **RICHARD:** Hör mal. Ich hab dich da neulich in der Kirche gesehen. Hast 'ne Kerze angezündet. Sagst du mir auch, für wen?

(Matthias schweigt.)

RICHARD: Na komm, sag schon.

10 **MATTHIAS:** Für den Helmut Rahn.

RICHARD: Helmut Rahn?

MATTHIAS: Herberger stellt ihn meistens nicht auf. Da dachte ich, ich muss was tun.

RICHARD: Komm mal mit raus.

15 *(Richard und Matthias verlassen die Kneipe. Sie setzen das Gespräch draußen fort.)*

RICHARD: Versteh ich das richtig? Du zündest in der Kirche 'ne Kerze an, bloß dass irgend so'n Balltreter nicht auf der Reservebank sitzen muss?

MATTHIAS: Aber Helmut Rahn ist nicht irgend 20 so'n Balltreter. Er ist der Beste. Und ich ...

RICHARD: Bist du noch zu retten? Erklär mir mal, wie du darauf kommst, die Kirche zu so albernen Mätzchen zu missbrauchen? Du gehst jetzt nach Hause und denkst über den 25 Sinn der Kirche nach.

MATTHIAS: Aber jetzt spielt doch ...

(Richard gibt Matthias eine Ohrfeige.)

RICHARD: Schluss jetzt, ab nach Hause. Und fang bloß nicht an zu heulen. Ein deutscher 30 Junge weint nicht. *(Matthias läuft davon.)*

1 a Lest den Dialog mit verteilten Rollen.

b Erläutert mit eigenen Worten, warum Matthias in der Kirche die Kerze angezündet hat.

2 a Wie bewertet ihr Richards Verhalten? Begründet eure Meinung.

b Erläutert, was dieser Dialog über das Verhältnis zwischen Vater und Sohn zeigt.

c Erklärt, worin der Konflikt zwischen Richard und Matthias genau besteht.

3 Gestaltet eure Ergebnisse zu Aufgabe 1 und 2 in Form eines inneren Monologs.
Wählt Aufgabe a oder b. Stellt euch anschließend eure Texte vor.

● ● ○ a Schreibt auf, was Matthias während des Gesprächs denken und fühlen könnte.

● ● ● b Schreibt auf, was der Vater während des Gesprächs denken und fühlen könnte.

Eine Szenenmontage erschließen

Nach der Ohrfeigenszene (▶ S. 189) verhält sich Richard weiter aggressiv. Matthias versucht sogar auszureißen, doch sein Vater erteilt ihm Stubenarrest und schlägt ihn erneut. Auch mit seinem älteren Sohn Bruno streitet Richard sich. Als Bruno das Elternhaus verlässt, weiß Richard, dass sich etwas ändern muss. Er sucht den Pfarrer für ein Gespräch auf.
Danach geht er auf den Fußballplatz der Kinder.

PFARRER: Herr Lubanski.
RICHARD: Guten Tag, Herr Pfarrer. Entschuldigen Sie die Störung, aber haben Sie ein paar Minuten Zeit für mich?
5 PFARRER: Ja, natürlich. Kommen Sie. Wer hätte das gedacht? Jetzt sind wir im Halbfinale. Und 'n Junge von hier hat 'n Tor geschossen. Es ist unglaublich.

RICHARD: Und im Halbfinale geht's gegen Österreich, richtig? 10
PFARRER: Gegen Österreich, genau. Aber das wird mindestens genauso schwierig werden.
RICHARD: Eigentlich bin ich nicht hier, um über Fußball zu reden.
PFARRER: Natürlich nicht, entschuldigen Sie. 15
RICHARD: Ich weiß einfach nicht mehr weiter. Nix ist so, wie es mal war. Ich versuch ja, alles richtig zu machen. Dadurch wird aber alles nur noch schlimmer. …
PFARRER: … 20

1 Überlegt, wie sich das Gespräch zwischen den beiden fortsetzen könnte.

2 a Beschreibt, was nach der Gesprächsszene auf dem Fußballplatz der Kinder passiert.
  b Erläutert, wie Richard in der Fußballszene auf euch wirkt.

3 Im Film folgen die beiden Szenen aufeinander, d.h., sie werden aneinandermontiert.
  a Erläutert, inwieweit durch die Montage deutlich wird, dass Richard sich verändert.
  b Überlegt: Was könnte Richard in seiner Familie zukünftig anders machen wollen?

Eine Parallelmontage untersuchen

Richard fährt mit Matthias zum WM-Endspiel nach Bern. Es ist höchste Zeit, denn bald schon ist Anpfiff. Sie erreichen das Stadion gerade noch rechtzeitig zur 2. Halbzeit.

1 Nacht: Richard weckt Matthias.

2 Vor dem Endspiel: Trainer Herberger instruiert das Team.

3 Auf dem Weg nach Bern

4 Spielstand: Deutschland – Ungarn 2:2

5 Ankunft im Stadion

6 Ende der 1. Halbzeit: Turek hat ein Tor verhindert.

7 Matthias schleicht sich ins Stadion.

8 ...

9 ...

10 ...

1 Die Bilder der beiden Handlungsstränge (1. Bernfahrt, 2. Endspiel) werden jeweils abwechselnd gezeigt. Dieser Wechselschnitt heißt Parallelmontage.
a Erzählt die Handlung Bild für Bild nach: *Bild 1 zeigt*, ... *Währenddessen ... Dann sieht ...*
b Beschreibt, wie die Parallelmontage auf euch wirkt.

2 Rahn erzielt das Siegtor. Was bedeutet das Tor für Matthias und seinen Vater?

Information Handlungsstränge miteinander in Beziehung setzen – Die Montage

- Durch die Verknüpfung von Szenen lassen sich verschiedene **Handlungsstränge miteinander in Beziehung setzen.** So kann man z. B. zeigen, warum sich eine Figur auf eine bestimmte Weise verhält. Diese Verknüpfungstechnik heißt **Montage** (gesprochen: *montahsche*).
- Bei der **Parallelmontage** werden Handlungen an verschiedenen Orten abwechselnd gezeigt.

Eine Filmkritik untersuchen

Markus Ostertag

Kritik zu „Das Wunder von Bern"

1 Was soll ich sagen? Es kommt wirklich selten vor, aber zum Glück gibt es Filme wie diesen, die einen doch noch hoffen lassen, dass die deutschen Filme überzeugen können! „Das Wunder von Bern" ist Dokumentation, Komödie und Drama in einem, denn die Kombination aus den bewegenden Geschichten eines zurückgekehrten Kriegsgefangenen und dem Fußballweltmeistertitel der deutschen Elf in Bern gleicht einem Geniestreich!

2 Die Geschichte handelt von dem elfjährigen Matthias, der seinen Vater nicht kennt, da dieser in russischer Kriegsgefangenschaft ist. Er ist ein aufgeweckter und vor allem fußballbegeisterter Junge, der seinem Idol und Ersatzvater, Nationalspieler Helmut Rahn, die Tasche tragen darf. Doch eines Tages ist es so weit: Es kommt ein Brief, in dem der Familie mitgeteilt wird, dass der Vater nach Deutschland zurückkehrt. Anfangs herrscht noch Freude, doch schnell wird klar, dass die Belastungen der Gefangenschaft den Vater sehr verändert haben und er sich in der Heimat fremd fühlt. Diesem Druck hält der Vater nicht stand und sein Ventil ist überzogene Strenge gegenüber seiner Familie. Zur gleichen Zeit fährt die Nationalelf in die Schweiz, um dort bei der WM teilzunehmen, und damit auch die einzige Chance für Matthias, Zuflucht bei seinem besten Freund und Ersatzvater Helmut Rahn zu finden.

3 Das „Wunder von Bern" ist der schmale Grat zwischen Traurigkeit und Begeisterung. Einerseits wird die sehr bewegende Geschichte des elfjährigen Matthias erzählt, der seinen Vater in Helmut Rahn gefunden hat und diesen plötzlich gegen einen psychisch kranken Kriegsgefangenen austauschen muss, und andererseits die Erfolgsgeschichte der deutschen Nationalelf bei der WM 1954 in der Schweiz.

4 Besonders begeistert haben mich auch die schauspielerischen Leistungen, denn [die Hauptdarsteller] spielen ihre Rollen fantastisch [...]. Dieses Familiendrama, welches sich vor dem Hintergrund des unvergessenen WM-Finales 1954 in Bern abspielt, ist eine Meisterleistung des deutschen Kinos und legt die Messlatte für alle anderen Filme um einige Meter nach oben!

---

1 Worum geht es in der Kritik? Wählt den Satz aus, der das Thema treffend formuliert.
A In der Kritik gibt Markus Ostertag die Handlung des Films „Das Wunder von Bern" wieder.
B In der Kritik wird der Film „Das Wunder von Bern" kurz vorgestellt und bewertet.

2 Fasst im Heft die vier Textabschnitte durch Zwischenüberschriften zusammen.
▷ Eine Hilfe zu Aufgabe 2 findet ihr auf Seite 193.

3 Man kann z. B. das Filmthema, die Art der Darstellung und die Schauspieler bewerten.
a Notiert mit Zeilengaben, worauf Markus Ostertag in seiner Kritik eingeht.
b Fasst im Heft Markus Ostertags Bewertung in ein bis zwei Sätzen zusammen.
▷ Hilfe zu 3, Seite 193

4 Formuliert im Heft: Was ist eine Filmkritik? Was ist ihr Zweck?
▷ Hilfe zu 4, Seite 193

●○○ **Aufgabe 2 mit Hilfe**

Fasst im Heft die vier Textabschnitte durch Zwischenüberschriften zusammen.
Ordnet im Heft die folgenden Zwischenüberschriften den vier Abschnitten zu: *1 = …*

A Ein sehr gelungener deutscher Film	**B** Die beiden Handlungsstränge des Films
C Einblick in Hauptfiguren und Filmhandlung	**D** Eine erste Einschätzung und Einordnung

●○○ **Aufgabe 3 mit Hilfe**

Man kann z. B. das Filmthema, die Art der Darstellung und die Schauspieler bewerten.

a Legt eine Folie über den Text oder macht eine Kopie.
Markiert, worauf Markus Ostertag in seiner Kritik eingeht, z. B.:

Art der Darstellung

3 Das „Wunder von Bern" ist der schmale Grat zwischen Traurigkeit und Begeisterung. Einerseits wird die sehr bewegende Geschichte des elfjährigen Matthias erzählt, der seinen Vater in Helmut Rahn gefunden hat und diesen plötzlich gegen einen psychisch kranken Kriegsgefangenen austauschen muss, und andererseits die Erfolgsgeschichte der deutschen Nationalelf bei der WM 1954 in der Schweiz.
4 Besonders begeistert haben mich auch die schauspielerischen Leistungen, denn [die Hauptdarsteller] spielen ihre Rollen fantastisch.

zwei Geschichten

Leistung der Schauspieler/Hauptdarsteller

b Fasst im Heft Markus Ostertags Bewertung in zwei bis drei Sätzen zusammen.
Beginnt mit dem folgenden Satz und ergänzt ihn mit Hilfe des Wortspeichers.
Markus Ostertag meint, dass der Film …

einer der besten   mit einem aufregenden Thema   herausragende   nur zu empfehlen

●○○ **Aufgabe 4 mit Hilfe**

Formuliert: Was ist eine Filmkritik? Was ist ihr Zweck?
Ergänzt im Heft die folgenden Sätze:

Eine Filmkritik informiert über einen ? . Sie benennt das ? , gibt kurz die ? wieder und stellt knapp die wichtigsten ? vor. Außerdem kann sie auf ? eingehen, wie Farbgebung, Kamera ? und M ? techniken.
Das Wichtigste an einer Filmkritik ist die ? durch den Autor. Sie kann ? oder ? ausfallen.
Mit Hilfe der Kritik kann der ? entscheiden, ob er sich den ? ansieht.

10.3 Projekt – Eine Sportfilmbroschüre erstellen

  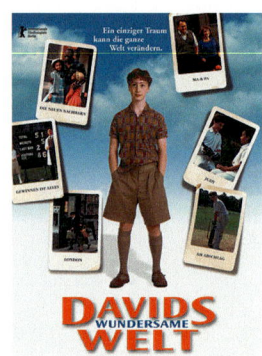 

1 Erstellt in einem Projekt eine kleine Filmbroschüre, die kurze Kritiken zu Filmen enthält, in denen Sport eine wichtige Rolle spielt. Geht so vor:

a Informiert euch im Internet über die abgebildeten vier Filme.

b Recherchiert im Internet über weitere Sportfilme. Notiert Titel und Handlung.

2 Entscheidet in einer Gruppe, welchen Film ihr ansehen und in einer Minikritik vorstellen wollt.

3 Gestaltet jeweils eine Seite zu einem Film.
Die Seite soll Bildmaterial, Angaben zum Film (Regisseur, Titel, Erscheinungsland und -jahr) und eine kurze Kritik enthalten.
Tipp: Beachtet beim Verfassen eurer Filmkritik folgende Punkte und die Wörterliste A–Z:

- Formuliert zu Beginn ganz kurz eure erste Einschätzung und das Filmthema.
- Gebt den Inhalt ganz knapp wieder, ohne das Ende des Films zu verraten.
- Nennt Besonderheiten des Films, z. B. Schauspieler, vorherrschende Stimmung, auffällige filmsprachliche Mittel.
- Bewertet den Film und sprecht gegebenenfalls eine Empfehlung für die Zuschauer aus.

A–Z der nützlichen Wörter für eine Kritik

a	amüsant	g	glaubwürdig	m	monoton	s	stimmungsvoll
b	beklemmend	h	humorvoll	n	negativ	t	traurig
c	clever	i	informativ	o	optimistisch	u	unterhaltsam
d	dramatisch	j	jugendfrei	p	pessimistisch	v	verwirrend
e	erfreulich	k	kunstvoll	q	quälerisch	w	witzig
f	freudlos	l	langweilig	r	rührselig	z	zauberhaft

Schreibwörter　　　　　　　　　　　　　　　　　　　　　▶ S. 294

die Atmosphäre	die Parallelmontage	die Froschperspektive
die Exposition	die Kritik	die Vogelperspektive
die Szene	der Blickwinkel	empfehlen

11 Grammatiktraining –
Rund um Wörter und Sätze

1. Wart ihr auch schon einmal in einem Kletterpark? Berichtet davon.

2. a Notiert an der Tafel Gegenstände, die auf dem Bild zu sehen sind, z. B.:
   eine lange Leiter, ...
   b Sammelt an der Tafel auch, was man in dem Kletterpark alles machen kann, z. B.:
   auf eine Leiter klettern, ...

3. a Bestimmt die Wortarten, die ihr in Aufgabe 2 verwendet habt, z. B.:
   „eine" ist ein unbestimmter ...,
   „lange" ist ...
   b Erklärt, woran ihr die Wortarten jeweils erkannt habt, z. B.:
   „eine" begleitet ein Nomen,
   „lange" bezeichnet eine Eigenschaft, ...

In diesem Kapitel ...

– wiederholt ihr wichtige Wortarten und Satzglieder,
– lernt ihr, was der Konjunktiv II ist und wozu man ihn braucht,
– verwendet ihr den Konjunktiv I in der indirekten Rede,
– untersucht ihr, wozu man Nebensätze nutzen kann.

11.1 Erlebte und erdachte Abenteuer – Wortarten wiederholen, Sätze bilden

Rund um das Nomen

Mutproben im Hochseilgarten

In einem Hochseilgarten kann man interessante Abenteuer erleben.
Mutige Kletterer hangeln sich dort über wacklige Hängeleitern.
Vor allem das Balancieren auf schmalen Brücken erfordert einen guten Gleichgewichtssinn.
Wer besonders mutig ist, fährt auch mit der Seilbahn von Baum zu Baum.
Allerdings fällt es dem Kletterneuling gar nicht so leicht, sich schnell vom Baum abzustoßen und in die Tiefe fallen zu lassen.
Der Reiz des Kletterns besteht aber gerade darin, diese Angst zu überwinden.

1 Erklärt: Was wäre für euch der Reiz des Kletterns in einem Hochseilgarten?

2 **a** Sucht aus dem Text alle Nomen heraus. Schreibt sie im Heft mit ihrem Artikel auf.

    b Bestimmt mit Hilfe der Frageprobe, in welchem Kasus (Fall) die unterstrichenen Wortgruppen stehen (▶ Information).

3 Der Text wird durch Adjektive anschaulich. Findet sie. Bearbeitet Aufgabe a oder b.

●○○ **a** Adjektive kann man steigern. Findet sie im Text und schreibt sie mit der Steigerung auf, z. B.:
    interessant, interessanter, am interessantesten.

●●● **b** Adjektive können: 1. Nomen begleiten, 2. Verben ergänzen, 3. *sein* ergänzen.
    Notiert im Heft für jede Möglichkeit ein Beispiel aus dem Text und steigert die Adjektive.

Information   **Nomen und ihre Begleiter – Artikel und Adjektiv**

- **Nomen** (Hauptwörter) erkennt man daran, dass man einen **Artikel** *(der Hochseilgarten)* oder ein **Adjektiv** *(hohe Bäume)* davorsetzen kann.
- **Adjektive** (Eigenschaftswörter) erkennt man daran, dass man sie **steigern** kann, z. B.: *hoch* (Positiv) → *höher* (Komparativ) → *am höchsten* (Superlativ).
  Sie können im Satz auftreten als **Begleiter eines Nomens,** z. B.: *lange Leiter,*
  als **Ergänzung zum Verb,** z. B.: *tief fallen,*
  als **Ergänzung zu *sein*,** z. B.: *mutig sein.*
- **Nomen und ihre Begleiter** treten **im Satz** in einem von **vier Kasus (Fällen)** auf:
  - **Nominativ** (Frage: Wer oder was?): *Der mutige Kletterer muss schwindelfrei sein.*
  - **Genitiv** (Frage: Wessen?): *Die Sicherheit des mutigen Kletterers ist sehr wichtig.*
  - **Dativ** (Frage: Wem?): *Dem mutigen Kletterer macht die Fahrt mit der Seilbahn Spaß.*
  - **Akkusativ** (Frage: Wen oder was?): *Den mutigen Kletterer sieht man in den höchsten Bäumen.*

Auch Fortgeschrittene kommen im Hochseilgarten auf ihre Kosten. Sie können bis zu zwölf Meter hohe Baumkronen besteigen. Wenn sie diese erklimmen wollen, benötigen die Kletterer neben ihrer Ausrüstung steile Leitern.

Wenn die Kletterer auf die Leitern steigen, müssen die Kletterer all ihren Mut zusammennehmen. Dabei sollten die Kletterer absolut schwindelfrei sein. Wenn die Kletterfreudigen dann in den höchsten Baumkronen angekommen sind, erwartet die Kletterfreudigen ein Ausblick, der die Kletterfreudigen ihre Anstrengungen vergessen lässt.

1 Worin besteht für fortgeschrittene Kletterer im Hochseilgarten die Herausforderung?

2 a Erklärt, worauf sich die drei so markierten Pronomen im ersten Absatz beziehen, z. B.:
sie = gemeint sind die „..." im Satz davor; ...
b Bestimmt die jeweilige Art des Pronomens: *sie = ...pronomen; diese = ...*

3 a Überarbeitet im Heft den zweiten Absatz des Textes:
Ersetzt die unterstrichenen Nomen durch Personal- oder Demonstrativpronomen.
b Unterstreicht in eurem überarbeiteten Text die beiden Possessivpronomen.

Information   Pronomen

Pronomen (Fürwörter) stehen **stellvertretend** für Nomen oder **begleiten** Nomen.
- **Personalpronomen** sind: *ich, du, er/sie/es, wir, ihr, sie.*
  Sie treten in verschiedenen **Fällen** auf, z. B.: *ich* (Nominativ), *mir* (Dativ), *mich* (Akkusativ).
- **Possessivpronomen** sind *mein, dein, sein/ihr, unser, euer, ihr* usw.
  Sie zeigen den Besitz an. Oft begleiten sie Nomen, z. B.: *mein Helm, ihre Kletterausrüstung.*
- **Demonstrativpronomen** sind: *dieser, diese, dieses; jener, jene, jenes; solcher, solche, solches* usw. Sie weisen auf etwas hin.

---

4 Verwendet zum Thema „Sicheres Klettern" die richtigen Präpositionen.
Wählt Aufgabe a oder b.
●○○ a Übertragt den folgenden Text mit der jeweils richtigen Präposition ins Heft.
*Jeder Kletterer trägt **an/auf/bei** dem Kopf einen Helm und wird **mit/auf/bei** einem Gurt und Seilen gesichert. Seine Haken muss er immer **in/an/auf** den rot markierten Stellen befestigen.*
●●○ b Schreibt den Text ab und setzt passende Präpositionen ein.
Der Kletterer muss sich immer 🔲 *einem zweiten Seil sichern, bevor er das erste Seil* 🔲 *dem Haken löst. Wenn er abrutscht, ist er immer* 🔲 *ein Seil gesichert und fällt dann nur 50 cm* 🔲 *die Tiefe.* 🔲 *des Helms kann er sich nicht am Kopf verletzen.*

Information   Präpositionen

Präpositionen wie *in, auf, unter* drücken **Verhältnisse und Beziehungen** von Gegenständen, Personen oder anderem aus. Sie können bezeichnen:
- ein **örtliches Verhältnis,** z. B.: ***auf** der Leiter,*
- einen **Grund,** z. B.: ***wegen** des Seils,*
- ein **zeitliches Verhältnis,** z. B.: ***bis** morgen,*
- die **Art und Weise,** z. B.: ***mit** großem Mut.*

Vergangenes durch Verben ausdrücken

Vor Kurzem wagte die 14-jährige Jasmin ihren ersten Fallschirm-Tandemsprung. Ein kleines Flugzeug brachte sie gemeinsam mit ihrem Tandem-Partner, einem Profi-Springer, in 3000 Meter Höhe. „Als wir zur Ausstiegsluke gegangen sind, hat mein Herz wild gerast", erinnert sich Jasmin, „aber ich habe keine Sekunde gezögert."
Beim freien Fall genoss Jasmin die atemberaubende Aussicht. Nach dem Öffnen des Fallschirms schwebte sie mit ihrem Tandem-Partner langsam auf die Erde zurück und landete sicher.

1 Erläutert, ob ihr euch vorstellen könnt, einmal einen Fallschirmsprung zu wagen.

2 **a** Schreibt aus dem Text die Verbformen im Präteritum und im Perfekt heraus.
   b Markiert im Heft die starken Verben im Präteritum.
   c Erklärt, wann im Text das Präteritum und wann das Perfekt verwendet wird.

3 **a** Welche Verben in den Sätzen A und B stehen im Präteritum, welche im Plusquamperfekt?
   A Bevor Jasmin aus dem Flugzeug sprang, hatte ihr Herz bis zum Hals geklopft.
   B Nachdem sie 2000 Meter in die Tiefe gefallen waren, öffnete der Profispringer den Fallschirm.
   b Erklärt, warum einige Verben im Plusquamperfekt stehen müssen.

4 Bildet im Heft Sätze mit dem Perfekt und dem Plusquamperfekt. Wählt Aufgabe a oder b.
● ○ ○ **a** Setzt die unterstrichenen Verben ins <u>Plusquamperfekt</u> und die in Klammern gesetzten Verben ins (Perfekt).
   „Nachdem Janina wieder sicher auf der Erde **?** **?** <u>landen</u>, **?** sie sich sehr **?** (freuen)."
   „Sie **?** aber auch ein wenig traurig **?** (sein), weil der Sprung nicht so lange **?** **?** <u>dauern</u>."
● ● ○ **b** Schreibt die Sätze in euer Heft und setzt die Verben in der richtigen Zeitform ein.
   „Nachdem Jasmin sicher **?** **?** (landen), **?** sie sich bei ihrem Tandem-Partner für das großartige Erlebnis **?** (bedanken). Bevor sie den Flugplatz **?** **?** (verlassen), **?** ihr der Profispringer eine DVD mit ihrem Fallschirmsprung **?** (schenken)."

Information   **Verben im Präteritum, Perfekt und Plusquamperfekt**

- **Präteritum** und **Perfekt** sind Zeitformen der **Vergangenheit.**
  Schriftlich wird in der Regel das **Präteritum** verwendet, **mündlich** das **Perfekt.**
- **Schwache Verben** verändern im **Präteritum** nur die Endung, z. B.: *ich lande – ich landete.*
- **Starke Verben** verändern in der **Vergangenheitsform** ihren **Stammvokal.** Man muss sie **lernen,**
  z. B.: *ich springe – ich sprang, ich falle – ich fiel, ich überwinde – ich habe überwunden.*
- Verben im **Perfekt** bestehen aus **2 Teilen:** Präsens von *haben* oder *sein* + Partizip II, z. B.:

Wir	*haben*	*gewartet.*
Du	*bist*	*gesprungen.*

- Geschah etwas **vor** einem **vergangenen Ereignis** im Präteritum, wird das **Plusquamperfekt**
  verwendet, z. B.: *Bevor Jasmin sprang, hatte sie das Verhalten beim Sprung geübt.*
  Bildung: Personalform von *haben* oder *sein* im Präteritum + Partizip II.

Verben im Aktiv oder Passiv

Faszination Tauchen

Immer mehr Jugendliche interessieren sich für das Gerätetauchen. Sie werden magisch von den fremden und geheimnisvollen Meereswelten angezogen.

5 Beim Gerätetauchen werden eine Pressluftflasche und ein Atemregler verwendet. Der Atemregler gibt dem Taucher genau die Menge Luft, die er zum Atmen benötigt. Durch einen Tauchanzug werden Taucher vor dem Auskühlen und vor Verletzungen geschützt. Mit Hilfe von Bleigurten werden sie in die Tiefe gezogen. Dort können sie die faszinierende Vielfalt der Unterwasserwelt bewundern. 10

1 a Seid ihr schon einmal getaucht, z. B. mit Schnorchel und Taucherbrille? Berichtet davon.
b Erklärt mit Hilfe des Textes, was das Besondere am Gerätetauchen ist.

2 a Der orange unterstrichene Satz steht im Aktiv, der blau unterstrichene Satz im Passiv. Erläutert, was in den Sätzen jeweils betont wird. Wer handelt? Mit wem geschieht etwas?
b Schreibt aus dem Text jeweils zwei weitere Sätze im Aktiv und im Passiv heraus.

3 Bildet selbst Passivsätze. Bearbeitet Aufgabe a oder b.
● ○ ○ a Ergänzt in den beiden Sätzen A und B die Passivformen.

> **A** Tauchneulinge **?** von Tauchlehrern zunächst in der Theorie **?** *(unterrichten).*
> **B** Dabei **?** ihnen **?** *(erklären)*, welche Gefahren unter Wasser lauern.

● ● ○ b Übertragt die beiden folgenden Sätze ins Passiv:

> Tauchlehrer bringen Anfängern bei, wie man unter Wasser kommuniziert.
> Sie erklären ihnen die wichtigsten Handzeichen, die die Neulinge dann ausprobieren.

Information	Verben im Aktiv und Passiv

■ **Das Aktiv und das Passiv** drücken eine unterschiedliche Sicht auf ein Geschehen aus:
  – Das **Aktiv betont denjenigen, der** etwas tut oder **handelt,** z. B.: *Das Boot zieht den Skifahrer.*
  – Das **Passiv betont, mit wem oder was etwas geschieht,** z. B.: *Der Skifahrer wird gezogen.*
■ **Das Passiv wird gebildet** aus der **Personalform des Hilfsverbs** *werden* + Partizip II:

	Aktiv	Passiv
Präsens:	Jonas *unterrichtet.*	Jonas *wird unterrichtet.*
Präteritum:	Jonas *unterrichtete.*	Jonas *wurde unterrichtet.*

Den Konjunktiv II bilden und verwenden

Urlaub auf einem fremden Planeten

Was <u>wäre</u>, wenn man auf einem fremden Planeten Urlaub machen <u>könnte</u>?
Die Reise verliefe auf jeden Fall ganz anders als alle bisherigen Reisen. Man führe nämlich nicht mit dem Zug oder Auto oder
5 flöge mit dem Flugzeug. Stattdessen säße man gemeinsam mit seinen Mitreisenden in einer Rakete zum Urlaubsort.
Man bräuchte auch keine Badebekleidung, sondern ginge in einem Raumanzug auf dem fremden Planeten spazieren. Vor einem Sonnenbrand müsste man sich damit auf jeden Fall
10 nicht fürchten.

1 Tauscht euch darüber aus, wie ihr euch einen Urlaub auf einem fremden Planeten vorstellt. Wie wäre die Reise? Wen würdet ihr treffen? Was würdet ihr erleben?

2 Im ersten Satz wurden zwei Verbformen markiert. Sie verdeutlichen, dass es sich bei der Beschreibung des Urlaubs um Vermutungen oder Fantasien handelt.

a Listet in Partnerarbeit alle weiteren Verbformen des Textes auf.

b Notiert daneben die Präteritumformen für ein tatsächliches Geschehen (Indikativ), z. B.:
es wäre – es war   man könnte – man konnte   die Reise ... – ...

c Erklärt anhand der Beispiele, wie der Konjunktiv II in der Einzahl gebildet wird.
Setzt dazu die folgenden Satzbausteine im Heft richtig zusammen:

> Bei den Beispielen wird ...   ... bei den unregelmäßigen Präteritumformen ...

> Man hängt an die „normale" Präteritumform (Indikativ) ...   ... zu ä, ö, ü.

> der Konjunktiv II in der Einzahl so gebildet: ...   Zudem wird der Stammvokal a, o, u ...

> ... ein -e an, falls es nicht schon vorhanden ist.

3 Setzt den obigen Text im Konjunktiv II fort. Bearbeitet Aufgabe a oder b.

●○○ **a** Schreibt die folgenden Sätze ab. Wählt den richtigen Konjunktiv II.
*Damit man im Hotel ohne den Raumanzug leben **könnte/konnte/kann, befinden/befanden/befänden** sich alle Hotels unter riesigen Glaskuppeln, die mit Sauerstoff gefüllt **wären/waren/sind**. Auch Pflanzen von der Erde **müssen/müssten/mussten** unter Glaskuppeln stehen.*

●●● **b** Setzt in den folgenden Lückentext Verbformen im Konjunktiv II ein:
Während des Urlaubs [?] *(geben) es viel zu sehen. So* [?] *(können) man völlig fremde Pflanzen bewundern. Außerdem* [?] *(haben) man auf einigen Planeten die Möglichkeit, Außerirdischen zu begegnen.*

Die *würde*-Ersatzform

Wenn Außerirdische auf unserem Planeten landen würden

Wenn Außerirdische auf unserem Planeten landen würden, wäre das für die meisten Menschen eine große Überraschung. Kaum
5 jemand hätte sich auf ein solches Ereignis vorbereitet. Niemand wüsste, was für ein Verhalten gegenüber den Außerirdischen angebracht wäre. Schließlich
10 sprächen sie nicht unsere Sprache und hätten ganz andere Verhaltensweisen und Lebensgewohnheiten. Außerdem könnte man nicht einschätzen, ob sie mit
15 friedlichen Absichten kämen. Man müsste schließlich auch damit rechnen, dass sie einen Krieg gegen die Menschheit führen würden und diese schließlich
20 vernichten würden.

1 Kennt ihr Bücher oder Filme, die von der Landung Außerirdischer auf der Erde handeln? Erzählt.

2 a Nennt Beispiele für die Verwendung des Konjunktivs II im Text, z. B.:
wäre (Z. 2), ...
b Erklärt, warum der Konjunktiv II verwendet wird.

3 Untersucht, warum an einigen Stellen anstelle des Konjunktivs II die *würde*-Ersatzform verwendet wird. Übertragt dazu die folgende Tabelle in euer Heft:
a Schreibt die im Text unterstrichenen *würde*-Ersatzformen in die linke Spalte der Tabelle.
b Notiert in der mittleren Spalte die Präteritumform des Verbs im Indikativ.

würde-Ersatzform	Präteritum (Indikativ)	Konjunktiv II
– *landen würden* (Z. 2)	Außerirdische ❓	*landeten*
– *führen würden* (Z. 18 f.)	Sie ❓ Krieg.	*führten*
– *vernichten würden* (Z. 20)	Sie ❓ die Menschheit.	*vernichteten*

c Vergleicht die mittlere Tabellenspalte mit der rechten. Inwieweit unterscheiden sie sich? Begründet, weshalb die *würde*-Ersatzform gewählt wurde.

4 Bildet selbst Sätze mit dem Konjunktiv II und der *würde*-Ersatzform.
Bearbeitet im Heft Aufgabe a/b oder c/d.

●○○ **a** Setzt in die folgenden Sätze den Konjunktiv II bzw. die *würde*-Ersatzform ein.

> Die Außerirdischen, wie fremd sie auch **?** (*sein,* Konjunktiv II), **?** (*besitzen,* Konjunktiv II)
> bestimmte Merkmale wie Augen, Münder und Ohren. Wahrscheinlich **?** sich diese Merkmale
> in ihrem Aussehen stark von denen der Menschen **?** (*unterscheiden, würde*-Ersatzform).

●○○ **b** Warum musstet ihr an einer Stelle die *würde*-Ersatzform verwenden?
Tipp: Bildet von „unterscheiden" die „normale" Präteritumform.

> **A** Der Konjunktiv II und der Indikativ Präteritum sind gleich.
> **B** Der Konjunktiv II ist ungebräuchlich.

●●● **c** Entscheidet bei den folgenden Sätzen, ob ihr den Konjunktiv II oder
die *würde*-Ersatzform verwenden müsst:

> Möglicherweise **?** die Außerirdischen riesige Augen **?** (*besitzen*).
> Vielleicht **?** sie auch zahlreiche Arme **?** (*haben*) oder **?** auf
> drei oder gar vier Beinen **?** (*gehen*).
> Denkbar wäre auch, dass sie eine ganz andere Hautfarbe **?** **?** (*auf-*
> *weisen*) oder viel größer oder kleiner als wir **?** **?** (*sein*).

●●● **d** Erklärt jeweils, warum ihr die *würde*-Ersatzform gewählt habt.

Information	**Konjunktiv II**

Wenn man eine Aussage als **unwirklich,** nur vorgestellt, unwahrscheinlich oder gewünscht
kennzeichnen möchte, verwendet man den **Konjunktiv II.**

- **Bildung des Konjunktivs II**
  Der Konjunktiv II wird in der Regel **vom Präteritum Indikativ abgeleitet.**
  Bei **starken Verben** werden *a, o, u* im Wortstamm zu *ä, ö, ü,* z. B.:

Indikativ Präteritum	Konjunktiv II
er sah	*er sähe*
er war	*er wäre*
er hatte	*er hätte*
er stand	*er stünde* (Ausnahme von *a* zu *ü*/*stände*)

- Anstelle des Konjunktivs II wird die **würde-Ersatzform** verwendet, wenn der Konjunktiv II
  vom Indikativ Präteritum nicht zu unterscheiden ist, z. B.: *wir gingen → wir würden gehen.*
- Vor allem im **mündlichen Sprachgebrauch** ist der Konjunktiv II recht **ungebräuchlich.**
  Man verwendet lieber die *würde*-Ersatzform, z. B.: *ich empfähle → ich würde empfehlen.*

Unmögliche Bedingungen formulieren

Olaf träumt von einer Zeitreise:

> Wenn Zeitreisen möglich wären, würde ich in die Zukunft reisen. Wenn mir das gelingen würde, wäre das ganz wunderbar. Ich könnte nämlich sehen, wie die Menschheit sich entwickeln wird. Wenn ich dann von dieser Reise zurückkäme, würde ich allen davon erzählen. Sicher würde mir aber niemand glauben, wo ich war und was ich erlebt habe.

1 Erzählt, wohin ihr gerne reisen würdet, wenn ihr eine Zeitreise unternehmen könntet.

2 Bei den unterstrichenen Satzgefügen (Hauptsatz + Nebensatz) handelt es sich um Aussagen, in denen eine Bedingung genannt wird.
Wie werden sie für Unwahrscheinliches gebildet? Wählt Aufgabe a/b oder a/c.

a Schreibt die unterstrichenen Satzgefüge heraus.
   – Umrahmt die Verbformen und
   – unterstreicht den <u>Hauptsatz</u> und den <u>Nebensatz</u> in zwei verschiedenen Farben, z. B.:

   Wenn Zeitreisen möglich ⬚wären⬚, ⬚würde⬚ ich in die Zukunft ⬚reisen⬚.

●○○ **b** Gebt an, welche der folgenden Aussagen richtig ist:
   A In den Satzgefügen wird nur im Hauptsatz der Konjunktiv II oder die *würde*-Ersatzform gebraucht.
   B In den Satzgefügen wird sowohl im Nebensatz als auch im Hauptsatz der Konjunktiv II oder die *würde*-Ersatzform gebraucht.

●●● **c** Erklärt, warum man auf Grund der Verbformen erkennt, dass Olaf die Erfüllung der jeweiligen Bedingungen für unwahrscheinlich hält.

3 **a** Wie stellt ihr euch eine Reise in die Vergangenheit vor?
   Formuliert entsprechende irreale Bedingungsgefüge, z. B.:
   Wenn ich in die Vergangenheit reisen könnte, ...

b Vergleicht in Partnerarbeit eure Sätze. Unterstreicht die Konjunktivformen.

Information	Bedingungsgefüge

Mit einem Satzgefüge kann man u. a. Bedingungen formulieren, z. B.:
Wenn man Fantasie hat (Nebensatz), *kann man von einer Zeitreise träumen* (Hauptsatz).
Sind die **Bedingungen,** die man formuliert, **unwahrscheinlich,** dann wird im **Nebensatz und** im **Hauptsatz** der **Konjunktiv II oder die *würde*-Ersatzform** gebraucht, z. B.:
*Wenn ich in die Vergangenheit reisen **könnte, würde** ich Urlaub im Mittelalter **machen.***
***Hätte** ich eine Zeitmaschine, **flöge** ich damit in die Zukunft.*

Bedingungsgefüge im Deutschen und Englischen vergleichen

1 **a** Übersetzt in Partnerarbeit die englischen Aussagen ins Deutsche. Nutzt das Bild.
b Besprecht, wie wahrscheinlich es ist, dass die Aussagen eintreten.

2 Vergleicht: Wie wird im Englischen und wie wird im Deutschen ausgedrückt,
dass es sich um unwahrscheinliche Vorstellungen handelt?
Ergänzt im Heft die folgenden Fachbegriffe:

Im Deutschen stehen der Nebensatz und der Hauptsatz im ? *.*
Im Englischen steht der mit „if" eingleitete Nebensatz im ? *und der Hauptsatz im* ? *.*

> Präteritum
> Konjunktiv II
> Konjunktiv

3 Bildet selbst englische *if*-Sätze. Bearbeitet Aufgabe a/c oder b/c.
●○○ **a** Setzt in Partnerarbeit die folgenden Nebensätze und Hauptsätze zu sinnvollen Bedingungs-
gefügen zusammen.

> If I had magical powers *(magische Kräfte)*, …
> If I were invisible *(unsichtbar)*, …
> If I could fly, …

> … I would travel around the world.
> … I would turn myself into a popstar.
> … I would listen to other people's
> conversations *(Gespräche)*.

●●● **b** Erklärt, was in dem folgenden Satz falsch gemacht wurde.
Verbessert den Satz in eurem Heft.
If I would be a millionaire, I would buy a plane.
c Übersetzt eure Sätze ins Deutsche.

Information   **Bedingungsgefüge im Englischen**

Formuliert man im Englischen Bedingungsgefüge, die unwahrscheinlich sind, dann steht im
Nebensatz (*if*-Satz) das englische **Präteritum** (simple past) und im **Hauptsatz der Konjunktiv.**
Im Englischen wird der Konjunktiv so gebildet: „would" + Infinitiv, z.B.:
If I had a lot of money, I **would travel** *to the moon.*

Der Konjunktiv I in der indirekten Rede

Per Hinrichs

Stürmische Liebe

Johannes Dahl, 22, steht auf dem rund 40 Meter hohen Wetterturm der Freien Universität Berlin und schwärmt:
1 „Ich liebe Stürme. **2** Ich kann nicht ge-
5 nug davon bekommen."
Dahl gehört zu einer kleinen Gruppe von Studenten der Naturwissenschaften, die sich „Storm Chasers" nennen. Wenn diese „Jäger" einen Sturm wittern, setzen sie sich in ein
10 Auto, fahren zum Gewitter und filmen los. So wie beim jüngsten Jahrhundertsturm.
Der Morgen einer Jagd beginnt stets auf dem Wetterturm in Steglitz: Windrichtung, Temperatur, Luftfeuchtigkeit, Wolkenbewegungen –
15 wo kracht's zuerst, wo am heftigsten? Dahl sagt, sie wüssten meist einen Tag vorher von einem Tornado.
3 „Nur die Feinabstimmung müssen wir kurz vorher noch besprechen."
20 Ein paar der Studenten fahren mit dem Wagen nach Oranienburg, dem vermeintlichen Zentrum des Unwetters.
Der Student Christoph Gatzen lag jedoch mit dieser Vorhersage daneben: **4** „Das Gewit-
25 ter tobt sich stattdessen in Berlin aus."
Auf dem Rückweg bekommen sie den Sturm doch noch zu sehen und bannen ihn auf Video. Eine schwarze Wand kommt da auf die Storm Chasers zu, knickt Bäume um und jagt ohren-

betäubende Böen über Weideflächen. Ab und 30 an schwenkt Gatzen mit der Kamera auf seine Freunde, die herumspringen und jubelnd die Arme hochreißen. Dann allerdings schnappen sich die Studenten ihre Ausrüstung und fahren wieder los. Gatzen erklärt: **5** „Ein guter 35 Storm Chaser wird nicht nass."
Auch im Wetterturm bleiben die Daheimgebliebenen aktiv. Ein Student freut sich begeistert, dass der Sturm Windstärke 12 habe.
6 „Ach, ein bisschen verrückt sind wir alle", 40 gibt er zu. Doch er sieht sich nicht nur als verrückten Wetternarren: **7** „Wir wollen mit unserer Arbeit auch aufklären. **8** Schließlich müssen wir vor einer bisher unterschätzten Gefahr, den Tornados, warnen." 45
Die Wetterforscher würden sich nämlich zu sehr um eine genaue Wettervorhersage anstatt um die Warnung vor wirklichen Gefahren kümmern, erklären die Studenten.

---

1 a Erklärt mit Hilfe des Textes, worin für die Studenten der Reiz des Sturmjagens besteht.
b Begründet, ob ihr den Titel des Textes passend findet.

2 Untersucht die drei markierten Sätze, in denen die indirekte Rede verwendet wird.
a Schreibt die drei Sätze ins Heft.
Unterstreicht die Redebegleitsätze grün und die Verbformen in der indirekten Rede blau, z. B.:
Dahl sagt, sie wüssten meist einen Tag vorher von einem Tornado.
b Bestimmt, bei welchem Satz in der indirekten Rede der Konjunktiv II verwendet wird.
c Bestimmt, bei welchem Satz in der indirekten Rede die *würde*-Ersatzform steht.

3 Nur in einem der drei Sätze wird der Konjunktiv I verwendet.
Umrahmt im Satz das Verb, das den Konjunktiv I anzeigt.

4 a Prüft mit Hilfe der Information unten, wie der Konjunktiv I gebildet wird.
b Formuliert den ersten markierten Satz mit dem Konjunktiv I:
Indikativ Präsens: *sie wiss-en* → Konjunktiv I: *sie ...*
Was fällt euch im Vergleich zur Indikativform in der 3. Person Plural auf?
c Formuliert den dritten markierten Satz mit dem Konjunktiv I.
Beschreibt wiederum, was euch auffällt. Warum wurde die *würde*-Ersatzform verwendet?

5 Formt die nummerierten Sätze, die in direkter Rede stehen, in die indirekte Rede um. Nutzt für die Redebegleitsätze Verben aus dem Wortspeicher. Wählt Aufgabe a oder b.

●○○ a Formt die Sätze **1** bis **4** in die indirekte Rede um.
Verwendet bei Satz **3** den Konjunktiv II und bei den anderen Sätzen den Konjunktiv I.

●●● b Formt die Sätze **5** bis **8** in die indirekte Rede um.
Prüft jeweils, ob ihr besser den Konjunktiv I, den Konjunktiv II oder die *würde*-Ersatzform verwendet.

Verben
erklären behaupten erläutern beschreiben vermuten meinen schildern erzählen feststellen befürchten berichten

6 a Habt ihr auch schon einmal einen großen Sturm oder ein besonders heftiges Gewitter erlebt? Berichtet euch davon in Partnerarbeit.
b Was hat euer Lernpartner berichtet? Formuliert in indirekter Rede drei Sätze, z. B.:
Halima hat erzählt, sie habe letzten Sommer ...

Information   **Konjunktiv I in der indirekten Rede**

Wenn man deutlich ausdrücken möchte, **dass jemand anderes etwas gesagt hat,** dann verwendet man die **indirekte Rede**. Die indirekte Rede steht **nicht in Anführungszeichen.**
Das Verb steht im **Konjunktiv I,** z. B.: *Christoph sagt, das Gewitter **tobe** sich in Berlin aus.*

- **Der Konjunktiv I wird gebildet** durch den **Stamm des Verbs** (Infinitiv **ohne** -[e]**n**) und durch die entsprechende Personalendung, z. B.:

Indikativ Präsens	Konjunktiv I	Indikativ Präsens	Konjunktiv I
ich komm-e	*ich komm-e*	*wir komm-**en***	*wir komm-**en***
*du komm-**st***	*du komm-**est***	*ihr komm-**t***	*ihr komm-**et***
*er/sie/es komm-**t***	*er/sie/es komm-e*	*sie komm-**en***	*sie komm-**en***

- Wenn sich der **Konjunktiv I nicht vom Indikativ Präsens unterscheidet,** dann wird der **Konjunktiv II** oder die *würde*-Ersatzform verwendet, z. B.:

Konjunktiv I:	*Er sagt, viele **wissen** nur wenig über Tornados.*
→ Konjunktiv II:	*Er sagt, viele **wüssten** nur wenig über Tornados.*
→ *würde*-Ersatzform:	*Er sagt, viele **würden** nur wenig über Tornados **wissen**.*

Modalverben verwenden

Eine Sonnenfinsternis ist ein beeindruckendes Naturschauspiel, das jeder einmal beobachten <u>möchte</u>.

Damit man dabei seine Gesundheit nicht gefährdet, <u>sollte</u> man einige Hinweise beachten. Für den direkten Blick in die Sonne muss man
5 unbedingt eine geeignete Schutzbrille für die Augen verwenden. Dies darf man auch nicht vergessen, wenn man durch Kamerasucher oder Ferngläser schauen will. Bei ungeschützter Sicht in die Sonne kann
8 die Netzhaut nämlich dauerhaft zerstört werden.

1 Formuliert für den Text eine passende Überschrift, die seinen Inhalt zusammenfasst.

2 **a** Formuliert die ersten beiden Sätze um, ohne die unterstrichenen Verben zu verwenden.
   b Vergleicht die neu formulierten Sätze mit den bisherigen:
     Erklärt, welche Bedeutung die Modalverben *möchte* (von *mögen*) und *sollte* hier haben.
   c Schreibt die vier weiteren Modalverben aus dem Text untereinander in euer Heft.
   d Notiert dahinter, welches Modalverb Folgendes angibt:
     eine Möglichkeit, eine Erlaubnis, ein Gebot, eine Absicht, z. B.: *müssen (Z. 4): Gebot.*

3 Formuliert Sätze mit Modalverben. Bearbeitet Aufgabe a oder b.
●○○ **a** Schreibt die folgenden Sätze mit den passenden Modalverben in euer Heft.
    *Wenn man sich in der Sonne aufhalten **möchte/darf, kann/muss** man sich unbedingt vor der Sonnenstrahlung schützen. Man **könnte/sollte** Sonnencreme mit einem hohen Lichtschutzfaktor auftragen.*
    *Auch wenn man Sonnencreme verwendet, **darf/will** man sich aber nicht zu lange in der Sonne aufhalten.*
●●○ **b** Schreibt die folgenden Sätze ab und setzt passende Modalverben ein.
    Tipp: Bei einigen Sätzen passen verschiedene Modalverben.
    Die Bedeutung von Sonnencreme ❓ *man nicht unterschätzen. Wer* ❓ *,* ❓ *sich mit einem Sonnenhut zusätzlich vor der Sonne schützen. Auch eine Sonnenbrille* ❓ *gute Dienste leisten. Allerdings* ❓ *man nach einiger Zeit unbedingt wieder in den Schatten gehen.*

Information	Modalverben	

Modalverben sind Verben, die **Möglichkeiten, Zwänge, Gesetze** oder **Wünsche** ausdrücken.

Modalverb	verdeutlicht	Beispiel
können	Möglichkeit, Fähigkeit	*Sie können nebenan parken. Er kann zaubern.*
sollen	Vorschrift, Empfehlung	*Besucher sollen auf Parkplatz C parken.*
müssen	Gebot, Zwang	*Fahrzeuge müssen die Fahrbahn benutzen.*
dürfen	Erlaubnis, Möglichkeit	*Gäste dürfen hier parken.*
wollen	Absicht, Bereitschaft	*Wir wollen nächste Woche in den Urlaub fahren.*
mögen	Wunsch, Möglichkeit	*Ich möchte noch ein Glas Wasser haben.*

Teste dich!

Aufgaben für Partner 1: Zauberei	richtig	falsch, gehe zu:
1 Wenn ich zaubern **?** *(können)*, **?** *(sein)* ich sicher Millionärin. *Setze die Verben im Konjunktiv II ein.*	Wenn ich zaubern *könnte, wäre* ich sicher Millionärin.	Seite 200–203
2 Ich **?** mein Geld mit dem Verkauf herbeigezauberter Dinge **?** *(verdienen)* und **?** dabei viel Spaß **?** *(haben)*. *Entscheide, ob du die Verben im Konjunktiv II oder in der würde-Ersatzform einsetzen musst.*	Ich *würde* mein Geld mit dem Verkauf herbeigezauberter Dinge *verdienen* und *hätte* dabei viel Spaß.	Seite 201–203
3 Er sagt: „Ich beherrsche viele Zaubertricks." *Forme die direkte Rede in die indirekte Rede um. Verwende den Konjunktiv I.*	Er sagt, er *beherrsche* viele Zaubertricks.	Seite 205–206
4 Zwei Kinder aus dem Publikum sagen: „Wir freuen uns sehr auf die Zaubershow." *Forme die direkte Rede in die indirekte Rede um. Nutze die richtigen Verbformen.*	Zwei Kinder aus dem Publikum sagen, sie *würden* sich sehr auf die Zaubershow *freuen*.	Seite 205–206

Aufgaben für Partner 2: Fliegen	richtig	falsch, gehe zu:
1 Wenn Menschen Flügel **?** *(haben)*, **?** *(fliegen)* sie ständig durch die Gegend. *Setze die Verben im Konjunktiv II ein.*	Wenn Menschen Flügel *hätten, flögen* sie ständig durch die Gegend.	Seite 200–203
2 Sie **?** kaum noch zu Fuß **?** *(gehen)* und keine Autos **?** *(brauchen)*. *Entscheide, ob du die Verben im Konjunktiv II oder in der würde-Ersatzform einsetzen musst.*	Sie *würden* kaum noch zu Fuß *gehen* und *bräuchten* keine Autos.	Seite 201–203
3 Sie erzählt: „Ich fliege morgen in den Urlaub." *Forme die direkte Rede in die indirekte Rede um. Verwende den Konjunktiv I.*	Sie erzählt, sie *fliege* morgen in den Urlaub.	Seite 205–206
4 Marcel und Tim erklären: „Wir haben Flugangst." *Forme die direkte Rede in die indirekte Rede um. Nutze die richtigen Verbformen.*	Marcel und Tim erklären, sie *hätten* Flugangst.	Seite 205–206

1 Testet euch gegenseitig: Jeder prüft seinen Lernpartner mit einem Fragebogen (Fragen an Partner 1 oder Partner 2). Deckt dabei die Lösungen ab und notiert die Antworten.
Tipp: Lest bei falschen Antworten noch einmal die Information auf den angegebenen Seiten.

2 Übe weiter: Hast du höchstens 2 Antworten falsch, bearbeite die Aufgaben auf Seite 211–212. Hast du mehr als 2 Antworten falsch, bearbeite die Aufgaben auf Seite 209–210.

Üben: Mit dem Konjunktiv II Unwirkliches ausdrücken

„Rubinrot" – Wenn Zeitreisen möglich wären

Der Film „Rubinrot" zeigt uns, wie Zeitreisen in die Vergangenheit ablaufen könnten. Besäße man wie die Hauptfigur Gwendolyn ein Gen, das Zeitreisen ermöglichen würde, bräuchte man nur noch einen Zeitmesser. Dieser würde die Zeitsprünge steuern, sodass man immer in der gewünschten Zeit landen würde.

1

a Schreibt aus dem Text die drei Verben im Konjunktiv II und die drei *würde*-Ersatzformen heraus.
  – *Konjunktiv II: könnten, ...*
  – *würde-Ersatzformen: ...*

b Erklärt, wie der Konjunktiv II gebildet wird.
Ergänzt im Heft die folgenden Sätze:
Der Konjunktiv II wird abgeleitet vom ...   Bei starken Verben werden a, o, u im Wortstamm zu ...

c Bildet von den drei *würde*-Ersatzformen den Konjunktiv II.

d Erklärt, warum in den drei Fällen die *würde*-Ersatzform gewählt wurde:
Der Konjunktiv II unterscheidet sich nicht vom ...

In dem Film sehen wir, welche Herausforderungen man zu meistern ? *(haben)*, wenn man in verschiedene Zeiten in der Vergangenheit ?   ? *(reisen)*. Man ? *(müssen)* sich auf jeden Fall vorher passende Kostüme schneidern, weil man sonst sofort ? *(auffallen)*.
Der Aufenthalt in der Vergangenheit ? *(sein)* auch eine große Umstellung. So ? *(kann)* man sich im Jahr 1782 beispielsweise nur mit einer Kutsche fortbewegen. Es ? zwar nicht nach Abgasen ? *(riechen)*, aber der Geruch nach Dreck und Pferdemist ? *(sein)* auch nicht viel angenehmer.

2 Schreibt den Text ab. Setzt in die Lücken den Konjunktiv II oder die *würde*-Ersatzform ein.
Tipp: Ihr solltet zweimal die *würde*-Ersatzform wählen.

⬤○○ Üben: Der Konjunktiv I in der indirekten Rede

Interview mit den Hauptdarstellern aus „Rubinrot"

Maria Ehrich erklärt im Interview, dass die Idee der Zeitreisen sie fasziniere. Hinzu komme, dass die von ihr gespielte Gwendolyn in einer völlig verrückten Welt lebe und als Einzige nicht verrückt sei. Stattdessen versuche sie, alle Rätsel zu verstehen und aufzudecken. Jannis Niewöhner, der in dem Film den Gideon spielt, erzählt, dass er vor allem die Kampfszenen als Herausforderung empfunden habe. Schauspieler müssten meist lange üben, bis solche Szenen echt wirken würden.

3

a Schreibt aus dem Text alle Verben im Konjunktiv I heraus, z. B.: *fasziniere, ...*

b Erklärt, wie der Konjunktiv I gebildet wird:
Der Konjunktiv I wird durch den ... des Verbs und die entsprechende ...endung gebildet.

c Schreibt das Verb, das im Konjunktiv II steht, und die *würde*-Ersatzform heraus.
Notiert hinter beide Formen den jeweiligen Konjunktiv I und den Indikativ Präsens, z. B.:
sie müssten (Konjunktiv II) → sie ... (Konjunktiv I) → sie ... (Indikativ Präsens).

d Erklärt, warum in Aufgabe c der Konjunktiv II bzw. die *würde*-Ersatzform verwendet wurde:
Der Konjunktiv I unterscheidet sich nicht vom ...

Interview mit dem Zeitreisen-Fan Nico Rau

NICO RAU: „Warum Zeitreisen in die Vergangenheit nicht möglich sind, das erklärt das Großvater-Problem. Ich kann nicht in die Vergangenheit reisen und beispielsweise meinen Großvater umbringen. Denn dieser kann dann meinen Vater oder meine Mutter nicht mehr in die Welt setzen. <u>Physiker wägen ab</u>, was möglich ist und was nicht. Die Fantasie von Schriftstellern hingegen kennt keine Grenzen. <u>Sie erfinden Zeitmaschinen</u> oder andere Möglichkeiten, um durch die Zeit zu reisen."

4 Formt den Text in die indirekte Rede um.
Nutzt für die Redebegleitsätze diese Verben: *beschreiben, erläutern, meinen, ergänzen.*
Tipp: Verwendet beim ersten unterstrichenen Satz die *würde*-Ersatzform und beim zweiten den Konjunktiv II.

Lösungen

3 a *fasziniere* (Z. 1), *lebe* (Z. 2), *sei* (Z. 2), *versuche* (Z. 3), *mache* (Z. 3), *habe* (Z. 4)

b Der Konjunktiv I wird durch den *Stamm* des Verbs und die entsprechende *Personal*endung gebildet.

c sie müssten (Konjunktiv II)   → sie *müssen* (Konjunktiv I)   → sie *müssen* (Indikativ Präsens)
sie würden *wirken* (*würde*-Ersatzform)   → sie *wirken* (Konjunktiv I)   → sie *wirken* (Indikativ Präsens)

d Der Konjunktiv I unterscheidet sich nicht vom *Indikativ Präsens.*

4 Nico Rau beschreibt im Interview, warum Zeitreisen in die Vergangenheit nicht möglich *seien.* Das *erkläre* das Großvater-Problem. Er erläutert, er *könne* nicht in die Vergangenheit reisen und beispielsweise seinen Großvater umbringen. Denn dieser *könne* dann seinen Vater oder seine Mutter nicht mehr in die Welt setzen. Physiker *würden abwägen*, was möglich *sei* und was nicht. Die Fantasie von Schriftstellern hingegen *kenne* keine Grenzen. Sie *erfänden* Zeitmaschinen oder andere Möglichkeiten, um durch die Zeit zu reisen.

••• Üben: Mit dem Konjunktiv II Unwirkliches ausdrücken

„The Day After Tomorrow"

Im Film „The Day After Tormorrow" von Roland Emmerich geht es um eine Klimakatastrophe, die für die wissenschaftliche Forschung höchst unwahrscheinlich ist: Die Erwärmung der Erde könnte zu einem raschen Abschmelzen der Polkappen führen. Dadurch würde der Golfstrom stark abkühlen, was eine neue Eiszeit zur Folge hätte. Diese Katastrophe würde sich innerhalb weniger Wochen ereignen. Sie würde in kürzester Zeit die gesamte Erde erfassen.

1 a Schreibt aus dem Text die Verben im Konjunktiv II und die *würde*-Ersatzformen heraus.
  b Bildet von den *würde*-Ersatzformen den Konjunktiv II.
  c Erklärt, warum jeweils die *würde*-Ersatzform gewählt wurde.

Der Film führt vor, welche Folgen ein so plötzlicher Klimawandel haben ? *(können)*.
Schlag auf Schlag ? *(geben)* es immer mehr Katastrophenmeldungen aus aller Welt.
Neu-Delhi ? im Schnee ? *(versinken)*, in Tokio ? *(kommen)* es zu starken Hagelschauern und gewaltige Tornados ? Los Angeles ? *(zerstören)*.
Über den USA, Nordeuropa und Russland ? sich drei riesige Hurrikans ? *(bilden)*, die blitzartig extreme Minustemperaturen zur Folge ? *(haben)*.
Zahlreiche Menschen ? auf der Flucht ? *(sterben)*. Nur wenige Menschen ? die Klimakatastrophe ? *(überleben)*.

---

2 a Schreibt den Text ab. Setzt in die Lücken den Konjunktiv II oder die *würde*-Ersatzform.
  b Erklärt für den letzten Satz, warum ihr die *würde*-Ersatzform einsetzen musstet.

••• Üben: Der Konjunktiv I in der indirekten Rede

Interview mit dem Regisseur Roland Emmerich

Regisseur Emmerich erwiderte auf eine Frage nach seiner Haltung zum Klimaschutz, auf gewisse Annehmlichkeiten wolle er nicht verzichten: Er besitze einen ziemlich großen Kühlschrank und einen 400 PS starken Pkw.

Allerdings gebe es eine Firma, da könne man sein Leben CO_2-neutral machen. Das Unternehmen rechne für Privatpersonen aus, wie viele Schadstoffe sie produzieren würden.

Diese könnten dann einen bestimmten Betrag für Windkraftwerke, Wiederaufforstung und Ähnliches zahlen. Das sei auch mit „The Day After Tomorrow" geschehen.

3 a Schreibt aus dem Text alle Verben im Konjunktiv I heraus.

b Schreibt das Verb, das im Konjunktiv II steht, und die *würde*-Ersatzform heraus.
Notiert hinter beide Formen den Konjunktiv I und den Indikativ Präsens.

c Erklärt, warum in Aufgabe b der Konjunktiv II bzw. die *würde*-Ersatzform verwendet wurde.

Verharmlost der Film den Klimawandel?

Klimaforscher haben starke Zweifel daran, dass ein plötzliches Versiegen des Golfstroms und eine blitzschnell hereinbrechende Eiszeit möglich sind.

⁵ „Die bisherigen Daten legen nahe, dass das höchst unwahrscheinlich ist", sagt der Klimatologe David Viner.

„Der Film presst die Klimakatastrophe in einen viel zu kurzen Zeitraum", sagt Sir David King,

¹⁰ höchster wissenschaftlicher Berater der britischen Regierung. „Aber der Film bringt die grundlegende Botschaft in wenigen Sätzen rüber."
Andere Forscher sagen: „Diese Handlung hat nichts mit unseren Annahmen über den Klimawandel zu tun." Der britische Wissenschaftler ¹⁵
Mike Hume sagt: „Gute Wissenschaft, ein guter Film und gute Politik kommen eben selten zusammen."

4 a Notiert fünf Verben, die man für das Verb „sagen" verwenden kann.

b Formt den Text in die indirekte Rede um. Nutzt für die Redebegleitsätze eure Verben aus Aufgabe 4 a.

11.2 Kuriose Reisen – Nebensätze unterscheiden

Satzglieder wiederholen

„Wo sind wir?" – Eine abenteuerliche Zugfahrt

Auf einer Zugfahrt durch die USA wurde unser Zug wegen eines entgleisten Güterzugs umgeleitet. Wir hatten einen Zwangsaufenthalt, da unser Zugchef die Strecke nicht kannte. In Nevada verbrachten wir die Nacht auf einem Abstellgleis. Am nächsten Morgen stellte der Zugchef uns die Frage: „Wo sind wir? Ich habe keine Ahnung." Glücklicherweise erreichte der Zug mit Hilfe eines ortskundigen Fahrers einige Stunden später wieder die Hauptstrecke.

1 Erklärt, warum die Zugfahrt durch die USA so aufregend war.

2 Untersucht im Text einige der Satzglieder. Bearbeitet Aufgabe a oder b.
- **a** Bestimmt im grün und im blau unterstrichenen Satz Subjekt, Prädikat und Objekt.
- **b** Bestimmt im rot und im gelb unterstrichenen Satz Subjekt, Prädikat und Objekte.

3 Notiert im Heft, um was für eine adverbiale Bestimmung es sich im Text jeweils handelt:
- – Warum wurde der Zug umgeleitet?
- – Wann stellte der Zugchef die Frage?
- – Wo verbrachten sie die Nacht?
- – Wie erreichte der Zug die Hauptstrecke?

Information	Satzglieder bestimmen

Das **Prädikat** ist ein Verb. Es bildet den **Satzkern**.
Es kann aus einem oder mehreren Teilen bestehen, z. B.: *Wir **sind** mit dem Zug **gefahren**.*
Mit der **Frageprobe** könnt ihr weitere Satzglieder ermitteln:

Satzglied	Frageprobe	Beispiel
Subjekt	Wer oder was?	***Der Zugchef*** *stellte uns eine Frage.*
Akkusativobjekt	Wen oder was?	*Der Zugchef stellte uns **eine Frage.***
Dativobjekt	Wem?	*Der Zugchef stellte **uns** eine Frage.*
adverbiale Bestimmung der Zeit	Wann? Wie lange? Seit wann?	***Einige Stunden später*** *erreichte der Zug die Hauptstrecke.*
adverbiale Bestimmung des Ortes	Wo? Wohin? Woher?	*Der Zug hatte einen Aufenthalt **in Nevada.***
adverbiale Bestimmung des Grundes	Warum? Weshalb?	***Wegen eines Unfalls*** *hatte der Zug Verspätung.*
adverbiale Bestimmung der Art und Weise	Wie? Auf welche Weise? Womit?	*Der Zug kam **unpünktlich** an sein Ziel.*

Satzreihe und Satzgefüge

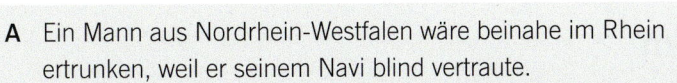

A Ein Mann aus Nordrhein-Westfalen wäre beinahe im Rhein ertrunken, weil er seinem Navi blind vertraute.

B Die Computerstimme hatte die Richtung angegeben und der Mann folgte brav ihrem Befehl.

C Er stürzte plötzlich in die Tiefe und sein Auto fiel in den Rhein.

D Nach Ansage seines Navigationsgeräts hätte dort eine Fähre sein sollen, doch kein Schiff bewahrte den Fahrer vor dem eisigen Wasser.

E Obwohl er nicht schwimmen konnte, kämpfte er sich durch das Autofenster ans Ufer.

1
a Erklärt, wie es zu der Irrfahrt in den Rhein kommen konnte.

b Schreibt die Sätze A bis E ab. Unterstreicht die Personalformen der Verben und umkreist die Konjunktionen (Verknüpfungswörter).

c Notiert, ob es sich bei den Sätzen A bis E jeweils um eine Satzreihe (Hauptsatz + Hauptsatz) oder um ein Satzgefüge (Hauptsatz + Nebensatz) handelt.

d Erklärt, warum in den Sätzen B und C vor *und* kein Komma stehen muss.

---

1 Die meisten Deutschen planen Fahrten in den Urlaub mit Navigationsgeräten.

2 Das ist besonders praktisch.

3 Man sollte seinem Navigationsgerät nicht blind vertrauen.

4 Bei schlechtem Satellitenkontakt können Navis falsche Anweisungen geben.

5 Man begeht einen Verkehrsverstoß.

6 Dafür kann man dem Navigationsgerät nicht die Schuld geben.

7 Man ist für sein Fahrverhalten selbst verantwortlich.

---

2 Bildet aus den Sätzen 1 bis 7 Satzreihen und Satzgefüge. Wählt Aufgabe a/b oder c/d.

●○○ a Verbindet die Sätze 1 und 2 mit *denn* zu einer Satzreihe.

b Verknüpft die Sätze 3 und 4 mit *weil* und die Sätze 5 und 6 mit *wenn* zu einem Satzgefüge.

●●● c Verbindet die Sätze 2/3, 4/5 und 6/7 mit passenden Konjunktionen (Verknüpfungswörtern) zu Satzreihen oder Satzgefügen.

d Notiert hinter eure Sätze, ob es sich um eine Satzreihe oder ein Satzgefüge handelt.

Information	**Satzreihe**	**Satzgefüge**

Hauptsatz **Hauptsatz**
*Das Navi **ist** praktisch* **,** *aber man **muss** selbst mitdenken.*

Konjunktionen: *denn, sondern, und, oder*
Tipp: Vor *und, oder* muss kein Komma zwischen den Hauptsätzen stehen.

Hauptsatz
Man ist selbst schuld **,**

Im Nebensatz steht die Personalform des Verbs am Satzende.

Nebensatz
*wenn man einen Unfall **baut**.*

Konjunktionen: *nachdem, als, wie, weil, …*

Der Nebensatz als Subjekt: der Subjektsatz

A Flugreisende haben manchmal merkwürdige Erlebnisse.
B Wer mit dem Flugzeug fliegt, hat manchmal merkwürdige Erlebnisse.

1 a Fallen euch merkwürdige Erlebnisse ein, die man bei einem Flug haben könnte? Erzählt davon.
 b Fragt in den beiden Sätzen jeweils nach dem Subjekt. Benennt die Unterschiede.

Im Flugzeug: Lustige Panne vor dem Start

Dass schon beim Erklären der Sicherheitsvorkehrungen lustige Pannen passieren können, zeigte sich bei einem Flug von Münster nach Berlin. Die Flugbegleiterin setzte sich auf einen Platz, um zu zeigen, wie der Gurt funktioniert. Sie schloss den Gurt und wollte ihn wieder öffnen, aber er klemmte. Zehn Minuten verbrachten zwei Personen mit dem Versuch, sie wieder freizubekommen. Die Fluggäste lachten sehr über die kleine Panne. Dass die Fluggäste sich amüsierten, ärgerte die Flugbegleiterin. Sie fand die Panne nämlich weniger lustig.

2 a Beschreibt die Panne, die sich vor dem Flug von Münster nach Berlin ereignete.
 b Schreibt aus dem Text die beiden Subjektsätze heraus.

A <u>Ein unter Flugangst leidender Passagier</u> lässt sich schnell von Turbulenzen in Angst und Schrecken versetzen.
B <u>Das plötzliche Herbeieilen von Technikern vor dem Start</u> irritiert viele Passagiere schnell.
C Der Technik und dem Piloten wenig vertrauende Personen lassen sich von kleinsten Turbulenzen in Aufregung versetzen.
D Ein sicheres und sanftes Landen ist allen Passagieren wichtig.

3 Ersetzt im Text die umständlichen Formulierungen. Wählt Aufgabe a oder b.
●○○ a Ersetzt in den Sätzen A/B die unterstrichenen Wortgruppen durch Subjektsätze, z. B.:
 A *Wer als Passagier unter … leidet, …* B *Dass vor dem Start …, irritiert …*
●●● b Ersetzt in den Sätzen C und D die Subjekte jeweils durch einen Subjektsatz.

Information	Subjektsätze

Subjektsätze sind **Nebensätze** (Gliedsätze).
Im Satz nehmen sie die **Rolle des Subjekts** (Wer oder was …?) ein, z. B.:
- Satz mit „einfachem" Subjekt: *Urlauber* wünschen sich eine entspannte Reise.
- Satz mit Subjektsatz: *Wer in Urlaub fährt,* wünscht sich eine entspannte Reise.

         Subjektsatz   Ein Komma trennt den Subjektsatz ab.

Der Nebensatz als Objekt: der Objektsatz

Piloten sind auch nur Menschen

Einmal erlebte ich bei einem Besuch im Cockpit, dass auch Piloten nur Menschen sind. Auf dem Weg zur Startbahn bemerkte ich, dass die Startklappen nicht ausgefahren waren. Ich dachte, dass diese eigentlich für den Start aus-
5 gefahren sein müssen. Ich war mir aber nicht ganz sicher und sagte mir: Der Pilot wird schon wissen, ob die Startklappen notwendig sind.

Nachdem der Pilot die Startfreigabe erhalten hatte, beschleunigte er den Flieger. Sofort mel-
10 dete ein lautes Warnsignal, dass die Startklappen nicht ausgefahren waren. Als der Kapitän bemerkte, was los war, sagte er: „Verdammt, schon wieder etwas vergessen." Ich wollte mir lieber nicht vorstellen, was er bei
15 meinem Flug noch vergessen haben könnte.

1 Gebt wieder, was der Pilot beim Start des Flugzeugs falsch gemacht hat.

2 a Fragt mit einer W-Frage nach dem markierten Nebensatz (Z. 2).
b Erklärt mit Hilfe eurer Frage, warum man einen solchen Satz „Objektsatz" nennt.

3 a Schreibt aus dem Text alle weiteren Satzgefüge mit Objektsätzen heraus.
Tipp: Lasst zwischen den einzelnen Sätzen je eine Zeile frei.
b Ersetzt die Objektsätze jeweils durch eines der folgenden Objekte:
nichts Böses, ein Problem, ~~etwas Aufregendes~~, mögliche Fehler, das Notwendige, das Problem, z. B.:

> *Einmal erlebte ich bei einem Besuch im Cockpit, dass auch Piloten nur Menschen sind.*
> ↓
> *Einmal erlebte ich bei einem Besuch im Cockpit etwas Aufregendes.*

4 Erfindet einen Text über ein Flugerlebnis. Wählt Aufgabe a oder b.
●○○ a Ergänzt die folgenden Sätze sinnvoll im Heft. Unterstreicht die Objektsätze.
Ich habe bei einem Flug erlebt, dass … Seitdem weiß ich, was …
●●● b Formuliert drei Sätze, die jeweils einen Objektsatz enthalten. Unterstreicht die Objektsätze.

Information   **Objektsätze**

- **Objektsätze** sind **Nebensätze.** Im Satz nehmen sie die **Rolle eines Objekts** ein, z. B.:
  - Satz mit „einfachem" Objekt: *Der Pilot erklärt **die Flugroute.***
  - Satz mit Objektsatz: *Der Pilot erklärt, **wie die Flugroute verläuft.***

  Der Objektsatz wird durch ein Komma abgetrennt.   Objektsatz

- **Objekt- und auch Subjektsätze** (▶ S. 215) werden **oft als *dass*-Sätze** gebildet, z. B.:
  - Objektsatz: *Ich hoffe, **dass** du mit mir fliegst.* (Wen oder was hoffe ich?)
  - Subjektsatz: *Mir gefällt, **dass** du mit mir fliegst.* (Wer oder was gefällt mir?)

Durch *der, die, das* eingeleitete Nebensätze: Relativsätze

Ein ungewöhnlicher Hilferuf

A Ein Wanderer, der in Kanada von einem Unwetter überrascht worden war, hatte sich verirrt.

B Er kam auf eine ungewöhnliche Idee, die ihm vermutlich das Leben rettete.

C Er griff zu einer Axt, mit der er ein paar Strommasten umhackte.

D Ein komplettes Dorf war nun ohne Elektrizität. Dieses lag viele Kilometer entfernt.

E Der Energieversorger schickte noch am gleichen Nachmittag einen Hubschrauber los. Er sollte den Grund für den Ausfall finden.

F Der Pilot entdeckte bald vier Masten. Diese lagen am Boden.

G Daneben saß der Wanderer. Er war ziemlich ausgehungert, aber überglücklich.

1 Erklärt, wie es dem Wanderer gelungen ist, Hilfe zu rufen.

2 **a** Schreibt die Sätze A bis C in euer Heft. Unterstreicht die Nebensätze (Relativsätze).
b Umrahmt in den Relativsätzen jeweils das Relativpronomen und verbindet das Relativpronomen durch einen Pfeil mit seinem Bezugswort, z. B.:

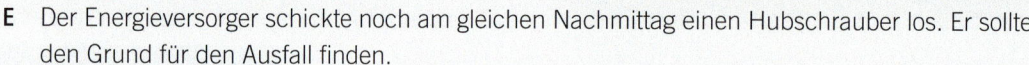
Ein Wanderer, (der) in Kanada von einem Unwetter überrascht worden war, hatte sich verirrt.

3 Bildet Relativsätze. Wählt Aufgabe a oder b.
●○○ **a** Verbindet die beiden Sätze
  – zu D mit dem Relativpronomen „das" und
  – die Sätze zu E mit dem Relativpronomen „welcher".
●●● **b** Verbindet die Sätze F und G mit passenden Relativpronomen.

4 **a** Macht den folgenden Satz durch einen Relativsatz besser lesbar:
Sich in Not befindende Wanderer kommen manchmal auf außergewöhnliche Ideen.
b Formuliert den folgenden Satz zu einem Satz ohne Relativsatz um:
Die Ideen, die am kreativsten sind, sind aber nicht immer auch die besten.

Information	Relativsätze

Relativsätze sind Nebensätze, die sich auf ein Wort im Hauptsatz beziehen.
Sie werden **durch Relativpronomen eingeleitet,** z. B.: *der, die, das, welcher, welche, welches.*
Relativsätze werden durch **Komma** vom Hauptsatz abgetrennt, z. B.:

*Der Wanderer, **der** sich verlaufen hatte, sendete einen Hilferuf.*

Nebensätze zu näheren Umständen: Adverbialsätze

Angaben zu Zeit, Ort, Art und Weise, Grund

Die verschwundene Insel

Die „MS Europa" war auf Kreuzfahrt in der Südsee unterwegs. Weil der Küchenchef seinen Gästen ein Barbecue an einem besonderen Ort anbieten wollte, machte die Besatzung sich mit ihren Schlauchbooten auf die Suche und fand eine geeignete kleine Insel. Als sie wieder am Schiff waren, lud die Besatzung die Ausrüstung für das Barbecue in die Boote und steuerte die Insel erneut an. Aber sie suchte die Insel vergeblich. Wo vor kurzer Zeit noch die Insel gewesen war, befand sich nur noch Wasser. Indem durch die Flut das Wasser angestiegen war, war die Insel vollkommen mit Wasser bedeckt worden. Die Besatzung musste eine neue Insel suchen.

1 **a** Beschreibt, was die Besatzung der „MS Europa" erlebt hat.
Beantwortet die folgenden Fragen:
  – Warum machte die Besatzung sich auf die Suche nach einer Insel?
  – Wann lud die Besatzung die gesamte Ausrüstung in die Boote?
  – Wo befand sich nur noch Wasser?
  – Wie war die Insel mit Wasser bedeckt worden?
b Bestimmt je Antwort, um welchen Adverbialsatz es sich handelt (▶ Information, S. 219).
c Erklärt, warum die Adverbialsätze zum Verständnis des Textes wichtig sind.

2 Ersetzt die Adverbialsätze durch adverbiale Bestimmungen: *Wegen eines Barbecues …*

Die Bedingung angeben: Konditionalsätze

Abenteuer Kreuzfahrt

A Wenn man eine Kreuzfahrt macht, muss man sich auf ein Problem einstellen.
B So können die Tage auf dem Schiff sehr unangenehm werden, falls man unter der Seekrankheit leidet.
C Man kann, sofern Hausmittel nicht helfen, aus der Bordapotheke Medikamente bekommen.

1 **a** Erklärt, auf welches Problem man sich bei einer Kreuzfahrt einstellen muss.
b Mit welcher der folgenden Fragen kann man nach den Adverbialsätzen im Text fragen?
Warum? Unter welcher Bedingung? Wie lange?
Schreibt zu den drei Sätzen die entprechenden Fragen in euer Heft.

2 **a** Der Begriff „Kondition" stammt aus dem Lateinischen und bedeutet „Bedingung".
Erläutert, warum die Sätze mit *wenn, falls, sofern* als Konditionalsätze bezeichnet werden.
b Erklärt, warum Konditionalsätze in dem Text wichtig sind.

Den Zweck angeben: Finalsätze

Tipps für den Fall eines Schiffbruchs

A *Damit man einen Schiffbruch unbeschadet überlebt,* sollte man einige Tipps beachten.

B Man sollte sich bei Alarm zu einer Sammelstelle begeben, *damit alle Passagiere richtig auf die Rettungsboote verteilt werden können.*

C Man sollte sich, *damit es im Notfall schnell geht,* vorher mit den Rettungswegen vertraut machen.

1 **a** Bei den drei Nebensätzen handelt es sich um Finalsätze. Sie geben einen Zweck an. Notiert die Konjunktion (Verknüpfungswort), mit der die drei Finalsätze eingeleitet werden.

b Überlegt zu zweit, mit welcher W-Frage ihr nach einem Finalsatz fragen könnt.

c Erklärt euch gegenseitig, was sich ändert, wenn ihr den Finalsatz weglasst.

2 Bildet selbst Finalsätze. Wählt Aufgabe a oder b.

a Verknüpft im Heft die Sätze zu A und zu B jeweils sinnvoll mit dem Wort *damit.*

  A Passagiere gefährden sich nicht unnötig.
   Sie sollten im Fall eines Schiffbruchs in der Regel nicht einfach von Bord springen.

  B Sie müssen aus dem kalten Wasser sofort gerettet werden. Sie erfrieren nicht.

b Verbindet die Sätze zu C und zu D jeweils zu Satzgefügen mit Finalsätzen.

  C Passagiere sollten sich unbedingt über den Aufbewahrungsort der Schwimmwesten informieren. Im Notfall wissen sie, wo sie sind.

  D Die Handhabung der Schwimmwesten funktioniert im Notfall schnell.
   Passagiere sollten sich zu Beginn einer Schiffsfahrt damit vertraut machen.

Information	**Adverbialsätze**	
Genauere Umstände eines Geschehens können durch **Adverbialsätze** ausgedrückt werden.		
Adverbialsatz	Fragen	Beispiel
der Zeit: Temporalsatz	Wann? Wie lange? Seit wann? ...	**Als** *ein Sturm ausbrach, wurden Kevin und Nuran seekrank.*
des Ortes: Lokalsatz	Wo? Von wo? Wohin? ...	*Du kannst mit dem Schiff fahren,* **wohin** *du willst.*
der Art und Weise: Modalsatz	Wie? Wodurch? ...	**Indem** *der Kapitän den Wetterbericht beachtet, verhindert er viele Probleme.*
des Grundes: Kausalsatz	Warum? Warum nicht? ...	*Kreuzfahrten sind sehr beliebt,* **weil** *man dabei viel erleben kann.*
der Bedingung: Konditionalsatz	Unter welcher Bedingung? ...	**Wenn** *man seekrank ist, helfen häufig nur Medikamente.*
des Zwecks: Finalsatz	Wozu? ...	**Damit** *man einen Schiffbruch heil übersteht, sollte man Regeln beachten.*

Teste dich!

Aufgaben für Partner 1: Reisen mit dem Zug	richtig	falsch, gehe zu:
1 Mit dem Zug kann man fahren, wohin man möchte. *Bestimme die Art des Adverbialsatzes.*	Lokalsatz	Seite 218, 219
2 Indem man mit dem Zug reist, fährt man besonders umweltbewusst. **a** *Ersetze den Adverbialsatz durch eine adverbiale Bestimmung.* **b** *Benenne die adverbiale Bestimmung.*	**a** *Durch eine Reise mit dem Zug fährt man …* **b** adverbiale Bestimmung der Art und Weise	Seite 218, 219
3 Man kann das Zugrestaurant besuchen wenn man Hunger hat. **a** *Wie lautet der Konditionalsatz?* **b** *An welcher Stelle fehlt das Komma?*	**a** wenn man Hunger hat **b** … besuchen, wenn …	Seite 218, 219
4 Das Gepäck geht nicht verloren. Man sollte gut darauf aufpassen. *Bilde ein Satzgefüge mit Finalsatz.*	*Damit das Gepäck nicht verloren geht, sollte man gut darauf aufpassen.*	Seite 218, 219

Aufgaben für Partner 2: Flugreisen	richtig	falsch, gehe zu:
1 Ins Flugzeug scheint häufig die Sonne, weil man über den Wolken fliegt. *Bestimme die Art des Adverbialsatzes.*	Kausalsatz	Seite 218, 219
2 Während das Flugzeug fliegt, servieren die Flugbegleiterinnen Getränke und Essen. **a** *Ersetze den Adverbialsatz durch eine adverbiale Bestimmung.* **b** *Benenne die adverbiale Bestimmung.*	**a** *Während des Fluges servieren die …* **b** adverbiale Bestimmung der Zeit	Seite 218, 219
3 Damit man sich beim Flug nicht langweilt werden meist Filme gezeigt. **a** *Wie lautet der Finalsatz?* **b** *An welcher Stelle fehlt das Komma?*	**a** Damit man sich beim Flug nicht langweilt **b** … langweilt, werden …	Seite 218, 219
4 Man möchte sehr schnell ankommen. Man fliegt mit dem Flugzeug. *Bilde ein Satzgefüge mit Konditionalsatz.*	*Wenn man sehr schnell ankommen möchte, fliegt man mit dem Flugzeug.*	Seite 218, 219

 1

a Testet euch gegenseitig: Jeder prüft seinen Lernpartner mit einem Aufgabenbogen. Deckt dabei die Lösungen ab und notiert die Antworten.
Tipp: Lest bei falschen Antworten noch einmal die Information auf den angegebenen Seiten.

b Übe weiter: Hast du höchstens 2 Antworten falsch, bearbeite die Aufgaben auf Seite 223–224. Hast du mehr als 2 Antworten falsch, bearbeite die Aufgaben auf Seite 221–222.

●○○ Üben: Adverbialsätze bestimmen und verwenden

Die Maus im Hotel

A Als ein Paar während einer Rundreise in New York übernachtete, sahen sie eine Maus im Zimmer.

B Weil das Personal die Maus nicht entfernte, fraß die Maus die ganze Schokolade der beiden Reisenden.

C Der Reiseveranstalter wollte sich dafür entschuldigen, indem er ein entsprechendes Schreiben verfasste.

D Damit das Paar die Entschuldigung annahm, sollte der Reiseveranstalter ihnen zudem eine große Tafel Schokolade schenken.

1 **a** Schreibt aus A bis D jeweils den Adverbialsatz heraus.
  b Notiert, um welche Art von Adverbialsatz es sich jeweils handelt.
  Satz A: Temporalsatz oder Finalsatz?
  Satz B: Lokalsatz oder Kausalsatz?
  Satz C: Modalsatz oder Konditionalsatz?
  Satz D: Finalsatz oder Kausalsatz?

Lärmbelästigung auf den Malediven

A Urlauber auf den Malediven beschwerten sich, <u>weil sie in der Nacht durch laute Geräusche belästigt wurden</u>.

B Der Reiseveranstalter sollte ihnen helfen, <u>indem er ihnen eine neue Unterkunft besorgt</u>.

C <u>Wegen der sehr ruhigen Malediveninsel</u> wunderte sich der Reiseveranstalter und fragte nach der Art der Belästigung.

D Es stellte sich heraus, dass die Urlauber sich <u>beim Gluckern des Meeres</u> gestört fühlten.

2 **a** Ersetzt in den Sätzen A und B die unterstrichenen Adverbialsätze durch adverbiale Bestimmungen. Schreibt so ins Heft:
  A *Urlauber auf den Malediven beschwerten sich wegen ...*
  B *Der Reiseveranstalter sollte ihnen durch ...*
  b Ersetzt in den Sätzen C und D die unterstrichenen adverbialen Bestimmungen durch Adverbialsätze. Achtet darauf, die Kommas richtig zu setzen. Schreibt so ins Heft:
  C *Weil es eine sehr ruhige ...*
  D *Es stellte sich heraus, dass die Urlauber sich gestört fühlten, immer wenn ...*

1 Man sollte gute Gründe haben, ...	**A** ... während man noch am Urlaubsort ist.
2 Man kann eine Beseitigung der Mängel verlangen, ...	**B** ... sofern die Beschwerden berechtigt sind.
3 Man sollte schon am Urlaubsort Beweise sichern, ...	**C** ... damit man die Mängel später belegen kann.
4 Mängel kann man am besten beweisen, ...	**D** ... wenn man sich bei seinem Reiseveranstalter beschwert.
5 Man bekommt nach der Reise einen Teil des Geldes zurück, ...	**E** ... indem man Fotos macht oder Zeugen für die Mängel angibt.

3 **a** Notiert, welche Adverbialsätze A bis E zu welchen Hauptsätzen 1 bis 5 passen.
Schreibt eure Zuordnungen so untereinander ins Heft:

> *Hauptsatz 1 + Adverbialsatz ...*
> *Hauptsatz 2 + Adverbialsatz ...*
> *...*

b Um was für einen Adverbialsatz handelt es sich jeweils?
Notiert euer Ergebnis hinter eure Zuordnungen aus Aufgabe 3 a.
Tipp: Es gibt einen Modalsatz, einen Finalsatz, einen Temporalsatz und zwei Konditionalsätze.

Lösungen

1 A Als ein Paar während einer Rundreise in New York übernachtete, ... = *Temporalsatz*
B Weil das Personal die Maus nicht entfernte, ... = *Kausalsatz*
C ..., indem er ein entsprechendes Schreiben verfasste. = *Modalsatz*
D Damit das Paar die Entschuldigung annahm, ... = *Finalsatz*

2 A Urlauber auf den Malediven beschwerten sich **wegen der lauten Geräusche in der Nacht.**
B Der Reiseveranstalter sollte ihnen **durch das Besorgen einer neuen Unterkunft** helfen.
C **Weil es eine sehr ruhige Malediveninsel war,** wunderte sich der Reiseveranstalter und fragte nach der Art der Belästigung.
D Es stellte sich heraus, dass die Urlauber sich gestört fühlten, **immer wenn das Meer gluckerte.**

3 Hauptsatz 1 + Adverbialsatz D = Konditionalsatz
Hauptsatz 2 + Adverbialsatz A = Temporalsatz
Hauptsatz 3 + Adverbialsatz C = Finalsatz
Hauptsatz 4 + Adverbialsatz E = Modalsatz
Hauptsatz 5 + Adverbialsatz B = Konditionalsatz

●●● Üben: Adverbialsätze bestimmen und verwenden

Lebhafte Nachbarschaft auf Mallorca

Ein Paar buchte auf Mallorca ein Hotel, wo die berühmte Partymeile verläuft. Die Nachbarschaft wird in der Hotelbeschreibung des Katalogs ausdrücklich als sehr lebhaft beschrieben. Da die Gäste ihren Hotelaufenthalt aber für
5 den Monat Mai buchten, gingen sie von einer ruhigen Lage des Hotels aus. Nachdem sie aus dem Urlaub zurückgekehrt waren, beschwerten sie sich beim zuständigen Reiseveranstalter. Sie forderten einen Teil ihres Geldes zurück, weil sie kaum geschlafen hatten. Der Reiseveranstalter machte ihnen klar, dass diese Forderung unberechtigt sei, indem er sie an den Katalogtext erinnerte. Damit ihnen so etwas nicht noch einmal passiert, sollte das Paar Hotelbeschreibungen künftig genauer lesen.

1   **a**   Schreibt aus dem Text alle Adverbialsätze heraus. Notiert sie untereinander ins Heft.
     b   Notiert hinter die Sätze, um welche Adverbialsatzart es sich jeweils handelt.

Gefährliches Besteck

A   Ein Mann und eine Frau beschwerten sich bei einem Reiseunternehmen, weil die Messer so scharf und die Gabeln so spitz waren.

B   Während sie mit dem Besteck gegessen hätten, hätten sie sich damit mehrmals verletzt.

C   Nach einigen Tagen hätten die beiden sich eigene Messer und Gabeln kaufen müssen.

D   Der Reiseveranstalter solle sie nun durch das Erstatten des Kaufpreises dafür entschädigen.

2   Wendet euer Wissen über adverbiale Bestimmungen an.
     a   Ersetzt in den Sätzen A und B die Adverbialsätze durch adverbiale Bestimmungen.
     b   Notiert hinter jedem Satz, um welche adverbiale Bestimmung es sich jeweils handelt.

3   Wendet euer Wissen über Adverbialsätze an.
     a   Ersetzt in den Sätzen C und D die adverbialen Bestimmungen durch Adverbialsätze.
     b   Notiert hinter jedem Satz die jeweilige Adverbialsatzart.

4   Erläutert, welche Formulierungen euch jeweils besser gefallen.

Wenn Urlauber mit ihrer Reise nicht zufrieden waren wenden sie sich nachdem sie von der Reise zurückgekehrt sind an ihren Reiseveranstalter indem sie ihm einen Beschwerdebrief schreiben damit sie einen Teil des Geldes zurückbekommen.

VORSICHT
FEHLER!

Gewährleistung

5
a Schreibt den Schachtelsatz ab und setzt die Kommas.
b Unterstreicht im Satz die vier Adverbialsätze.
c Notiert, um welche Adverbialsatzart es sich jeweils handelt, z. B.: *Adverbialsatz 1 = …satz.*
d Vereinfacht den Satz: Ersetzt den zweiten und dritten Adverbialsatz durch adverbiale Bestimmungen.

Tipps für eine Beschwerde bei einem Reiseveranstalter

A Man sollte gute Gründe haben. Man beschwert sich bei seinem Reiseveranstalter.

B Man kann eine Beseitigung der Mängel verlangen. Man ist noch am Urlaubsort.

C Man sollte schon am Urlaubsort Beweise sichern. Man kann die Mängel später belegen.

D Mängel kann man am besten beweisen. Man macht Fotos oder gibt Zeugen für die Mängel an.

E Man bekommt nach der Reise einen Teil des Geldes zurück. Die Beschwerden sind berechtigt.

6
a Bildet aus den Sätzen A bis E jeweils sinnvolle Satzgefüge mit Adverbialsätzen.
   Tipp: Verwendet für Satz A die Konjunktion *wenn*.
b Notiert zu den einzelnen Sätzen, um welche Adverbialsatzart es sich jeweils handelt.

Lösungen

1 a/b …, wo die berühmte Partymeile verläuft. = *Lokalsatz*
Da die Gäste ihren Hotelaufenthalt aber für den Monat Mai buchten, … = *Kausalsatz*
Nachdem sie aus dem Urlaub zurückgekehrt waren, … = *Temporalsatz*
…, weil sie kaum geschlafen hatten. = *Kausalsatz*
…, indem er sie an den Katalogtext erinnerte. = *Modalsatz*
Damit ihnen so etwas nicht noch einmal passiert, … = *Finalsatz*

2 a/b A Ein Mann und eine Frau beschwerten sich **wegen der scharfen Messer und spitzen Gabeln** bei einem Reiseunternehmen. = *adverbiale Bestimmung des Grundes*
B **Während des Essens mit dem Besteck** hatten sie sich damit mehrmals verletzt. = *adverbiale Bestimmung der Zeit*

3 a/b C **Nachdem einige Tage vergangen waren,** hätten die beiden sich eigene Messer und Gabeln kaufen müssen. = *Temporalsatz*
D Der Reiseveranstalter solle sie nun entschädigen, **indem er ihnen den Kaufpreis dafür erstattet.** = *Modalsatz*

5 a–d **Wenn Urlauber mit ihrer Reise nicht zufrieden waren** (*Konditionalsatz*), wenden sie sich, **nachdem sie von der Reise zurückgekehrt sind** (*Temporalsatz*; einfacher: *nach der Rückkehr von der Reise*), an ihren Reiseveranstalter, **indem sie ihm einen Beschwerdebrief schreiben** (*Modalsatz*; einfacher: *mit einem Beschwerdebrief*), **damit sie einen Teil des Geldes zurückbekommen** (*Finalsatz*).

6 a/b A Man sollte gute Gründe haben, **wenn** man sich bei seinem Reiseveranstalter beschwert. = *Konditionalsatz*
B Man kann eine Beseitigung der Mängel verlangen, **während** man noch am Urlaubsort ist. = *Temporalsatz*
C Man sollte schon am Urlaubsort Beweise sichern, **damit** man die Mängel später belegen kann. = *Finalsatz*
D Mängel kann man am besten beweisen, **indem** man Fotos macht oder Zeugen für die Mängel angibt. = *Modalsatz*
E Man bekommt nach der Reise einen Teil des Geldes zurück, **sofern/wenn** die Beschwerden berechtigt sind. = *Konditionalsatz*

11.3 Fit in …! – Einen Text überarbeiten

Stellt euch vor, ihr bekommt in der nächsten Klassenarbeit die folgende Aufgabe gestellt:

Aufgabe

Für ein Praktikum bei einer Tageszeitung sollst du folgenden Artikel zu einem Bericht ohne wörtliche Rede umformulieren. Ersetze die wörtliche Rede durch die indirekte Rede:

a Überarbeite Zeile 1 bis 20: Verwende den Konjunktiv I.

b Überarbeite Zeile 21 bis 40: Entscheide jeweils, ob du den Konjunktiv I, den Konjunktiv II oder die *würde*-Ersatzform verwenden solltest.

Riesiger Asteroid fliegt an Erde vorbei

2,7 Kilometer – so viel misst der riesige Asteroid QE2 im Durchmesser, der am Freitagabend an der Erde vorbeigeflogen ist.

5

Zum Vergleich: Gerade einmal knapp 50 Meter im Durchschnitt misst DA14, der im Februar die Erde passierte.

„So nah ist noch nie ein Himmelskörper an der

10

Erde vorbeigeflogen, seit die Wissenschaft zurückdenken kann", sagte Dante Lauretta von der US-Weltraumbehörde Nasa damals.

Über den QE2 teilt die Nasa mit: „Der Asteroid

15

hat sich bis auf eine Entfernung von 5,8 Millionen Kilometern der Erde genähert. Das ist etwa das 15-Fache der Entfernung zwischen Erde und Mond. In den nächsten zwei Jahrhunderten wird er ihr nicht mehr so nahe kom-

20

men."

Der Vorbeiflug wird von Astronomen aufmerksam verfolgt. Dazu trug auch eine Entdeckung von Wissenschaftlern in Kalifornien bei. Am Donnerstag verkündeten sie: „Der Asteroid hat offenbar auch

25

einen eigenen Mond. Wir hoffen, hochauflösende Aufnahmen des Asteroiden machen zu können. Wir wollen nämlich mehr über seine Oberfläche erfahren. Die Erkenntnisse über seine Größe, seine Form und seine Oberfläche lassen Rückschlüsse auf seine Herkunft zu."

30

Die Astronomen der Nasa erklären: „Wir haben bereits mehr als 98 Prozent der Asteroiden mit mehr als einem Kilometer Durchmesser im Umfeld der Erde eingeordnet. Insgesamt sind 9 500 Asteroiden aller Größen in der Nähe der Erde erfasst. Dies entspricht vermutlich etwa einem Zehntel aller Asteroiden."

35

40

Die Aufgabe richtig verstehen

1 Was verlangt die Aufgabe von euch? Notiert, welche Sätze richtig oder falsch sind.

A Ich soll den Artikel so überarbeiten, dass keine wörtliche Rede mehr darin vorkommt.

B Ich soll bei jedem Satz entscheiden, ob der Konjunktiv I, der Konjunktiv II oder die *würde*-Ersatzform verwendet werden muss.

C Ich soll für den ersten Textteil bei der indirekten Rede nur den Konjunktiv I verwenden.

D Für den zweiten Textteil muss ich entscheiden, ob der Konjunktiv I, der Konjunktiv II oder die *würde*-Ersatzform gewählt werden sollte.

Den Text Absatz für Absatz überarbeiten

2 In den Redebegleitsätzen solltet ihr abwechslungsreiche Verben verwenden.
Notiert in eurem Heft Verben, die für den Artikel geeignet sind, z. B.:
erklären, erläutern, ...

3 Überarbeitet **den ersten Teil des Artikels** (▶ S. 225, Z. 1–20). Geht so vor:
 a Bildet von den Verben in der direkten Rede jeweils den Konjunktiv I, z. B.:
  ist → *sei, kann* → *...*
 b Formuliert mit Hilfe eurer Vorbereitungen im Heft eure Textüberarbeitung (Teil 1).
  Tipp: Denkt daran, in den Redebegleitsätzen abwechslungsreiche Verben zu verwenden, z. B.:
  Dante Lauretta erklärte, so nah sei ... (▶ S. 225, Z. 10 ff.)

4 Überarbeitet **den zweiten Teil des Artikels** (▶ S. 225, Z. 21–40). Geht so vor:
 a Tauscht euch in Partnerarbeit über die folgende Frage aus:
  Wann verwendet man bei der indirekten Rede den Konjunktiv I, wann den Konjunktiv II oder
  die *würde*-Ersatzform?
 b Prüft bei den einzelnen Verbformen, ob ihr den Konjunktiv I oder eine Ersatzform verwenden
  solltet.
  Tipp: Notiert jeweils den Konjunktiv I und, wenn nötig, eine Ersatzform ins Heft, z. B.:

direkte Rede	Konjunktiv I	Konjunktiv II/Ersatzform
Z. 26–27: „er hat"	*er habe*	– –
Z. 28: „wir hoffen"	*sie hoffen*	*sie würden hoffen*
Z. ...: „..."	...	...

 c Formuliert mit Hilfe eurer Vorbereitungen im Heft eure Textüberarbeitung (Teil 2).
  Tipp: Denkt erneut daran, in den Redebegleitsätzen abwechslungsreiche Verben zu verwenden.

Die Überarbeitung prüfen

5 **a** Prüft eure Überarbeitung mit Hilfe der Checkliste.
 b Notiert, was ihr für die Klassenarbeit noch einmal üben solltet.

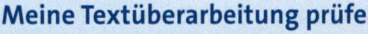

Meine Textüberarbeitung prüfen

Rechtschreibung	Prüfe in einem ersten Durchgang: Hast du keine Rechtschreibfehler eingebaut?
Überarbeitung	Gehe die beiden Teile noch einmal durch: Hast du sie gemäß der Aufgabenstellung überarbeitet? Hast du für die Redebegleitsätze abwechslungsreiche Verben verwendet? Hast du deine Überlegungen zur Verwendung des Konjunktivs beachtet?

12 Rechtschreibstrategien trainieren –
Rechtschreiben erforschen

1 Der Begriff „Bionik" setzt sich aus den Wörtern „Biologie" und „Technik" zusammen.
  a Betrachtet das Bild. Erläutert, was es mit „Bionik" zu tun haben könnte, z. B.:
     Der Flieger erinnert ...   Ziel der Konstruktion ist es, ...
  b Kennt ihr Bereiche, mit denen sich die Bionik beschäftigt? Beschreibt sie.
    Tipp: Denkt z. B. an die Meeres-
    forschung oder an die Medizin.

2 a Sammelt, welche Strategien zur
    Rechtschreibung ihr kennt.
  b Notiert, bei welchen Rechtschrei-
    bungen ihr noch unsicher seid.
  c Tauscht euch über eure Notizen
    aus.

In diesem Kapitel ...

– erfahrt ihr, welche Anregungen die
  Natur den Technikern für ihre Entwick-
  lungen bietet,
– trainiert ihr, wie man Rechtschreibstrategien sinnvoll auch bei Fremdwörtern anwenden kann,
– übt ihr, wann man Kommas setzen
  muss.

12.1 Bionik – Richtig schreiben, Fremdwörter & Co.

Lange Wörter und Fremdwörter deutlich in Silben lesen und richtig schreiben

> *der:* Körperpanzer Nationalparkmitarbeiter Technikerkollege Spinnenseidenfaden
> *die:* Leichtbauweise Dauerbelastung Unterwasserlebensbedingungen Forschungszweige

1
a Lest die Wörter deutlich in Silben.
b Prüft in Partnerarbiet, ob ihr ihre Bedeutung kennt. Erschließt sie von hinten nach vorn, z. B.:
   Leichtbauweise: Bauweise, die leichte Materialien verwendet
c Diktiert euch die Wörter gegenseitig. Prüft, ob ihr sie richtig geschrieben habt.

> *der:* Bioniker Laufroboter
> *die:* Mutation Naturprinzipien Ultraleichtbauweise Reptilienhaut Medizintechnik
>   Materialbeschaffenheit Sensationsentdeckung Elektrosensoren Illustration

2
a Lest die Wörter deutlich in Silben. Prüft, ob ihr jede Silbe deutlich hört.
b Diktiert euch die Wörter gegenseitig und kontrolliert, ob ihr sie richtig geschrieben habt.

> **Spinnen bauen ihre Netze nach einem extremen Leichtbauprinzip**
>
> Viele Menschen finden Spinnen und ihre Netze nicht besonders angenehm, aber Spinnennetze sind einzigartige Wunderwerke. Spinnenseide ist zehnmal dünner als Menschenhaar, dennoch
> 5 extrem reißfest und elastisch. Spinnenfäden können bis auf das 300-Fache ihrer Länge gedehnt werden, bevor sie reißen. Zwar besteht ihre Produktion immer aus demselben Material, aber je nach Zweck gibt es bis zu sieben verschiedene
> 10 Fäden. Wenn man Spinnenfäden unter ein Elektronenmikroskop legt, sieht man, dass sie aus einem Bündel von Fasern bestehen.
> Bioniker sind daran interessiert, die Spinnenseide naturgetreu nachzubauen, aber das ist bisher noch nicht gelungen. Die superdünnen,
> 15 aber trotzdem reißfesten Materialien wären gut in der Medizintechnik einzusetzen, z. B. um verletzte Nerven wieder zusammenwachsen zu lassen. Auch wetterfeste Kleidung ließe sich gut daraus herstellen.
> 20

3
a Erschließt in Partnerarbeit euch unbekannte Wörter aus dem Textzusammenhang.
   Welche Wörter aus dem Text schreibt man, wie man sie spricht? Wählt Aufgabe b oder c.
●●○ b Schreibt zuerst die markierten Wörter ins Heft. Findet dann 5 weitere Beispiele.
●○○ c Prüft, ob die Buchstaben der markierten Wörter durch Mitsprechen zu hören sind.
   Merkt euch davon 5 Wörter und schreibt sie richtig ins Heft.

Methode	**Silben schwingen auch bei Fremdwörtern**

Beim deutlichen Sprechen in Silben kann man jeden Buchstaben deutlich hören, wenn sie lauttreu sind. Diese Strategie hilft auch bei vielen **Fremdwörtern,** z. B.: *die Ma te ri a li en.*

Merken – Typische Stellen in Fremdwörtern

---

der: Orthopäde Thron Theologe Therapeut Pharao Theoretiker Phosphor
die: Apotheke Hyazinthe Systematik Methode These Physik Amphibie Strophe
   Katastrophe Psyche Symbolik Synthese
das: Thermometer Phänomen Symbol Theater

---

1 a Sprecht die Wörter deutlich in Silben.

b Schlagt ihre Bedeutung nach, wenn ihr sie nicht kennt.

c Legt im Heft drei Spalten an und ordnet die Wörter richtig ein. Ergänzt die Überschriften.

d Markiert die Stelle, die man sich merken muss, mit dem Strategiezeichen Ⓜ.

th statt ...	*ph* statt ...	*y* statt ...

2 a Bildet 6 Sätze, in denen je eines der Fremdwörter aus Aufgabe 1 falsch verwendet wird, z. B.:
Mit einer Hyazinthe messe ich, wie kalt oder warm es gerade ist.

b Lest die Sätze vor und lasst sie korrigieren. Der Partner schreibt das richtige Wort auf.

Bereiche der Bionik

Innerhalb der Bionik existieren zahlreiche Bereiche wie etwa die Materialbionik. Hier wird neues Material entwickelt und getestet.
5 Die Gerätebionik lässt sich von der Natur anregen, um neue technische Geräte zu entwerfen. In der Prothetik werden Körper-

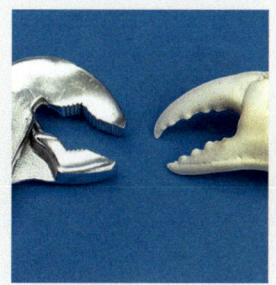

teile nachgebaut, und die Robotik beschäftigt sich mit der Entwick- 10 lung von hilfreichen Arbeitsmaschinen. Ein weiterer Bereich ist die Sensorbionik, die sich systematisch damit beschäftigt, wie Sinnesreize aufgenommen und 15 weitergeleitet werden.

---

3 Ordnet den markierten Begriffen die folgenden Bedeutungen richtig zu. Schreibt ins Heft.
Materialbionik = Entwicklung von ...   Gerätebionik = ...

---

künstlichen Körpergliedern   technischen Geräten   Robotern   neuartigen Materialien
Systemen, mit denen man z. B. besser sehen, fühlen oder riechen kann

---

4 Erläutert und übt, wie man die Fremdwörter aus dem Text „Bereiche der Bionik" schreibt.
Wählt Aufgabe a, b oder c. Tauscht euch anschließend über eure Ergebnisse aus.

●●● a Fasst euer Wissen zu einer Lernhilfe für die Schreibung von Fremdwörtern zusammen.
Nutzt als Beispiele Fremdwörter aus dem Text, z. B.:
Beim Schreiben vieler Fremdwörter hilft es, wenn man sie ..., z. B.: ...
Besondere Schreibweisen wie ..., z. B.: ...

●●○ b Schreibt drei markierte und zwei nicht markierte Fremdwörter richtig heraus.

●○○ c Schreibt die markierten Fremdwörter heraus. Kennzeichnet die Merkstelle.

Strategie – Verlängern und Zerlegen

kann	muss	soll	will	mag	darf	kommt	tobt	meint	weint	schwimmt	kennt	forscht

1 a Tauscht euch aus: Bei welchen Wörtern können Probleme beim Schreiben entstehen?

b Schreibt die Wörter mit einer Verlängerungsform ins Heft, z.B.: *kann – wir können*, …

---

der: Mauersegler   Heuschreckenpanzer

die: Wasserspinnen   Kletterpflanzen   Libellenflügel   Schlangenhautbeschichtung
     Spinnennetztechnik   Schwimmflossen   Vogelhandschwingen

---

2 Die Begriffe bezeichnen Objekte, die Bioniker genauer erforschen.

a Tauscht euch darüber aus, in welchen Begriffen sich Verlängerungsstellen befinden.

b Ordnet im Heft die Begriffe wie folgt. Schreibt in Spalte 2 Verlängerungswörter dazu, z.B.:

Wörter, die man schreibt, wie man sie spricht	Wörter, die man zerlegen und verlängern muss
…	*die Flug|dauer – die Flüge*

Libellen – natürliche Flugkünstler

Auch wenn der Mensch Fortschritte darin macht, die Natur zu kopieren, bleiben manche Leistungen doch bisher unerreicht. Insekten gehören zu den kleinsten und ältesten Flugkünstlern, die Vorbild werden könnten für kleine Flugroboter. Dabei sind die Leichtbauweise und die Flugtechnik der Libelle besonders herausragend, denn sie ermöglichen atemberau- bende und völlig lautlose Flugkünste. So entwickelt man nach den Flugeigenschaften der Königslibelle Miniaturhubschrauber, die in der Lage sind, ein Mehrfaches ihres Eigengewichts zu tragen. Man könnte sie mit Miniaturkameras ausstatten, die in Kanalisationen oder zur Informationsbeschaffung in gefährlichen Situationen eingesetzt werden könnten.

3 Notiert, für welche Eigenschaften der Libellen sich Bioniker interessieren.

4 Wendet euer Wissen über das Verlängern und Zerlegen an. Wählt Aufgabe a oder b.

●●● a Gestaltet ein Lernplakat zum Verlängern und Zerlegen.
Nutzt Beispielwörter aus dem Text „Libellen – natürliche Flugkünstler", z.B.:

Einsilber und unklare Auslaute kann …, z.B.: Verben = stellt – denn: wir …
In … Wörtern können sich … befinden. Man findet sie, wenn … z.B.: …

●○○ b Findet im Text je 6 Wörter, die ihr zerlegen oder verlängern müsst.
Schreibt sie mit ihrem Verlängerungswort ins Heft.

👥 c Vergleicht in Partnerarbeit eure Ergebnisse zu Aufgabe 3 und 4.

Strategie – Ableiten und Merken

> *die:* Oberfläche   Spinnenfäden   Verständigung   Kläranlagen   Luftbläschen   Schläuche
> Verhältnismäßigkeit   Saugnäpfe   Gänsegeier   Gegenstände   Verhältnisse

1 Zu vielen Wörtern, die mit *ä* oder *äu* geschrieben werden, gibt es verwandte mit *a* oder *au*.
Findet verwandte Wörter, z. B.: *Oberfläche – denn: flach.* Markiert *ä* und *äu* mit:

SEKRETÄRMILITÄRHUMANITÄRAUTORITÄRRUDIMENTÄRTOTALITÄRELITÄR

MODALITÄTNAIVITÄTSUBJEKTIVITÄTKREATIVITÄTPRIMITIVITÄTRATIONALITÄT

2 Fremdwörter mit den Nachsilben *-tär* und *-tät* muss man sich merken.
a Schreibt die einzelnen Fremdwörter mit *-tär* und *-tät* aus den Wörterschlangen heraus.
b Ordnet sie im Heft den folgenden Bedeutungen zu:
Streitkräfte, Schreibkraft, menschenfreundlich, Einfallsreichtum, Arglosigkeit, gebieterisch, Vernunft, unvollständig, Gegenteil von freiheitlich, persönlich, auserlesen, Art und Weise, sehr schlicht.

> an   sehnen   dann   dehnen   denn   fahren   wenn   Vater   Vogel   von   vom   herab

3 Diese Wörter haben Stellen, die man sich bei der Schreibung merken muss.
a Tauscht euch aus: Welche Stellen in den Wörtern sind nicht durch Strategien zu erklären?
b Legt im Heft eine Tabelle wie folgt an. Ordnet die Wörter ein.
c Ergänzt die Spaltenüberschriften und findet 5 weitere Beispiele für jede Spalte.

Kurze Wörter, die man nicht verlängern kann	Wörter mit ...	Wörter mit ...

> Vagabund   Vegetarier   Vandale   Venen   Vokabel   Ventilator   Violine   Vulkane   Vanille

4 **a** Prüft gemeinsam, ob ihr die Bedeutung der Fremdwörter mit *V* bzw. *v* kennt.
Wählt anschließend Aufgabe b, c oder d. Tauscht euch dann über eure Ergebnisse aus.
●●● **b** Gestaltet ein Lernplakat zum Thema „Merkwörter" mit *-tär, -tät* sowie mit *V* bzw. *v.*
●●○ **c** Bildet sinnvolle Sätze mit den Merkwörtern, die mit *V* bzw. *v* geschrieben werden.
●○○ **d** Schreibt die Wörter mit *V* bzw. *v* alphabetisch geordnet in euer Heft.

Methode	**Wörter mit *ä* und *äu* ableiten**	

- **Normalerweise** schreibt man *e* oder *eu.*
- Wenn es **verwandte Wörter mit *a* oder *au*** gibt, dann **schreibt man *ä* oder *äu*.**
- Wörter, die man sich mit den Strategien nicht erklären kann, muss man sich merken.

Mit Strategien Regeln finden – Doppelkonsonanten

---

die: Wolke Wolle Woge Welle Welten Wege Zelle Zelte Zeder schreiben
essen hoffen sparen sollen weinen reisen klopfen finden bluten helfen suchen

---

1
a Lest die Wörter. Prüft, ob die erste Silbe **offen** ist (endet mit Vokal) oder **geschlossen** (endet mit Konsonant).

b Stellt fest, wie viele Konsonanten in jedem Wort an der Silbengrenze stehen.
Tipp: Die Silbengrenze ist die Grenze zwischen den beiden *Sil ben*.

c Übertragt die folgende Tabelle in euer Heft. Tragt die Wörter in die richtige Spalte ein.

erste Silbe **offen**	erste Silbe **geschlossen**	
	zwei verschiedene Konsonanten	zwei gleiche Konsonanten

2
Wenn man Einsilber und zusammengesetzte Wörter verlängert bzw. zerlegt und
verlängert, findet man ebenfalls ihre richtige Schreibung heraus.
Verlängert bzw. zerlegt und verlängert diese Wörter und tragt sie in die Tabelle aus Aufgabe 1 ein:
kurz, Wind, Wand, Stein, Sturm, Zelt, Zugluft, Zeltplatz, der Schlagflug, Naturstoff.

Greifvogelkrallen

Die Füße von Greifvögeln haben als Vorbild für die Entwicklung von Polypgreifern gedient. Für deren Beute gibt es kein Entkommen, denn die Krallen sind extrem scharf und leicht gebogen. Für den Zugriff spielt es keine Rolle, ob die Krallen lang und schmal sind oder so kräftig wie bei Adlern und Eulen. Polypgreifer gibt es in verschiedenen Ausführungen:

Wenn man sie an einem Kran befestigt, packen sie das Material auf Schrottplätzen mit festem Griff und transportieren es in die Schrottpresse. Feinere Modelle gibt es in der Medizin, wo sie bei Operationen eingesetzt werden. Auch Werkzeuge nutzen das Prinzip des festen Greifens. Gemeinsam ist ihnen, dass sie fest zupacken und erst auf Knopfdruck wieder loslassen.

3
Wo habt ihr schon einmal Polypgreifer gesehen?
Überlegt zu zweit, was ihr über Aussehen und Einsatz wisst.

4
Wendet euer Wissen zu Doppelkonsonanten an.
Wählt Aufgabe a, b oder c.

●●● a Formuliert eine sichere Merkhilfe für die Verdopplung von Konsonanten.
Nutzt einige Wörter von dieser Seite als Beispiele. Diese Begriffe sollten vorkommen:
erste Silbe geschlossen, doppelte Konsonanten, Silbengrenze, zwei verschiedene Konsonanten, verdoppelt man nicht, Einsilber verlängern, zusammengesetzte Wörter, zerlegen

●●○ b Verlängert 6 Einsilber aus dem Text zu Aufgabe 3. Ordnet sie in die Tabelle zu Aufgabe 1 ein.

●○○ c Ordnet die markierten Wörter aus dem Text zu Aufgabe 3 in die Tabelle zu Aufgabe 1 ein.

5
Stellt euch eure Ergebnisse aus Aufgabe 4 in einer Tischgruppe vor.

Mit Strategien Regeln finden – *i* oder *ie*?

> Diese sieben lieben Ziegen wiegen zusammen viele Pfunde.
> Viele Bienen fliegen mit Blütenpollen an ihren Hinterbeinen in die Bienenwaben.

1 **a** Schreibt die Sätze ins Heft und markiert die *ie*-Schreibung.

b Findet eine Regel für die *ie*-Schreibung. Prüft die erste Silbe. Tauscht euch aus.

> das Ziel   die Zielrichtung   er flieht   die Fliehkraft   der Auftrieb   das Gebiet

2 Auch bei diesen Wörtern könnt ihr die Regel aus Aufgabe 1b anwenden.
Verlängert oder zerlegt die Wörter.
Schreibt sie mit ihren Beweiswörtern ins Heft, z. B.: *der Brief – die Brie fe, der Brief|kopf – die Brie fe.*

> die Bionik   die Organisation   das Material   die Techniker   der Spezialist   die Funktion

3 **a** Findet eine Erklärung, warum diese Wörter nicht mit *ie* geschrieben werden.

b Die Nachsilbe *-ieren* in Fremdwörtern muss man sich merken, z. B.: multipliz**ieren.**
Findet zu 3 Fremdwörtern oben die passende Form mit *-ieren*. Schreibt sie ins Heft.

c Klärt eure Ergebnisse mit einem Lernpartner, der so schnell arbeitet wie ihr.

Der Tr ? ck der Ölb ? nen

Ölb ? nen tr ? nken w ? alle B ? nen Nektar, aber sie sammeln darüber h ? naus auch
Öle aus best ? mmten Pflanzen. Sie mixen sie m ? t den Pollen und verfüttern d ? se Nahrung
an die Brut. Das Öl w ? rd auch gebraucht, um die B ? nenwaben wasserd ? cht zu machen.
Das Öl halten sie m ? t ihren H ? nterbeinen fest, ohne dass es heraustropft, einfach durch die
5   Struktur ihrer Haare. Das Gew ? cht des Öls kann dabei um ein V ? lfaches höher sein als das
Gew ? cht der Haare, ein Beisp ? l für eine leichte b ? olog ? sche Struktur mit hoher
Eff ? z ? enz. D ? se Struktur könnte für die Beseit ? gung von Ölteppichen in Meeren
s ? nnvoll sein. B ? sher müssen die Tücher, die das Öl aufnehmen, verbrannt werden.
Techn ? ker arbeiten an der Entw ? cklung von Tüchern nach dem Vorb ? ld der Ölb ? ne.
10   Ihr Z ? l ist, dass sie mehr Öl aufnehmen und auch w ? der abgeben können.

---

4 **a** Welche Ziele verfolgen die Entwickler von Tüchern nach dem Vorbild der Ölbienenhaare?

b Im Text fehlen fast alle *i* oder *ie*. Wählt Aufgabe c, d oder e. Vergleicht dann eure Ergebnisse.

●●● **c** Setzt *i* oder *ie* ein. Formuliert eine Regel für die Frage, wann man *ie* schreibt. Nutzt einige Wörter
von dieser Seite als Beispiele. Diese Begriffe sollten vorkommen:
erste Silbe, offen, zweisilbige deutsche Wörter, nicht Fremdwörter, Einsilber verlängern.

●●○ **d** Legt eine Liste an: Schwingen, Zerlegen, Verlängern. Ordnet die *i/ie*-Wörter zu.

●○○ **e** Setzt *i* oder *ie* ein. Schreibt den Text richtig ins Heft.

s, ß oder ss? – s-Laute unterscheiden

> Wenn es wie aus Kübeln gießt, rast das Wasser im Fluss dahin.
> Der Vogel saß sichtbar auf dem Baum, aber der Jäger stolperte im Gras und schoss daneben.

1 a Übertragt die Sätze ins Heft und markiert verschiedenfarbig die *s/ss/ß*-Schreibung.

b Erarbeitet zu zweit eine Regel für die jeweilige Schreibung des s-Lauts. Arbeitet im Heft:

  – *Man schreibt ß, wenn die erste Silbe … ist und man den s-Laut … spricht, z.B.: …*
  – *Man schreibt s, wenn die erste Silbe … ist und man den s-Laut … spricht, z.B.: …*
  – *Man schreibt ss, wenn die erste Silbe … ist, z.B.: …*

> heiß   der Heißluftballon   der Guss   das Gusseisen   die Nuss   der Nussknacker
> das Floß   die Floßbalken   das Maß   das Maßband   der Fleiß   die Fleißarbeit

2 Wendet eure Regel aus Aufgabe 1 an.
Verlängert und zerlegt die Wörter, z.B.: *heiß – hei ßer, der Guss – …*

> er schlie ? t – er schlo ?   er rei ? t – er ri ?   er bei ? t – er bi ?
> er schie ? t – er scho ?   er mi ? t – er ma ?   er vergi ? t – er verga ?
> er i ? t – er a ?   er schmei ? t – er schmi ?

3 Wörter einer Wortfamilie können unterschiedlich geschrieben werden.
Begründet die Schreibweise durch Verlängern, z.B.:
er schießt – denn: wir schie ßen; aber: er schoss – denn: wir schos sen.

Kleber – dauerhaft oder mit kurzer Haftung
Man mus häufig verschiedene Materialien miteinander verbinden: Metall schweist man, Stoffe näht oder verschliest man mit Klettverschlus. Aber den Versuch, die Dinge nachher wieder zu lösen, kann man oft vergesen: Fas sie an, reis daran, selten geht das sauber. Was tun, wenn Dinge nur kurze Zeit aneinanderhaften sollen? Auch hier lohnt es sich, der Natur zuzuschauen:
Einige Tiere haften auf glatten Oberflächen und können senkrecht auf ihnen laufen. Dabei bleiben sie nicht auf Dauer kleben, sondern sie lasen nach einem kurzen Moment los. Sie sondern an ihren Füschen Flüsigkeiten ab, sodass sie nicht abrutschen. Sie tun das, was man macht, wenn man seine Finger anfeuchtet, um z.B. Zeitungsseiten beser umzuschlagen.

4 a Wozu sollte man Kurzhaftkleber entwickeln? Lest den Satz vor, der die Antwort gibt.

b Im Text sind die fehlerhaften *s*-Schreibungen markiert. Bearbeitet Aufgabe c oder d.

●●● c Erklärt in einem Kurzvortrag die Regeln zur Schreibung der s-Laute.
Verweist auf die notwendigen Strategien. Nutzt Wörter aus dem Text als Beispiele.

●○○ d Schreibt den Text richtig ins Heft.

e Stellt euch eure Ergebnisse gegenseitig vor.

Wörter mit *h* – Hören oder merken

er geht	hohl	der Hahn	der Zeh	das Huhn	er fühlt	die Bahn	es zieht	der Zahn	er dreht
wohl	der Wahn	die Zahl	die Uhr	er dehnt	es weht	er näht	es blüht	das Rohr	der Stuhl

1   **a** Lest die Wörter und prüft, ob ihr das *h* in den Wörtern hört.

       b Notiert, in welchen Wörtern ihr das *h* durch Verlängern hörbar machen könnt.

2   **a** Legt im Heft zwei Spalten an: *ge hen* | *hoh ler*

       b Ordnet den beiden Beispielwörtern die folgenden Aussagen richtig zu:

          Das *h* gehört zur ersten Silbe. / Das *h* gehört zur zweiten Silbe.

          Das *h* gehört zum Vokal der ersten Silbe und zeigt, dass er lang gesprochen wird.

          Das *h* gehört zur zweiten Silbe und öffnet sie. Man kann die beiden Vokale besser sprechen.

          Das *h* hört man im Zweisilber. / Das *h* hört man im Zweisilber nicht.

       c Ordnet die Wörter aus Aufgabe 1 richtig in die Spalten ein.

der Gehsteig	die Gehhilfe	der Gehstock	der Wohlstand	das Wohlgefühl	wohlbehalten
der Zahnarzt	die Zahnspange	die Hohlkugel	der Hohlraum	der Hohlkopf	

3 Das *h* bleibt in Wortzusammensetzungen erhalten.

Ordnet die Wörter den Spalten aus Aufgabe 2 zu. Geht vor wie im folgenden Beispiel:

das Zeh|*gelenk – denn: die Ze **h**en*   *die Ohr*|*muschel – denn: die O**h** ren*

elhüK	enhöS	nelhüf	nerhaf	nerhob	nerhür	nerhew	nehes	nenhäg	enhaS
lheM	rerheL	nelharts	nelhaZ	nenha	nehew				

4   **a** Lest die *h*-Wörter von hinten nach vorn. Findet die zwei, die keine Merkwörter sind.

          Wählt danach Aufgabe b, c oder d.

●●●   **b** Bereitet einen Vortrag vor, in dem Dehnungs-*h* und silbenöffnendes *h* unterschieden und erklärt werden. Wählt Beispiele zur Erklärung aus.

●●○   **c** Bildet Sätze. Sie sollen jeweils enthalten: ein Merkwort mit *h* und eine Wortzusammensetzung, in der man durch Verlängern das *h* hörbar machen kann.

●○○   **d** Ordnet die Merkwörter mit *h* alphabetisch. Schreibt sie mit einer weiteren Wortzusammensetzung ins Heft, z. B.: *ahnen, die Ahnenreihe, bohren, Bohr…*

Information   **Wörter mit *h***

- Bei einsilbigen Wörtern kann man das *h* nicht hören.
- Bei manchen **zweisilbigen Wörtern** steht das *h* am Anfang zweiten Silbe. Es **öffnet** die zweite Silbe **hörbar**, z. B.: *dre hen*.
- Steht das *h* in der ersten Silbe, ist es **nicht hörbar**. Diese Wörter sind **Merkwörter**, z. B.: die *Bah nen*.

Nomen werden großgeschrieben

VORSICHT FEHLER!

geckos sind kletterkünstler

A geckos gehören zu den reptilien und sind für bioniker in zweierlei hinsicht bemerkenswert. Sie können kopfüber an decken herumlaufen, ohne herunterzufallen. Dazu haften sie fest auf dem untergrund, können sich aber auch ganz schnell wieder lösen. Auch behalten sie stets saubere füße. Wenn man das geheimnis lüften könnte, ließen sich kletterroboter erfinden, die an fassaden hochklettern und fenster in hochhäusern putzen. Man könnte sie auch einsetzen, um gebäudefassaden und brücken auf schäden zu untersuchen, ohne menschen dafür in gefahr zu bringen. Auch für die entwicklung von klebern, die auf allen oberflächen haften und sich doch schnell wieder lösen, nehmen die forscher die geckos zum vorbild.

B Wenn man geckofüße unter dem elektronenmikroskop untersucht, sieht man millionen feinster härchen, die man auch setae nennt. Jedes dieser härchen verästelt sich an den spitzen in bis zu tausend kleinste wülste, die man in der fachsprache spatulae nennt. Beim gecko sind sie mit einer größe von 200 nanometern, das sind milliardelstelmeter, so fein, dass hier kleinste elektrostatische anziehungskräfte wirken. Diese kräfte summieren sich so sehr, dass sich ein gecko nur an einem zeh festhalten kann. Nimmt man die kräfte, die an allen geckofüßen zusammenwirken, könnte das 300 g leichte tierchen 140 kg halten. Und warum bleiben die füße immer sauber? Auch dieses geheimnis ist gelöst: Die anziehungskräfte zwischen spatulae und schmutz sind schwächer als die zwischen schmutz und oberfläche. Schmutz bleibt also nicht an den füßen, sondern an der oberfläche haften.

 **1** Erklärt mit Hilfe der Texte, was die Bioniker am Gecko interessiert.

 2 Wendet die Proben zur Großschreibung von Nomen an. Wählt Aufgabe a oder b.

● ○ ○ **a** Verbessert im Heft Text A. Sind die markierten Wörter Nomen? Nutzt die Nomenproben.

● ● ● **b** Verbessert im Heft Text B. Nutzt die Nomenproben.

 3 Vergleicht in Tischgruppen eure Ergebnisse zu Aufgabe 1 und 2.

 4 Haltet einen Kurzvortrag zur Frage: Woran erkennt man Nomen sicher?

Methode	**Nomen durch Proben erkennen**

Nomen schreibt man groß.

Wörter mit den **Endungen -heit, -keit, -nis, -schaft, -tum, -in, -ung** sind Nomen.

In Texten kann man Nomen mit Hilfe von drei **Proben** erkennen:

- **Artikelprobe:** Vor Nomen kann ein Artikel stehen oder man kann einen setzen: *der, die, das.* Artikel können sich auch „verstecken", z. B.: *zur (= zu der), beim (= bei dem), zum (= zu dem), …*
- **Zählprobe:** Nomen kann man zählen, z. B.: *zwei, drei, zehn, viele, einige* Geckos.
- **Adjektivprobe:** Nomen kann man durch Adjektive beschreiben, z. B.: *der **geschickte** Gecko.*

Verben und Adjektive können nominalisiert werden

> Beim Beobachten der Natur können Bioniker fast immer etwas Interessantes entdecken.
> Das genaue Untersuchen interessanter Phänomene ermöglicht das Entwickeln neuer Techniken.

1
a Lest die Sätze. Prüft, welche Verben und Adjektive zu Nomen geworden sind.
b Stellt fest, an welchen Begleitern man die Nominalisierung erkennt.

Unterwasserroboter

A Unterwasserroboter werden vor allem für das erforschen von Untiefen und das sammeln wichtiger Daten verwendet. Mit ihnen ist das vermessen von Meeresböden gut möglich. Das tolle an ihnen ist ihr gemächliches gleiten im Wasser, das die Tierwelt nicht stört. Dass das wenden und abbremsen im Wasser nicht so einfach geht, kennt man von Ruder- oder Pad- delbooten. Für das schnelle ändern der Rich- tung muss man zunächst bremsen und dann wieder Fahrt aufnehmen. Das kostet Kraft und Energie. Ein Roboter sollte aber mit wenig Ener- gie auskommen, denn zum aufladen der Akkus muss er wieder zurück an die Ladestation. Beim entwickeln von Robotern orientieren sich die Bioniker an Tieren, die im Wasser leben.

B Roboter nach dem Vorbild von Fischen hät- ten viele Vorteile, denn Fische sind Meister des sparsamen Verwendens von Energie. Das schnelle Ändern der Schwimmrichtung gelingt den Robotern schon ganz gut. Und ihr sanftes Gleiten im Wasser verhindert durch geringes Aufwirbeln des Wassers, dass die Tiere gestört werden. Aber Fische sind elegante Schwimmer, deren Nachbau nicht so einfach ist. Insbeson- dere das Fließende ihrer Bewegungen ist eine Herausforderung. Vorbilder für Unterwasserro- boter sind auch Pinguine, Rochen und Quallen. Ziel ist immer das Verbessern der Antriebe und der Bewegungsabläufe der technischen Geräte.

2 Erklärt mit Hilfe der Texte: Wozu werden Unterwasserroboter eingesetzt?
Worin besteht die Herausforderung bei ihrer Herstellung?

3 Arbeitet mit Text A oder B. Wählt Aufgabe a oder b.
● ● ● **a** Korrigiert im Heft Text A: 10 Nominalisierungen wurden fälschlicherweise kleingeschrieben.
● ○ ○ **b** Prüft, warum die markierten Wörter im Text B Nominalisierungen sind.
Schreibt sie mit ihren Begleitern ins Heft.
c Vergleicht mit einem Lernpartner mit der gleichen Aufgabe eure Ergebnisse.

Methode	Nominalisierte Verben und Adjektive erkennen

Verben und Adjektive können **wie Nomen** gebraucht werden. Dann **schreibt man sie groß.**
Nominalisierungen erkennt man an ihren Begleitern. Hilfreich sind die **Nomenproben:**
- **Artikelprobe,** z. B.: *Das Entwickeln von Robotern macht Spaß. Das ist das Schöne am Beruf.*
- **Adjektivprobe,** z. B.: *Der Roboter ist durch zu heftiges Abbremsen kaputtgegangen.*
- **Zählprobe,** z. B.: *Wer viele Naturbeobachtungen macht, kann viel Neues erfahren.*

Zusammenschreibung – Achtet auf die Wortarten

> Als Ideengeber für den besonderen Bau von Kompaktwagen kann der Kofferfisch herhalten. Seine strömungsgünstige Form führte zum ersten Entwurf eines Bionic-Cars.

1 Findet alle zusammengesetzten Wörter. Notiert, aus welchen Wortarten sie bestehen.

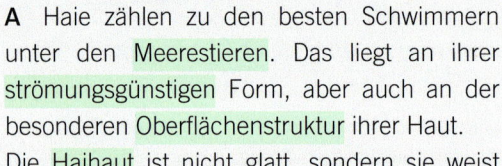

Haie – schnelle Jäger der Meere

A Haie zählen zu den besten Schwimmern unter den Meerestieren. Das liegt an ihrer strömungsgünstigen Form, aber auch an der besonderen Oberflächenstruktur ihrer Haut.
5 Die Haihaut ist nicht glatt, sondern sie weist Schuppen aus einer knochenähnlichen Substanz auf. Sie besitzt zusätzlich feine Rillen.

B Reibungsverluste nach Art der Haie zu senken ist ein Entwicklungsziel der Bioniker. Das ist besonders interessant für die Luftfahrt. Um die Flugzeuge strömungsgünstiger zu machen und
5 damit den Energieverbrauch zu vermindern, haben Forscher Folien mit kleinen Rippen entwickelt. Allerdings ist es zu teuer und aufwendig, die Flugzeuge mit den Folien zu bekleben.

Dank der Senkung des Reibungswiderstands können sich Haie nicht nur sehr schnell, sondern auch sehr energiesparend fortbewegen.
10 Eine weitere positive Wirkung der spitzen, beweglichen Hautschuppen ist: Es können sich keine Fremdorganismen wie Seepockenlarven oder Muscheln anheften.

So hat man Lacke entwickelt, die Rillen bilden, wenn man sie aufträgt. Diese senken nicht nur
10 den Reibungswiderstand bei Flugzeugen, sondern verhindern auch bei Schiffen, dass sich Muscheln am Bootsrumpf festhalten. Das nennt man „Fouling". Diese „Antifouling-Anstriche"
nach Haifischhautart wirken gut und enthalten
15 keine Chemikalien, die sie ans Wasser abgeben.

2 Untersucht in den Texten A oder B die Zusammenschreibungen.
  a Übertragt die folgende Tabelle ins Heft. Wählt danach Aufgabe b oder c.

Zusammensetzungen mit Nomen	… mit Adjektiven	… mit Verben

●○○ b Prüft im Text A, aus welchen Wortarten die markierten Zusammenschreibungen bestehen. Ordnet sie richtig in die Tabelle ein.

●●● c Findet im Text B Beispiele für Zusammensetzungen. Tragt sie in die Tabelle ein.

d Vergleicht mit einem Lernpartner mit der gleichen Aufgabe eure Ergebnisse.

Information	**Zusammenschreibung**

Zusammen schreibt man folgende **Verbindungen:**
- **aus Nomen und Fremdwörtern,** z. B.: *der Rattenroboter, der Servicepoint;*
  Fremdwörter kann man auch mit Bindestrich verbinden, z. B.: *das Bionic-Boot*
- **mit Adjektiven,** z. B.: *messerscharf, bitterkalt*
- **von Verben mit unveränderlichen Wörtern,** z. B.: *hin + gehen = hingehen*

Geografische Herkunftsnamen

> Zu den beliebten europäischen Reisezielen gehören die Schweizer Alpen, die österreichischen Seen und die holländischen Inseln.
> Mit dem Hollandrad kann man im Sommer eine gemütliche Donautour unternehmen.

1
a Erklärt in Partnerarbeit die Schreibweisen der markierten geografischen Herkunftsnamen.
b Benennt den Unterschied in der Groß- und Kleinschreibung.
c Entscheidet euch für die richtigen Aussagen und schreibt sie als Regel ins Heft:
   A Nomen und geografische Ableitungen auf *-isch* und *-er* schreibt man getrennt/zusammen.
   B Geografische Herkunftsnamen ohne Ableitung schreibt man getrennt/zusammen.

Die GRIECHISCHENSPEZIALITÄTEN, die ITALIENISCHEKÜCHE und das FRANZÖSISCHE BAGUETTE kennt jeder. Aber die EUROPÄISCHEKÜCHE hat viel mehr zu bieten. Auch die BALKANKÜCHE zeichnet sich durch große Vielfalt und individuelle Unterschiede aus. Darüber hinaus gehören Produkte wie WIENERWÜRSTCHEN, BERNERRÖSTI, SCHWEIZERKÄSE, BELGISCHESCHOKOLADE, SCHWEDISCHEZIMTSCHNECKEN zu den bekannten EUROPÄISCHEN SPEZIALITÄTEN.

2 Schreibt die markierten Herkunftsnamen richtig ins Heft.

Berlin Blankenhagen Münster Ems Rhein Danzig Frankenstein Friedrichsdorf Hunsrück Königsberg Sauerland Münsterland Paderborn Spiekeroog	Allee Gasse Weg Platz Straße Hof

3
a Bei Straßennamen gelten die Regeln zur Getrennt- und Zusammenschreibung.
  Teilt eine Heftseite in zwei Spalten und wählt Aufgabe b oder c.

Ohne Ableitung = zusammen	Ableitung auf *-er* oder *-isch* = getrennt
der Wittenbergplatz	*die Wittenberger Straße*

●●● b Entwerft je 5 Straßennamen, bei denen wie im Beispiel oben der Herkunftsname mal getrennt und mal zusammengeschrieben wird.
●○○ c Bildet 10 Straßennamen und ordnet sie richtig in die Tabelle ein.

Information   **Die Schreibung geografischer Herkunftsnamen**

- **Getrennt** schreibt man **Herkunftsnamen** mit **geografischen Ableitungen** auf *-isch* und *-er.*
  - Ableitungen auf *-er* schreibt man **in der Regel groß,** z. B.: *die Münsteraner Altstadt.*
  - Ableitungen auf *-isch* schreibt man **in der Regel klein,** z. B.: *das westfälische Essen.*
- **Zusammen** schreibt man geografische Herkunftsnamen **ohne Ableitung,** z. B.: *der Rheinweg.*

Teste dich!

Mottenaugen

A Motten kann man im Alltag sicher nicht zu den T ? ren zählen, die bel ? bt sind. Sie gelten als Text ? l ? enfresser, keiner w ? ll s ? haben. Für B ? on ? ker sind sie jedoch interessant. Sie gehören zu den nachtakt ? ven Insekten, d ? das wenige L ? cht, das s ? zur Verfügung haben, opt ? mal nutzen. S ? selbst werden aber so gut wie n ? ge
5 sehen, denn ihre Augen reflekt ? ren kein L ? cht.

B Kleine lebewesen haben nur dann eine chance zu überleben, wenn sie möglichst schlecht gesehen werden. Bei den motten spielt die anpassung ihrer körperfarbe an die dunkle umgebung eine wichtige rolle. Das viel interessantere für bioniker ist aber, dass sie auch dann schlecht zu sehen sind, wenn licht auf sie trifft. Woher kommt das?
10 Die oberfläche der mottenaugen ist von linien durchzogen, die ungefähr 300 nanometer dünn sind. Ihre anordnung ergibt kleine zusammengesetzte sechsecke. Durch die gitterrillen entstehen noppen, die kleiner sind als die wellenlänge des lichts. Die gitterstruktur erzeugt so eine sehr geringe lichtbrechung, sodass das licht vom mottenauge kaum reflektiert wird.

C Forscher arbeiten an verschiedenen Verfahren, die Lichtbrechung von Stoffen wie Glas, Kunststoff
15 oder Metall nach Vorbild der Mottenaugen herunterzusetzen. Bei Glas werden winzige Gasblasen eingebracht, auf den Kunststoffen kann man mit verschiedenen Verfahren eine Noppenstruktur erzeugen, und man kann auch bereits Lacke nutzen, mit denen man eine Noppenstruktur auf verschiedene Oberflächen auftragen kann. Diese Oberflächentechnik gilt heute als Schlüsseltechnologie der Industrie, denn hier geht es um die Entspiegelung von Oberflächen. Der Bedarf
20 an entspiegelten Oberflächen ist bei Displays, Projektoren und Sonnenkollektoren riesig groß.

1 **a** *i* oder *ie*? Prüfe dein Regelwissen. Schreibe Textabschnitt A richtig ins Heft.
   b Welche Merkwörter mit *ie* findest du? Markiere sie.

2 Teste dein Wissen über die Großschreibung.
   a Schreibe aus Textabschnitt B die Nomen mit einem Artikel ins Heft.
   b Markiere im Heft: 4 Nomen mit einer typischen Nomenendung, 1 Nominalisierung.

3 **a** Prüfe dein Strategiewissen. Übertrage die nachfolgende Tabelle ins Heft.
   b Ordne die markierten Wörter aus Textabschnitt C richtig zu.

sprie ? en   spro ?   die Spro ? e   flie ? en   der Flu ?   die Flü ? e
das Flu ? gebiet   die Flie ? richtung   der Fu ?   die Fü ? e   das Fu ? gelenk

4 *ss* oder *ß*? Prüfe dein Regelwissen. Schreibe die Wörter richtig ins Heft.

5 Vergleiche deine Ergebnisse mit einem Lernpartner.

12.2 Von Versuchsprotokollen und Gebrauchsanweisungen – Zeichensetzung

Kommasetzung bei Aufzählungen und in Satzreihen

> **A** Das fasziniert: fliegen wie ein Vogel, schwimmen wie ein Fisch und klettern wie ein Gecko.
> **B** Wir würden all dies gern können, wir möchten von den Tieren lernen, aber einfach ist es nicht.
> **C** Menschen können sowohl staunen als auch forschen, entwerfen oder erfinden.

1 Erklärt in Partnerarbeit die Kommasetzung in den Sätzen A, B und C.

Versuchsprotokolle für Forschungszwecke

In der Wissenschaft ist die Beschreibung von Versuchen äußerst wichtig denn die Ergebnisse sollte man für weitere Experimente kennen. Außerdem kann man dadurch sein Wissen für andere zur Verfügung stellen deshalb muss man sowohl die Fragestellung den Versuchsaufbau als auch die Ergebnisse beschreiben skizzieren zeichnen oder fotografieren. Ein Beispiel: Du backst einen leckeren Kuchen du kannst mit ihm auch angeben aber beweisen kannst du sein Gelingen nicht. Du musst die Zutaten genau aufschreiben auf diese Weise kannst du den Kuchen auch ein zweites oder drittes Mal backen. Die Angabe der Menge der Eier der Butter des Mehls oder der Mandeln ist dabei besonders wichtig.

Und so ist es auch in der Wissenschaft. Man hält die Fragestellung den Versuchsaufbau und die Ergebnisse in Versuchsprotokollen nach einem vorgegebenen Muster fest. Nur so kann man die Forschungsergebnisse für andere nachvollziehbar machen dann können die Experimente von Wissenschaftlern oder Ingenieuren verstanden bestätigt weiterentwickelt oder als Grundlage für neue Experimente genutzt werden. Nur die Neugier auf immer neue Forschungsfragen und ihre Lösung führt zu Fortschritten.

2 Nennt mindestens zwei Gründe dafür, warum man Versuche genau beschreiben sollte.

3 Im Text fehlen Kommas zwischen Aufzählungen und Satzreihen. Wählt Aufgabe a oder b.
● ○ ○ **a** Schreibt den Text ab. Setzt die 14 fehlenden Kommas.
● ● ● **b** Ordnet jeder Kommaregel einen Beispielsatz aus dem Text zu. Schreibt ins Heft.
　　　c Vergleicht eure Ergebnisse.

> **Information**　　**Kommasetzung bei Aufzählungen und in Satzreihen** (▶ S. 214)
>
> ■ **Kommas** stehen: zwischen **aufgezählten Wörtern sowie Wortgruppen** und **Satzreihen.**
> ■ Das **Komma entfällt,** wenn sie durch *und, oder, sowohl … als auch, entweder … oder, weder … noch* verbunden sind, z. B.: *Ich mag sowohl Fisch als auch Fleisch.*
> ■ Das **Komma muss stehen** bei *aber, jedoch, sondern* und *doch,* denn sie bauen einen **Gegensatz** auf, z. B.: *Du kannst schwimmen, spielen, arbeiten, aber nicht herumsitzen.*

Kommasetzung in Satzgefügen

> Ruß und Staub aus der Luft beschmutzen Oberflächen, sodass man sie ständig säubern muss. Weil einige Pflanzenoberflächen sauber bleiben, erregten sie die Aufmerksamkeit von Bionikern. Pflanzen reinigen sich besonders gut, wenn sie eine rau-wächserne Oberfläche haben. Darauf perlen die Wassertropfen schnell ab, wobei sie beim Ablaufen den Schmutz mitnehmen.

 1
a Tauscht euch zu zweit aus. Kennt ihr Pflanzen, die kaum schmutzig werden?
b Erläutert euch gegenseitig die Kommasetzung in den Sätzen.

VORSICHT FEHLER!

Kann der Lotoseffekt das Putzen des Badezimmers überflüssig machen?

Fändet ihr es auch gut wenn ihr das Badezimmer nach dem Duschen nicht mehr putzen müsstet? Indem ihr einige Experimente durchführt und eure Ergebnisse in einem Protokoll festhaltet könnt ihr eine begründete Vermutung anstellen ob das möglich ist.

Durchführung:
5
– Verwendet eine Pipette damit ihr gezielt einige Wassertropfen auf verschiedene Pflanzenblätter geben könnt. Eine Pipette könnt ihr aus einem Strohhalm herstellen wenn ihr das obere Ende mit dem Daumen zuhaltet.
– Haltet fest wie schnell die Wassertropfen jeweils abperlen.
– Gebt einen Tropfen Spülmittel ins Wasser damit ihr das Experiment verändert wiederholen könnt.
Ergebnis: Protokolliert wie sich das Wasser auf den Blattoberflächen verhält.
10

Oberfläche	Ablauf mit reinem Wasser		Ablauf mit Spülmittel	
Kapuzinerkresse: ...	...		...	...

Schlussfolgerung: Begründet, ob es den Lotoseffekt im Badezimmer geben kann.

2 In der Versuchsanleitung fehlen Kommas in den Satzgefügen. Wählt Aufgabe a oder b.
●○○ a Schreibt den Text ab und setzt die 9 fehlenden Kommas.
●●● b Bestimmt die vor- und nachgestellten Nebensätze in den Satzgefügen.
Schreibt mindestens 3 Sätze mit Kommas so ins Heft, dass die Nebensätze ihre Stellung ändern.
c Vergleicht eure Ergebnisse.

Information   **Kommasetzung in Satzgefügen** (▶ S. 214)

Satzgefüge bestehen aus mindestens einem **Haupt- und** einem **Nebensatz.** Sie werden **durch Kommas getrennt.** Im **Nebensatz** steht die **Personalform des Verbs am Ende.**
Der **Nebensatz** kann **vor** oder **nach dem Hauptsatz** stehen oder in ihn **eingefügt** sein, z. B.:
- **vor:** *Weil manche Pflanzen stets sauber bleiben,* erregten sie das Interesse der Forschung.
- **nach:** *Du brauchst Forschergeist,* **wenn du die Selbstreinigung der Pflanzen verstehen willst.**
- **eingefügt:** *Werde selbst,* **indem du Versuche durchführst,** *ein Forscher.*

Kommasetzung bei Relativsätzen und Appositionen

A Bioniker gewinnen Erkenntnisse aus der Erforschung der Natur, die sie in Technik umsetzen.

B Sie müssen ihre Ergebnisse, die später allen zur Verfügung stehen sollen, gut beschreiben.

C Leonardo da Vinci, ein italienischer Künstler, ging dabei als einer der Ersten systematisch vor.

1
a Bestimmt in Partnerarbeit die Relativsätze in A und B.

b In Satz C steht eine Apposition (Beifügung) in Form eines verkürzten Relativsatzes.
Formuliert, wie C mit einem vollständigen Relativsatz lautet: *Leonardo da Vinci, der* ..., ...

c Beschreibt, wo genau das Komma bzw. die Kommas stehen müssen.

Was sind Gebrauchsanleitungen?

A „Gebrauchsanleitung" ist ein Sammelbegriff für Texte die ganz unterschiedlich sein können. Ganz kurz sind zum Beispiel Anleitungen die sehr einfache Vorgänge erläutern.
5 Beschreibungen von Arbeitsabläufen die Mitarbeiter kennen müssen sind meist komplizierter. Bedienungsanleitungen für moderne Geräte haben oft einen großen Umfang der die Leselust vieler überfordert. Für viele elektronische Geräte gibt es oft nur im Internet Benutzerhandbücher die man sich herunterladen muss. Diese 10 Bücher werden von Ingenieuren geschrieben die ein Expertenwissen haben das sie nicht immer verständlich weitergeben können.

B Gebrauchsanweisungen sind oft schwer zu lesen. Sie sind in Expertensprache verfasst.
Für Ingenieure sind viele Dinge selbstverständlich. Diese Dinge sind den Nutzern der Geräte 5 aber nicht klar. Viele verstehen die Anweisungen in den Bedienungsanleitungen nicht. Sie probieren die Geräte einfach aus. Auch falsche Übersetzungen sind ärgerlich.

Sie können großen Schaden anrichten. Unklare Beschreibungen führen nicht zum Ziel. Das Ziel 10 liegt in der reibungslosen Nutzung des Gerätes. Zeichnungen helfen oft weiter. Zeichnungen werden über alle Sprachen hinweg verstanden. Viele Unternehmen lassen Gebrauchsanleitungen von Profis schreiben. Die können gute Sachtex- 15 te verfassen.

2 Prüft und bearbeitet die Kommasetzung für Text A oder B. Wählt Aufgabe a, b oder c.

a Verbessert Text A im Heft. Setzt die 8 fehlenden Kommas.

b Schreibt Text B um. Er soll 4 Haupt- und Relativsätze enthalten.

c Schreibt Text B: Er soll 5 Haupt- und Relativsätze und eine Apposition enthalten.

d Prüft in Partnerarbeit eure jeweilige Kommasetzung.

| Information | Kommasetzung bei Relativsätzen (▶ S. 217) und Appositionen |

- **Relativsätze sind Nebensätze.** Sie werden durch ein **Relativpronomen** wie *der, die, das* **eingeleitet,** das sich auf ein Wort im Hauptsatz bezieht. Sie werden **durch Komma** abgetrennt, z. B.: *Der Bioniker, der/welcher seit Jahren forscht, hat endlich Erfolg.*
- Ein Nomen kann durch **eine Apposition (Beifügung),** einen verkürzten Relativsatz, erläutert werden, z. B.: *Der Forscher, ein Bioniker, hatte endlich Erfolg;* statt: ..., *der ein Bioniker ist,* ...

Kommasetzung bei Infinitiven mit *zu*

> **A** Schon seit einiger Zeit wird privaten Haushalten empfohlen Rauchmelder zu installieren.
> **B** Anstatt sie einfach anzubringen, sollte man die Bedienungsanleitung unbedingt vorher lesen.
> **C** Man sollte auch daran denken, einen Fachmann nach der richtigen Anbringung zu fragen.

1
a Findet die Infinitive in den Sätzen A, B und C.
b Versucht eine Erklärung dafür zu finden, warum in Satz B und C ein Komma steht, z. B.:
  … werden eingeleitet … hinweisendes Wort … angekündigt …

Von Rauchmeldern und Schlangen

A Die Sinnesleistungen von Tieren sind empfindlichen Messsystemen häufig überlegen. Mittels ihres sensiblen Erkennungssystems gelingt es(,) einigen Schlangenarten(,) Temperaturschwankungen von 1/1000 °C wahrzunehmen. Damit ist es ihnen möglich(,) Beutetiere blitzschnell aufzuspüren. Das gelingt, weil alle Körper mit einer Temperatur von über 27,3 °C Infrarotstrahlung abgeben. Mit Hilfe von Thermorezeptoren sind Klapperschlangen zum Beispiel in der Lage(,) ihre Beute auch in der Dunkelheit aufzufinden. Die technischen Möglichkeiten(,) solche Infrarotsensoren in der Technik zu nutzen(,) sind vielfältig. Man unterscheidet aktive und passive Systeme. Aktive senden Strahlung aus. Man braucht sie(,) um z. B. Lichtschranken herzustellen. Passive sind darauf ausgerichtet(,) auf Strahlung von außen zu reagieren.

B Rauchmelder geben Alarm, wenn Licht durch Rauch gestreut wird und auf den Empfänger im Gerät trifft. Es empfiehlt sich mehrere Rauchmelder in der Wohnung zu installieren. Man sollte daran denken bei mehrstöckigen Gebäuden einen Rauchmelder je Etage anzubringen. Nur so ist es möglich eine rechtzeitige Warnung bei einem Brand zu erzeugen. Man bringt den Rauchmelder insbesondere an um den Weg zum Schlafzimmer zu sichern. Ein solcher Melder ist allerdings an sich sehr laut damit er auch durch geschlossene Türen zu hören ist. Dabei ist jedes Gerät in der Deckenmitte anzubringen.

---

2 Prüft und bearbeitet die Kommasetzung für Text A oder B. Wählt Aufgabe a oder b.
●○○ a Prüft in Text A, ob die Kommas in den Klammern gesetzt werden müssen. Schreibt die Sätze
    richtig ab. Markiert das Wort, mit dem ihr die Kommasetzung begründet.
●●● b Verbessert Text B im Heft. Setzt die fehlenden Kommas.
   c Prüft in Partnerarbeit eure jeweilige Kommasetzung.

Information   **Kommasetzung bei Infinitiven mit *zu***

- Ein **einfacher Infinitiv mit *zu*** verlangt **meist kein Komma,** z. B.: *Du brauchst nicht zu lesen.*
- Werden Infinitive **mit *als, anstatt, außer, ohne*** oder ***um* eingeleitet**, setzt man ein **Komma**,
  z. B.: ***Anstatt* zu probieren, solltest du lieber die Gebrauchsanweisung lesen.**
- Werden Infinitive durch ein **hinweisendes Wort angekündigt**, setzt man ein **Komma,** z. B.:
  *Denke **daran**, die Bedienungsanleitung zu lesen. **Es** ist gut, etwas für die Sicherheit zu tun.*

3 Übt die Kommasetzung bei Infinitiven mit *zu*. Wählt Aufgabe 4, 5 oder 6.

Anstatt sich auf sein Glück zu verlassen …	… sein Haus besser zu sichern.
Ohne Vorsorge zu treffen …	… sollte man sich um ein Warnsystem kümmern.
Eigentlich ist es ganz einfach …	… lebt man gefährlicher.

4 Welche Satzbausteine passen zusammen?

●○○ **a** Fügt im Heft die Sätze zu sinnvollen Aussagen zusammen.

b Markiert das Wort, das die Kommasetzung nötig macht. Setzt das Komma.

> Ich finde es wichtig, dass ich einen Rauchmelder im Zimmer habe.
> Ich bin erstaunt darüber, dass ich ihn so leicht anbringen kann.
> Denke daran, dass du beim Anbringen sorgfältig arbeitest.
> Hoffe nicht darauf, dass du die Montage alleine schaffst.
> Beginne damit, dass du die Rauchmelder sorgfältig in der Wohnung verteilst.

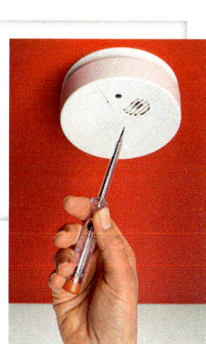

5 Bildet aus den *dass*-Nebensätzen Infinitivsätze mit Komma. Arbeitet im Heft, z. B.:

●●○ Ich finde es wichtig, dass ich einen Rauchmelder im Zimmer habe.

→ *Ich finde es wichtig, einen Rauchmelder …*

daran denken es ist wichtig	einen Raum durch einen Rauchmelder überwachen lassen
darum bitten dafür sorgen	Plätze für die Anbringung der Rauchmelder zu suchen
anstatt zu warten	die Rauchmelder richtig montieren
	die Funktion des Rauchmelders prüfen
	einen Plan für weitere Rauchmelder erstellen

6 Bildet mit Hilfe der Satzbausteine Infinitivsätze mit Komma. Schreibt ins Heft.

●●●

> **sehen/zusehen:** Er freute sich seine Freunde [?] . Es machte ihm Spaß beim Experimentieren [?] .
> **schreiben/zuschreiben:** Es machte ihm Spaß [?] . Er fand es nicht fair dem Kind die Schuld [?] .
> **binden/zubinden:** Sie half ihm seine Krawatte [?] . Er musste sich bücken um seine Schuhe [?] .
> **lassen/zulassen:** Der Nachbar bat darum den Krach [?] . Er bemühte sich keine Torchancen [?] .

7 **a** Ergänzt im Heft die 8 Sätze mit dem passenden Infinitiv.

Überlegt, in welchen Infinitivsätzen auf jeden Fall ein Komma gesetzt werden muss.

b Markiert in den Sätzen mit Komma die Wörter, die den Infinitiv ankündigen.

Methode	**Kommasetzung bei Infinitiven mit *zu***

In der Regel kannst du die meisten **Infinitivsätze mit *zu*** durch ein Komma abtrennen.
Wenn du unsicher bist, ob ein Infinitivsatz mit *zu* durch ein Komma zu markieren ist, dann
setze besser ein Komma.

Teste dich!

Wespenforschung und Papierherstellung

Wespen die viele als Bedrohung ansehen bauen kunstvolle Nester. Sie waren die Vorbilder für eine Erfindung die aus unserem Leben nicht mehr wegzudenken ist: das Papier. Wespen raspeln feine Holzspäne von Oberflächen ab die sie mit einem Sekret zersetzen. Aus dem Brei der dabei entsteht schichten sie papierdünne Wände auf die nach dem Trocknen erstaunlich stabil sind. Diese stockwerkhohen Nester die leicht und stabil sein müssen erhalten ihre Festigkeit dadurch dass die Holzfasern des Wespenpapiers alle parallel ausgerichtet sind.

1 a Schreibe den Text ab und setze die 10 fehlenden Kommas.
    b Markiere die Nebensätze und die Nomen, auf die sie sich beziehen.

Wie sich die Papierherstellung entwickelt hat

Papier wurde früher nicht aus Holz hergestellt sondern es wurden dafür Lumpen verwendet. Diese mussten aus Pflanzenfasern wie Leinen Flachs Baumwolle oder Hanf hergestellt sein. Sie wurden sortiert gereinigt zerkleinert und in Wasser gelegt. Nach einiger Zeit entstand ein Brei.

Der französische Naturforscher de Réaumur veränderte Anfang des 18. Jahrhunderts die Papierherstellung indem er Wespen beobachtete. Er fand heraus wie sie die Späne bearbeiteten. Weil Holz genügend vorhanden war galt seine Verwendung für Papier als großer Fortschritt.

2 a Schreibe die markierten Sätze ab und setze die fehlenden Kommas.
    b Umrahme die Hauptsätze, unterstreiche die Nebensätze.
    c Schreibe die nicht markierten Sätze ab und setze die Kommas. Nenne die Kommaregel.

Papier mit Sandwichstruktur

1 Am Papier kann man leicht erforschen wie es durch einfache Tricks fester wird. Dabei geben besonders Rillen und Falten Stabilität. **2** Lege zu Beginn des Versuchs ein Blatt Papier über eine Lücke zwischen zwei aufrecht stehenden Büchern lege dann vorsichtig Münzen in die Mitte des Papiers. Du erkennst wie viel Gewicht du auf das Papier legen kannst ohne dass es durchsackt. Falte nun das Papier wie eine Ziehharmonika und wiederhole den Versuch. **3** Teste erneut die Tragfähigkeit des Papiers ändere die Faltrichtung und prüfe ob auch sie eine Rolle spielt. **4** Das gefaltete Papier das nicht mehr Material hat als das flache Papier trägt wesentlich mehr Gewicht. Wenn du auf dein Faltenpapier oben und unten ein glattes Blatt Papier klebst wird die Konstruktion noch tragfähiger. Diese Sandwichstruktur verwendet man beim Pappkarton den man sogar zum Bauen von Möbeln einsetzt.

3 a Schreibe die Sätze ab und setze die Kommas.
    b Ordne den Sätzen 1 bis 4 zu: Relativsatz, Aufzählung, Satzreihe, Satzgefüge.

12.3 Fit in …! – Fehlertexte überarbeiten

Getrennt oder zusammen?

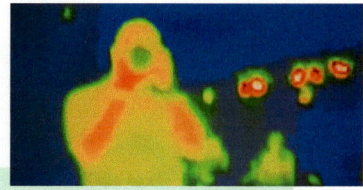

1 Überarbeitet einen der folgenden Texte. Wählt Aufgabe a/b/c oder d/e.

> INFRAROTSTRAHLUNG ist ein für uns NICHTSICHTBARER Teil des Lichts und bildet einen Teil der WÄRMESTRAHLUNG, INFRAROTSENSOREN messen die WÄRMESTRAHLUNG, die ein Gegenstand abgibt, sie werden zur WÄRMEERKENNUNG an LICHTSCHRANKEN und BRANDMELDERN, an COMPUTERSCHNITTSTELLEN und in FERNBEDIENUNGEN für TECHNISCHEGERÄTE eingesetzt. Auch WÄRMEBILDKAMERAS […] reagieren auf die Infrarotstrahlung. Sie zeigen TEMPERATURUNTERSCHIEDE durch VERSCHIEDENEFARBEN an.

a Prüft, ob die Wörter in Großbuchstaben zusammengeschrieben werden. Bestimmt dazu, aus welchen Wortarten sie bestehen (Nomen, Verb, Adjektiv). Schreibt sie richtig ins Heft.

> umweltverträglicheölabsorber, transparentewärmedämmungen oder knochenleichteautokonstruktionen – das sind nur einige der Produkte, die Bioniker nach dem Vorbild der Natur entwickelt haben. Die Forschungs Ergebnisse aus der Bionik waren schon immer so vielfältig wie die Interessen der neugierigenwissenschaftler und einfallsreicheningenieure. Früheerfinder versuchten vergeblich, die Natur zu kopieren. Die heutigenerfindungen nach natürlichenvorbildern funktionieren nur, weil die Bioniker zunächst erforschen, welche Details und Prinzipien in die Technik übertragenwerden müssen.

b Schreibt die getrennt zu schreibenden Wortgruppen richtig ins Heft.
 Bestimmt dazu die Wortarten, aus denen sie bestehen.
c Welches Wort muss zusammengeschrieben werden?

> Bionischeoberflächen wurden durch die Selbstreinigung nach Vorbild von Lotos Blättern oder durch den Haihaut Effekt berühmt. Die Entwicklung von elastischenroboterarmen und selbstständig arbeitenden Robotern bietet die Möglichkeit, Aufgaben zwischen Menschen und Robotern so auf zu teilen, dass der Mensch sich nicht in Gefahr begebenmuss. Beim Bau unserer Häuser haben wir schon immer Natur Materialien verwendet, heute schauen wir uns zusätzlich Ideen aus der Natur ab, die z. B. für die Festigkeit von Bauteilen wichtigsind. Die Gestaltung neuermaterialien mit Wunsch Eigenschaften ist bedeutsam für die Zukunft.

d Prüft, ob die markierten Wörter zusammen- oder getrennt geschrieben werden.
 Ordnet im Heft die verbesserten Wörter in die richtige Spalte ein: zusammen/getrennt.
e Notiert, woraus die Verbindungen bestehen: Nomen/Nomen, Adjektiv/Nomen, Adjektiv/Verb, Verb/Verb, Verb mit unveränderlichen Wörtern, Wortgruppe mit *sein*.

Rechtschreibwissen anwenden

Stellt euch vor, ihr bekommt in der nächsten Klassenarbeit die folgende Aufgabe gestellt:

Aufgabe

Überarbeitet den Text im Heft:
– Setzt die nötigen Kommas und begründet sie.
– Prüft die Schreibweise von Fremdwörtern und von Wortzusammensetzungen.

Solarkraftwerke für unterwegs

1 Es passiert immer wieder und ist ärgerlich: **2** Das Handy oder Smartphone klingelt und gerade in diesem Moment macht der Akku schlapp. **3** Hätte man bloß nicht vergessen ihn am Vortag noch aufzuladen. **4** Wie praktisch wäre es dann wenn sich der Akku nicht nur im Auto sondern auch beim Spaziergang oder auf dem Weg ins Büro direkt am Körper wieder aufladen ließe. **5** Doch Kleidung mit einem integrierten Ladegerät gibt es bisher nicht.

6 Matrialwissenschaftler der Universität Jena wollen in ihrem neuen Projekt „Smiley" gemeinsam mit sieben europäischen Partnern zumindest die Grundlagen für die Umsetzung dieser Vision schaffen. **7** Ein Ziel des von der Europäischen Union geförderten Vorhabens ist es Solarzellen auf Textilbasis zu entwickeln die auch in die Kleidung eingesetzt werden können. **8** „Smiley" verweist auf einen auf der Bionik fußenden Ansatz, den das internationale Forscherteam unter Kordination der italienischen Materialwissenschaftlerin Anna Tempieri verfolgt. **9** „Gruntlage für die textilen Solarzellen werden Fasern sein, auf denen Halpleitermaterialien aufwachsen können", erläutert Frank Müller von der Universität Jena, der das Projekt leitet. **10** Die Forscher schauen sich diese an die Biomineralisation angelehnten Beschichtungsvorgänge bei der Natur ab. **11** Dabei fördern Gerüste aus Eiweiß- oder Zuckermolekülen die Entstehung von Mineralien. **12** Auf diese Weise bilden sich in der Natur Knochen und Zähne, Schneckenhäuser, Muschelschalen und Schiltkrötenpanzer.

1 Findet die 2 falsch geschriebenen Fremdwörter im Text. Sprecht sie deutlich in Silben.

2 Findet die 3 fehlerhaften Wortzusammensetzungen.
Verbessert sie im Heft. Beweist die richtige Schreibung durch Zerlegen und Verlängern.

3 In den Sätzen 1 bis 7 fehlen alle Kommas. Schreibt sie korrigiert ins Heft.

4 Ordnet im Heft den Sätzen 4, 8, 9 und 12 die richtige Kommaregel aus A bis E zu.
A In einer Satzreihe kann vor *und* ein Komma stehen, muss aber nicht.
B Redebegleitsatz und wörtliche Rede werden voneinander mit Komma getrennt.
C Vor *sondern* steht ein Komma.
D In einem Satzgefüge steht zwischen Haupt- und Nebensatz ein Komma.
E Aufzählungen werden durch ein Komma getrennt.

5 Vergleicht in Partnerarbeit eure Ergebnisse zu den Seiten 246–248.

Zeit	Montag	Dienstag	Mittwoch	Donnerstag	Freitag
7.55 – 8.40	Physik	Religion	Förder	Kunst	Mathe
8.45 – 9.30	Mathe	Englisch	Chemie	Deutsch	Biologie
9.50 – 10.35	Sport	Biologie	Geschichte	Deutsch	Glück
10.40 – 11.25	Sport	Mathe	Physik	Mathe	Sport
11.45 – 12.30	Deutsch	Glück	Englisch	Biologie	Englisch
12.35 – 13.20	Englisch	Deutsch	Kunst	Erdkunde	Religion
13.25 – 14.10	Erdkunde	–	–	–	–

1
a Vergleicht den Stundenplan mit eurem: Gibt es ein Fach, das ihr nicht kennt?
b Notiert, was ihr euch unter diesem Fach vorstellt. Nennt mögliche Inhalte.
c Tauscht euch über eure Vorstellungen in der Klasse aus.

2 Welche anderen Unterrichtsfächer könnten zu eurem Glück beitragen? Findet einen Namen für ein solches Fach und begründet eure Meinung, z. B.:
Ich hätte gern das Unterrichtsfach „Mit Geld umgehen", denn dann ...

In diesem Kapitel ...

– lernt ihr unterschiedliche Lesetechniken kennen und anwenden,
– erschließt ihr Sachtexte, Diagramme und literarische Texte,
– übt ihr den Umgang mit verschiedenen Aufgabenformaten,
– trainiert ihr das richtige Zuhören.

13.1 Lesetechniken anwenden – Informationen entnehmen und bewerten

Texte überfliegen

A

Die Sehnsucht nach Glück

Jeder will glücklich sein. Und jeder wünscht sich, dass dieses schöne Gefühl möglichst lange anhält. Diese Sehnsucht nach Glück gibt es auf der ganzen Welt.

5 **Verschiedene Auffassungen von Glück**

Einig sind sich alle darin, dass Glück ein angenehmes und schönes Gefühl ist. Unterschiedlich sind aber die Auffassungen davon, was Glück genau ist. So spricht man von Glück,
10 wenn der Zufall im Spiel war und jemand im Lotto gewonnen hat.

Etwas geschafft zu haben, wofür man geübt oder sich angestrengt hat, z. B. für einen guten Aufschlag beim Tennis oder das Spielen eines
15 schwierigen Musikstücks, kann ebenfalls glücklich machen. Auch besonders schöne Situationen oder Erlebnisse wie ein Sonnenuntergang am Meer können Glücksgefühle auslösen. Der Traum von einem glücklichen Leben erfüllt
20 sich wahrscheinlich nur dann, wenn man mit sich selbst im Einklang und mit seinem Leben zufrieden ist.

Der Begriff Glück

Glück kann offenbar für jeden Menschen in
25 verschiedenen Situationen und Lebensphasen etwas anderes bedeuten. Im Deutschen gibt es nur ein Wort für die unterschiedlichen Bedeutungen von Glück, z. B. Glück als positiver Zufall oder als freudige Gemütsverfassung.
30 Andere Sprachen hingegen, beispielsweise das Englische, unterscheiden zwischen „luck" *(das Zufallsglück)*, „pleasure" *(ein aktuelles Glückserlebnis)* oder „happiness" *(ein dauerhafter Glückszustand).*

Gibt es eine Glücksformel? 35

Glücksratgeber gehören heute zu den Bestsellern. Und es gibt viele Wissenschaften wie die Philosophie und die Psychologie, die sich mit dem Thema Glück beschäftigen und erforschen, was Glück ist und wie es entsteht. Eine 40 Glücksformel hat noch niemand entdeckt. Forscher haben aber herausgefunden, dass es offenbar Dinge gibt, die Glück begünstigen. Dazu gehören ein stabiles soziales Umfeld und das Ausüben einer befriedigenden Tätigkeit, z. B. 45 im Beruf, als Ehrenamt oder Hobby. Ebenso wichtig sind Gesundheit, persönliche Freiheit, genug Geld zur Abdeckung der Grundbedürfnisse (Essen, Trinken, Wohnen) und vor allem auch eine positive innere Haltung, eine Art Le- 50 bensphilosophie. Vielleicht kommt man dem Glück auf die Spur, wenn man auf ein weiteres Forschungsergebnis achtet: Die Untersuchungen zeigen nämlich, dass vor allem die Menschen glücklich sind, die das Gemeinwohl über 55 ihre eigenen Interessen und Leistungen stellen.

B

Glück: Was ist das?

In jeder Kultur und zu jeder Zeit beschäftigten sich Menschen mit den Fragen, was Glück ist und wie man es erreichen kann. Früher waren das vor allem Philosophen. So sah der Chinese Lao Tse (6. Jahrhundert vor Christus) das wahre Glück in der Untätigkeit. Wenn der Mensch aufhöre, so Lao Tse, dem Glück oder anderen Zielen hinterherzulaufen, dann sei er wirklich glücklich.

Für die griechischen Philosophen Sokrates, Platon und Aristoteles (5./4. Jahrhundert vor Christus) führte eine anständige und nicht anstößige Lebensweise zum Glück.

Heute wollen insbesondere Soziologen[1] herausfinden, wo die glücklichsten Menschen leben. Der Niederländer Ruut Veenhoven hat die weltgrößte Glücksdatenbank gegründet und herausgefunden, dass unter den Bewohnern von 97 Ländern die Dänen am glücklichsten sind, es folgen die Schweizer, dann die Isländer.

Ebenso beschäftigen sich die Psychologen mit dem Glück und untersuchen, wie positive Gefühle entstehen und welche gesellschaftlichen Bedingungen diese Gefühle unterstützen.

Auch die Hirnforschung leistet einen wichtigen Beitrag zur Glücksforschung […]. Vor allem der amerikanische Hirnforscher Richard Davidson hat sich durch seine Experimente einen Namen gemacht, indem er die Gehirnaktivität seiner Versuchspersonen maß. So fand Davidson heraus, dass die linke vordere Gehirnhälfte für positive Gefühle zuständig ist, während die rechte vordere Gehirnhälfte negative Emotionen entstehen lässt.

Das Glück ist also etwas, das durch die verschiedensten Wissenschaften erforscht wird.

---

1 Soziologen (Gesellschaftswissenschaftler): befassen sich mit der Frage, wie Menschen in verschiedenen Kulturen bzw. Gruppen und Einrichtungen zusammenleben

---

1 Stellt euch vor, ihr sollt schnell mit Hilfe der beiden Texte A und B Antworten zu folgender Frage finden:
Wodurch kann man nach Meinung der Wissenschaften glücklich werden?
a Wendet die Methode des überfliegenden Lesens an:
  – Lest nur die Überschriften und die ersten Zeilen der Absätze.
  – Achtet auf Signalwörter zum Thema, z. B.: „Glück", „Forscher", „herausfinden".
b Lest die Textstellen vor, die erste Antworten auf die gestellte Frage geben.

2 Diskutiert, ob die beiden Texte euch genügend Antworten auf die in Aufgabe 1 gestellte Frage geben.

3 Lest die Texte ein zweites Mal Satz für Satz.
Formuliert, welche Informationen für euch interessant sind oder was euch überrascht.

Methode	Texte überfliegen

Das überfliegende Lesen hilft euch, **aus mehreren Texten diejenigen herauszufiltern,** die euch **Informationen** zu einem **bestimmten Thema oder einer bestimmten Frage** liefern.
1 Klärt, zu welcher **Frage** oder zu welchem **Thema** ihr euch informieren möchtet.
2 Lest die **Überschrift,** die **Zwischenüberschriften** und die **ersten Zeilen der Textabsätze.**
Oft gibt es auch einen **Einleitungssatz,** der Auskunft über den Inhalt des Textes gibt.
3 Überfliegt den gesamten **Text: Gleitet** mit den Augen **zügig über den Text** und haltet nach **Signalwörtern** zur Frage bzw. zum Thema Ausschau.
4 Haltet fest, ob der **Text** für euer Anliegen **geeignet** ist.

Sachtexte erschließen, zusammenfassen und veranschaulichen

Christina Krätzig

Bhutan: Glück als Staatsziel

Wie ein König seine Untertanen erzieht

In Bhutan wurde bereits vor mehr als 30 Jahren festgelegt: Nicht Wirtschaftswachstum soll das wichtigste Entwicklungsziel des Landes sein, sondern „Bruttonationalglück". Diesen Begriff prägte der damals regierende bhutanische König Jigme Singye Wangchuk Anfang der 1970er Jahre. Gemeint ist: Jeder Mensch in Bhutan soll so glücklich wie möglich leben können; die Regierung soll das ermög-
5 lichen und die Rahmenbedingungen dafür schaffen.

Anders als ihm internationale Berater empfahlen, setzte der König zunächst auf den Ausbau des Gesundheits- und Bildungsbereichs, um seine Untertanen glücklich zu machen – und nicht auf den Bau von Fabriken oder eine schnelle wirtschaftliche Entwicklung. Damals gab es in ganz Bhutan zwei Ärzte und die Lebenserwartung lag
10 bei unter 40 Jahren. Heute hat sich die Lebenserwartung auf 65,5 Jahren enorm gesteigert. Das Netz von Krankenhäusern und Ärzten ist engmaschig, die Krankenversorgung nach wie vor kostenlos. So gut wie alle jungen Bhutaner gehen zur Schule. 60 Prozent der Bevölkerung können inzwischen lesen und schreiben.

2006 übernahm der Sohn des früheren Königs die Macht. Der junge König Jigme
15 Khesar Namgyel Wangchuk war beim Amtsantritt erst 26 Jahre alt. Er wurde in den USA, England und Indien ausgebildet und hat unter anderem in Oxford studiert. Gleich in seiner ersten Ansprache hat der „fünfte Drachenkönig" (so sein offizieller Titel) erklärt, dass er die demokratische Entwicklung des Landes voran-
20 bringen wolle.

2008 fanden in Bhutan die ersten Wahlen statt. Seitdem gibt es auch eine Verfassung, in der Bruttonationalglück als Staatsziel verankert ist. Darin heißt es in Artikel 9 Absatz 2: „Der Staat bemüht sich, jene Bedingungen zu fördern, die das Streben nach Bruttonationalglück ermöglichen."
25 Der junge König hat die Grundlegungen seines Vaters, die zu mehr Glück der Untertanen führen sollen, weitestgehend übernommen. Dazu gehört neben einer „guten Regierungsführung" ein nachhaltiges und gerechtes Wirtschaftswachstum, der Erhalt der bhutanischen Kultur und Umweltschutz. 60 Prozent des Landes stehen unter Naturschutz, insbesondere die einzigartigen Himalajawälder, die in
30 Nepal oder Tibet rücksichtslos abgeholzt wurden. Wer in Bhutan einen Baum fällt, muss dafür zwei nachpflanzen.

Allerdings gab und gibt es auch viele Vorschriften: Zu offiziellen Anlässen müssen die Menschen traditionelle Kleidung tragen. Häuser dürfen nur im bhutanischen Stil gebaut werden. Rauchen, Werbung und Plastiktüten sind untersagt.
35 Dass ausgerechnet der König des kleinen Himalajastaates eine so menschenfreundliche Politik verfolgt, liegt auch an der buddhistischen Tradition des Landes.

Wo liegt Bhutan? erklären!

Begriffsbestimmung: Was heißt „Bruttonationalglück"?

Nächstenliebe und Toleranz stehen seit jeher im Zentrum der Religion. Die Überwindung von Gier und anderen Schwächen soll zu innerer Ausgeglichenheit und Glück führen. Nach buddhistischer Vorstellung ist ein Zustand des Glücks sogar der ursprüngliche Zustand, in dem sich jeder Mensch befindet, der nicht von bösen Gedanken beherrscht wird. […] Der Besitz materieller Güter macht nach buddhistischen Vorstellungen nicht glücklich […]. Vielmehr geht es darum, materielle und geistige Bedürfnisse in Einklang zu bringen.

2008 hat der „Fünfte Drachenkönig" das Glück seiner Untertanen erstmals erforschen lassen. Dafür hat er Interviewer in alle Landesteile geschickt und seine Untertanen befragen lassen. Die Interviews dauerten manchmal einen ganzen Tag lang. Die Forscher vom Institut für Bhutan-Studien wollten beispielsweise wissen, ob die Menschen genug zu essen haben, ihren Nachbarn trauen oder wie oft sie meditieren. Die Ergebnisse dieser Forschung wurden allerdings nicht veröffentlicht. Weitere Befragungen sind geplant, derzeit mangelt es jedoch an Geld.

1 **a** Überfliegt den Text (▶ Methode, S. 251) unter der folgenden Fragestellung:
Welche Maßnahmen ergriff die Regierung, um das Glück der Bhutaner zu fördern?
b Vergleicht eure Antworten zur Fragestellung. Lest zum Beweis Textstellen vor.

2 Lest den Text ein zweites Mal.
Klärt in Partnerarbeit die Bedeutung euch unbekannter Wörter aus dem Textzusammenhang oder durch Nachschlagen.

3 Erschließt den Text so, dass ihr ihn ganz versteht. Wählt Aufgabe a/b oder c/d.
●●● **a** Arbeitet mit einer Textkopie. Lest den Text sorgfältig. Geht so vor:
   – Markiert Schlüsselwörter, so wie in den ersten Zeilen bereits geschehen.
   – Notiert Fragen am Rand, wenn euch noch etwas unklar ist.
●●● **b** Gliedert den Text in Sinnabschnitte.
Notiert eine Zwischenüberschrift, die den Inhalt des Abschnitts knapp zusammenfasst.
●○○ **c** Entscheidet für die Z. 5 bis 14, ob die folgenden Wörter wichtige Informationen enthalten und daher Schlüsselwörter sind:

so glücklich wie möglich   Rahmenbedingungen Ausbau des Gesundheits- und Bildungsbereichs   damals   ganz Bhutan Lebenserwartung gesteigert   Netz von Krankenhäusern und Ärzten engmaschig kostenlos   So gut wie alle   60 Prozent lesen und schreiben

●○○ **d** Ordnet dem Text je Sinnabschnitt eine der folgenden Zwischenüberschriften zu:
   – Die Maßnahmen des Königs von Bhutan   – Was heißt „Bruttosozialglück"?
   – Weitere Grundlegungen für das Glück   – Glücksinterviews in Bhutan
   – Kritik: viele Vorschriften   – Der Sohn des Königs
   – Welche Werte galten in Bhutan zuvor?

4 Tauscht euch über eure Ergebnisse zu Aufgabe 3 in der Klasse aus.

5 Fasst die wichtigsten Informationen des Textes zusammen. Geht so vor:

a Formuliert eine **Einleitung.**

Nennt die Autorin/den Autor, den Titel, die Textsorte und das Thema des Textes, z. B.:

In …s Bericht mit dem Titel … geht es darum, wie die Regierung von … versucht, …

b Fasst im **Hauptteil** die wichtigsten Informationen mit eigenen Worten zusammen.

Zusammenhänge (Maßnahmen und Begründungen) sollten deutlich werden.

Tipp: Nutzt für eure Zusammenfassung eure Zwischenüberschriften aus Aufgabe 3 b/d.

c Formuliert einen **Schluss.**

Bringt z. B. zum Ausdruck, was euch am Text gut bzw. weniger gut gefallen hat:

– *Durch diesen Bericht ist mir deutlich geworden, wie wichtig …*

– *Zum einen finde ich es gut, dass … Zum anderen gibt es in Bhutan viele Vorschriften …*

6 **a** Arbeitet zu zweit im Heft.

Veranschaulicht die Informationen aus dem Text in Form eines Flussdiagramms wie folgt.

b Vergleicht eure Arbeitsergebnisse zu Aufgabe 5 und 6 a.

Welche Vor- und Nachteile haben die beiden Arten der Informationsdarstellung?

König von Bhutan (Jigme Singye Wangchuk)

↓

1970: „Bruttonationalglück" als Staatsziel

= Jeder Mensch in Bhutan soll so glücklich wie möglich leben.

↓

Maßnahmen: …

Methode	**Einen Sachtext erschließen und zusammenfassen**

1. Schritt: Lest die **Überschrift(en), hervorgehobene Wörter** und die **ersten Zeilen** der Textabschnitte. Betrachtet möglicherweise vorhandene **Abbildungen.**

2. Schritt: Arbeitet mit einer Kopie des Textes: **Lest** den gesamten Text **zügig** durch und kreist unbekannte Wörter ein. Macht euch klar, was das **Thema des Textes** ist.

3. Schritt: Klärt unbekannte Wörter und Textstellen durch Nachdenken oder Nachschlagen.

4. Schritt: Lest den **Text sorgfältig.**

■ **Markiert** die **Schlüsselwörter** farbig, die wichtige Informationen enthalten.

■ **Gliedert den Text** in Sinnabschnitte. **Notiert Fragen** am Rand, wenn euch etwas unklar ist.

5. Schritt: Fasst die Informationen des Textes **zusammen.**

Tipp: Man kann die **Informationen** des Textes auch **veranschaulichen,** z. B. in Form eines **Flussdiagramms,** das gedankliche Abläufe übersichtlich darstellt.

Für die **Zusammenfassung eines Sachtextes** solltet ihr so vorgehen:

■ In der **Einleitung** nennt ihr die Autorin/den Autor, den Titel, die Textsorte (sofern bekannt) sowie das Thema des Textes.

■ Im **Hauptteil** fasst ihr die wichtigsten Textinformationen sachlich und mit eigenen Worten zusammen. Macht dabei Zusammenhänge (z. B. Begründungen) durch passende Satzverknüpfungen deutlich; z. B.: *daher, aus diesem Grund, entsprechend, folglich, …*

■ Zum **Schluss** könnt ihr formulieren, was euch am Text gut oder weniger gut gefallen hat.

Diagramme lesen, verstehen und auswerten

Abb. 1: Was bedeutet für Sie Glück?

Übersicht: Nennungen „trifft sehr zu"

Gesundheit	87 %
Elternhaus mit Liebe und Geborgenheit	74 %
Freude über die kleinen Dinge des Lebens	69 %
Ein Arbeitsplatz	56 %
Erfolg	42 %
Zeit für Hobbys	39 %
keine Geldsorgen	31 %

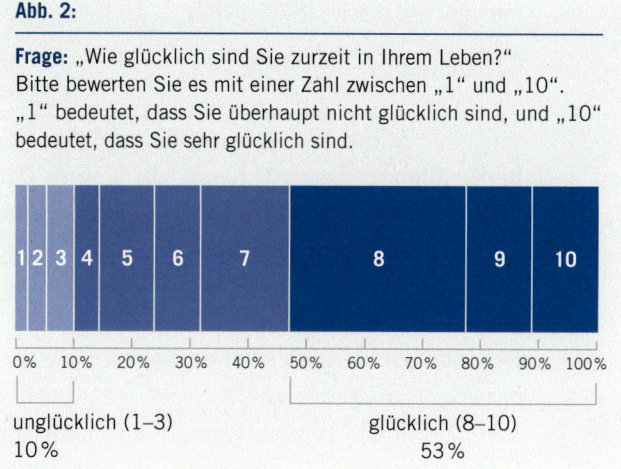

Abb. 2:

Frage: „Wie glücklich sind Sie zurzeit in Ihrem Leben?"
Bitte bewerten Sie es mit einer Zahl zwischen „1" und „10".
„1" bedeutet, dass Sie überhaupt nicht glücklich sind, und „10"
bedeutet, dass Sie sehr glücklich sind.

unglücklich (1–3)
10 %

glücklich (8–10)
53 %

---

1 Untersucht eines der beiden Diagramme (Schaubilder). Wählt Aufgabe 2 oder 3.

2 Untersucht in Partnerarbeit das linke Diagramm. Geht so vor:
●○○ **a** Lest die Überschrift, die Frage und die Antwortmöglichkeiten.
Begründet, welche Antworten ihr gut nachvollziehen könnt.
b Notiert, worüber das Diagramm informiert und was für euch die Hauptaussage ist, z. B.:
Das Diagramm mit dem Titel ... zeigt, dass die Mehrheit der Befragten ... Nur 31 ...

3 **a** Schaut euch das rechte Diagramm an. Lest die Frage und die Erklärungen.
●●○ Erklärt euch gegenseitig, was die Farbgebung, die Zahlen zwischen 1 und 10 und die
Prozentangaben bedeuten.
b Formuliert eine passende Überschrift für das Diagramm.

4 Fasst gemeinsam in der Klasse zusammen, was die beiden Grafiken über Glück in Deutschland
aussagen, z. B.:
*Nach diesen Diagrammen sind die ... Menschen in ... Besonders glücklich sind sie, wenn ... Danach wünschen
sich ... Das Thema „Geld" spielt für ... eine Rolle ...*

Methode	**Diagramme (Schaubilder) lesen, verstehen und auswerten**

- **Diagramme** (Schaubilder) sollen **Informationen übersichtlich veranschaulichen.**
- Macht euch zunächst klar, worüber das Diagramm informiert.
  Lest zuerst die **Überschrift** des Diagramms sowie die **Erklärungen** und **Zahlenangaben.**
- Setzt die **Angaben in Beziehung** zueinander, indem ihr sie z. B. vergleicht.
  Achtet auf besonders hohe oder niedrige, ähnliche oder abweichende Zahlenwerte.
- Fasst zum **Schluss** zusammen, was das Diagramm **im Wesentlichen aussagt,** z. B.:
  Das Diagramm zeigt, dass ... Aus dem Diagramm geht hervor, dass ...

Einen literarischen Text lesen und verstehen

Hermann Hesse (1877–1962)

Chinesische Legende

Ein alter Mann mit Namen Chunglang, das heißt „Meister Felsen", besaß ein kleines Gut in den Bergen. Eines Tages begab es sich, dass er eins von seinen Pferden verlor. Da kamen
5 die Nachbarn, um ihm zu diesem Unglück ihr Beileid zu bezeigen.
Der Alte aber fragte: „Woher wollt ihr wissen, dass das ein Unglück ist?"
Und siehe da: Einige Tage darauf kam das
10 Pferd wieder und brachte ein ganzes Rudel Wildpferde mit. Wiederum erschienen die Nachbarn und wollten ihm zu diesem Glücksfall ihre Glückwünsche bringen.
Der Alte vom Berge aber versetzte: „Woher
15 wollt ihr wissen, dass es ein Glücksfall ist?"

Seit nun so viele Pferde zur Verfügung standen, begann der Sohn des Alten eine Neigung zum Reiten zu fassen, und eines Tages brach er sich das Bein. Da kamen sie wieder, die Nachbarn, um ihr Beileid zum Ausdruck zu bringen.   20
Und abermals sprach der Alte zu ihnen: „Woher wollt ihr wissen, dass dies ein Unglücksfall ist?"
Im Jahr darauf erschien die Kommission [des Kaisers] in den Bergen, um kräftige Männer   25
für den Stiefeldienst des Kaisers und als Sänftenträger zu holen. Den Sohn des Alten, der noch immer seinen Beinschaden hatte, nahmen sie nicht. Chunglang musste lächeln.

1 a Tauscht euch über eure ersten Leseeindrücke aus.
   b Begründet mit A oder B, weshalb Chunglang dreimal fragt: „Woher wollt ihr wissen, …?"
     A Er weiß, dass man Glück und Unglück nicht nur nach dem Augenblick bewerten darf.
     B Er weiß, dass die Bewohner ihn für klug halten. Also regt er sie zum Nachdenken an.
   c Formuliert, warum Chunglang am Schluss der Geschichte lächeln muss (▶ Z. 29).

2 Setzt den Titel mit der Geschichte in Beziehung. Wählt Aufgabe a, b oder c.
●●● a Eine „Legende" ist ein Geschichte, in der es in der Regel um heilige Menschen geht, die besonders weise sind. Inwiefern passt der Titel „Legende" zu dieser Geschichte?
●●○ b Überlegt euch für die Geschichte einen eigenen passenden Titel.
●○○ c Überlegt, welche der folgenden Überschrift am besten passt:
     A Glück im Unglück   **B** Wer kennt schon die Zukunft?   **C** Sorgen um den Sohn
   d Stellt eure Überschriften in der Klasse vor. Begründet, warum ihr diese treffend findet.

3 a Gliedert den Text in Sinnabschnitte. Gebt ihnen treffende Zwischenüberschriften, z. B.: *Z.1–6: Chunglang verliert ein Pferd …*
   b Veranschaulicht den Handlungsaufbau in Form eines Flussdiagramms, z. B.:

Z.1–6: scheinbares Unglück durch verlorenes Pferd, Nachbarn …
↓
Z.7–…: ungewöhnliche Reaktion …

4 Betrachtet eingehender die Figuren.

a Die Eigenschaften Chunglangs können nur aus seinem Verhalten erschlossen werden.
Wählt drei Begriffe oder findet eigene, die zu Chunglang gut passen.
Begründet eure Wahl:

> jung   weise   besserwisserisch   alt   vorausschauend   hinterlistig

b Schreibt auf, was die Nachbarn im Laufe des Geschehens und am Schluss über Chunglang
denken könnten.

5 Erzählt die Geschichte ein allwissender Erzähler oder ein personaler Erzähler (▶ Methode)?
Nutzt diese Wortbausteine: *überblickt die gesamte … erzählt nicht in der Jch-Form.*

6 Begründet, welche Wirkung die Verwendung der wörtlichen Rede hat, z. B.:

> macht die Erzählung lebendig   steigert die Spannung   lässt Figuren glaubwürdig erscheinen
> betont eine Textstelle besonders

7 Schreibt auf, wie ihr die Geschichte insgesamt versteht.
Ist es eine Geschichte über Glück oder Unglück oder über den richtigen Umgang mit beidem?
Tipp: Begründet mit Hilfe von Verknüpfungswörtern wie: *denn, da, weil, daher, auf Grund, …*

Methode	Einen literarischen Text lesen und verstehen

Folgende **Leitfragen** helfen euch, einen literarischen Text zu untersuchen und zu verstehen.
Wichtig ist: **Benennt** nicht nur die **Merkmale,** sondern **erklärt** auch **ihre Wirkung.**

Thema/Inhalt
- Was ist das Thema des Textes? Gibt er eine Lehre? Gibt es Leitmotive (▶ S. 106)?

Aufbau der Handlung
- Wie sind Anfang und Schluss gestaltet (offen/geschlossen)?
- Gibt es einen Höhe- bzw. Wendepunkt (Pointe)? Wird Spannung erzeugt?
- Wird fortlaufend erzählt oder gibt es Rückwendungen und/oder Vorausdeutungen?

Figuren
- Welche Figuren kommen vor? In welcher Beziehung stehen sie zueinander?
- Erfahrt ihr etwas über die Gedanken und Gefühle der Figuren (innere Handlung)?
- Was erfährt man über die Figuren durch die Darstellung der äußeren Handlung?

Erzähler
- In welcher Erzählform (Ich-Erzähler oder Er-/Sie-Erzähler/-in) ist der Text geschrieben?
- Welcher Erzähler erzählt: ein allwissender oder ein personaler (▶ S. 89)?

Sprache
- Gibt es Besonderheiten im Satzbau, z. B. einfache, kurze Sätze oder längere Satzgefüge?
- Werden Sätze oder Wörter wiederholt? Wird wörtliche Rede verwendet?

13.2 Wie bereite ich mich vor? – Aufgabenformate kennen lernen und beachten

Glück kann man trainieren

Wer gezielt Dankbarkeit, Zuversicht und Humor trainiert, geht zufriedener durchs Leben.
Das ist das Ergebnis einer Untersuchung aus der Schweiz.

5 Sie kamen, weil sie sich besser fühlen wollten. Und sie gingen mit höherer Lebenszufriedenheit. 180 Männer und Frauen in der Schweiz trainierten zehn Wochen lang bestimmte Charakterstärken. Das reichte aus, um ihr Wohlbefinden zu steigern, zeigte eine Studie der Uni-10 versität Zürich. […]

Mehr positive Gefühle erleben

Dahinter steht die Annahme, dass Menschen, die Charakterstärken wie Dankbarkeit, Humor, Neugier, Freundlichkeit und Liebe zum Lernen 15 einsetzen, mehr positive Gefühle erleben. Außerdem sehen sie mehr Sinn im Leben und haben bessere Beziehungen zu anderen. Das alles führe letztlich dazu, dass sie sich besser 20 fühlen.

Die Frauen und Männer in Zürich trafen sich alle zwei Wochen, bekamen eine Stärke vorgestellt und übten sie in der Gruppe. „Als es um Dankbarkeit ging, mussten sie sich zum Beispiel 25 mit ihrem Sitznachbarn darüber austauschen, wie sie in einer bestimmten Situation Dankbarkeit erlebt hatten", erzählt René Proyer, Psychologe an der Uni Zürich. Als Hausaufgabe sollten die Teilnehmer einem Menschen einen 30 Dankesbrief schreiben, ihm diesen vorlesen und die Reaktion beobachten.

Heiter, glücklicher und positiverer Stimmung

Um Neugier zu fördern, schlugen die Forscher verschiedene Aktivitäten vor, etwa, sich über 35 die Küche eines anderen Landes zu informieren und ein Gericht nachzukochen. „Die Leute sollten etwas Neues kennen lernen und beobach-

ten, ob es ihnen Spaß macht", sagt Proyer. […]
Die Männer und Frauen mit dem Stärketraining fühlten sich anschließend besser – sie waren 40 heiterer, glücklicher und in besserer Stimmung. In der Gruppe, die Stärken wie Dankbarkeit übte, stieg auch die Lebenszufriedenheit.
Ist es so einfach, glücklich und zufrieden zu werden? „Sie werden durch so ein Training 45 nicht plötzlich von einem unglücklichen Menschen zu einem glücklichen", sagt Prof. Michael Eid, Psychologe an der Freien Universität Berlin. Aber es gebe Wirkungen. Das heißt: Man wandert auf der Glücksleiter ein, zwei 50 Sprossen nach oben. […]

Negative Gefühle gehören genauso zum Leben

Doch auch ein bisschen glücklicher und zufriedener zu werden gelingt nicht von heute auf morgen. „Man muss dranbleiben und seine 55 Stärken immer wieder einsetzen", erklärt die

Buchautorin Renate Frank. [...] Ein Stärkentraining kann also nur der Einstieg sein. Üben und anwenden muss man das Gelernte hinterher selbst.

Auch wer fleißig übt, wird nicht ständig auf rosaroten Wolken schweben. „Es geht nicht darum, ein Glücksroboter zu sein", sagt Proyer.

„Menschen, die immer mal wieder unzufrieden sind, machen nichts falsch" [...]. Denn negative Gefühle gehörten genauso zum Leben dazu. Wer seine eigenen Stärken kennt und sie trainiert, könne aber auf Dauer den Blickwinkel etwas verschieben und ein „positiveres Grundgefühl entwickeln".

Im Folgenden findet ihr verschiedene Aufgabenformate.
Mit den Aufgaben kann z. B. euer Verständnis des Textes auf S. 258 f. getestet werden.

Auswahlaufgaben (Multiple-Choice-Aufgaben)

1 Wann erlebt man laut der Untersuchung mehr positive Gefühle?
Nur eine der folgenden Antworten ist richtig: A, B, C oder D.
Schreibt den Buchstaben der zutreffenden Antwort und den ganzen Satz in euer Heft.
Man erlebt positive Gefühle, ...
A wenn man genug Geld hat und sich sehr viele Dinge leisten kann.
B wenn man negative Gefühle auslebt und sich danach wieder anderen Dingen zuwendet.
C wenn man grundsätzlich versucht, dankbar, humorvoll, neugierig und freundlich zu sein.
D wenn man an Untersuchungen zum Glücklichsein teilnimmt und sich schulen lässt.

Richtig/Falsch-Aufgaben (True-/False-Aufgaben)

2 Welche der folgenden Aussagen A bis E zum Text treffen zu, welche nicht?
Notiert in eurem Heft hinter jedem Buchstaben ein *r* für „richtig" oder ein *f* für „falsch".
A Wer dankbar ist, ist im Leben glücklicher.
B Bei der Untersuchung mussten die Frauen für die Männer das Essen kochen.
C Man kann üben, immer wie auf Wolken zu schweben.
D Neugierig zu sein und sich mit neuen Dingen auseinanderzusetzen kann glücklicher machen.
E Die Frauen und Männer trafen sich jeden Tag zum Glückstraining.

Zuordnungsaufgaben (Matching-Aufgaben)

3 Verbindet die folgenden Satzbausteine zu Aussagen, die zum Text passen.
Schreibt die vollständigen Sätze in euer Heft.

Positive Charakterzüge sind ...
Glückstraining bedeutet nicht, ...
Man muss üben, ...
Man sollte für sich akzeptieren, ...

... dass man plötzlich zu einem glücklicheren Menschen wird.
... dass man auch negative Gefühle erlebt.
... positive Charakterzüge einzusetzen.
... Dankbarkeit, Humor, Neugier, Freundlichkeit und Liebe.

Lückentexte

4 Schreibt den folgenden Text zum Thema „Glück" ab.
Füllt dabei die Lücken sinnvoll mit passenden Wörtern aus dem Wortspeicher.

Grundsätzliches ? im Leben kann man nicht versprechen.
Auch ? und ? gehören zum Alltag eines Menschen
dazu.
Die eigene ? lässt sich aber ? . Man sollte ? , ? ein-
zusetzen.
Wer z. B. ? ist, erlebt mehr ? .

> Lebenszufriedenheit
> lernen Konflikte Krisen
> Glück Glücksgefühle
> trainieren dankbar
> positive Charakterzüge

Kurzantworten

5 **a** Aus welchem Grund nahmen 180 Frauen und Männer an einem Glückstraining teil?
Notiert eure Antwort auf der Grundlage des Textes auf Seite 258–259 in einem Satz.
b Kann man negative Gefühle ganz ausschalten?
Beantwortet diese Frage mit Hilfe des Textes auf Seite 258–259 in ein bis zwei Sätzen.

6 Prüft eure Ergebnisse zu den Aufgaben 1–5. Nutzt die Lösungen auf Seite 303.

7 Im Deutschunterricht und in den anderen Fächern gibt es unterschiedliche Aufgabenformate.
Einige Formate habt ihr auf den Seiten 259 bis 260 kennen gelernt.
a Begründet, welche der folgenden beiden Aufgabenarten ihr mehr bevorzugt:
A Aufgaben, bei denen ihr längere Texte verfassen könnt, z. B. Stellungnahmen, Textauszüge
umgestalten, eigene Reportagen,
B Aufgaben, bei denen die Antworten festgelegt sind (▸ Aufgabenformate unterscheiden).
b Tauscht euch über Folgendes aus:
Wie und ab wann bereitet ihr euch auf Tests oder Klassenarbeiten vor?

Information **Aufgabenformate unterscheiden**

Es gibt bestimmte Aufgabenformate, mit denen man prüfen kann, wie gut ihr einen Text verstanden habt. Meist sind bei diesen Aufgaben die richtigen Lösungen festgelegt:
- **Auswahlaufgaben** (Multiple-Choice-Aufgaben, ▸ S. 259): Zu einer Frage werden euch verschiedene Antwortmöglichkeiten vorgegeben. Ihr wählt die **eine richtige Antwort** aus.
- **Richtig/Falsch-Aufgaben** (True/False-Aufgaben, ▸ S. 259): Ihr müsst entscheiden, welche
der vorgegebenen **Aussagen** (z. B. zu einem Text) **richtig oder falsch** sind.
- **Zuordnungsaufgaben** (Matching-Aufgaben, ▸ S. 259): Ihr sollt z. B. vorgegebene Aussagen
oder Satzbausteine einander **sinnvoll zuordnen.**
- **Lückentextaufgaben** (Einsetzaufgaben, ▸ S. 260): In einen Text mit Wortauslassungen müsst
ihr die **fehlenden Wörter oder Wortgruppen richtig einsetzen.**
- **Kurzantworten** (▸ S. 260): Zu einer Frage zu einem Text oder zu einem Thema formuliert ihr
eine **kurze Antwort oder Stellungnahme.**

13.3 Zuhören trainieren – Hörtexte verstehen

Glück macht Schule

Schüler einer 8. Klasse haben ein Projekt zum Thema „Glück" durchgeführt. Man sprach mit dem Schulleiter, Herrn Becker, und einigen Schülern über ihre Erfahrungen.

REPORTERIN: Wie seid ihr auf die Idee gekommen, ein Projekt zum Thema „Glück" durchzuführen?

ANGELA: Wir hatten gehört, dass es Schulen gibt, in denen Schüler Unterricht im Fach Glück haben. Da sind wir neugierig geworden und haben das Thema „Glück" für unsere Projektwoche vorgeschlagen.

REPORTERIN: Herr Becker, waren Sie denn gleich einverstanden mit dem Projektthema?

HERR BECKER: Ja, ich fand die Idee wirklich gut. Ich hatte einen Beitrag im Fernsehen über eine Heidelberger Schule gesehen, an der Glück als Unterrichtsfach eingeführt worden war. Der dortige Schulleiter Ernst Fritz-Schubert hatte das Fach mit Bildungsforschern und Sportwissenschaftlern entwickelt. Ich war von diesem Konzept beeindruckt, die Schülerinnen und Schüler rannten sozusagen mit ihrem Vorschlag bei mir offene Türen ein.

REPORTERIN: Was lag Ihnen bei diesem Projekt besonders am Herzen?

HERR BECKER: Ich finde es schlimm, wenn ich höre, dass Schüler nicht gerne in die Schule gehen. Stellen Sie sich mal vor, es gibt eine Umfrage, da steht Schule bei den Schülern auf der Beliebtheitsskala noch hinter Zahnarztpraxis! Das will ich ändern.

REPORTERIN: Wie meinen Sie das denn genau? Was ist das Ziel des Projekts?

HERR BECKER: In der Projektwoche zum Thema „Glück" ging es erst einmal darum, die Schüler für das Thema empfänglich zu machen. Man muss ja erst einmal erkennen, was ein Glücksmoment sein kann.

REPORTERIN: Was genau wurde in der Projektwoche angeboten?

ANGELA: Das war ganz abwechslungsreich. Es gab zum Beispiel Informationsveranstaltungen, in denen erklärt wurde, welche Sicht die Hirnforschung, die Philosophie und die Psychologie auf das Thema „Glück" haben. Es wurden aber auch praktische Übungen angeboten. Zum Beispiel gab es Theaterkurse, in denen Vertrauensübungen durchgeführt wurden, Sportkurse, in denen man sich beim Klettern gegenseitig sichern musste oder gemeinsam einen Langstreckenlauf machte. Auch Meditationsübungen und Kunstcollagen zum Thema „Glück" wurden durchgeführt und eine Filmgruppe hat einen Videoclip dazu gedreht.

REPORTERIN: Und was hat euch besonders gut gefallen?

SVEN: Mir hat die „Honigdusche" am besten gefallen. Einer sitzt mit dem Rücken zur Gruppe und die ganze Gruppe sagt positive Sachen über ihn. Man soll loben und nur gute Dinge sagen, z. B.: „Ich finde es toll, dass du sportlich und hilfsbereit bist." Man hört diese netten Sachen in einer großen Gruppe und denkt dann wirklich: So schlecht sind meine Eigenschaften doch gar nicht. Klar, am Anfang war mir das Ganze schon ein bisschen unangenehm.

HERR BECKER: Ja, solche Übungen wie die „Honigdusche" stärken das Gemeinschaftsgefühl und fördern das Selbstbewusstsein. Die Schüler entdecken ihre Stärken durch die Rückmeldung ihrer Mitschüler.

65

70

1 Lest die Überschrift und die Einleitung zum Interview.
Notiert: Welche Erwartungen habt ihr an den Inhalt des Textes?

2 **a** Lest das Interview mit verteilten Rollen langsam und deutlich vor.
Die anderen hören zu und notieren mindestens zwei wichtige Aussagen aus dem Interview.
b Formuliert in einem Satz, wovon der Text handelt.
c Klärt gemeinsam Wörter oder Aussagen, die ihr nicht versteht.
d Lasst euch den Text ein zweites Mal vorlesen. Prüft, ergänzt oder korrigiert eure Notizen.

3 **a** Prüft mit Hilfe der folgenden Lösungsangebote A bis C euer Hörverständnis zum gesamten
Interview. Notiert im Heft, welche Lösungen richtig und welche falsch sind, z. B.:
A *richtig: ..., falsch: ...*   **B** *richtig: ..., falsch: ...*   **C** ...
b Vergleicht anschließend gemeinsam eure Lösungen.
A *Der Schulleiter befürwortete sofort das Projekt zum Thema „Glück", ...*
    a weil er etwas Neues ausprobieren wollte.
    b weil er den Schülern zeigen wollte, was Glücksmomente sind.
    c weil er zuvor einen Fernsehbeitrag über das Unterrichtsfach Glück gesehen hatte.
    d weil er wollte, dass die Schüler nicht nur Glück im Konsumieren empfinden.
B *In der Projektwoche zum Thema „Glück" gab es ...*
    e Unterricht, der lustig war.   g Theater- und Sportkurse.
    f Informationsveranstaltungen zum   h Tanzveranstaltungen zum Thema „Glück".
      Thema „Glück".
C *Bei der Übung „Honigdusche" geht es darum, ...*
    i einander heftig zu kritisieren.   k über andere gute Dinge zu sagen.
    j zu lernen, wie man bittere Wahrheiten   l das Gemeinschaftsgefühl und das Selbstbe-
      nett formuliert.   wusstsein zu stärken.

4 Diskutiert: Was haltet ihr von einer Projektwoche zum Thema „Glück"?

5 Trainiert euer Hörverständnis. Entwickelt Höraufgaben zu einem Sachtext eurer Wahl. Nutzt
verschiedene Aufgabenformate (▶ S. 260).

Methode	Richtig zuhören – Hörtexte verstehen

- Klärt eure Erwartungen an den Text, z. B. anhand des Titels.
- Hört euch den Text einmal ganz an. Notiert knapp wichtige Aussagen.
- Hört euch den Text ein zweites Mal an. Prüft eure Notizen und korrigiert sie gegebenenfalls.

Orientierungswissen

Sprechen und Zuhören

Argumentieren ▶ S. 33

Beim **Argumentieren** versucht man, **Meinungen, Bitten, Wünsche, Forderungen** oder **Behauptungen** überzeugend zu **begründen.** Eine Argumentation baut man am besten so auf:

1 Standpunkt/Behauptung	*Computer können dem Gehirn nutzen, ...*
2 Argument	*... denn in Versuchen wurde gezeigt, dass ...*
3 Beispiel zur Veranschaulichung	*Wer zum Beispiel häufig Strategiespiele ...*

Argumente können sein: wissenschaftliche Erkenntnisse, Expertenaussagen, eigene Erfahrungen.

Gegenargumente entkräften ▶ S. 35

Wenn man **überzeugen** will, muss man **genau hinhören,** welche Argumente andere vortragen. **Auf Argumente,** die deiner Meinung widersprechen, solltest du **eingehen und** sie **entkräften:**

- **Auf ein Gegenargument eingehen:** Sage zunächst, was dich an dem Gegenargument überzeugt, z. B.: *Du hast natürlich Recht, wenn du sagst, dass ...*
- **Ein Gegenargument entkräften:** Erläutere dann, wieso das Gegenargument nicht vollständig überzeugt, z. B.: *Aber man muss auch bedenken, dass ... / Viel entscheidender ist ...*

Eine Pro-und-Kontra-Diskussion durchführen und beobachten ▶ S. 37

1 Ein gewählter Diskussionsleiter nennt die Diskussionsfrage.
2 Ein Teilnehmer der Pro-Gruppe nennt seinen Standpunkt und erläutert ihn mit mindestens einem Argument.
3 Ein Teilnehmer der Kontra-Gruppe nennt seinen Standpunkt und erläutert ihn ebenfalls mit mindestens einem Argument.
4 Die Diskussionsleiter nehmen abwechselnd Teilnehmer beider Seiten dran. Wichtig: Alle sollten nicht nur eigene Argumente nennen, sondern auch die Argumente der Gegenseite entkräften.
5 Die Diskussionsleiter beenden nach einer zuvor vereinbarten Zeit die Diskussion.
Die Beobachter machen sich Notizen, um ein Ergebnisprotokoll (▶ S. 38) anzufertigen.

Argumente der Pro-Gruppe	Argumente der Kontra-Gruppe
– ...	– ...

Zuhören

▶ S. 66–68, 262

Ein Gespräch gelingt in der Regel, wenn das, was jemand **sagt,** und das, was jemand **versteht,** übereinstimmen. Deshalb sollten die Zuhörer:

- durch **Mimik** und **Gestik** zeigen, dass sie **aufmerksam zuhören,** z. B. durch Blickkontakt, Nicken, Hinwendung des Oberkörpers und des Kopfes,
- den anderen **aussprechen lassen,**
- das Gehörte **zusammenfassen,** noch einmal **wiederholen** oder **nachfragen,** um sicher zu sein, dass man alles richtig verstanden hat.

Ein Sprecher sollte sich ebenfalls dem Zuhörer zuwenden, z. B.

- durch eine **angemessene Begrüßung und Anrede,**
- eine zum Zuhörer **passende Sprachebene,** also mit **Erwachsenen** eher **Standardsprache,** z. B.: *„Guten Tag. Ich suche den neuen Schnellimbiss."*

Interviews führen

▶ S. 165

Mit einem **Interview** werden durch Fragen gezielt Informationen ermittelt. **Fragetypen** sind:
- **W-Frage**/Informationsfrage: zielt auf nähere Auskünfte bzw. **Tatsachen** zum Thema.
- **Entscheidungsfrage:** kann mit **Ja oder Nein** beantwortet werden.
- **Einstiegsfrage:** umreißt das Thema, um das es gehen soll.
- **Abschlussfrage:** ermöglicht es, das Thema abzurunden oder einen Ausblick zu geben.

Sich mündlich bewerben

Sich telefonisch bewerben

▶ S. 60

Oft findet eine erste Kontaktaufnahme mit einem Unternehmen telefonisch statt.
Man erkundigt sich z. B., ob der Betrieb in diesem Jahr eine Praktikumsstelle anbietet.
Bereits bei einem solchen Telefonat hinterlässt man **einen ersten Eindruck.** Beachtet:
- Seid höflich: **Begrüßt den Gesprächspartner** und meldet euch mit **vollem Namen.**
- Nennt Anlass und **Zweck eures Anrufs.**
- Fragt nach, ob ihr mit dem **richtigen Gesprächspartner** sprecht.
- Überlegt euch **wichtige Fragen vorher.** Notiert sie stichwortartig als Merkhilfe.
- Macht euch **Notizen zu Informationen,** die ihr bekommt, z. B.: Name des Ansprechpartners.
- **Klärt** mit dem Gegenüber, **wie ihr weiter vorgehen müsst,** um euch zu bewerben.
- **Bedankt und verabschiedet euch** zum Schluss.

Ein Vorstellungsgespräch führen

▶ S. 61

- Erscheint pünktlich und angemessen gekleidet. Schaltet das Handy oder das Smartphone aus.
- Seid freundlich, höflich, aufmerksam und blickt euer Gegenüber an.
- Hört genau zu, sprecht laut und deutlich und zeigt durch Fragen euer Interesse.
- Antwortet ehrlich, ohne zu übertreiben und in ganzen Sätzen.

Schreiben

Schriftlich Argumentieren – Die Sandwichmethode ▶ S. 40–46

Wer seine Meinung schriftlich begründet, verfasst eine **Argumentation,** z. B. für einen **Leserbrief.**
In einer schriftlichen Argumentation achten die Leser meist auf den Anfang und das Ende.

- Daher sollten am Anfang und am Ende besonders gute Argumente stehen.
- Auf Gegenargumente kann man in der Mitte eingehen.
  Aufbau nach der Sandwichmethode:

Einleitung	Du beziehst dich in der Einleitung auf die Frage- oder Themenstellung.
Standpunkt	Du formulierst deine Meinung deutlich (nicht nur im Vortext).
1. gutes Argument	Du nennst ein überzeugendes Argument für deine Meinung.
Gegenargument nennen und entkräften	Du nennst ein Argument der Kontra-Position und entkräftest es.
2. gutes Argument	Du nennst ein weiteres überzeugendes Argument für deine Meinung.
Schluss	Du bekräftigst deinen Standpunkt noch einmal.

- **Sprache: Rechtschreibung, Satzzeichen, Verknüpfungswörter**
  - Du schreibst fehlerfrei.
  - Du leitest deine Argumente und das Gegenargument mit passenden Verknüpfungswörtern ein.

Sprachliche Mittel des Argumentierens – Verknüpfungswörter ▶ S. 40, 42

Mit Hilfe von **Verknüpfungswörtern** kann man ausdrücklich eigene Argumente einleiten und auf Gegenargumente eingehen:

- **Argumente einleiten** durch **Verknüpfungswörter (Konjunktionen, Adverbien),** z. B.: *denn, weil, da …* oder zu Beginn neuer Sätze: *Dafür spricht (auch) … Denn … Außerdem …*
- Auf **Gegenargumente** eingehen durch **Verknüpfungswörter,** z. B.: *Natürlich* hat das Projekt auch Nachteile, **zum Beispiel … Viel wichtiger aber** ist …

Berichten

Einen Bericht verfassen ▶ S. 164

In einem Bericht wird **sachlich, knapp und genau** über ein **vergangenes Ereignis informiert.**

- Der **Ablauf** eines Geschehens wird möglichst **vollständig** dargestellt.
- Nur **Wichtiges** wird aufgenommen. Nebensächliches lässt man weg.
- In der Regel beantwortet ein Bericht folgende **W-Fragen** in dieser **Reihenfolge:**
  - **Beginn: Wo** geschah etwas? **Wann** geschah etwas? **Was** geschah?
  - **Wer** war beteiligt? **Wie** passierte etwas oder wie lief es ab? **Warum** geschah etwas?
  - **Schluss: Welche Folgen** hatte etwas?
- Berichtet wird in der Regel in der Zeitform **Präteritum** (▶ S. 198).
- Die wörtliche Rede gehört in der Regel nicht in einen Bericht.
- Wesentlicher kürzer als der Bericht ist die **Meldung** (▶ S. 164).

Schildern

Eine Situation oder Stimmung schildern

- Wenn man eine Situation oder Stimmung schildert, versucht man, **mit Worten ein anschauliches und lebendiges Bild** zu malen, z. B. in einer Reportage (▶ S. 166–167).
- In Schilderungen äußern sich Beteiligte häufig in direkter Rede persönlich über ihre **Eindrücke und Gefühle.** Die Zeitform ist dabei das **Präsens** (▶ S. 279).

Informieren

Ein Protokoll anfertigen ▶ S. 38

Protokolle sind knappe Berichte über Versammlungen oder Diskussionen.
Sie stehen im **Präsens.**
In einem **Ergebnisprotokoll** wird nicht der ganze Verlauf einer Diskussion dargestellt, sondern es werden **nur die wichtigsten Ergebnisse** festgehalten (meist ohne Namensnennung).
Protokolle haben eine feste äußere Form:

1 **Protokollkopf:**
   Der Protokollkopf enthält folgende Angaben:
   Anlass (Thema/Titel, z. B. der Unterrichtsstunde), Teilnehmer (Leitung), Datum/Zeit, Ort,
   Name der Protokollantin/des Protokollanten, Auflistung der Tagesordnungspunkte (TOPs).

2 **Hauptteil:**
   Im Hauptteil werden die wichtigsten Informationen sachlich, knapp und übersichtlich je
   Tagesordnungspunkt wiedergegeben.

3 **Schluss:**
   Der Schluss des Protokolls enthält Ort und Datum der Abfassung sowie
   die Unterschrift der Protokollantin/des Protokollanten.

Einen Informationstext verfassen ▶ S. 18, 26–30

Ein informierender Text fasst in **knapper** und für die Leser **gut verständlicher Weise das Wichtigste**
über **Personen, Sachverhalte** oder **Gegenstände** zusammen.
Er hat eine klare gedankliche Gliederung, z. B.: *1. Problem, 2. Lösung, 3. Folgen.*

Aufbau

- Zu **Beginn** eines Informationstextes wird **das Thema** genannt, z. B.:
  „Die Bürgerrechtlerin Rosa Parks".
- Danach werden in **sachlicher Sprache** die wichtigsten **W-Fragen** zusammenhängend bzw. in
  einer **sinnvollen Reihenfolge** beantwortet: Wer? Was? Wann? Wo? Wie? Warum? Welche Folgen?
- Informiert ein Informationstext über etwas, was in der Vergangenheit geschah, dann steht er im
  Präteritum, z. B.: *Rosa Parks <u>musste</u> 14 Dollar Strafe zahlen und sie <u>verlor</u> ihre Arbeit.*
- Nutzt **Verknüpfungswörter** (▶ S. 40), um einen zusammenhängenden Text zu schreiben, z. B.:
  <u>Weil</u> Rosa Parks im Bus ihren Sitzplatz nicht für einen Weißen frei machen wollte, ...

Beschreiben

Eine Person beschreiben
► S. 48–49

- **Einleitung:** Macht **allgemeine Angaben** zur Person: Name, Alter, Geschlecht, Beruf, Größe, Hautfarbe.
- **Hauptteil:** Beschreibt das **nähere Aussehen** der Person in einer **geordneten Reihenfolge,** z. B. von oben nach unten bzw. von Kopf bis Fuß, z. B.:
  Auffällig sind ihr rundlicher Kopf und ihre längliche Nase. Sie hat kurze, schwarze Haare und ...
- **Schluss:** Formuliert, wie die Person auf euch wirkt.
- Nutzt **aussagekräftige Adjektive/Partizipien,** z. B.: *hellgrün, figurbetont, ...*
- **Verwendet** nicht nur die Wörter *ist, sind, hat* und *haben,* sondern auch **Verben** wie:
  tragen, aussehen, besitzen, aufweisen, wirken, umgeben, ...
- **Vermeidet persönliche Wertungen** wie *schön, süß, lieb* oder *hässlich.*
- Verfasst eure Beschreibung im **Präsens** (► S. 279).

Einen Gegenstand beschreiben

- Beginnt mit der **Art** des Gegenstands (z. B. *Glücksmünzen*), der **Größe,** der **Form,** dem **Hauptmaterial** und der **Hauptfarbe,** z. B.: *Sie bestehen aus Kupfer und sind so groß wie ...*
- Beschreibt dann **weitere Einzelheiten** und deren **Farben, Formen** und **Materialien,** z. B.:
  Durch das Püppchen ist ein farbiger Faden gezogen worden. Oben weist er eine Schlaufe auf, ...
- Nennt zum Schluss **Besonderheiten** oder den **genauen Zweck,** z. B.: *Es soll Glück bringen.*
- Eine Gegenstandsbeschreibung steht im **Präsens** (► S. 279), z. B.: *sind, bestehen aus, weisen auf, ...*

Einen Ort beschreiben
► S. 52–53

- **Einleitung:** Benennt den Ort und macht **allgemeine Angaben,** z. B. *zur Größe des Raums.*
- **Hauptteil:** Beschreibt den Ort in einer geordneten Reihenfolge, z. B. *von links nach rechts.*
- **Schluss:** Fasst zusammen, wie der Ort insgesamt auf euch **wirkt.**
- Verwendet eine **sachliche Sprache** und vermeidet Wertungen und Gefühlsäußerungen.
  Nutzt möglichst **treffende Nomen,** z. B. *Kraftfahrzeug,* und **Adjektive,** z. B. *metallisch.*
- Verwendet für die Lage **der einzelnen Gegenstände** passende **Verben,** z. B. *sich befinden, hängen,*
  Präpositionen, z. B. *in, über,* und **Adverbien,** z. B. *links, oben, davor.*
- Verfasst eure Beschreibung im **Präsens** (► S. 279).

Einen Arbeitsablauf (Vorgang) beschreiben
► S. 50–51, 64

- **Einleitung:** Benennt den Arbeitsablauf und seinen wesentlichen Zweck. Schreibt im **Präsens** (► S. 279).
- **Hauptteil:** Beschreibt den genauen Arbeitsablauf Schritt für Schritt.
- **Schluss:** Formuliert z. B., wozu der Arbeitsablauf insgesamt dient.
- **Verdeutlicht** durch Wörter wie *zuerst, danach* die **Reihenfolge** der Arbeitsschritte.
- Verwendet **Aktiv- und Passivformulierungen,** um abwechslungsreicher zu schreiben.

Ein Bild beschreiben ▶ S. 126

In einer **Bildbeschreibung** sollte man folgende Punkte beachten und sie wie folgt aufbauen:

- **Einleitung:** Titel, Künstler/-in, Entstehungsjahr, Thema, z. B.: *Die Hektik des Stadtlebens.*
- **Hauptteil:** Bildaufbau (erst Vordergrund, Mitte/Zentrum, dann Hintergrund), Beziehung der Bildeinzelheiten zueinander, besondere Details, Farbgebung, Licht, Perspektive (Blickwinkel), Darstellungsart (natürlich, verzerrt), Linienführung (klar, schattiert, gestrichelt, …)
- **Schlussteil:** Wirkung, Darstellungsabsicht, z. B.: *Ziel ist es, das Chaotische und Fiebrige …*

Sich schriftlich bewerben

Ein Bewerbungsschreiben aufbauen und formulieren ▶ S. 55–59

Mit einer **Bewerbung werbt ihr für euch selbst.** Gestaltet sie deshalb am Computer optisch und inhaltlich überzeugend. Beachtet Aufbau, Bestandteile und Sprache.

- Die Bewerbung **besteht aus** einem sachlichen **Bewerbungs-schreiben** mit folgenden Bestandteilen: **Briefkopf** (Absender, Datum, Adressat mit vollständiger Anschrift), **Betreffzeile** (stichwortartig, worum es geht), **Anrede, Text** (▶ ANDA-Methode, s. u.), **Grußformel, Unterschrift** und Hinweise auf die **Anlagen** (z. B. Zeugnis).
- Zur Bewerbung gehört auch ein **tabellarischer Lebenslauf.** Dieser sollte in Form von **Zwischenüberschriften** übersichtlich gegliedert sein. Er enthält in der Regel ein **Porträtfoto** und schließt mit **Ort, Datum** und **Unterschrift.**

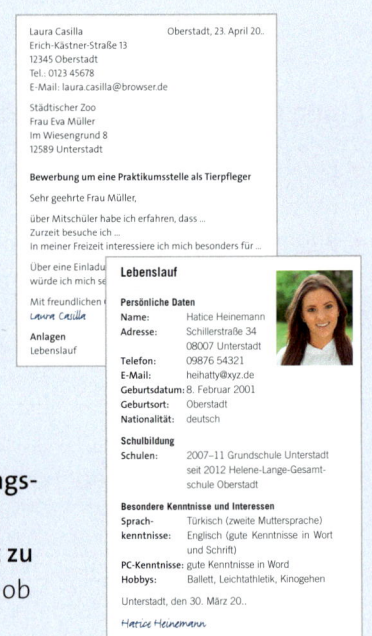

Die **Onlinebewerbung** gleicht inhaltlich und formal dem **Bewerbungs-brief.**

Tipp: Achtet unbedingt darauf, dass eure Anlagen im Anhang **nicht zu große Datenmengen** aufweisen (höchstens 2 MB). Erkundigt euch, ob die Firma eine Plattform für Onlinebewerbungen eingerichtet hat.

Die ANDA-Methode (span. *anda* = Auf gehts! Mach schon!) ▶ S. 56

A Anknüpfung finden: Schreibt zunächst, von wem ihr von der Praktikumsstelle gehört oder wo ihr sie gelesen habt, z. B.: *Ihre Anzeige in der WAZ … hat mich sehr angesprochen.*

N Neugierde wecken: Macht den Empfänger neugierig auf euch. Gebt an, welche Klasse und Schule ihr gerade besucht, z. B.: *Derzeit besuche ich die … Klasse …*

D Du und deine Fähigkeiten: Stellt dar, warum ihr euch für dieses Praktikum interessiert und geeignet seid, z. B.: *Große Freude bereitet mir … Meine Stärken liegen vor allem im Bereich … Da ich in meiner Freizeit gern … Bei … erhielt ich erste Einblicke in …*

A Aufforderung zum Handeln: Bittet zum Schluss um eine Einladung zu einem Vorstellungs-gespräch (▶ S. 264), z. B.: *Über ein persönliches Gespräch mit Ihnen würde ich mich sehr freuen.*

Offizielle Briefe schreiben (Beschwerden, Entschuldigungen) ▶ S. 69–71

- In einem **offiziellen Brief** verwendet man **Standardsprache.**
  Das heißt, man vermeidet Jugendsprache, Abkürzungen und Emoticons wie in SMS.
  Auch sollte man auf besonders altmodische oder übertriebene Formulierungen verzichten.
- Seine Gefühle oder Wünsche sollte man immer **höflich** und **sachlich** formulieren.
  Das gilt auch für **Beschwerden,** z. B.: *Ich ärgere mich, weil … Ich möchte Sie bitten, …*
- In einer schriftlichen **Entschuldigung** ist es wichtig, dass man:
  - **offen zugibt,** etwas falsch gemacht zu haben, z. B.: *Ich habe leider …*
  - **um Entschuldigung bittet,** z. B.: *Dafür möchte ich Sie um Entschuldigung bitten.*
  - verspricht, sich nun **anders zu verhalten,** z. B.: *Ich werde in Zukunft …*

Texte zusammenfassen

Inhalte eines literarischen Textes zusammenfassen (Inhaltsangabe) ▶ S. 112–120

Mit einer **Inhaltsangabe** fasst man den Inhalt eines Textes **knapp und sachlich** zusammen.
Sie **informiert** andere, die den Text nicht kennen, über den **wesentlichen Inhalt und Ablauf.**
- In der **Einleitung** werden die Textsorte (z. B. Kurzgeschichte, Novelle), der Titel, das Erscheinungs-
  jahr, der Name des Autors/der Autorin und das Thema genannt.
  Sie sollte möglichst nur aus zwei Sätzen bestehen.
- Im **Hauptteil** werden die **wichtigsten Ereignisse** in der **richtigen Abfolge** kurz dargestellt.
  Ein neuer Handlungsschritt beginnt z. B. bei einer Wendung in der Handlung, bei einem Zeit-
  sprung, wenn eine neue Figur auftritt oder bei einem Ortswechsel.
- Im **Schlussteil** kann man kurz darstellen, wie man den Text versteht (interpretiert), z. B.:
  - Man **deutet,** wie man das **Verhalten der Figuren** begreift.
  - Man **erläutert,** worauf **der Text insgesamt hinweisen** möchte.
  - Man **nimmt Stellung** zur Geschichte insgesamt, z. B.: *Die Geschichte beeindruckt mich, weil …*

Inhaltsangaben formuliert man **sachlich** und möglichst **mit eigenen Worten.**
- Man vermeidet ausschmückende oder wertende Ausdrücke.
- Inhaltsangaben formuliert man im **Präsens** (▶ S. 279).
- **Äußerungen von Figuren** sollte man in der **indirekten Rede** wiedergeben (▶ S. 205–206).

Textstellen zitieren ▶ S. 110

- **Zitieren** heißt, dass man **Stellen aus einem Text wiedergibt.** Dadurch kann man seine **Aussagen**
  zu einem Text **belegen,** damit sie **für andere nachvollziehbar** sind.
- **Zitate** gibt man **meist wortwörtlich** wieder.
- Zitate werden durch **Anführungszeichen gekennzeichnet** und die **Fundstelle** im Text z. B. durch
  Nennung der Zeilen (in längeren Romanen auch der Seite) angegeben, z. B.:
  „Die auf der Bank in der Sonne saßen, sahen ihn nicht an." (Z. 25–26)
- **Textauslassungen** zu Beginn, in der Mitte oder am Ende des Zitats werden in der Regel durch
  eckige oder runde Klammern gekennzeichnet, z. B.: *„Er lächelte […]. Da hob er wieder die Uhr hoch.
  […] Nur sie hier. Sie ist übrig." (Z. 104–107)*

Lesen – Umgang mit Texten und Medien

Erzählende Texte (Epik) ▶ S. 22–26, 81–118, 178–185

Viele Textsorten zählen zu den **erzählenden Texten** (Epik), z. B.: Märchen, Fabeln, Sagen, Kalenderge-schichten, Novellen (▶ S. 81–98), Kurzgeschichten (▶ S. 99–118) und Romane bzw. Jugendromane.
Folgende Elemente sind insbesondere für erzählende Texte kennzeichnend:

Der Erzähler/die Erzählerin ▶ S. 89, 95

Romane und Erzählungen werden von einem **Erzähler erzählt.**
Ein Autor kann entscheiden, welchen Erzähler er wählt. Von dieser Wahl des **Erzählverhaltens** hängt ab, was der Erzähler alles weiß und wie sehr er am Geschehen beteiligt ist.

- Der **allwissende** (auktoriale) **Erzähler** überblickt die **gesamte Handlung.** Er kennt die Gedanken und Gefühle **aller Figuren.** Er **beurteilt** das **Geschehen, deutet voraus** und wendet sich auch mal direkt an den Leser. In der Regel erzählt er in der **Er-/Sie-Form,** z. B.:
  Sie hatte so viel Angst um ihren Mann, dass sie ihm …
- Der **personale Erzähler** erzählt aus dem **eingeschränkten Blickwinkel** einer bestimmten Figur, die in der Regel **am Geschehen beteiligt** ist. Meist erzählt er in der **Ich-Form,** z. B.:
  Ich sah sie an und hoffte, dass sie Nein sagen würde … Ich ergriff ihren Ärmel.

Die Figuren und ihre Handlungsmotive ▶ S. 88

Die **Handelnden,** die in einer Geschichte vorkommen und handeln, nennt man **Figuren.**
Sie haben ein bestimmtes **Aussehen,** bestimmte **Eigenschaften, Gefühle** und **Gedanken.**
Figuren haben für ihr Handeln meist **innere Beweggründe** bzw. **Absichten** und **Interessen.**
Sie wollen z. B. jemanden näher kennen lernen oder sich rächen. Diese so genannten **Handlungs-motive** stehen oft nicht ausdrücklich im Text. Die Leser können sie aber mit Hilfe des **Handlungs-verlaufs** (▶ S. 87) und der **Figurencharakteristiken** (▶ S. 85, 88) erschließen.

Die Figurenkonstellation ▶ S. 145

- Die Figurenkonstellation **veranschaulicht,** welche **Beziehung** die einzelnen Figuren zueinander haben, z. B.: *flüchtig bekannt, befreundet, verfeindet, verliebt, verwandt, …*
- Man kann sie in einem **Schaubild** oder in einem **Standbild** (▶ S. 151) darstellen.

Eine literarische Figur beschreiben (charakterisieren) ▶ S. 85, 88

Figuren werden durch eine **Reihe von äußeren und inneren Merkmalen** beschrieben.
Fasst man diese Merkmale zusammen, dann charakterisiert man eine Figur.

- Zu einer **Charakteristik** gehören insbesondere folgende Merkmale:
  Aussehen, Lebensumstände, Verhalten, Eigenschaften, Gefühle, Gedanken, Verhältnis zu anderen Figuren.

Baut eure Figurencharakteristik so auf:
- **Einleitung:** Stellt die Figur zunächst **allgemein** vor. Beachtet, soweit dies im Text steht:
  Name, Alter, Lebensumstände, Geschlecht, Beruf, Größe.

- **Hauptteil:** Geht dann auf ihr Aussehen, ihr Verhalten, ihre Eigenschaften sowie für sie typische Gedanken und Gefühle ein. Beschreibt auch ihr Verhältnis zu anderen Figuren.
- **Schluss:** Erläutert knapp, wie die Figur auf euch wirkt.

Charakteristiken verfasst man im **Präsens** (▶ S. 279).

Der Schauplatz und die Atmosphäre

Die **Handlung** in einem erzählenden Text spielt an bestimmten **Schauplätzen/Orten.**
Diese verraten häufig etwas über die **Atmosphäre,** also die **Stimmung,** z. B.:
Eine heiße und weite Wüste kann beim Leser eine bedrückende, einsame Stimmung hervorrufen.

Äußere und innere Handlung ▶ S. 184

- Die **äußere Handlung** gibt **äußere Abläufe** wieder, die beobachtet werden können.
- Die **innere Handlung** bietet einen Einblick in das Innere der Figuren.
  Man erfährt etwas über ihre **unausgesprochenen Gedanken, Gefühle oder Wünsche.**

Das Leitmotiv ▶ S. 106

Leitmotive können in Geschichten insbesondere als **Gegenstände,** als **Farben,** als **Handlungen, Situationen, Stimmungen** oder **Sätze** vorkommen, die an verschiedenen Stellen **im Text immer wieder auftauchen.** Durch diese Wiederholung gewinnt ein Leitmotiv eine **besondere Bedeutung.** Es kann z. B. eine bestimmte Eigenschaft oder Handlungsweise einer Figur versinnbildlichen.

Einen literarischen Text lesen und verstehen ▶ S. 257

Folgende **Leitfragen** helfen euch, einen literarischen Text zu untersuchen und zu verstehen.
Wichtig ist: **Benennt** nicht nur die **Merkmale,** sondern **erklärt** auch ihre **Wirkung.**

Thema/Inhalt

- Was ist das Thema des Textes? Gibt es eine Lehre? Gibt es Leitmotive (▶ S. 106)?

Aufbau der Handlung

- Wie sind Anfang und Schluss gestaltet (offen/geschlossen)?
- Gibt es einen Höhe- bzw. Wendepunkt (Pointe)? Wie wird Spannung erzeugt?
- Wird fortlaufend erzählt oder gibt es Rückwendungen und/oder Vorausdeutungen?

Figuren

- Welche Figuren kommen vor? In welcher Beziehung stehen sie zueinander?
- Erfahrt ihr etwas über die Gedanken und Gefühle der Figuren (innere Handlung)?
- Was erfährt man über die Figuren durch die Darstellung der äußeren Handlung?

Erzähler

- In welcher Erzählform (Ich-Erzähler oder Er-/Sie-Erzähler/-in) ist der Text geschrieben?
- Welcher Erzähler erzählt: ein allwissender oder ein personaler (▶ S. 89)?

Sprache

- Gibt es Besonderheiten im Satzbau, z. B.: einfache, kurze Sätze oder längere Satzgefüge?
- Werden Sätze oder Wörter wiederholt? Wird wörtliche Rede verwendet?

Erzählende Textsorten

Erzählende Texte gliedern sich in eine Vielzahl von Textsorten. Man unterscheidet z. B.:

Die Fabel

Eine **Fabel** ist eine **kurze, lehrhafte Erzählung.** Sie hat folgende **Merkmale:**
- Die **Figuren** sind in der Regel **Tiere,** z. B.: *Fuchs, Rabe, Storch, Ziegenbock, ...*
- Die Tiere haben **menschliche Eigenschaften.** Sie **handeln und sprechen** wie Menschen.

Die Kalendergeschichte

Eine Kalendergeschichte ist eine **kurze Geschichte, die unterhalten und belehren soll** und **meist mit einer Pointe** (überraschenden Wendung) endet.
Bis ins 19. Jahrhundert wurden diese Geschichten in Jahreskalendern abgedruckt.
Neben der Bibel waren Kalendergeschichten für viele Familien oft die einzige Lektüre.
Ab dem 20. Jahrhundert erschienen die Kalendergeschichten nur noch in Buchform.
Der bekannteste Autor von Kalendergeschichten ist Johann Peter Hebel (1760–1826).

Die Kurzgeschichte ▶ S. 99–120

Eine Kurzgeschichte (engl. *short story*) ist von geringem Umfang. Sie hat folgende **Merkmale:**
- Sie erzählt einen **aussagekräftigen Abschnitt aus dem Leben und Alltag einer Figur.**
- Die handelnden **Figuren** sind meist **Menschen des Alltags.**
- Der **Anfang ist unvermittelt:** Die Geschichte springt mitten ins Geschehen hinein.
- Die **Handlung** erfährt einen **Wendepunkt,** der oftmals **überraschend** erfolgt.
- Der **Schluss ist offen.** Die Leser können selbst über ein Ende oder eine Lösung nachdenken.

Die Novelle ▶ S. 82–98

Geschichten, in denen eine ungewöhnliche bzw. eine **„unerhörte Begebenheit"** (Goethe) erzählt wird, nennt man **Novelle** (ital. *novella* = Neuigkeit). Oft geht es um einen **Wendepunkt im Leben eines Menschen.** Weitere Kennzeichen einer Novelle sind:
- Die Figuren erleben einen **Konflikt,** der sie zu einer Entscheidung für ihr Leben zwingt.
- Die Handlung dreht sich oft um einen auffälligen Gegenstand, **das Dingsymbol.**
  In „Kleider machen Leute" ist es der für die Hauptfigur typische vornehme Mantel.

Die Sage

- **Sagen** sind ursprünglich mündlich überlieferte Erzählungen, die später aufgeschrieben wurden. Sie **handeln** vom Anbeginn der Welt, von **Göttern und Helden** und ihren Taten.
- Erzählt wird von **Kampf und Bewährung, Sieg und Niederlage** und **abenteuerlichen Reisen.**
- Oft haben **Sagen** einen **wahren Kern.** In ihnen können im Unterschied zum Märchen **wirkliche Personen, geschichtliche Ereignisse** und **wirkliche Orte** vorkommen.
- In Sagen handeln auch **übernatürliche Wesen** wie Zauberinnen, Riesen und Ungeheuer.

Das Gedicht (Lyrik) ▶ S. 122–138

Das lyrische Ich ▶ S. 125

In vielen Gedichten oder Songs **gibt es** ein **„Ich"**, das dem Leser seine **Gefühle, Beobachtungen** oder **Gedanken** aus seiner Sicht (Perspektive) **mitteilt.** Man nennt dieses „Ich" das lyrische Ich. Es ist **nicht mit dem Autor gleichzusetzen.** In manchen Gedichten heißt es auch „Wir" oder das Geschehen wird von einem Beobachter geschildert, der weder „ich" noch „wir" sagt.

Die äußere Gedichtform – Der Vers, die Strophe, der Reim, der Refrain ▶ S. 123

- Bei einem Gedicht nennt man eine einzelne Zeile **Vers.**
- **Mehrere Verse** zusammen ergeben eine **Strophe.**
- Viele Gedichte haben **Reime.** Wörter reimen sich, wenn der **letzte betonte Vokal** und die **folgenden Buchstaben gleich klingen,** z. B.: *Winterhose – Butterdose.*

Unterscheide:	**Paarreim**		**Kreuzreim**		**umarmender Reim**	
	gut	a	platscht	a	Land	a
	Mut	a	fein	b	Sonne	b
	Haus	b	klatscht	a	Wonne	b
	Maus	b	dein	b	Rand	a

- In einem **Refrain** (Kehrreim) **kehren ein** oder **mehrere Verse** zwischen einzelnen Strophen, zu Beginn oder am Schluss einer Strophe **regelmäßig wieder.**

Das Metrum (das Versmaß) ▶ S. 136

Viele Gedichte geben einen bestimmten Sprechrhythmus vor. Dieser **Rhythmus** entsteht zumeist durch den Wechsel von **betonten (X) und unbetonten (x) Silben.** Ergibt sich daraus ein **regelmäßiges Muster,** nennt man dies **das Metrum** (das Versmaß). Man unterscheidet z. B.:

Trochäus (Xx): *Dichter, Hilfe, Lesung*   **Daktylus** (Xxx): *Daktylus, Autofahrt*
Jambus (xX): *Gedicht, Verstand, genau*   **Anapäst** (xxX): *Anapäst, Elefant*

Bildhafte Sprache: Die Personifikation ▶ S. 135

Wenn Dinge etwas tun, was eigentlich nur eine Person tun kann, z. B. *tanzen,* dann nennt man dieses **sprachliche Bild** eine **Personifikation.** Personifikationen sind z. B.: *die Flammen flüstern, ein Gewitter brüllt, die Sonne lacht, die Kälte beißt, ...*

Bildhafte Sprache: Der Vergleich ▶ S. 135

Vergleiche werden in der Regel **mit *wie* gebildet,** z. B.: *Ein Mann wie ein Löwe.* Damit ist gemeint, dass der Mann offensichtlich so stark ist wie ein Löwe. Ein Vergleich hilft, sich z. B. den Mann **anschaulicher** vorzustellen.

Bildhafte Sprache: Die Metapher ▶ S. 129, 135

- Bei einer **Metapher** werden Wörter nicht wörtlich, sondern in einer **übertragenen Weise bildhaft** verwenden, um einen Eindruck oder eine Stimmung zu **veranschaulichen,** z. B.: *Wüstenschiff = Kamel; Warteschlange = eine Reihe wartender Menschen.*
- Im Unterschied zu einem Vergleich **fehlt** bei einer Metapher das **Vergleichswort *wie,*** z. B.: *Großstädte sind (wie) einsame Inseln.*

Konkrete Poesie ▶ S. 132

Wird ein **Gegenstand durch das Wort für den Gegenstand** selbst **dargestellt,** spricht man von konkreter Poesie, z. B. das Wort „Apfel" stellt, mehrfach wiederholt, als Bild einen Apfel dar. Auch **Geräuschwörter,** die zu einem Geschehen gehören, können zu konkreter Poesie werden.

Die Ballade

Die Ballade ist eine **Mischform aus Gedicht, Erzählung** und **Theaterstück/Drama.** Eine Ballade sieht aus **wie ein Gedicht.** Sie besteht meist aus Strophen und Versen, die sich reimen (▶ S. 273).
In der Regel wird in einer Ballade auf spannende Weise **eine Geschichte erzählt.**
Wie in einem **Theaterstück** gibt es in einer Ballade oft auch Dialoge und im Mittelpunkt der Handlung steht ein Konflikt.

Der Sachtext (Zeitungstext) ▶ S. 14–21, 26–30, 48–59, 158–176

- Sachtexte sind z. B. Berichte (▶ S. 265), Reportagen (▶ S. 166), Personen-, Orts- und Vorgangsbeschreibungen (▶ S. 48–53). Dazu gehören auch Karten, Schaubilder bzw. Grafiken (▶ S. 18, 26, 28, 162, 255).
- Sachtexte unterscheiden sich von literarischen Texten (z. B. einer Kurzgeschichte oder einem Gedicht) dadurch, dass sie sich **vorwiegend mit wirklichen (realen) Ereignissen** und Vorgängen beschäftigen und **sachlich informieren wollen.**
- In **Zeitungen** stehen daher meist Sachtexte, die nach **Themengebieten** (▶ **Ressorts;** S. 161) aufgeteilt werden, z. B.: Politik, Wirtschaft, Sport, Kultur, Wissen, Lokales, Aus aller Welt …

Abonnementzeitung, Boulevardzeitung und Onlinezeitung ▶ S. 158–163

- Eine **Boulevardzeitung** wird auf der Straße (franz. *boulevard* = große Straße) oder am Kiosk verkauft und hat einen hohen **Unterhaltungswert.**
  Merkmale: Häufig werden **auffällige Farben und Fettdrucke** verwendet.
  Der **Satzbau** und die **Wortwahl** sind meist **einfach.** Die **Schlagzeilen** sollen „reißerisch" sein.
- Eine **Abonnementzeitung** wird hauptsächlich bestellt (abonniert) und hat einen hohen **Informationswert. Merkmale:** Die Abonnementzeitung enthält eher **lange, ausführliche Artikel** und **vollständige Sätze.** Die **Sprache** ist **meist sachlich.**
- Eine **Onlinezeitung** hat den Vorteil, dass sie **ständig aktualisiert** werden kann und die **Leser** durch E-Mails und Onlineabstimmungen **unmittelbarer einbezogen** werden können. Auf ihrer Startseite sind die Themen (Ressorts) nur angerissen; **Links** führen zu mehr Informationen.

Einen Sachtext erschließen und zusammenfassen (Fünf-Schritt-Lesemethode) ▶ S. 254

1. **Schritt:** Lest die **Überschrift(en), hervorgehobene Wörter** und die **ersten Zeilen** der Textabschnitte. Betrachtet möglicherweise vorhandene **Abbildungen.**

2. **Schritt:** Arbeitet mit einer Kopie des Textes: **Lest** den gesamten Text **zügig** durch und kreist unbekannte Wörter ein. Macht euch klar, was das **Thema des Textes** ist.

3. **Schritt: Klärt unbekannte Wörter** und Textstellen durch Nachdenken oder Nachschlagen.

4. **Schritt: Lest** den **Text sorgfältig.**
   - **Markiert** die **Schlüsselwörter** farbig, die wichtige Informationen enthalten.
   - **Gliedert den Text** in Sinnabschnitte. **Notiert Fragen** am Rand, wenn euch etwas unklar ist.

5. **Schritt: Fasst** die Informationen des Textes **zusammen.**

Tipp: Man kann die **Informationen** des Textes auch **veranschaulichen,** z. B. in Form eines **Fluss-diagramms** (▶ S. 292), das gedankliche Abläufe übersichtlich darstellt.

Für die **Zusammenfassung eines Sachtextes** solltet ihr so vorgehen:

- In der **Einleitung** nennt ihr die Autorin/den Autor, den Titel, die Textsorte (sofern bekannt) sowie das Thema des Textes.
- Im **Hauptteil** fasst ihr die wichtigsten Textinformationen sachlich und mit eigenen Worten zusammen. Macht dabei Zusammenhänge (z. B. Begründungen) durch passende Satzverknüpfungen deutlich; z. B.: *daher, aus diesem Grund, entsprechend, folglich, …*
- Zum **Schluss** könnt ihr formulieren, was euch am Text gut oder weniger gut gefallen hat.

Ein Diagramm (Schaubild) lesen, verstehen und auswerten ▶ S. 18, 26, 28, 162, 255

- **Diagramme** (Schaubilder) sollen **Informationen übersichtlich veranschaulichen.**
  Macht euch zunächst klar, worüber das Diagramm informiert.
  Lest zuerst die **Überschrift** des Diagramms sowie die **Erklärungen** und **Zahlenangaben.**
- Setzt die **Angaben in Beziehung** zueinander, indem ihr sie z. B. vergleicht.
  Achtet auf besonders hohe oder niedrige, ähnliche oder abweichende Zahlenwerte.
- Fasst zum **Schluss** zusammen, was das Diagramm **im Wesentlichen aussagt,** z. B.:
  Das Diagramm zeigt, dass … Aus dem Diagramm geht hervor, dass …

Die Reportage ▶ S. 167

- In Reportagen werden **Sachinformationen** mit **schildernden Teilen** in Beziehung gesetzt.
- In den **schildernden Abschnitten** äußern sich **Beteiligte** häufig persönlich **in direkter Rede** (wörtliche Zitate) über ihre **Eindrücke, Erlebnisse und Gefühle.**
- Auch der Reporter kann seine Eindrücke schildern und die **Geschehnisse bewerten.**

Der Kommentar ▶ S. 167

- In einem **Kommentar** stellt ein Verfasser seine **persönliche Meinung** zu einem Thema dar.
- Im Kommentar sollte die Meinung **mit Argumenten und Beispielen** begründet werden.
- Der **Verfasser** des Artikels ist stets **mit Namen genannt.**

Das Theaterstück (Dramatik) ▶ S. 139–156

Texte für das Theater (das Drama, Plural: die Dramen) sind neben den Gedichten (Lyrik) und den erzählenden Texten (Epik) eine der drei Gattungen der Dichtung (Lyrik, Epik, Dramatik).
In einem Theaterstück gibt es Rollen, die von Schauspielerinnen und Schauspielern gespielt werden.
Wichtige Theaterbegriffe sind:

- **Rolle** nennt man die Figur, die eine Schauspielerin oder ein Schauspieler in einem Theaterstück verkörpert, z. B. die Rolle des besten Freundes, die Rolle der Mutter usw.
- Eine **Szene** ist ein kurzer, abgeschlossener Teil eines Theaterstücks. Eine Szene endet, wenn neue Figuren auftreten und/oder Figuren abtreten.
- **Regieanweisungen** heißen die Hinweise im Stück, die vorgeben, wie die Figuren reden, wie sie sich bewegen und verhalten sollen. Auch Orte können näher beschrieben werden. Regieanweisungen stehen meist in Klammern hinter den Rollen oder zwischen zwei Rollen.
- **Dialog:** Gespräch von zwei oder mehr Figuren. Sein Gegensatz ist der Monolog.
- **Monolog:** Selbstgespräch einer Figur (im Gegensatz zum Dialog).
- Um spannend und interessant zu sein, haben Theaterstücke oft einen ganz ähnlichen **Handlungsverlauf.** Dieser wird meist als Schaubild in Form einer Pyramide dargestellt:

der **Höhepunkt:**
Zuspitzung des **Konflikts**

steigende Spannung: erste Konflikte

fallende Spannung: Lösungsversuche

die **Exposition** (Einleitung):
Situation und Figuren

die **Katastrophe** (trauriges Ende)
oder: **Happy End**
(glückliches Ende)

Film, Fernsehen ▶ S. 186–191

Die Einstellungsgrößen ▶ S. 187

Die Einstellungsgröße legt die **Größe des Bildausschnitts** fest.
Je kleiner der Bildausschnitt ist, desto näher scheint der Betrachter am Geschehen zu sein.

Weit (Totale):

Es wird eine ganze Landschaft oder eine Stadt gezeigt. Man erkennt den Ort der Handlung.

Halbnah:

Gegenstände werden aus mittlerer Nähe, Figuren etwa vom Knie an aufwärts gezeigt. Die unmittelbare Umgebung ist erkennbar.

Nah:

Man sieht Kopf und Schultern von Figuren.

Groß:

Der Kopf einer Figur wird bildfüllend dargestellt. So kann man die Gefühle an der Mimik ablesen.

Detail:

Ein Ausschnitt wird sehr groß gezeigt, z. B. die Augen, die Hände oder ein Gegenstand.

Die Kameraperspektive ▶ S. 188

Der Standpunkt der Kamera und – damit verbunden – ihr Blickwinkel wird als Kameraperspektive bezeichnet. Man unterscheidet:

Vogelperspektive

Normalperspektive

Froschperspektive

- **Vogelperspektive (Aufsicht):** Kamera von oben
- **Normalperspektive (Normalsicht):** Kamera auf Augenhöhe
- **Froschperspektive (Untersicht):** Kamera von unten

Der Schnitt

Nach den Dreharbeiten wird das Filmmaterial in einzelne Szenen zerlegt.
Die besten Szenen können ausgewählt und überflüssige Szenen herausgeschnitten werden.

Die Montage ▶ S. 191

- Durch die Verknüpfung von Szenen lassen sich verschiedene **Handlungsstränge miteinander in Beziehung setzen.** So kann man z. B. zeigen, warum sich eine Figur auf eine bestimmte Weise verhält. Diese Verknüpfungstechnik heißt **Montage** (gesprochen: *montahsche*).
- Bei der **Parallelmontage** werden Handlungen an verschiedenen Orten abwechselnd gezeigt.

Nachdenken über Sprache

Wortarten

Das Nomen und der Kasus (der Fall; Plural: die Kasus) ▶ S. 196

Mit **Nomen** werden **Dinge, Lebewesen, Gedanken und Ideen** bezeichnet.
Nomen werden **großgeschrieben.**

- **Nomen** (Hauptwörter) kann man mit Hilfe von **Proben** (▶ S. 236) erkennen:
  - **Artikelprobe:** Vor Nomen kann man einen Artikel setzen, z. B.: *Das Seil ist wichtig.*
  - **Zählprobe:** Viele Nomen können von Zahlwörtern begleitet werden, z. B.: *die **vielen** Seile.*
  - **Adjektivprobe:** Nomen lassen sich durch Adjektive näher beschreiben, z. B.: *das **blaue** Seil.*
- **Nomen** treten **im Satz** in einem von **vier Kasus (Fällen)** auf:
  - **Nominativ (Wer oder was?):** *Das Seil ist für das Klettern sehr wichtig.*
  - **Genitiv (Wessen?):** *Die Länge **des Seils** hängt davon ab, wozu man es benötigt.*
  - **Dativ (Wem?):** *Man kann **dem Seil** nicht blind vertrauen. Prüfe seine Festigkeit.*
  - **Akkusativ (Wen oder was?):** *Beim Klettern solltest du **das Seil** nutzen.*

Das Adjektiv (das Eigenschaftswort) und seine Steigerungsstufen ▶ S. 196

- **Adjektive** (Eigenschaftswörter) sind daran zu erkennen, dass man sie **steigern** kann, z. B.:

  hoch   → *höher*   → *am höchsten*

  Grundstufe (Positiv)   Steigerungsstufe (Komparativ)   Höchststufe (Superlativ)
- Im Satz können Adjektive auftreten als:
  1. **Begleiter eines Nomens:** *der **mutige** Kletterer*
  2. **Ergänzung zum Verb:** *Der Kletterer steigt **mutig** auf den Baum.*
  3. **Ergänzung zu „sein":** *Der Kletterer ist **mutig**.*
- Als **Begleiter des Nomens** trägt das Adjektiv nach bestimmtem Artikel die **Endung -e** oder **-en.**
  - Nominativ (Wer oder was?):   *der mutig**e** Kletterer*   *die klein**e** Brücke*   *das lang**e** Seil*
  - Genitiv (Wessen?):   *des mutig**en** Kletterers*   *der klein**en** Brücke*   *des lang**en** Seils*
  - Dativ (Wem?):   *dem mutig**en** Kletterer*   *der klein**en** Brücke*   *dem lang**en** Seil*
  - Akkusativ (Wen oder was?): *den mutig**en** Kletterer*   *die klein**e** Brücke*   *das lang**e** Seil*

Das Personal-, das Possessiv- und das Demonstrativpronomen (Fürwörter) ▶ S. 197

- **Pronomen** (Fürwörter) stehen **stellvertretend** für Nomen oder **begleiten** Nomen.
- **Personalpronomen** sind: *ich, du, er/sie/es, wir, ihr, sie.* Sie treten in verschiedenen **Fällen** (Kasus) auf, z. B.: *ich* (Nominativ), *mir* (Dativ), *mich* (Akkusativ).
- **Possessivpronomen** sind *mein, dein, sein/ihr, unser, euer, ihr, ...*
  Sie zeigen den Besitz an. Oft begleiten sie Nomen, z. B.: *mein Helm, ihre Kletterausrüstung.*

- **Demonstrativpronomen** sind: *dieser, diese, dieses*; *jener, jene, jenes*; *solcher, solche, solches, ...*
  Sie weisen auf etwas hin, z. B. auf eine Person oder Sache:
  *Am Abend traf ich einen **erfahrenen Kletterer. Dieser** erzählte mir ...*

- Manchmal beziehen sie sich auch **auf ganze Sätze,** z. B.:
  *__Das Kletterseil ist kaputt.__ **Das** ist eine böse Überraschung.*

- Nutzt man **dieser** und **jener** gemeinsam, bezieht sich **dieser** auf das **zuletzt genannte Wort,** z. B.:
  *Ein **Taucher** und sein **Helfer** diskutieren. **Dieser** sagt ... **Jener** antwortet ...*

Die Präposition (das Verhältniswort) ▶ S. 197

Präpositionen wie *in, auf, unter* drücken **Verhältnisse und Beziehungen** von Gegenständen,
Personen oder anderem aus. Sie können bezeichnen:
- ein **örtliches Verhältnis,** z. B.: *__auf__ der Leiter,*
- einen **Grund,** z. B.: *__wegen__ des Seils,*
- ein **zeitliches Verhältnis,** z. B.: *__bis__ morgen,*
- die **Art und Weise,** z. B.: *__mit__ großem Mut.*

Das Verb (das Tätigkeitswort) ▶ S. 198–199

Mit **Verben** gibt man an, **was jemand tut** (z. B. *laufen, reden, lachen*) oder **was geschieht**
(z. B. *regnen, brennen*). Verben werden **kleingeschrieben.**
- In ihrer **Grundform** enden die meisten Verben auf **-(e)n.** Diese Grundform heißt **Infinitiv.**
  Oft verändern Verben im Satz ihre Form. Sie richten sich nach dem Wort, auf das sie sich beziehen.
  Man nennt diese Form **Personalform,** z. B.: *Die Pferde **wiehern.** Das Pferd **wiehert.***
- **Verben verändern sich im Satz.** Das nennt man **Konjugation** oder **Beugung,** weil sich das Verb im
  Satz nach der Personalform richten muss, z. B. für „reisen":
  Ich reise, du reist, er/sie/es reist, wir reisen, ihr reist, sie reisen.

Das Verb und sein Tempus (seine Zeitform)

Verben kann man **in verschiedenen Zeitformen** (Tempora) verwenden, z. B. im **Präsens** (Gegenwartsform) oder im **Präteritum** (einfache Vergangenheitsform). Die Zeitformen der Verben sagen uns, **wann**
etwas passiert.

Das Präsens (Gegenwartsform)

- Es wird meist verwendet, wenn man sagen will, dass etwas **jetzt geschieht,** z. B.:
  *Er **schreibt gerade** einen Brief.*
- Die Gegenwartsform wird auch benutzt, um **Gewohnheiten** oder **Dauerzustände** zu beschreiben,
  z. B.: *Suppe **isst** man mit dem Löffel.*
- Mit dem Präsens kann man auch ausdrücken, dass etwas in der **Zukunft** liegt, z. B.:
  __Morgen gehe__ ich ins Kino.

Das Präteritum und das Perfekt (Vergangenheitsformen) ▶ S. 198

Präteritum und Perfekt sind **Zeitformen der Vergangenheit.**

- Das **Perfekt** verwendet man in der Regel, wenn man **mündlich** erzählt, z. B.:
  *Gestern **bin** ich zum Strand **gegangen**. Dort **habe** ich eine wunderschöne Muschel **gefunden.***
- Das **Präteritum** verwendet man in der Regel, wenn man **schriftlich** erzählt, z. B.:
  *Gestern **ging** ich zum Strand. Dort **fand** ich eine wunderschöne Muschel.*
- Gebildet wird das Perfekt aus **2 Teilen:**
  Präsensform von *haben* oder *sein* + Partizip II, z. B.:
  Wir   haben   gewonnen.
  Du   bist   gelaufen.
  Das **Partizip II** beginnt meist mit der **Vorsilbe *ge*-,** z. B.: *lesen → **ge**lesen.*

Das Plusquamperfekt (die Vorvergangenheit) ▶ S. 198

- Geschah etwas noch **vor einem vergangenen Ereignis im Präteritum,** wird das **Plusquamperfekt** verwendet, z. B.:
  *Bevor er in die Tiefe **abtauchte*** (Präteritum), ***hatte** er sich lange **vorbereitet*** (Plusquamperfekt).
- Das Plusquamperfekt wird mit der Personalform von *hatten* oder *waren* + Partizip II gebildet.

Das Futur (Zukunftsform)

- Mit der Zeitform **Futur** drückt man Zukünftiges aus, z. B.: *Ich werde für das Teleskop sparen.*

	Das Futur wird gebildet aus:	*werde*		*sparen*
		Personalform von ***werden***	+	**Infinitiv** (Grundform)

- Mit dem Futur kann man auch eine Vermutung ausdrücken: *Das **wird** schon **klappen.***

Starke und schwache Verben ▶ S. 198

- **Schwache Verben** verändern im Präteritum nur die Endung.
  Sie verändern sich schwach, z. B.:   *ich spiel**e** → ich spiel**te**,   du sag**st** → du sag**test**.*
- **Starke Verben** verändern im Präteritum einen ihrer Vokale (Stammvokal).
  Sie verändern sich stark, z. B.:   *ich l**ü**ge → ich l**o**g,   du l**äu**fst → du l**ie**fst.*
  Die **starken Verben** muss man **auswendig lernen** (▶ Innenseite des hinteren Buchdeckels).

Verben im Aktiv oder Passiv ▶ S. 199

- **Das Aktiv und das Passiv** drücken eine unterschiedliche Sicht auf ein Geschehen aus:
  - Das **Aktiv betont denjenigen, der** etwas tut oder **handelt,** z. B.: *Das Boot zieht den Skifahrer.*
  - Das **Passiv betont, mit wem oder was etwas geschieht,** z. B.: *Der Skifahrer wird gezogen.*
- **Das Passiv wird gebildet** aus der **Personalform des Hilfsverbs** *werden* + *Partizip II*:

	Aktiv	Passiv
Präsens:	Jonas *unterrichtet.*	Jonas *wird unterrichtet.*
Präteritum:	Jonas *unterrichtete.*	Jonas *wurde unterrichtet.*

Der Konjunktiv I in der indirekten Rede

▶ S. 205–206

Wenn man deutlich ausdrücken möchte, **dass jemand anderes etwas gesagt hat,** dann verwendet man die **indirekte Rede.** Die indirekte Rede steht **nicht in Anführungszeichen.**
Das Verb steht im **Konjunktiv I,** z. B.: *Christoph sagt, das Gewitter tobe sich in Berlin aus.*

- **Der Konjunktiv I wird gebildet** durch den **Stamm des Verbs** (Infinitiv **ohne** -[e]**n**) und durch die entsprechende Personalendung, z. B.:

Indikativ Präsens	Konjunktiv I	Indikativ Präsens	Konjunktiv I
*ich komm-**e***	*ich komm-**e***	*wir komm-**en***	*wir komm-**en***
*du komm-**st***	*du komm-**est***	*ihr komm-t*	*ihr komm-**et***
*er/sie/es komm-**t***	*er/sie/es komm-**e***	*sie komm-**en***	*sie komm-**en***

- Wenn sich der **Konjunktiv nicht vom Indikativ Präsens unterscheidet,** dann wird der **Konjunktiv II** oder die *würde*-**Ersatzform** verwendet, z. B.:

Konjunktiv I:	*Er sagt, viele **wissen** nur wenig über Tornados.*
→ Konjunktiv II:	*Er sagt, viele **wüssten** nur wenig über Tornados.*
→ *würde*-Ersatzform:	*Er sagt, viele **würden** nur wenig über Tornados **wissen.***

Der Konjunktiv II

▶ S. 200–203

Wenn man eine Aussage als unwirklich, nur **vorgestellt**, unwahrscheinlich oder gewünscht kennzeichnen möchte, verwendet man den Konjunktiv II.

- **Bildung des Konjunktivs II**
  Der Konjunktiv II wird in der Regel vom Indikativ Präteritum abgeleitet.
  Bei starken Verben werden *a, o, u* im Wortstamm zu *ä, ö, ü,* z. B.:

Indikativ Präteritum	Konjunktiv II
er sah	*er säh̲e*
er war	*er wär̲e*
er hatte	*er hätt̲e*
er stand	*er stünd̲e* (Ausnahme von *a* zu *ü/ständ̲e*)

- Anstelle des Konjunktivs II wird die *würde*-**Ersatzform** verwendet, wenn der Konjunktiv II **vom Indikativ Präteritum nicht zu unterscheiden** ist, z. B.: *wir gingen → wir würden gehen.*
- Vor allem im **mündlichen Sprachgebrauch** ist der Konjunktiv II recht **ungebräuchlich.**
  Man verwendet lieber die *würde*-Ersatzform, z. B.: *ich empfähle → ich würde empfehlen.*

Modalverben

▶ S. 207

Modalverben sind Verben, die **Möglichkeiten, Zwänge, Gesetze** oder **Wünsche** ausdrücken.

Modalverb	verdeutlicht	Beispiel
können	Möglichkeit, Fähigkeit	*Sie können nebenan parken. Er kann zaubern.*
sollen	Vorschrift, Empfehlung	*Besucher sollen auf Parkplatz C parken.*
müssen	Gebot, Zwang	*Fahrzeuge müssen die Fahrbahn benutzen.*
dürfen	Erlaubnis, Möglichkeit	*Gäste dürfen hier parken.*
wollen	Absicht, Bereitschaft	*Wir wollen nächste Woche in den Urlaub fahren.*
mögen	Wunsch, Möglichkeit	*Ich möchte noch ein Glas Wasser haben.*

Das Adverb (das Umstandswort)

Mit **Adverbien** macht man **nähere Angaben zu einem Geschehen.**
Adverbien erklären genauer, **wo, wann, wie** oder **warum** etwas geschieht.
Im Unterschied zu Adjektiven (▶ S. 278) kann man Adverbien in der Regel nicht steigern.

Frage	Adverbien	Beispiel
Ort: **Wo?**	*bergauf, dort, oben, links, …*	*Er klettert **bergauf.***
Zeit: **Wann?**	*immer, heute, gestern, niemals, jetzt, …*	***Jetzt** beginnt der schwierige Teil.*
Art und Weise: **Wie?**	*allerdings, vielleicht, besonders, gern, …*	*Sie klettern **gern.***
Grund: **Warum?**	*demnach, deshalb, darum, daher, …*	***Daher** wartet er im Basislager.*

Der Wortstamm und die Wortfamilie

- In verschiedenen Wörtern können gleiche **Wortbausteine** vorkommen. Der Grundbaustein eines Wortes heißt **Wortstamm.** Wörter mit dem gleichen Wortstamm bilden eine **Wortfamilie:** *find*en, *erfind*en, *vorfind*en, *Erfind*er, *find*ig, *Erfind*ung, …
- Viele Wörter einer Wortfamilie entstehen durch **Vor- oder Nachsilben.**
  Fügt man an den Wortstamm eine Vor- oder eine Nachsilbe an, so nennt man das **Ableitung:**

Vorsilbe +	Stamm	+ Nachsilbe	= abgeleitetes Wort
er	*find*	*en*	*= erfinden (Verb)*
Er	*find*	*ung*	*= Erfindung (Nomen)*
er	*find*	*erisch*	*= erfinderisch (Adjektiv)*

Satzglieder

Satzglieder bestimmen ▶ S. 213

Das **Prädikat** ist ein Verb. Es bildet den **Satzkern.** Es kann aus einem oder mehreren Teilen bestehen, z. B.: *Wir **sind** mit dem Zug **gefahren.*** Mit der **Frageprobe** könnt ihr weitere Satzglieder ermitteln:

Satzglied	Frageprobe	Beispiel
Subjekt	Wer? Was?	***Der Zugchef** stellte uns eine Frage.*
Akkusativobjekt	Wen? Was?	*Der Zugchef stellte uns **eine Frage.***
Dativobjekt	Wem?	*Der Zugchef stellte **uns** eine Frage.*
adverbiale Bestimmung der Zeit	Wann? Wie lange? Seit wann?	***Einige Stunden später** erreichte der Zug die Hauptstrecke.*
adverbiale Bestimmung des Ortes	Wo? Wohin? Woher?	*Der Zug hatte einen Aufenthalt **in Nevada.***
adverbiale Bestimmung des Grundes	Warum? Weshalb?	***Wegen eines Unfalls** hatte der Zug Verspätung.*
adverbiale Bestimmung der Art und Weise	Wie? Auf welche Weise? Womit?	*Der Zug kam **unpünktlich** an sein Ziel.*

Attribute (Beifügungen)

- **Attribute beschreiben ein Bezugswort** (meist ein Nomen) **näher.**
- Sie sind **Teil eines Satzglieds** und bleiben bei der Umstellprobe **fest mit dem Bezugswort** verbunden, z. B.: *Die heiße Luft entweicht durch das Ventil unter dem Deckel. Durch das Ventil unter dem Deckel entweicht die heiße Luft.*
- Es gibt verschiedene Formen des Attributs, z. B.: **Adjektivattribut:** *die heiße Luft,*

  Präpositionalattribut: *das Ventil unter dem Deckel,*   **Genitivattribut:** *die Abkühlung der Luft.*

Sätze

Satzreihe,

Hauptsatz   Hauptsatz
*Das Navi **ist** praktisch **,** aber man **muss** selbst mitdenken.*
Konjunktionen: *denn, sondern, und, oder*
Tipp: Vor *und* bzw. *oder* muss kein Komma zwischen den Hauptsätzen stehen.

Satzgefüge ▶ S. 214

Hauptsatz
*Man ist selbst schuld **,***

Im Nebensatz steht die Personalform des Verbs am Satzende.

Nebensatz
*wenn man einen Unfall **baut**.*

Konjunktionen: *nachdem, als, wie, weil, ...*

283

Der Subjektsatz ► S. 215

Subjektsätze sind **Nebensätze** (Gliedsätze).
Im Satz nehmen sie die Rolle des **Subjekts** (Wer oder was …?) ein, z. B.:
- Satz mit „einfachem" Subjekt: *Urlauber wünschen sich eine entspannte Reise.*
- Satz mit Subjektsatz: ***Wer in den Urlaub fährt,*** *wünscht sich eine entspannte Reise.*

Subjektsatz   Ein Komma trennt den Subjektsatz ab.

Der Objektsatz ► S. 216

- **Objektsätze** sind **Nebensätze**. Im **Satz** nehmen sie die **Rolle eines Objekts** (Wen oder was …?) ein, z. B.:
  - Satz mit „einfachem" Objekt: *Der Pilot erklärt* **die Flugroute.**
  - Satz mit Objektsatz: *Der Pilot erklärt,* ***wie die Flugroute verläuft.***

  Der Objektsatz wird durch ein Komma abgetrennt.   Objektsatz

- **Objekt- und auch Subjektsätze** werden **oft als** *dass*-**Sätze** gebildet, z. B.:
  - Objektsatz: *Ich hoffe,* ***dass*** *du mit mir fliegst.* (Wen oder was hoffe ich?)
  - Subjektsatz: *Mir gefällt,* ***dass*** *du mit mir fliegst.* (Wer oder was gefällt mir?)

Der Relativsatz ► S. 217

Relativsätze sind Nebensätze, die sich auf ein Wort im Hauptsatz beziehen. Sie werden **durch Relativpronomen eingeleitet,** z. B.: *der, die, das, welcher, welche, welches.* Relativsätze werden **durch Komma** vom Hauptsatz abgetrennt, z. B.: *Der Wanderer* **,** *der sich verlaufen hatte, sendete einen Hilferuf.*

Adverbialsätze ► S. 218–219

Genauere Umstände eines Geschehens können durch **Adverbialsätze** ausgedrückt werden.

Adverbialsatz	Fragen	Beispiel
der Zeit: Temporalsatz	Wann? Wie lange? Seit wann? …	***Als*** *ein Sturm ausbrach, wurden Kevin und Nuran seekrank.*
des Ortes: Lokalsatz	Wo? Von wo? Wohin? …	*Du kannst mit dem Schiff fahren,* ***wohin*** *du willst.*
der Art und Weise: Modalsatz	Wie? Wodurch? …	***Indem*** *der Kapitän den Wetterbericht beachtet, verhindert er viele Probleme.*
des Grundes: Kausalsatz	Warum? Warum nicht? …	*Kreuzfahrten sind sehr beliebt,* ***weil*** *man dabei viel erleben kann.*
der Bedingung: Konditionalsatz	Unter welcher Bedingung? …	***Wenn*** *man seekrank ist, helfen häufig nur Medikamente.*
des Zwecks: Finalsatz	Wozu? …	***Damit*** *man einen Schiffbruch heil übersteht, sollte man Regeln beachten.*

Zeichensetzung

Kommasetzung bei Aufzählungen ▶ S. 241

- **Kommas** stehen zwischen **aufgezählten Wörtern und aufgezählten Gruppen von Wörtern.**
  → Das **Komma entfällt,** wenn sie durch *und* oder *oder* verbunden sind, z. B.:
  *Isa, Lea **und** Alexandra sind Mädchennamen.*
- Das **Komma steht vor** den Verknüpfungswörtern (Konjunktionen) *aber, jedoch, sondern* und *doch,* z. B.: *Du kannst schwimmen, spielen, arbeiten, **aber** nicht herumsitzen.*

Kommasetzung in Satzreihen ▶ S. 241

- Man kann **Hauptsätze** aneinanderreihen. Dann **trennt** man **sie durch Kommas** oder **verbindet** sie durch **Verknüpfungswörter** (Konjunktionen) wie *und, oder* sowie *aber, doch, sondern, ...*
- Vor *und* sowie *oder* **kann ein Komma** stehen, muss aber nicht, z. B.:
  *Max schießt den Ball aufs Tor(,) **und** Abud hält ihn.*
- Vor den Konjunktionen *aber, doch, sondern, denn* steht **immer ein Komma,** z. B.:
  *Max schießt den Ball aufs Tor, **aber** Abud hält ihn.*

Kommasetzung in Satzgefügen ▶ S. 242

Satzgefüge bestehen aus mindestens einem **Haupt- und** einem **Nebensatz.** Sie werden **durch Kommas** getrennt. Im **Nebensatz** steht die **Personalform des Verbs am Ende** (▶ S. 214).
Der **Nebensatz** kann **vor** oder **nach dem Hauptsatz** stehen oder in ihn **eingefügt** sein, z. B.:
- **vor:** *Weil manche Pflanzen stets sauber bleiben, erregten sie das Interesse der Forschung.*
- **nach:** *Du brauchst Forschergeist, **wenn du die Selbstreinigung der Pflanzen verstehen willst.***
- **eingefügt:** *Werde selbst, **indem du Versuche durchführst,** ein Forscher.*

Kommasetzung bei der Konjunktion *dass* im Nebensatz

- Vor *dass* steht ein **Komma,** wenn es einen **Nebensatz** einleitet.
- Das **Verknüpfungswort** (die Konjunktion) *dass* bezieht sich auf e**in Verb** des vorangegangenen Satzes, z. B.: *Ich **weiß,** dass du das verstanden hast.*

Kommasetzung bei Relativsätzen und Appositionen ▶ S. 243

- **Relativsätze sind Nebensätze.** Sie werden durch ein **Relativpronomen** wie *der, die, das* eingeleitet, das sich auf ein Wort im Hauptsatz bezieht. Sie werden **durch Komma** abgetrennt, z. B.:
  *Das Forschungsinstitut, **das/welches** seit Jahren forscht, hat endlich Erfolg.*
- Ein Nomen kann durch **eine Apposition (Beifügung),** einen verkürzten Relativsatz, erläutert werden, z. B.: *Der Forscher, **ein Bioniker,** hatte endlich Erfolg; statt: ..., der ein Bioniker ist, ...*

Kommasetzung bei Infinitiven mit *zu* ▶ S. 244–245

- Ein **einfacher Infinitiv mit *zu*** verlangt **meist kein Komma,** z. B.: *Du brauchst nicht zu lesen.*
- Werden Infinitive **mit *als, anstatt, außer, ohne*** oder ***um* eingeleitet,** setzt man ein **Komma,** z. B.:
  ***Anstatt* zu probieren, solltest du lieber die Gebrauchsanweisung lesen.**
- Werden Infinitive durch ein **hinweisendes Wort angekündigt,** setzt man ein **Komma,** z. B.:
  *Denke **daran,** die Bedienungsanleitung zu lesen. **Es** ist gut, etwas für die Sicherheit zu tun.*

Tipp: In der Regel kannst du die meisten Infinitivsätze mit *zu* durch ein Komma abtrennen.
Wenn du unsicher bist, ob ein Infinitivsatz mit *zu* durch ein Komma zu markieren ist, dann setze besser ein Komma.

Rechtschreibstrategien ▶ S. 228–231

Das Schwingen ▶ S. 228

- **Vor** dem Schreiben: **Sprecht** die Wörter **deutlich in Silben.** Zeichnet Silbenbögen in die Luft.
- **Beim** Schreiben: Sprecht die Silben leise mit. Sprecht nicht schneller, als ihr schreibt.
- **Nach** dem Schreiben: Prüft, ob ihr richtig geschrieben habt. Zeichnet dazu Silbenbögen unter jede Silbe und sprecht dabei leise mit.

Offene und geschlossene Silben

- Enden Silben mit einem **Vokal,** nennt man sie offen. Man spricht den Vokal lang, z. B.: *die Blume.*
- Enden Silben mit einem **Konsonanten,** nennt man sie geschlossen.
  Man spricht den Vokal kurz, z. B.: *die Bremse.*

Das Verlängern ▶ S. 230

- Beim Schwingen kann man in der Regel jeden Buchstaben deutlich hören, z. B.: *der Sommer.*
- Bei Einsilbern und am Wortende kann man Buchstaben aber nicht immer sicher zuordnen, z. B.:
  der Berg, der Umschlag.
  Dann hilft die Strategie „**Verlängern**". Das heißt: **Man fügt an das Wortende eine Silbe an,** z. B.:

  der Berg – denn: *die Berge, der Umschlag* – denn: *die Umschläge.*

  - **Nomen** setzt man in die Mehrzahl: *der Stall – **die** Ställe.*
  - **Verben** setzt man in eine andere Personalform: *schwimmt – **wir** schwimmen.*
  - **Adjektive** steigert man: *still – stiller **als.***

Das Zerlegen, Bausteine abtrennen

► S. 230

- Unklare Laute in zusammengesetzten Wörtern findet man, indem man sie **zerlegt,** z. B.:

  *das Schwi**mm**|bad* – denn: *schwi**mm**en, das Ba**d*** – denn: *die Bä**d**er.*

- Auch wenn man **Vor- und Nachsilben abtrennt,** kann man Verlängerungsstellen finden, z. B.:

  *en**d**|los* – denn: *das En**d**e,*   *die Kun**d**|schaft* – denn: *der Kun**d**e,*   *ge|pac**k**t* – denn: *pac**k**en.*

Das Ableiten

► S. 231

Ableiten heißt: **verwandte Wörter mit** *a* **und** *au* **finden.**
Wenn es **verwandte Wörter mit** *a* **oder** *au* gibt, dann schreibt man *ä* **oder** *äu,* z. B.:

*die W**e**lt* – aber: *er h**ä**lt,* denn: *h**a**lten,*   *die L**eu**te* – aber: *l**äu**ten,* denn: *l**au**t.*

Die Fremdwörter

► S. 76, 228–229

- **Fremdwörter** sind **Wörter, die aus anderen Sprachen kommen,** z. B. aus dem Griechischen *(Atmosphäre),* Lateinischen *(diskutieren),* Englischen *(fair)* oder Französischen *(Courage).* Viele behalten ihre **fremde Schreibung und Aussprache** weitgehend bei.
- Beim deutlichen Sprechen in Silben kann man jeden Buchstaben deutlich hören, wenn sie lauttreu sind. Das **Schwingen hilft** auch **bei vielen Fremdwörtern,** z. B.: *die Ma te ri a li en.*

Nomen erkennen

► S. 236

Nomen schreibt man groß. Wörter mit den **Endungen** *-heit, -keit, -nis, -schaft, -tum, -ung* sind Nomen. In Texten erkennt man sie mit Hilfe von drei **Proben:**
- **Artikelprobe:** Vor Nomen kann man einen Artikel setzen, z. B.: *die Ziege, der Zucker.*
  Artikel können sich auch „verstecken", z. B.: *zur (= zu der), beim (= bei dem), zum (= zu dem)* …
- **Zählprobe:** Nomen kann man zählen, z. B.: *zwei, drei, zehn, viele, einige Ziegen.*
- **Adjektivprobe:** Nomen kann man durch Adjektive näher beschreiben, z. B.: *die müde Ziege.*

Die Nominalisierung

► S. 237

Verben und Adjektive können **wie Nomen** gebraucht werden. Dann **schreibt man sie groß.**
Nominalisierungen erkennt man an ihren Begleitern. Hilfreich sind die **Nomenproben:**
- **Artikelprobe,** z. B.: *Das Entwickeln von Robotern macht Spaß. Das ist das Schöne am Beruf.*
- **Adjektivprobe,** z. B.: *Der Roboter ist durch zu heftiges Abbremsen kaputtgegangen.*
- **Zählprobe,** z. B.: *Wer viele Naturbeobachtungen macht, kann viel Neues erfahren.*

Im Wörterbuch nachschlagen

- Bei **Nomen** sucht ihr die **Einzahl** (den Singular), z. B.: *die Häuser → das Haus.*
- Bei **Verbformen** sucht ihr die **Grundform** (Infinitiv), z. B.: *bellt → bellen.*
- Bei **Adjektiven** sucht ihr die **Grundform,** z. B.: *kälter → kalt.*

Rechtschreibregeln
▶ S. 232–240

Doppelte Konsonanten
▶ S. 232

- **Regel: Doppelte Konsonanten** schreibt man **nur,** wenn die **erste Silbe** geschlossen ist.
- Stehen an der **Silbengrenze zwei verschiedene Konsonanten, verdoppelt** man in der Regel **nicht,** z. B.: *die Wel*ten – aber: *die Wel*len.
- Prüft die Schreibung: **Verlängert** Einsilber und **zerlegt** zusammengesetzte Wörter.

Wörter mit *i* oder *ie*
▶ S. 233

- Die **meisten Wörter mit i-Laut** schreibt man **mit einfachem *i*.**
  Man schreibt in der Regel **immer *i*,** wenn die **erste Silbe** geschlossen ist, z. B.: *der Win ter.*
- Man schreibt nur dann *ie*, wenn die **erste Silbe** offen ist, z. B.: *die Bie ne.*
  Diese Regel gilt **nur für zweisilbige deutsche Wörter,** nicht bei Fremdwörtern.
- Prüft die Schreibung: **Verlängert** Einsilber und **zerlegt** zusammengesetzte Wörter, z. B.: *lieb | lich → Lie be.*
- Die Personalpronomen *ihr, ihnen, ihm, ihn, ihre* werden mit *ih* geschrieben.

Wörter mit s-Laut: *ß – s – ss*
▶ S. 234

- Man schreibt *ß*, wenn die **erste Silbe** offen ist und man den **s-Laut zischend** spricht, z. B.: *drau ß en.*
- Man schreibt *s*,
  - wenn die **erste Silbe** offen ist und man den **s-Laut summend** spricht, z. B.: *die Ro se,*
  - wenn die **erste Silbe** geschlossen ist und **zwei verschiedene Konsonanten** an der **Silbengrenze** stehen, z. B.: *die Res te, die Wes pe.*
- Man schreibt *ss,* wenn die **erste Silbe** geschlossen ist, z. B.: *die Ros se.*

Tipp: Um diese Regeln für den s-Laut anzuwenden, braucht man das zweisilbige Wort.

Wörter mit *h*
▶ S. 235

- Bei einsilbigen Wörtern kann man das *h* nicht hören.
- Bei manchen **zweisilbigen Wörtern** steht das *h* am Anfang der zweiten Silbe.
  Es öffnet die zweite Silbe hörbar, z. B.: *dre hen.*
- Steht das *h* in der ersten Silbe, ist es **nicht hörbar.** Diese Wörter sind **Merkwörter,** z. B.: *die Bah nen.*

Die Großschreibung und die Kleinschreibung

Satzanfänge, **Nomen** und **Nominalisierungen** (▶ S. 236–237) werden großgeschrieben.
Wörter, die auf *-heit, -keit, -nis, -schaft, -tum, -ung* enden, sind immer Nomen.
Klein schreibt man

- alle **Verben**, z. B.: *malen, tanzen, gehen,*
- alle **Adjektive**, z. B.: *freundlich, sonderbar, rostig,*
- alle **Pronomen** (Fürwörter), z. B.: *ich, du, er/sie/es, wir, ihr, sie, mich, dich, mein, dein, …*
  Tipp: Eine Sonderregelung gibt es bei den **Anredepronomen in Briefen und E-Mails:**
  - Wenn ihr jemanden **siezt,** schreibt ihr die Anredepronomen **groß,** z. B.: *Sie, Ihnen, Ihr.*
  - Die vertraute Anrede **du** kann man **kleinschreiben,** z. B.: *du, dir, dein, euch, euer.*

Die Zusammenschreibung ▶ S. 238, 247

Zusammen schreibt man folgende **Verbindungen:**

- **aus Nomen und Fremdwörtern,** z. B.: *der Rattenroboter, der Servicepoint;*
  Fremdwörter kann man auch mit Bindestrich verbinden, z. B.: *das Bionic-Boot,*
- **mit Adjektiven,** z. B.: *messerscharf, bitterkalt,*
- **von Verben mit unveränderlichen Wörtern,** z. B.: *hin + gehen = hingehen.*

Tipp: Wenn man bei Verben das erste Wort nicht verlängern kann, schreibt man zusammen.

Die Getrenntschreibung ▶ S. 247

Getrennt schreibt man in der Regel folgende **Verbindungen:**

- **von Nomen und Verben,** z. B.: *Aufgaben machen, Fußball spielen, …*
- **von Verben und Verben,** z. B.: *einkaufen gehen, arbeiten müssen, …*
- **alle Zusammenstellungen mit „sein",** z. B.: *da sein, weg sein, erfreut sein, …*

Geografische Herkunftsnamen ▶ S. 239

- **Getrennt** schreibt man **Herkunftsnamen** mit **geografischen Ableitungen** auf **-isch** und **-er.**
  - Ableitungen auf **-er** schreibt man **in der Regel groß,** z. B.: *die Münsteraner Altstadt.*
  - Ableitungen auf **-isch** schreibt man **in der Regel klein,** z. B.: *das westfälische Essen.*
- **Zusammen** schreibt man geografische Herkunftsnamen **ohne Ableitung,** z. B.: *der Rheinweg.*

Wortbedeutung

Das Synonym und das Antonym ▶ S. 73–74

- **Synonyme** sind Wörter, die dieselbe oder eine ähnliche Bedeutung haben, z. B.:
  „Respekt" steht auch für: *Toleranz, Fairness, Anerkennung, Autorität.*
- **Antonyme** sind Wörter, die eine gegensätzliche Bedeutung haben, z. B.: *fair ↔ unfair.*

Die Grund- und die Nebenbedeutung eines Wortes ▶ S.74

- Jedes Wort hat eine **Grundbedeutung (Denotat).** Diese findet man z.B. im Lexikon:
  „Sport": körperliche Ertüchtigung, insbesondere aus Freude an Bewegung und Spiel.
- Zudem kann ein Wort mehrere **Nebenbedeutungen (Konnotationen)** haben.
  Das sind die **Vorstellungen, Erfahrungen und Empfindungen,** die wir mit einem Wort verbinden, z.B.:
  „Sport" verbindet man mit: Spaß, Wettkampf, Stadion, Idol, Fan, Leistungsdruck, ...

Der Oberbegriff und der Unterbegriff ▶ S.75

- Ein **Oberbegriff** fasst mehrere Gegenstände, Eigenschaften und Begriffe zusammen,
  die **gemeinsame Merkmale** haben, z.B.: **Oberbegriff:** *Werte.*
- Ein **Unterbegriff** ist einem Oberbegriff **untergeordnet.** Ein Unterbegriff meint bereits einen
  näheren Gegenstand oder eine nähere Eigenschaft, z.B.: *Geld, Freundschaft, Respekt.*

Sprachebenen

Die Standardsprache und die Umgangssprache ▶ S.56, 60, 61, 67, 71, 80

- Die **Standardsprache** (Hochsprache) ist die allgemein verbindliche Form unserer Sprache, wie sie
  in der Öffentlichkeit (besonders im Schriftlichen), z.B. in der Schule, verwendet wird.
- Die **Umgangssprache** ist die Sprache, die wir bei unserer alltäglichen mündlichen Kommunikation
  verwenden. Sie orientiert sich an der Hochsprache, wendet deren Regeln und Normen aber nicht
  streng an. Typisch für die Umgangssprache sind beispielsweise unvollständige Sätze (Ellipsen), z.B.:
  Du auch?; umgangssprachliche Wörter und Wendungen, z.B.: *doof.*

Die Jugendsprache ▶ S.67

Die **Jugendsprache** unterscheidet sich durch bestimmte Wörter, Wendungen oder den Satzbau von
der **Standardsprache,** z.B.: *fett* (Jugendsprache) = *gut* (Standardsprache).
Die Jugendsprache ist sehr schnelllebig und verändert sich oft in kurzer Zeit. **Merkmale:**

- Viele Wörter stammen aus dem **Englischen,** z.B.: *chillen, Connections.*
- Es wird oft mit Hilfe von **Wortverstärkern** übertrieben, z.B.: *Das ist megageil, voll krass.*
- Manche Wörter sind **neu,** bildhaft und lustig, z.B.: *Achselmoped = Deoroller.*

Der Dialekt ▶ S.79–80

Dialekte sind Sprachformen, die vornehmlich in bestimmten Gebieten gesprochen werden und sich
vor allem in der **Lautung** von der **Standardsprache** (Hochdeutsch) **unterscheiden.**
Bekannte Dialekte sind z.B. das Bairische, das Pfälzische, das Sächsische oder das Hessische.

Arbeitstechniken und Methoden

Arbeit organisieren

Aufgabenformate unterscheiden ▶ S. 259–260

- **Auswahlaufgaben** (Multiple-Choice-Aufgaben): Zu einer Frage werden euch verschiedene Antwortmöglichkeiten vorgegeben. Ihr wählt die **eine richtige Antwort** aus.
- **Richtig/Falsch-Aufgaben** (True/False-Aufgaben): Ihr müsst entscheiden, welche der vorgegebenen **Aussagen** (z.B. zu einem Text) **richtig oder falsch** sind.
- **Zuordnungsaufgaben** (Matching-Aufgaben): Ihr sollt z.B. vorgegebene Aussagen oder Satzbausteine einander **sinnvoll zuordnen.**
- **Lückentextaufgaben** (Einsetzaufgaben): In einen Text mit Wortauslassungen müsst ihr die **fehlenden Wörter oder Wortgruppen richtig einsetzen.**
- **Kurzantworten:** Zu einer Frage zu einem Text oder zu einem Thema formuliert ihr eine **kurze Antwort oder Stellungnahme.**

Eine Schreibkonferenz durchführen

- Setzt euch in kleinen Gruppen zusammen.
- Einer von euch liest seinen Text vor. Die anderen hören aufmerksam zu.
- Die Zuhörer sagen, was ihnen gefallen hat. Danach machen sie Verbesserungsvorschläge, z.B.: *Du musst für einen Aufruf auch den Imperativ verwenden.*
- Anschließend besprecht ihr den nächsten Text.
- Am Ende der Schreibkonferenz verbessern die Verfasser mit Hilfe der Vorschläge ihre Texte.

Informationen beschaffen und ordnen

Ein Portfolio erstellen ▶ S. 15

Ein Portfolio ist eine **geordnete Sammelmappe** zu einem **Thema.** Es besteht aus:
- einem **Deckblatt** und einem **Inhaltsverzeichnis,**
- **selbst geschriebenen Texten** zum Thema und anderen **Materialien** (Fotos, Bildern, Artikeln, ...),
- einer persönlichen **Einschätzung der Materialsuche.**

Eine Mind-Map anlegen (Informationen ordnen)

Mit einer **Mind-Map** können **Informationen** aus einem Text **übersichtlich geordnet** werden.

- Schreibt das Thema des Textes in die Mitte eines großen Blattes Papier.
  Ihr könnt auch euer Heft quer legen. Umrahmt das Thema.
- Ordnet um das Thema **die wichtigsten Schlüsselwörter** des Textes.
  Verbindet Thema und wichtige Schlüsselwörter durch dicke Äste.
- Schreibt zu den Schlüsselwörtern die **dazugehörigen Informationen** aus dem Text.
  Zeichnet dazu dünnere Äste.

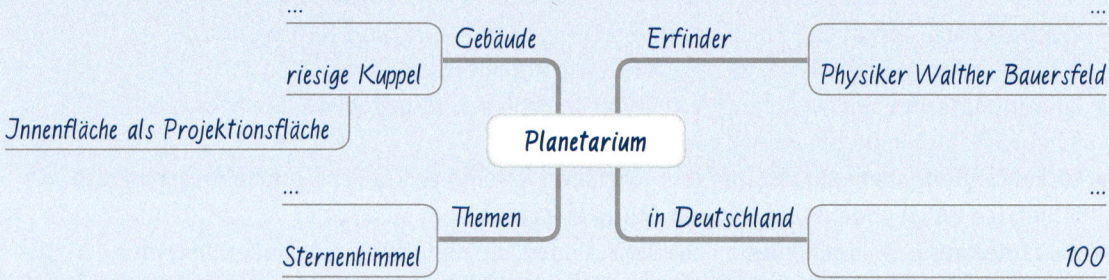

Ein Flussdiagramm anfertigen
▶ S. 116, 117

Mit Hilfe eines **Flussdiagramms** kann man insbesondere den **Handlungsverlauf** einer Geschichte übersichtlich veranschaulichen.
Lest die Geschichte Schritt für Schritt und notiert knapp untereinander, was geschieht:

- Tragt wichtige Informationen oder Zusammenhänge in das Flussdiagramm ein.
- Umrahmt sie.
- Achtet auf eine sinnvolle Reihenfolge eurer Stichworte.
- Zeichnet Pfeile von Rahmen zu Rahmen.

> Ein Ich-Erzähler sieht den Jungen mit der Irokesenfrisur auf dem ... sitzen.
>
> ↓
>
> Der erwachsene Mann fragt sich, ...
>
> ↓
>
> ...
>
> ↓

Im Internet recherchieren
▶ S. 171

Suchmaschinen für Kinder und Jugendliche nutzen, z. B.:
www.fragfinn.de, www.helles-koepfchen.de, www.kindernetz.de.

Mit Suchbegriffen oder Phrasen recherchieren

- Schränkt eure Suche im Internet von Beginn an ein. Nutzt die **Suchbegriffe (Schlüsselbegriffe)**, die zuallererst zu eurem Thema gehören, z. B.: *Handys Recycling*.
- Man kann auch mit **ganzen Sätzen** suchen. Setzt sie in **Anführungszeichen.**
  Diese **„Phrasensuche"** lohnt sich, wenn man z. B. eine bestimmte Aussage oder eine Liedzeile sucht.

Tipp: Weist ein Suchergebnis auf einen Onlineshop hin (z. B. *eBay, Nokia, Apple*), findet ihr dort in der Regel keine geeigneten Informationen, sondern Werbung.

Internetquellen angeben

Die Quelle einer Internetseite steht stets oben im **Browser**
Sie beginnt in der Regel so: *http://www. ...*
Fügt in **Klammern** hinzu, an welchem **Datum** ihr die Seite aufgerufen habt.
Tipp: Mit der Maus könnt ihr die Quelle markieren und mit der rechten Maustaste kopieren.

Internetseiten speichern – Favoriten/Lesezeichen hinzufügen

Legt zu einer informativen Internetseite ein Lesezeichen an. So findet ihr sie schneller wieder.
Klickt oben im Browser auf „Favoriten" oder „Lesezeichen", dann auf „Favoriten" oder „Lesezeichen
hinzufügen". Es wird ein Seitenname vorgeschlagen. Klickt auf „Hinzufügen".

Informationen und Arbeitsergebnisse präsentieren

Einen Kurzvortrag halten ▶ S. 19–20

Ein **Kurzvortrag** informiert **knapp und genau über ein Thema.**
Er sollte nicht länger als **5 bis 10 Minuten** dauern und nach Möglichkeit durch Bilder, Plakate oder
Computerpräsentationen unterstützt werden. Er besteht aus **drei Teilen:**
- In der **Einleitung** wird das **Thema** genannt. Außerdem sollte das **Interesse der Zuhörer** geweckt
werden, z. B. durch eine Frage, eine besondere Einzelheit oder ein erstes Zitat.
- Im **Hauptteil** werden die **Informationen** gut **verständlich** und in einer **sinnvollen** (z. B. zeitlichen)
Reihenfolge wiedergegeben. Fachbegriffe müssen erklärt werden.
- Am **Schluss** fasst ihr die **allerwichtigsten Informationen** noch einmal kurz **zusammen** und nehmt
persönlich zum Thema **Stellung.**

Lesetechniken

Die Fünf-Schritt-Lesemethode ▶ S. 275

Texte überfliegen ▶ S. 251

Das überfliegende Lesen hilft euch, **aus mehreren Texten diejenigen herauszufiltern,** die euch
Informationen zu einem **bestimmten Thema oder einer bestimmten Frage** liefern.
1 **Klärt,** zu welcher **Frage** oder zu welchem **Thema** ihr euch informieren möchtet.
2 Lest die **Überschrift,** die **Zwischenüberschriften** und die **ersten Zeilen der Textabsätze.**
Oft gibt es auch einen **Einleitungssatz,** der Auskunft über den Inhalt des Textes gibt.
3 **Überfliegt** den gesamten **Text: Gleitet** mit den Augen **zügig über den Text** und haltet nach
Signalwörtern zur Frage bzw. zum Thema Ausschau.
4 **Haltet fest, ob** der **Text** für euer Anliegen **geeignet** ist.

Mit den „Schreibwörtern" üben

Im „Deutschbuch" findet ihr am Ende der meisten Kapitel „Schreibwörter".
Die Schreibung dieser Wörter könnt ihr mit Hilfe der Strategien einüben.

Rechtschreibung mit einem Faltblatt üben

- Faltet ein Blatt der Länge nach zweimal, sodass vier Spalten entstehen.
- Schreibt die Wörter, die ihr üben möchtet, untereinander in die 1. Spalte.
- Prägt euch drei Wörter ein, klappt die 1. Spalte um und schreibt die Wörter in die 3. Spalte.
- Deckt auf und vergleicht die Wörter.
- Richtig geschriebene Wörter könnt ihr abhaken. Falsch geschriebene Wörter müsst ihr durchstreichen und richtig in die 2. Spalte schreiben.
- Übt, die Wörter aus Spalte 2 richtig zu schreiben. Tragt sie in die Spalte 4 ein. Wendet die Strategien an.
- Lest die Wörter eurer Liste laut in Silben. **Tipp:** Achtet darauf, wo man anders schreibt, als man spricht.

der Schlapphut
schlängeln
der Schlangenbiss
der Schlauberger
das Schlaraffenland
die Schlagermusik
schlagfertig
das Säckchen
schläft
das Schlaginstrument
schaurig
schlägt
der Sauerampfer
schickt
das Schinkenbrot
schreibfaul
das Schaukelpferd

- Legt in eurem Heft 4 Spalten mit diesen 4 Strategiezeichen an: ⟳ ➥ ♆ ⚡. Tragt eure Problemwörter in die Spalte ein, mit der man die Schreibung beweisen kann. **Tipp:** Manche Wörter muss man in mehrere Spalten einordnen.
- Schreibt Beweiswörter zu den Wörtern, die man verlängern, zerlegen oder ableiten muss, z. B.:

  er schlägt – denn: schlagen,   die Schlag|sahne – denn: schlagen.
- Ordnet die Wörter in der 4. Spalte eures Faltblatts nach dem Alphabet.
- Bei falsch geschriebenen Wörtern könnt ihr die richtige Schreibweise auch wie folgt üben:
  - Bildet bei Nomen die Mehrzahl, z. B.: *die Wand – die Wände.*
  - Bildet bei Verben die Grundform, z. B.: *er bellt – bellen.*
  - Markiert Stellen, die man mit keiner Strategie erklären kann.
  - Bildet Wortfamilien (▶ S. 282), z. B.: *sauer, der Sauerteig, die Sauermilch, der Sauerstoff, …*
  - Sucht Reimwörter, z. B.: *sauer – der Bauer – genauer – die Trauer – …*
  - Bildet mit den Wörtern vollständige Sätze.

Textartenverzeichnis

Autoren- und Quellenverzeichnis

AMROUCHE, FARID
165 Im Netz schon kleine Stars
[gekürzt]
nach: Bonner General-Anzeiger
v. 11. 04. 2013

BÖHME, RALF
167 Hoffnung
Z.1–24 aus: www.naumburger-
tageblatt.de/meinungen/kommentar-
zu--jugend-forscht--hoffnung,
20692226,22347522.html [21. 03. 2014]
Z. 24–28 aus: www.derwesten.de/
staedte/bottrop/junge-forscherin-
ueberzeugt-jury-id7854800.html
[21. 03. 2014]

BORCHERT, WOLFGANG (1921–1947)
108 Die Küchenuhr
aus: Gesammelte Werke. Hg. v.
Michael Töteberg u. Irmgard Schindler.
Rowohlt, Reinbek 2007

DHAMI, NARINDER (*1958)
178 Kick it like Beckham [gekürzt]
aus: Kick it like Beckham. Ravensburger,
Ravensburg 2002, 7–8, 40–42, 83–83,
149–150

DRVENKAR, ZORAN (*1967)
112 Unterwegs [gekürzt]
aus: Ich schenk dir eine Geschichte
2006. Geschichten vom Reisen. Hg. v.
der Stiftung Lesen. Omnibus,
München 2006, S. 9–21

DUNKER, KRISTINA (*1973)
24 Helden der City [gekürzt]
aus: Helden der City. Arena,
Würzburg 2012, S. 91–99

FOX, PETER (*1971)
135 Haus am See
aus: Stadtaffe. Downbeat Records
(Warner) 2008

FRANK, KARLHANS (1937–2007)
132 Das Haus des Schreibers
aus: Wem gehört die Stadt? Hg. v.
Wolfgang Bittner. Bert Schlender
Verlag, Göttingen 1974, S. 15

GRÜNBEIN, DURS (*1962)
125 Nullbock
aus: Grauzone morgens. Gedichte.
Suhrkamp, Frankfurt a. M. 1988

HAGEMANN, JÖRG (*1965)
22 Mut im Bauch [gekürzt]
aus: Mut im Bauch. 12 Geschichten
über Zivilcourage. Hg. v. Britta Groiß u.
Gudrun Likar. Ueberreuter, Wien 2009,
S.136–142

HESSE, HERMANN (1877–1962)
256 Chinesische Legende
aus: China. Weisheit des Ostens. Hg. v.
Volker Michels. Suhrkamp, Frankfurt
a. M. 2009, S. 95

HEYM, GEORG (1887–1912)
130 Vorortbahnhof
aus: Dichtungen und Schriften. Hg. v.
Karl Ludwig Schneider. Bd. 1: Lyrik.
Ellermann, Hamburg 1964, S. 102

HINRICHS, PER
205 Stürmische Liebe
frei nach: www.spiegel.de/spiegel/
unispiegel/d-25492961.html [19. 04. 2014]

HÜSCH, HANNS DIETER (1925–2005)
115 Außenseiter mit Irokesenfrisur
[gekürzt]
aus: Das Schwere leicht gesagt. tvd,
Düsseldorf 1982, S. 82–83

KALÉKO, MASCHA (1907–1975)
134 „Window-Shopping"
aus: In meinen Träumen läutet es
Sturm. © 1977 Deutscher Taschenbuch
Verlag, München, S. 50

136 Spät nachts
aus: Das lyrische Stenogrammheft.
© 1978 Rowohlt Taschenbuch Verlag,
Reinbek bei Hamburg, S. 21

KAMINER, WLADIMIR (*1967)
105 Schönhauser Allee im Regen
aus: Schönhauser Allee. Goldmann,
München 2001

KANTE
122 Wer hierher kommt, will vor die Tür
aus: Kante Plays Rhythmus Berlin.
Century Media (EMI) 2007

KARG, ULRIKE
33 Erwachsene suchen ...
aus: www.hdm-stuttgart.de/redakti-
onzukunft/beitrag.html?beitrag_
ID=1400 [19. 03. 2014]

KASCHNITZ, MARIE LUISE (1901–1974)
111 Das letzte Buch
aus: Steht noch dahin. Suhrkamp,
Frankfurt a. M. 1979

KELLER, GOTTFRIED (1891–1890)
82, 86, 97 Kleider machen Leute
aus: Kleider machen Leute ... einfach
klassisch. Auf der Grundlage der
Originalausgabe 1873 für die Schule
bearbeitet von Diethard Lübke.
Cornelsen, Berlin 2003, S.3–6, 8–9,
14–22, 25–28, 30–34, 38–39, 42–45

KRÄTZIG, CHRISTINA
252 Bhutan: Glück als Staatsziel
[gekürzt]
aus: www1.wdr.de/fernsehen/wissen/
quarks/sendungen/glueck226.html
[18. 03. 2014]

KRESS, GEORG (*1965)
103 Saugnäpfe [gekürzt]
aus: Deutsch, Heft 25: Kurze Prosa.
Friedrich Verlag 2010; S. 22–23

LAMBRECHT, CHRISTINE (*1949)
118 Luise
aus: Dezemberbriefe. Geschichten. dtv,
München 1986

OLBRISCH, MIRIAM
166 Der Becher-Meister
aus: www.spiegel.de/deinspiegel/
a-780771.html [19. 03. 2014]

OSTERTAG, MARKUS
192 Kritik zu „Das Wunder von Bern"
[gekürzt]
aus: www.moviemaze.de/filme/811/
das-wunder-von-bern.htm [20. 05. 2013]

RATHENOW, LUTZ (*1952)
133 2084
aus: Zangengeburt.
Piper, München 1982, S. 26

SALZBRUNN, DIRK (*1961)
140, 146, 151 Voll den Blues
Dirk Salzbrunn, Voll den Blues, © Deutscher Theaterverlag, Weinheim 1997.
Aufführungsrechte: Deutscher Theaterverlag GmbH, Weinheim

SCHINDELBECK, DIRK (*1952)
132 Schädigung durch Straßenlärm
aus: dirk-schindelbeck.de/archives/
8098 [18. 03. 2014]
© 2010 Dirk Schindelbeck

SCHNEIDER, PETER (*1940)
124 Auf der Straße
aus: Kerbholz. Gedichte. Hg. v.
Friedrich Christian Delius. Rowohlt,
Reinbeck, 1983

SCHNURRE, WOLFDIETRICH (1920–1989)
133 Angriff
aus: Kassiber und neue Gedichte.
List, München 1979

SEIDEL, INA (1885–1974)
133 Baum in der Großstadt
aus: Gedichte. DVA, Stuttgart 1955, S. 16

SPITZER, MANFRED (*1958)
32 „Das Gehirn ist ...";
„Ich fahre ja auch ..."
aus: www.augsburger-allgemeine.de/
panorama/Hirnforscher-warnt-vor-
Digitaler-Demenz-id21479261.html
[19. 03. 2014]

STORM, THEODOR (1817–1888)
131 Die Stadt
aus: Sämtliche Werke. Hg. v. A. Köster.
Insel, Leipzig 1923

TUCHOLSKY, KURT (1890–1935)
127 Augen in der Großstadt
aus: Gesammelte Werke. Hg. v. Mary
Gerold-Tucholsky und Fritz J. Raddatz.
Bd. 1: 1907–1924. Rowohlt, Reinbek 1960

VELI, ORHAN (1914–1950)
123 Ich höre Istanbul
aus: Fremdartig = Garip. Gedichte in
zwei Sprachen. Hg. u. übersetzt von
Yüksel Pazarkaya. Dagyeli,
Frankfurt a. M. 1985

WEBER, ANNETTE (*1956)
100 Eins zu null für Fabian [gekürzt]
aus: Aus dem Leben gegriffen: Einfache Kurzgeschichten für Jugendliche.
Materialien für den Deutschunterricht
ab Klasse 7. Brigg, Augsburg 2009,
S. 5–10

WERFEL, FRANZ (1890–1945)
137 Der rechte Weg (Traum)
aus: Deutsche Großstadtlyrik vom
Naturalismus bis zur Gegenwart.
Hg. v. Wolfgang Rothe. Reclam,
Stuttgart 1973, S. 185

WESTHOFF, ALEX
174 Der Überflieger
aus: Kinder-Zeit. In:
Die Zeit v. 04. 04. 2013, S. 41

WOHLGEMUTH, HILDEGARD (1917–1994)
136 Industriestadt sonntags abends
aus: Wen soll ich nach Rosen schicken?
Peter Hammer, Wuppertal 1971

Bildquellenverzeichnis

Sachregister

Lösungen

Seite 259–260:

1   **C** Man erlebt positive Gefühle, wenn man grundsätzlich versucht, dankbar, humorvoll, neugierig und freundlich zu sein.

2   **A** = f, **B** = f, **C** = r, **D** = f, **E** = f

3   – Positive Charakterzüge sind Dankbarkeit, Humor, Neugier, Freundlichkeit und Liebe.
– Glückstraining bedeutet nicht, dass man plötzlich zu einem glücklicheren Menschen wird.
– Man muss üben, positive Charakterzüge einzusetzen.
– Man sollte für sich akzeptieren, dass man auch negative Gefühle erlebt.

4   Grundsätzliches *Glück* im Leben kann man nicht versprechen. Auch *Krisen* und *Konflikte* gehören zum Alltag eines Menschen dazu. Die eigene *Lebenszufriedenheit* lässt sich aber *lernen/trainieren*. Man sollte *trainieren/lernen, positive Charakterzüge* einzusetzen. Wer z. B. *dankbar* ist, erlebt mehr *Glücksgefühle*.

5   **a** Die 180 Männer und Frauen nahmen an dem Glückstraining teil, weil sie sich besser fühlen wollten.
     b Negative Gefühle kann man nicht ausschalten. Man kann aber trainieren, ein positives Grundgefühl zu entwickeln.

Knifflige Verben im Überblick

Infinitiv	Präsens	Präteritum/Perfekt	Konjunktiv I/Konjunktiv II
befehlen	du befiehlst	er befahl / hat befohlen	sie befehle / befähle
beginnen	du beginnst	sie begann / hat begonnen	er beginne / begänne
beißen	du beißt	er biss / hat gebissen	sie beiße / bisse
bieten	du bietest	er bot / hat geboten	er biete / böte
bitten	du bittest	sie bat / hat gebeten	sie bitte / bäte
blasen	du bläst	er blies / hat geblasen	er blase / bliese
bleiben	du bleibst	sie blieb / ist geblieben	sie bleibe / bliebe
brechen	du brichst	sie brach / hat gebrochen	er breche / bräche
brennen	du brennst	es brannte / hat gebrannt	es brenne / brennte
bringen	du bringst	sie brachte / hat gebracht	sie bringe / brächte
dürfen	du darfst	er durfte / hat gedurft	er dürfe / dürfte
einladen	du lädst ein	sie lud ein / hat eingeladen	sie lade ein / lüde ein
erschrecken	du erschrickst	er erschrak / ist erschrocken	er erschrecke / erschräke
essen	du isst	er aß / hat gegessen	sie esse / äße
fahren	du fährst	sie fuhr / ist gefahren	er fahre / führe
fallen	du fällst	er fiel / ist gefallen	sie falle / fiele
fangen	du fängst	sie fing / hat gefangen	er fange / finge
fliehen	du fliehst	er floh / ist geflohen	sie fliehe / flöhe
fließen	es fließt	es floss / ist geflossen	er fließe / flösse
frieren	du frierst	er fror / hat gefroren	sie friere / fröre
gelingen	es gelingt	es gelang / ist gelungen	es gelinge / gelänge
genießen	du genießt	sie genoss / hat genossen	er genieße / genösse
geschehen	es geschieht	es geschah / ist geschehen	es geschehe / geschähe
greifen	du greifst	sie griff / hat gegriffen	sie greife / griffe
halten	du hältst	sie hielt / hat gehalten	er halte / hielte
heben	du hebst	er hob / hat gehoben	sie hebe / höbe
heißen	du heißt	sie hieß / hat geheißen	er heiße / hieße
helfen	du hilfst	er half / hat geholfen	sie helfe / hülfe
kennen	du kennst	sie kannte / hat gekannt	er kenne / kennte
kommen	du kommst	sie kam / ist gekommen	sie komme / käme
können	du kannst	er konnte / hat gekonnt	er könne / könnte
lassen	du lässt	sie ließ / hat gelassen	sie lasse / ließe
laufen	du läufst	er lief / ist gelaufen	er laufe / liefe
leiden	du leidest	sie litt / hat gelitten	sie leide / litte
lesen	du liest	er las / hat gelesen	er lese / läse